深埋隧道
综合地质预报
理论研究及应用

THEORETICAL RESEARCH AND APPLICATION
OF COMPREHENSIVE GEOLOGICAL PREDICTION
FOR DEEP BURIED TUNNEL.

陈建军　赵云威　杜勇立　何现启　彭凌星　张天泽◎著

中南大学出版社
www.csupress.com.cn
·长沙·

内容简介

隧道超前地质预报是通过掌子面地质调查法、地球物理和钻探等手段，探测岩土体开挖工作面前方的地质情况，以便在施工前掌握开挖工作面前方的岩土体结构、性质、状态，以及地下水、瓦斯等的赋存情况等地质信息。隧道超前地质预报涉及地质构造、围岩完整性、富水程度等工程地质和水文地质的多方面内容，岩体的构造发育程度、完整性、破碎程度和稳定性等主要表现为力学性质的差异，电阻率的差异则对围岩的富水程度反应敏感，任何单一的地球物理方法都不可能同时反映力学和电磁学两种物性参数的变化。本书首先利用时域有限差分方法对回线源激发的瞬变场进行三维数值模拟，阐述了理论及程序实现的关键点，验证了数值模拟的准确性，并对典型地电模型的响应特征进行了分析。然后对钻孔地质雷达的单孔反射和跨孔探测进行了数值模拟；通过互相关函数对初至波旅行时的提取进行优化；根据相关理论对钻孔雷达的天线对其跨孔数据初至波旅行时的影响进行了计算和分析，并根据计算结果给出了初至波旅行时的修正公式，结合初至波旅行时提取方法的改进和修正对模拟数据和实际采集的数据进行了层析成像。之后研究了 EDA 介质中的地震波参数反演，以多层倾斜 EDA 模型为例进行参数反演，利用最小二乘法对模拟记录进行相似性分析，得到动校正速度，然后根据动校正速度与各向异性参数及对称轴方位角的关系，进行参数反演，另外由地震波走时及射线追踪法，利用多项式拟合法反演地下界面的几何参数，并对反演结果进行了误差分析。最后，以云阳山隧道、沅古坪特长隧道等为例，分析了瞬变电磁法、钻孔雷达以及地震波法在超前地质预报中的应用效果，指出在具体的工作中，应根据不同的工况和需求选择合适的技术组合来进行勘查。

作者简介

About the Author

陈建军 1998 年毕业于长沙交通学院，获土工工程学士学位，同年 7 月进入湖南省高速公路管理局工作，主要负责高速公路工程质量、安全及进度等的全面管理，负责或参与管理的高速公路有湘未高速、衡枣高速、怀新高速、宁道高速、新溆高速、城龙高速等。获得湖南省优秀勘察设计项目一等奖 1 项、三等奖 1 项，获得专利授权 2 项，参与编制《短线法节段预制拼装桥梁监控量测技术规程》。

赵云威 博士，工程师，主要从事瞬变电磁法正演模拟研究及隧道超前地质预报研究。2009 年获中南大学地球探测与信息技术专业学士学位，2012 年获中南大学地球探测与信息技术专业硕士学位，2018 年获中南大学地球探测与信息技术专业博士学位，2019 年进入湖南省交通规划勘察设计院有限公司工作，主要从事隧道工程试验检测工作，负责或参与黎靖高速、芷铜高速、官新高速、张官高速的隧道超前地质预报工作，获得湖南省优秀勘察设计项目一等奖 3 项、二等奖 1 项、三等奖 1 项。

杜勇立 博士，国家注册咨询工程师（投资），研究员级高级工程师。现任湖南省交通规划勘察设计院有限公司试验检测与养护中心主任、中南公路建设及养护技术湖南省重点实验室特殊岩土中心和中低速磁浮建设技术工程研究中心检测分中心主任；兼任长沙理工大学、东华大学和中南大学校外硕士研究生导师；湖南省 121 创新人才培养工程人选。先后主持重点工程勘察设计和省部级科研课题 70 余项；技术成果获国家级、省部级奖励 29 项，获得专利授权 12 项，出版专著 2 部，参编标准 3 部，发表学术论文 40 余篇。

目录 / Contents

第 1 章 绪 论

1.1 研究意义

隧道是人类利用地下空间的一种形式,是指在既有的建筑或土石结构中挖出来的通道,是埋置于地层内的工程建筑物。按照用途分类,隧道可分为交通隧道(铁路隧道、公路隧道、地下铁道、人行通道)、水工隧道(引水隧道、尾水隧道、导流隧道、泄洪隧道)、市政隧道(给水隧道、排水隧道、管路隧道)、矿山隧道(采矿巷道、运输巷道)和人防隧道[1]。

随着社会经济和生产的发展,高速公路大量建设,对道路的修建技术提出了较高的标准,要求线路顺直、坡度平缓、路面宽敞等。因此在道路穿越山区时,过去盘山绕行的方案多改为隧道方案。隧道的修建在改善公路状态、缩短运行距离、提高运输能力、减少事故等方面具有重要的作用。受市场经济和科技水平发展的影响,我国在交通运输方面取得了前所未有的进步,公路建设不管从规模还是数量上都较之前有了一定的增加,进而也大大增加了公路隧道的数量。据统计,从 2010 年至 2020 年,公路隧道总数量从 7284 处增长至 21316 处,公路隧道总长度从 512.3 万 m 增长至 2199.9 万 m[2]。王梦恕院士说"21 世纪是隧道及地下空间大发展的年代",不仅公路隧道的总里程继续大幅度增长,而且单座隧道具有向里程长、埋深大发展的趋势[3-4]。

我国中、西部为多山地区,地形条件差和地质构造复杂,断层带、褶皱、节理裂隙等构造比较发育,地下水丰富,隧道围岩所处的工程地质条件较差,增加了隧道施工难度和危险。在隧道工程建设施工过程中,隧道开裂[5-6]、侧移[7]、坍方[8-10]、冒顶[10-12]、突泥[13-16]、涌水[14, 16]、诱发山体滑坡[17-19]、岩爆[20-22]等工程地质病害频繁发生,如:1999 年 9 月 6 日,京珠高速公路靠椅山隧道右线进口 YK145+013~YK145+028 段发生大坍方,坍方量达 20000 余 m³,在地表形成一个长 71 m、宽 51 m、深 21 m 的陷坑，在隧道内形成一个长达 188 m 的坍塌体，其自塌方处向进口端外推 60 余 m，向出口端推移 100 余 m，另有 60 余 m 隧道为塌方堵塞区段，该区段被迫停止隧道掘进施工[23]。2017 年 5 月 2 日 14 时 48 分许，成都至贵阳铁路乐山至贵阳段 CGZQSG13 标段在建的七扇岩隧道进口平行导洞（位于毕节市大方县六龙镇营盘村境内）发生瓦斯爆炸事故，造成正在隧道主洞内施工作业的 12 人死亡、12 人受伤，直接经济损失 1475.103 万元[6]。所以，为保证隧道工程施工质量、工期、投资和人员设备安全，隧道超前地质预报已被列为保障施工的重要环节，特别是在地质条件复杂的深埋长大隧道施工过程中，隧道超前地质预报工作更是显得必不可少。

在传统隧道超前地质预报中，通常利用原始地质资料对施工前地质情况做总体性和程控性预测，为施工准备做好超前预报工作。施工中常用工作面素描、洞室展示图、钻孔钻进（包括取芯，观察钻进速度、水质变化情况等）等方法，分析岩性及岩层结构构造特征，及时提供地质预报报告。传统预测具有直观、可靠的优点，然而其预测精度常常是由地质工作的工作力度决定的，往往很难及时而准确地完成预测任务，很难推测远距离、大厚度处的恶劣地质情况，一般具有费时、费工、耗资大等缺点[24]。目前，隧道超前地质预报是通过掌子面地质调查法、地球物理和钻探等手段，探测岩土体开挖工作面前方的地质情况，力图在施工前掌握开挖工作面前方的岩土体结构、性质、状态，以及地下水、瓦斯等的赋存情况等地质信息的一种手段。隧道超前预报要解决构造软弱带、围岩的含水性和危险的饱水体及围岩的工程类别评价等地质问题。其中，构造软弱带问题包括断层、岩溶、构造破碎带等不良地质构造的性质、产状、位置、规模及影响范围等；围岩的含水性和危险的饱水体问题，包括富水断裂带、充水溶洞、饱水松散体等含水构造的位置、规模、饱水程度和水压大小等；围岩的工程类别评价包括围岩纵、横波速的测定、泊松比等物理力学参数指标的计算及围岩工程类别的确定等。不同的地质构造和异常存在物性差异，而隧道超前地质预报包含地质构造、围岩完整性、富水程度等工程地质和水文地质的多方面内容。岩体的构造发育程度、完整性、破碎程度和稳定性等主要表现在力学性质的差异上，而电阻率的差异对围岩的富水程度反应敏感。任何单一的地球物理方法都不可能同时反映力学和电磁学两种物性参数的变化。

目前，有多种地球物理方法应用于隧道超前地质预报。按照预报原理具体分为地震波类探测方法[25-26]、电磁波类探测方法[27]、电法类探测方法[28]和红外线测水法[29]等。不同的方法有着各自不同的优势，比如隧道地震勘探方法（TSP法）对于识别断层破碎带有着良好的效果，但对溶洞等含地下水的区域不甚敏感，因此探水的精度不是很高；地质雷达利用电磁波在不同介质中产生的反射和透射现象来获取岩层信息，对于探测破碎岩体较为理想，电磁波对均质岩体具有同相轴连续的特性，因此不易区分岩体的软硬程度；瞬变电磁法通过对岩体自感二次场的探测，获取探测区域介质的视电阻率，对于地下水敏感性较好，对于断层破碎带探测效果不好。每种预报方法都有各自的适用条件和局限性，地震方法可以探测到围岩力学性质的变化，通过探测结果预报开挖面前方围岩的岩性变化、构造发育、结构特征和力学强度等力学要素，对断层、软弱带、破碎体的反应敏感，但对围岩的饱水性不敏感，不能预报饱水体和富水地段，容易漏报而导致突泥、涌水等病害事故，造成重大的经济损失。经过不断的理论分析、实验研究和工程应用，深入研究每种勘探方法对不良地质体的敏感程度，是当前隧道超前探测工作的发展方向。隧道超前地质预报对施工安全、质量和进度具有重要意义，已经越来越受到关注，尤其在西部山区等复杂地质条件下的隧道施工工作，隧道超前探测已成为一道必不可少的施工工序。

1.2 瞬变电磁法发展现状

20 世纪 40 年代，基于 Blna 在 1933 年获得的发明专利，美国科学家提出了时间域瞬变电磁法，其在当时也被称作 Elrtna 法，Elrtna 法是在电偶极中供以脉冲电流，从而在大地中激发时间域电磁场，并利用与供电偶极在同一直线上的另一电偶极采集电场[30]。从原理上讲，Elrtna 法类似于地震反射波法，并且 Elrtna 法比地震勘探更简便、更经济，因而在当时引起了一些石油公司浓厚的兴趣，并相继有一系列野外实验结果相关的文章发表。但是，后来的理论指出：在沉积盆地中通常存在良导电岩石，由于脉冲电流激发的瞬变电磁响应的频率较低，难以达到识别各个反射波所需的分辨率要求[31-33]，因此，在之后的一段时间内，该方法的应用越来越少。在苏联，А. Р. Kraev 于 1937 年提出了瞬变电磁测深法。在 20 世纪 50 年代，苏联基本上已经建立了瞬变电磁法的解释理论与野外施工的技术方法。20 世纪 50 年代以后，В. А. Силоров 和 В. В. Тикшаев 等人建立了近区建场测深法，并试图将其用于地震勘探方法勘查油气田时效果不好的地区。在 20 世纪 50—60 年代，Л. Л. Ваньян、А. А. Куфманн 等人成功完成了瞬变电磁法的一维正、反演。在 20 世纪 70—80 年代，苏联地球物理工作者又在二维、三维正演方面做了大量工作。

对于瞬变电磁法的研究，主要开始于 20 世纪 60 年代初期，以 Wait 于 1951 年发表的 *Transient electromagnetic propagation in a conducting medium* 为代表[34]。1951 年，Wait 首次提出了利用瞬变电磁场寻找导电矿体的概念[34]。1981 年，Raiche 和 Spies 给出了不同时刻、不同电导率以及不同埋深的两层均匀大地的理论曲线。1982 年，Poddar 根据电磁学中的互易原理，通过参照水平电偶源激发的电磁场推导了矩形回线在二层介质表面激发的电磁场的频率域表达式[35]；并于1983 年推导了矩形回线在多层介质表面激发的电磁场的频率域表达式[36]。在 20世纪 80 年代以前，瞬变电磁法的时间域响应主要通过离散傅里叶变换（DFT）进行计算[37-39]；1982 年，Knight 和 Raiche 将 Gaver-Stehfest 算法成功地应用于通过频率域电磁场求取时间域电磁场的过程中，极大地推动了瞬变电磁法一维正演的快速计算[40]。1987 年，Raiche 将水平发射回线看作由多个垂直磁偶源组成，通过对垂直磁偶源的面积元沿回线进行面积积分，得到回线源激发的频率域电磁场，再通过 Gaver-Stehfest 算法将回线源激发的频率域电磁场转换为时间域电磁场；由于在电磁场的频率域表达式中含有关于贝塞尔函数的积分（Hankel 变换），而在面积积分的过程中引入了二重积分，因此在计算回线源激发的频率域电磁场的过程中共涉及三次积分，这极大地增加了一维正演的计算量[41]。在国内，1991年，盛婷婷和牛之琏推导了阶跃电流激励下的中心回线和重叠回线装置在层状大地激发的瞬变电磁感应电压的余弦变换表达式，并引入一种线性数字滤波方法来评价这种振荡类型的积分；计算了一维层状模型的瞬变电磁正演响应，对所取得的某些结果进行了讨论[42]。2005 年，李建平等人通过将不规则回线内的电磁场看作由回线内部多个小圆形回线在该点激发的电磁场之和，求出了不规则回线内任意点的电磁场[43]。2008 年，李建慧等人从垂直磁偶极子源激发的频率域电磁场出发，将磁偶极子的极距按矩形回线进行面积分，从而推导出回线源激发的电磁场频率域表达式；根据 0 阶与 1 阶贝塞尔函数之间的相互关系，将面积分降为线积分，提高了计算效率；最后利用通过 Guptasarma 算法和 Hankel 变换求取了矩形回线源激发的时间域电磁场[44]。2010 年，温爱华等人将大回线看作若干个小矩形回线的叠加，并将该叠加效果等效于贝塞尔函数的空间积分，并且利用余弦变换求取了大回线源激发的瞬变电磁响应[45]。2016 年，席振铢等人开发了一种反向线圈装置，以便降低发射线圈与接收线圈之间的互感，实现瞬变电磁法的浅部探测，该装置使用三个线圈，上部的发射线圈的物理特性与下部的发射线圈完全相同，并且它们与中间的接收线圈是同心且相互平行；同时，一组大小相等、方向相反的电流分别被输入上、下两个发射线圈中[46]。

瞬变电磁法高维数值模拟的思路主要有两种：①通过数值方法直接求取瞬变电磁的时间域响应；②首先通过数值方法计算出地电模型的频率域响应，然后通过正、余弦变换[47]或其他方法将频率域响应转换为时间域响应。数值模拟方法主要有以下几种：①有限差分法；②有限单元法；③有限体积法；④积分方程法。目前，国内外已经有许多学者对瞬变电磁场进行了数值模拟，在下文中，我们将对陆地瞬变电磁法的有限差分法数值模拟的研究现状进行总结，并且对各种方法按照先国外后国内的顺序依次进行阐述。

1984 年，Eaton 和 Hohmann 使用显式有限差分算法计算二维（2-D）模型的钻孔瞬变电磁(EM)响应。激发源是平行的双线源,计算量是二次电场,该电场被定义为总场与一次场(均匀半空间中的场)之间的差异。并且,磁场垂直分量的脉冲响应通过电场总场的数值微分来计算[48]。同年,Oristaglio 和 Hohmann 基于经典的 DuFort-Frankel 有限差分格式对平行的双线源激发的瞬变电磁场(TE 模式的电磁场)进行了二维数值模拟,控制方程是电场的扩散方程;同时,空气-地表边界条件的处理是基于拉普拉斯方程的向上延拓的方法,将地表处的电场值向上延拓,得到空气中的电场值,进而避免了对空气层进行网格剖分[49]。Adhidjaja、Hohmann 和 Oristaglio 通过采用异常场算法的原理对 Oristaglio 和 Hohmann 的二维有限差分模拟算法进行了改进,消除了场源的奇异性问题,并且因为采用的是异常场算法,与总场算法相比,网格剖分的空间步长可以更大,在满足稳定性条件的情况下,该算法可以使用更大的时间步长[50]。Leppin 利用 2.5 维有限差分法对矩形回线源激发的瞬变电磁场进行了数值模拟。该算法沿着导体的走向将时间域的磁场异常场的矢量扩散方程变换为空间波数域。由于该算法采用的是异常场算法,因而消除了场源的奇异性问题;同时采用向上延拓的办法,解决了空气-地表边界条件问题,避免了对空气层的网格剖分。该算法采用均匀的隐式有限差分格式,对三个磁场分量的方程组进行了 $9\sim15$ 个离散空间波数的计算,范围为 $10^{-7}\sim4\times10^{-2}$ m^{-1}。每个时刻均需要求解大型的线性稀疏方程组,文献中采用超松弛迭代法进行求解[51]。Wang 和 Hohmann 提出将 Du Fort-Frankel 方法修改版的有限差分格式应用于瞬变电磁法三维数值模拟,采用回线源作为激发源;由于控制方程中明确地包含了磁场的无散度这一特性,因而该三维数值模拟方法能够在晚期提供准确的磁场值。空气-地表边界条件采用磁场向上延拓的方法进行处理,其余 5 个边界采用齐次 Dirichlet 条件;并且在早期使用四阶有限差分,其余时间采用二阶有限差分,进而减轻了数值色散的影响;该三维有限差分方法实际上可以看作 Oristaglio 和 Hohmann 于 1984 年提出的二维有限差分算法的升级版[52]。Wang、Tripp 和 Hohmann 利用 Wang 和 Hohmann 提出的三维时间域有限差分法对地质接触带上的三维导体的瞬变电磁响应进行了数值模拟[53]。1999 年,Endo 和 Noguchi 以 Wang 和 Hohmann 提出的三维有限差分算法为基础,使用普遍用于流体动力学领域的边界拟合的坐标变换方法,将物理域转换为计算域,实现了带地形的回线源瞬变电磁法三维有限差分正演模拟[54]。2004 年,Commer 和 Newman 提出了瞬变电磁法三维有限差分并行算法,该算法实现了在电导率和磁导率任意分布的情况下,模拟由电流源(接地导线)产生的电场和磁场的时间导数;采用数值方法计算了电流关断前的电场,并作为初始值加入三维正演模拟中;对磁场的时间导数和总导电流密度强加散度条件,从而能够在晚期提供准确的结果;在地表-空气边界条件上使用了二维并行快速傅里叶变换;同时,在正演过程中采用并行计算,实现了大型模型的快速计算[55]。2007 年,Maao 实现了海洋瞬变电磁法三维正演模拟。在低频极限中，麦克斯韦方程中的位移电流可以忽略不计，但是，对于数值模拟，应该有一个小的位移电流来保证数值稳定性。这个要求导致传播速度在一个较大范围内进行变化，即高频电磁波的速度较快，低频电磁波的速度较慢，这可能直接导致时间迭代步数的变大。Maao 将数学上的原始物理问题转换为具有较低频率依赖性的传播速度的问题，并提出以最大电磁波速度确定时间步长，以最小电磁波速度来确定模拟时刻，以达到减少正演模拟用时的目的[56]。2000 年，宋维琪和仝兆歧在时间域对水平电偶极子的瞬变电磁场进行了三维正演模拟研究，激发源为交变电流[57]。2002 年，闫述等基于时间域电场的齐次扩散方程，在时间域对负阶跃脉冲激发的二维瞬变电磁场进行了正演模拟研究，采用准静态近似处理地表–空气边界条件[58]。2004 年，徐凯军和李桐林对一无限场导线激发的瞬变电磁场进行了二维正演模拟研究，激发源为负阶跃脉冲[59]。2006 年，肖怀宇对带地形的磁偶源激发的瞬变电磁场进行了三维正演模拟研究，其通过坐标变换将电磁问题从物理域转换到计算域，在重合边界坐标的坐标转换过程中，将地形因素直接带入算法的计算中，进而实现了地形影响的三维有限差分正演[60]。2007 年，岳建华等对矿井瞬变电磁法进行全空间三维时间域有限差分正演模拟研究，采用 Mur 吸收边界条件，激发源为全空间的电偶极源，且模拟了均匀全空间中巷道底板岩层内部以及层状介质中的三维低阻体的瞬变电磁响应[61]。2008 年，陈丹丹进行了磁偶源激发瞬变电磁场的三维正演模拟研究[62]。同年，邢涛等利用时间域有限差分法进行了大定源瞬变电磁法三维正演模拟软件的开发[63]。2012 年，赵云威进行了回线源瞬变电磁法的三维正演模拟研究，初始值为初始时刻的电场脉冲响应和相差半个时间步长的磁场脉冲响应[64]。2013 年，孙怀凤等实现了考虑关断效应的瞬变电磁法三维正演模拟，将矩形回线源的电流密度加入麦克斯方程组，使得源的初始值计算不再依赖均匀半空间或层状模型的响应，也使得正演算法能够适应地表电阻率不均匀的三维模型[65]。2013 年，辛会翠等进行了瞬变电磁法 2.5 维有限差分正演模拟，计算量为磁场分量，且初始值为均匀半空间矩形回线源激发的波数域瞬变场[66-67]。同年，李建慧等基于电场异常场的 Helmholtz 方程，实现了回线源瞬变电磁法的三维有限差分正演模拟和有限体积正演模拟，其先求取拉普拉斯域电场，再通过 Gaver–Stehfest 算法将电场从拉普拉斯域转换到时间域[68]。

1.3 钻孔地质雷达发展现状

钻孔地质雷达起步较晚，但其理论基础还是基本和普通地质雷达相似，是基于普通地质雷达的一种改进和提升。钻孔地质雷达的主要探测方式有三种：单孔反射探测(single-hole reflection survey)、跨孔探测(cross-hole survey)、地面-孔中探测[surface-borehole survey，又称为垂直雷达剖面(vertical radar profiling)][69]。

地质雷达作为一种目前广为人知的地球物理探测方法，具有如下优点：分辨率高(从几厘米至几米)、测量速度快(纳秒级的采样速度)、信号叠加次数多(从1次至3万多次叠加，可充分抑制背景噪声)、数据传输快(采用光缆传输)、测量方式多样(空中、地面、钻孔、速度测量、透视测量、跨孔CT)、低功耗、轻便、有一定的探测深度(从几厘米至数百米)。仪器从早期的肩扛手抬，到现在一个人就可以操作和检测。地质雷达因其高效和无损等优点，在工程勘察中越来越受到人们的重视。其从探测冰层厚度开始，已在城建、交通、地质、考古、国防和重大工程建设等领域扮演着越来越重要的角色，利用地质雷达进行地下目标无损探测的研究和应用也兴起了热潮[70]。在地质雷达探测理论研究方面，主要集中于雷达电磁波在各种岩土介质中的传播特征分析与试验验证、地质雷达信号数据处理、雷达图像剖面的信号识别和图像的地质特征解译等方面[71-75]。

根据前文所述，钻孔地质雷达较为常用的探测方式有三种，其中单孔反射探测模式与普通的地表地质雷达探测方法基本一致，区别在于钻孔地质雷达单孔反射并不是定向的雷达，且与地表地质雷达天线的大小不同。在不考虑天线对地质雷达正演数值模拟的影响的前提下，钻孔地质雷达的数值模拟可以借鉴地表地质雷达数值模拟的方法。在针对地表地质雷达的正演模拟中，大部分是通过有限差分法以及完全匹配层吸收边界条件来进行，而且基本都是基于介质为均匀的前提下进行的[76-93]。地质雷达在国外起步较早，所以研究的学者也比较多，但这些研究主要集中在对地质雷达数据的处理技术上，也提出了较多新的方法理论；同样在正演模拟上也有很多学者做过研究，甚至给出了地表地质雷达正演模拟的商业化软件 GPR-MAX[94-112]。

从收集的文献资料来看，国内对钻孔地质雷达的起步较晚，到20世纪末才出现有关钻孔地质雷达的文献，当时的文献还是以介绍钻孔地质雷达的工作原理及较为简单的应用为主[113-114]。1998年，国内首次使用钻孔地质雷达对地下深部灰岩地区进行了探测，效果显著，填补了国内有关钻孔地质雷达理论和应用研究的空白[115]。1999年，中国矿业大学的宋雷和黄家会针对钻孔地质雷达探测的实例，进行了衰减和速度层析成像，根据两种成像结果的同异区别出了高衰减低速区、低衰减高速区与低衰减低速区[116]。2000年，宋雷和黄家会利用钻孔地质雷达对地下深部灰岩裂隙带和水流通道进行探测，取得了较为显著的效果[117]。2003年，吉林大学的刘四新用时间域有限差分法对钻孔地质雷达探测进行了数值模拟，计算了充水裂缝和一种矿体的钻孔地质雷达响应特征，证明了钻孔地质雷达在地下充水裂缝探测和矿体探测的可行性[118]。2005年，核工业北京地质研究院的王驹等在甘肃北山1号钻孔内使用钻孔地质雷达进行扫描，首次获得深达500

m 的钻孔地质雷达数据，实验证明了钻孔地质雷达是了解岩体内部裂隙延伸和岩体完整性的有效手段，对高放射废物处置库场址评价有重要意义[119]。2005 年，中国地质大学(武汉)的赵卫平等详细讨论了钻孔地质雷达的应用进展以及国内外的研究现状，从最初的核废料处理到广泛用于工程领域，说明了钻孔地质雷达具有良好的发展前景[120]。2005 年，刘四新等在一个被大量裂缝切割的钻孔内进行了单孔反射测量和跨孔测量，测量的数据表明，在该场地雷达的径向探测范围可达 30 m，地下裂缝的分布可以形成清晰的图像[121-122]。2007 年，中国科学院武汉岩土力学研究所的钟声利用时间域有限差分(FDTD)法，详细分析不同高度、宽度、形状、埋藏深度、收发天线距、充填状况和围岩介质等情况的目标地质体模型钻孔地质雷达响应，并结合钻孔地质雷达与数字摄像提出了一种新的介电常数估计方法，通过在工程实例中钻孔内某结构面的实际应用，证明该新方法的可行性和有效性[123]。2008 年，吉林大学的杨薇等针对解答大型稀疏矩阵的最小二乘法(LSQR)进行了研究，利用钻孔地质雷达层析成像直观反映了地下介质的速度、吸收系数等参数[124]。2008 年，中国科学院武汉岩土力学研究所的陈建胜等结合钻孔地质雷达的历史以及发展现状进行了简要的阐述，并详细介绍了其测量原理及在各工程领域的应用[125]。2009 年，吉林大学的周峻峰采用时间域有限差分法对不同形态的金属矿体，主要包括等轴状体、板状体、柱状体和一个实际矿体的单孔反射测量和跨孔测量进行了数值模拟，证明了两种测量方法都能应用于金属矿的探测，且能取得良好的效果[126-127]。2010 年，吉林大学的李玉喜采用 GPR-MAX 对钻孔地质雷达进行了正演模拟，详细介绍了代数重建法(ART)、联合迭代重建法(SIRT)、最小二乘法(LSQR)、极小残量法(GMRES)、共轭梯度法(CG)和双稳定共轭梯度法(BIGSTAB)这六种用于反演的算法，并通过反演实例讨论了射线覆盖角度、正则化因子和异常体走向对成像结果的影响[128]。2010 年，吉林大学的董航通过建立雷达方程的方式研究和分析了电磁波在传输过程中和在目标处(也就是两种不同媒质交界面)的特性，给出了影响雷达测量的三类主要参数，即与硬件收发系统相关的雷达功率指标和雷达波工作频率，钻孔地质雷达系统的天线增益、效率，目标界面处雷达散射截面参数中的两种媒质的介电常数和目标尺度大小；并设计开发了相关器件，针对某光电转换器件给出了其线性动态范围的公式，进行了初步的野外实地探测，对于探测结果和系统性能进行了讨论[129]。2010 年，吉林大学的王飞等利用时间域有限差分法模拟了金属矿的钻孔地质雷达探测，证明了钻孔地质雷达单孔反射测量不仅可以确定矿体的位置，而且对矿体形态也具有较好的识别性[130]。2010—2011 年，中国地质调查局成都地质调查中心的李华等简单介绍了目前钻孔地质雷达的发展状况，对钻孔地质雷达层析成像技术的方法原理做了详细分析，并给出了其数理实现过程，通过应用实例验证了钻孔地质雷达层析成像的实际应用效果[131-132]。2011 年，钟声针对钻孔地质雷达探测工作中常见的空洞、岩溶和地下埋藏物等点状不良地质体,利用时间域有限差分法,对岩土体内不同形状和不同埋深的目标地质体进行了雷达响应正演模型研究,结果表明实际探测时应根据目标体的形状大小来选择不同频率的雷达天线[133]。2012 年,钟声仍是针对点状不良地质体,通过正演模拟讨论了点状不良地质体围岩介质和充填状况对钻孔地质雷达反射信号的影响[134]。2013 年,中南大学的朱自强等基于时间域有限差分法,将 CPML 边界条件作为吸收边界条件,对钻孔地质雷达的单孔反射探测与跨孔探测进行了正演模拟,取得了良好的效果[135]。

国外对钻孔地质雷达进行研究的学者较多。1991 年,Motoyuki Sato 等针对钻孔地质雷达的跨孔探测模式推导计算出了偶极子天线中的电流分布,并通过与实际探测的结果对比,证明了偶极子天线的发射形式对最终层析成像结果的准确度会产生极为重要的影响[136]。1999 年,Takashi Miwa 等针对极化钻孔地质雷达提出了一种基于逆滤波方法的偶极子天线补偿法,并通过在 Kamaishi 矿的探测实验来对方法进行了验证[137]。1999 年,Thorkild 等通过对钻孔地质雷达远区的计算与分析,证明了在理想状态下,钻孔地质雷达在平井中能够清晰地探测出水-油界面的电磁波反射[138]。2000 年,Wanstedt 等根据试验场地的钻孔地质雷达的单孔反射探测和跨孔探测结果,证明了钻孔地质雷达能够有效地对地下介质的地质结构进行探测[139]。2000 年,Gilles Bellefleur 等应用单孔反射探测和跨孔探测方法探测了加拿大 Ontario 省 Sudbury 地区 McConnell 镍矿的储量,证明钻孔地质雷达可以用来圈定大规模硫化矿的储存范围[140]。2001 年,Zhou 等对合成测试数据和美国地质调查局在 Thornton 的 Mirror 湖附近做的跨孔探测数据进行了基于射线的层析成像处理,取得了较好的效果[141]。2001 年,Mason 等对合成孔径钻孔地质雷达和干涉钻孔地质雷达进行了讨论分析,论证了这两种方法的优缺点和适用性[142]。2001 年,Holliger 将钻孔地质雷达天线放入充满水的钻孔内,根据柱坐标下的 FDTD 方法对其进行了探测的层析成像模拟,尽管钻孔内的水对其层析成像结果产生了较为严重的影响,但通过该方法得出的衰减层析成像图仍然较为清晰,可以区分出目标体[143]。2001 年,Jens Tronicke 等结合跨孔雷达直达波旅行时和反射波旅行时对层析成像过程进行改进,并将该方法应用在合成数据与实际数据的处理中,与仅用直达波旅行时的层析成像进行对比,证明了该方法确实能够有效得提高层析成像效果[144]。2002 年,Andrew Binley 等用钻孔地质雷达层析成像和电阻率层析成像两种方法对包气带流动模型进行了探测,通过对英国 Sherwood 砂岩的探测,证明两种方法都能取得较好的结果[145]。2004 年,Chang 等采用钻孔地质雷达对巴西 Socorro 的包气带进行长期的监测实验,实验结果表明钻孔地质雷达衰减层析成像能够清晰地判别出包气带中灰岩的分布[146]。在进行钻孔地质雷达层析成像时,需要一个很大的射线覆盖角度,但实际上高收发角度数据会导致层析成像图中的一些假象，对此，James D. Irving 在 2005 年提出了一种新的方法来对钻孔地质雷达天线在层析成像图中的影响进行重新修正，通过对实际数据的处理证明了该方法的有效性[147]。2005 年，Dale F. Rucker 等结合直达波和临界面的折射波对钻孔地质雷达进行层析成像，通过数值模拟表明该方法能够有效地分辨地下的薄层介质和特定深度下含水量的分布[148]。2005 年，Karl J. Ellefsen 等用时间域有限差分法对钻孔地质雷达的天线进行数值模拟，分析并讨论了四个影响钻孔地质雷达天线发射模式的因素，即天线频率、钻孔内充填物、天线的负载电阻和天线外部的金属（如电缆头和电池包等）[149]。2006 年，基于柱坐标下的有限差分，James D. Irving 和 Rosemary J. Knight 通过计算钻孔地质雷达天线中的电流分布对钻孔地质雷达天线的发射和接收进行数值模拟，模拟结果和计算结果较为吻合[150]。2006 年，C. Grégoire 等对美国缅因州破碎石灰岩地区灰岩气的监测结果进行了数值模拟和实际探测实验，结果表明随着灰岩气温度的升高，石灰岩的电导率会慢慢增大，从而导致电磁波的速度和衰减均产生变化[151]。2006 年，William P. Clement 和 Michael D. Knoll 用加权阻尼最小二乘法对钻孔地质雷达的 VRP 探测模式进行了旅行时反演，得到了与初始模型较为吻合的速度模型，并将该方法应用到实际探测数据的反演上，取得了较好的效果[152]。2006 年，James D. Irving 和 Rosemary J. Knight 运用时间域有限差分法对钻孔地质雷达的三种探测方式进行数值模拟，并将其分为两种模式：反射探测法的 TE 模式、VRP 和跨孔探测的 TM 模式，数值模拟的结果非常接近实际探测的雷达剖面图[153]。为了对传统的层析成像过程进行改进，Jacques R. Ernst 等在 2007 年提出了一种基于时间域有限差分法的全波场反演方法，并将其用于两组跨孔雷达实际探测数据的反演，结果与实际地质结构较为吻合[154]。基于 LSQR 算法，Bernard Giroux 等用 matlab 语言在 2007 年编写了一套名为 BH_tomo 的钻孔地质雷达层析成像软件，但是该软件只对瑞典 MALA 公司雷达所采集的 *.rd3 格式文件有效[155]。为了提高基于射线的钻孔地质雷达层析成像的精确度，James D. Irving 等在 2007 年通过对旅行时提取过程的改进来联合大收发角度数据和小收发角度数据进行层析成像，有效降低了层析成像图中大收发角度数据引起的假象[156]。2007 年，Erwan Gloaguen 等结合随机层析成像和全波场反演对地下介质的电导率和相对介电常数进行反演计算，并将其应用于对一个参数已知的模型进行钻孔地质雷达扫描的反演，证明了通过该方法得到的反演结果更接近实际模型[157]。2007 年，Jung-Ho Kim 等首先通过钻孔地质雷达单孔反射探测的数值模拟获得低温环境下洞穴内冰环在雷达剖面中的响应特征，然后通过液氮充填前后的钻孔地质雷达单孔反射探测和跨孔探测对比论证了液氮充填对冰环的影响[158]。2007 年，Thomas Spillmann 等用钻孔地质雷达 VRP 探测与跨孔层析成像对非稳定岩石边坡进行探测，分析总结了非稳定岩体在钻孔地质雷达扫描图中的

响应特征[159]。2008 年, Fernández-Martínez 等基于 matlab 语言编写了一套名为
AMTCLAB 的软件, 用来对旅行时的质量进行分析并对反演前的速度图进行调
优[160]。2008 年, Niklas Linde 等用迭代非线性旅行时层析成像对合成数据进行了
跨孔雷达和地震旅行时的反演, 结合两种方法所做的反演结果与两种方法各自单
独做出的反演结果相比在定位岩体边界时的效果更为显著[161]。在跨孔雷达层析
成像中, 至为关键的就是旅行时的提取, Bernard 等于 2009 年提出了两种新的旅
行时提取方法, 一种方法是通过剥离出第一个周期的雷达电磁波来压制电磁波二
次到达时间对首波旅行时的影响, 另一种方法是基于 Akaike 信息准则(AIC)和连
续小波变换(CWT)进行处理, 通过对实际数据的处理证明了这两种新方法确实能
够对旅行时提取进行改进[162]。2009 年, Madeleine Mangué 等针对目标体和背景
介质速度差异很大的模型提出了一种新的跨孔雷达速度层析成像方法, 并针对层
状介质模型进行了实验, 证明了该方法的有效性[163]。为了更接近实际的地质结
构模型, Fernández-Martínez 等在 2009 年将他们编写的 AMTCLAB 软件应用于椭
圆形各向异性介质的层析成像, 得到的速度层析成像图与初始模型较为吻合[164]。
对定向钻孔地质雷达而言, 复杂而多变的环境对其系统的设计造成了很大的困
难, O. Borchert 等在 2009 年对定向钻孔地质雷达系统的校准进行了分析和讨论,
并对校准的方法进行了实验和证明[165]。钻孔的不规则性和钻孔地质雷达天线附
近介质波速的小范围变动会对钻孔地质雷达层析成像产生相对较强的影响, 对
此, Knud S. Cordua 等在 2009 年采用全波场模拟对这些影响进行了计算和分析,
并根据计算结果对其进行修正, 将修正之后的数值用于对实际数据的层析成像,
证明了结合这些静态错误进行层析成像能够得到更好的效果[166]。2010 年,
Gökhan Göktürkler 和 Çağlayan Balkaya 通过程函方程计算雷达波旅行时来进行钻
孔地质雷达的层析成像, 应用共轭梯度最小二乘法解 Jacobian 矩阵, 并将该方法
用于在美国爱达荷州 Boise 水文研究中心采集到的钻孔地质雷达实际探测数据
中, 其结果与基于射线追踪反演的结果相比具有较为清晰的结果[167]。高分辨率
的钻孔地质雷达层析成像图能够显示出地下介质的结构参数(如含水量), Majken
C. Looms 等在 2010 年用线性随机反演法对钻孔地质雷达数据进行层析成像反
演, 得到雷达波在地下介质中传播速度的分布图, 并将该方法用于在丹麦一处区
域采集的实际数据处理中, 结果显示相隔 10 m 的两个区域存在着结构性差
异[168]。Evert Slob 等在 2010 年针对钻孔地质雷达的发展进行了详细的介绍, 尤
其对空气耦合的钻孔地质雷达天线进行了详细介绍, 并说明了钻孔地质雷达今后
的三个发展方向: 正演模拟、层析成像和全波场反演[169]。钻孔地质雷达的衰减
系数反演能够帮助我们很好地了解地下介质中流体的流动, Emily A. Hinz 和
John H. Bradford 在 2010 年用基于数据驱动的自适应网格对雷达反射波进行衰减
系数反演, 得到的反演结果中衰减系数的分布与实际模型中电导率的分布基本一

致[170]。结合 2 维钻孔地质雷达速度层析成像图和 3 维数据偏移得到地下介质的孔隙度和渗透率,2011 年,Hussein Harbi 和 George A. McMechan 用该方法对美国田纳西州 Ellenburger 白云石矿中采集到的钻孔地质雷达数据进行处理,得到了如下结论:0~5 m 深处,地下介质具有较小的孔隙度和渗透率;5~9 m 深处地下介质具有较高的孔隙度和渗透率;9~15 m 深处的孔隙度和渗透率适中[171]。钻孔地质雷达能够通过速度层析成像提供地下介质中电磁波波速的分布图,从而得出地下介质中含水量的分布图,有鉴于此,B. Dafflon 等在 2011 年通过对美国爱达荷州 Boise 水文研究中心采集到的多孔相交钻孔地质雷达实际探测数据进行联合反演,得到了该地区地下介质含水量的分布[172]。2012 年,Jung-Ho Kim 等计算了钻孔地质雷达普通电流激励源产生的电场值和磁场值,并将频率域中这两个互相正交的场值之比用于对 2 维数据的反演,对 2 维模拟数据进行反演的结果表明通过该方法得到的地下介质电性参数分布较为准确,并且与激励源和 3 维空间雷达波传播特性的补偿无关[173]。结合地质统计学的先验信息与扩展的 Metropolis 算法,Knud Skou Cordua 等在 2012 年通过基于 Monte Carlo 的全波场反演方法对钻孔地质雷达数据进行了反演研究,并通过模拟计算得到了如下结论:该方法比传统方法具有一定的先进性,但对计算机的要求更高;先验信息是影响反演结果的一个重要因素[174]。2012 年,Caroline Dorn 等在 70~100 m 深的相邻三个钻孔内针对钻孔周围的断裂带分布分别进行了 100 MHz 和 250 MHz 的钻孔地质雷达单孔反射探测和跨孔探测(2~20 m 用 100 MHz 天线,2~12 m 用 250 MHz 天线),并根据这些数据成功得到了断裂的分布图[175]。钻孔地质雷达的波形反演中关键的一步就是要知道激励源的子波形式,Florian Belina 等在 2012 年提出了一种迭代反褶积方法来对钻孔地质雷达时间域波形反演中激励源子波进行求解,结果显示该方法在介电常数和电导率均为非均匀的情况下一样能够得到准确的激励源子波,且环境噪声和起始子波的相位特性对该方法的影响较小,证明该方法能够很好地应用在钻孔地质雷达数据的波形反演中[176]。现在的钻孔地质雷达波形反演是建立在介质的电磁本构参数与频率无关的前提下的,但是实际上这些参数都是和频率有关的,而且会造成钻孔地质雷达数据的频散现象,对此,2012 年 Florian Belina 等对存在不同程度介电频散的钻孔地质雷达波形反演方法进行了综合分析,结果显示在进行波形反演时结合对激励源子波的计算能够更好地对地下介质进行成像[177]。有水流渗透进地下时采集到的钻孔地质雷达数据能够反映出地下非饱和区的水文特性,2013 年 M. Scholer 等通过 Markov-chain-Monte-Carlo 贝叶斯随机反演对钻孔地质雷达的 ZOP 旅行时数据进行反演以便求得地下层状介质的 van Genuchten-Mualem 参数,结果显示对钻孔地质雷达的 ZOP 旅行时数据进行反演能够较为清晰地得到地下介质的水文特性[178]。2013 年,Thomas Mejer Hansen 等利用 Matlab 工具箱的 SIPPI 工具对钻孔地质雷达数据进行反演,并进行了不同模型的钻孔地质雷达正演模拟；通过最小二乘法和扩展的 Metropolis 算法分别解线性与非线性反演方程，并将 SIPPI 工具应用到丹麦 Arrenæs 地区采集到的钻孔地质雷达实际数据的反演中[179]。在实际研究过程中，还有一些其他方法，如 Julien Minet、Giovanni Meles、Claudio Patriarca 等对雷达的反射数据进行全波形反演成像[180-182]，以便得到地下介质的结构分布图，这种方法对于钻孔地质雷达的单孔反射数据和地面探地雷达数据都能取得较好的效果。

1.4 各向异性介质中地震波法研究现状

1977 年，Crampin 通过研究指出裂缝诱导是地壳中地震各向异性的主要原因[183]，并于 1985 年提出了 EAD 介质的模型[184]；1980 年，Crampin 利用 P 波速度的各向异性反演裂隙参数[185]；1984 年，Hkae 用三阶泰勒级数来表示 TI 介质中的时距方程[186]；1984 年 Byun 提出了射线追踪模拟法[187-188]；1986 年 Winstein 用 P 波和 SH 波的速度反演介质的各向异性参数[189]；1990 年 Uren 给出了 VTI 介质中倾斜界面的动校正表达式[190]；1990 年何樵登、张中杰进行了二维与三维横向各向同性介质（EDA 和 PTL）中地震波的反演研究[191]；1992 年 Mark Graebner 利用射线参数推导了 VTI 介质中 P 波的反射系数公式[192]；1992 年阎贫用广义波恩反演法反演五个参数[193]；Smaee 和 Blnagy（1992，1994）对各向异性介质中的黏弹性、衰减、吸收、AVO 等现象进行了研究[194-195]。1992 年姚陈等利用天然地震资料研究了地壳中裂隙的各向异性[196]；1994 年侯安宁用数值计算研究了各向异性介质弹性波场，导出了三维 EDA 介质的相速度和格林函数解析解[197]；牛滨华（1994，1995，1998）研究了 EDA 介质中的有限元波场正演和 P 波各向异性的提取方法[198-200]；1994 年滕吉文和张中杰研究了各向异性介质中三分量弹性波场的叠前偏移[201]；1994 年 Tsvankin 推导出 VTI 介质中以四阶泰勒系数表示的时距方程[202]；Carcione（1995，1997，2001）研究了黏弹各向异性介质的本构方程（即应力-应变关系），发展并完善了黏弹各向异性介质基本理论[203-205]；1996 年何樵登用神经网络、GA 算法等反演了裂隙介质中的弹性参数[206]；Ruger（1996，1997）推导了 HTI 介质中纵波反射系数弱各向异性近似公式，研究了其随方位角变化的关系[207-208]；1997 年 Tsvankin 给出 HTI 介质中纯模式地震波的动校正速度公式和对介质参数估计的分析[209]；1998 年 Vavrycuk 等基于摄动法推导出 VTI 介质和正交各向异性介质中 P 波的近似反射系数[210]；1998 年 Grechk 给出了非均匀 TI 介质中的三维动校正速度表达式[211]；贺振华和黄德济等（1998，1999）从岩石物理的角度对各向异性特别是裂隙诱导的各向异性介质进行了广泛深入的研究[212-213]；1998 年徐常练引入时差速度调节因子对常规双曲线方程进行了改进，改善了计算精度[214]；Hnayga（1999，2000）提出了动态射线追踪模拟法[215-216]；2002 年 Grechka 利用 PP 波、PS 波联合动校正速度分析反演 VTI 介质参数[217]；杜启振（2002，2003，2004，2006）通过数值计算研究黏弹各向异性介质中的速度频散和衰减特征[218-221]；2002 年张世俊利用 EDA 介质中的地震波动校正公式和遗传算法进行参数反演的数值实验[222]；2002 年朱成宏等利用 EDA 介质中 P 波动校正速度随测线方位的椭圆变化规律来探测裂隙的走向和裂隙的发育密度[223]；2003 年 Pech 给出了倾斜 TI 介质中时距方程四阶泰勒系数的三维表达式[224]；2003 年罗省贤等用横波分裂原理进行了实际数据的裂缝探测[225]；2004 年 Pech 给出了倾斜 HTI 介质中的四阶泰勒系数[226]，2006 年 Dewangan 对倾斜 TI 介质 PS 时差反演进行了物理模拟[227]。2004 年 Peter jilek 通过求解 Christoffel 方程，给出弱各向异性 VTI、HTI 介质中 PS 反射系数[228]；2005 年 Cerveny 研究了黏弹性单斜各向异性介质中 SH 波相速度、偏振方向等随非均匀角变化的规律[229]；2005 年方勇研究了 EDA 裂隙中液体性质对地震响应的影响，以便于进行流体识别[230]；2005 年卢明辉和唐建侯等对多种时距方程进行了数值计算，结果表明 Alkhalifah 提出的非双曲时距方程精度较高[231]；2005 年刘洋和魏修成对多种反射波非双曲时距方程进行了比较分析，给出了一些较好的结论[232]；2005 年卢明辉对正交各向异性介质 P 波进行了走时分析，并采用最小二乘法反演了其 Thomsen 参数[231]；刘彦（2005，2008）通过动校正分析，进行了各向异性多参数反演[233-234]；2005 年方勇利用 EDA 介质各向异性理论研究了裂隙性质并进行了流体识别[230]；Yaping Zhu 和 Ilya Tsvankin（2006，2007）研究了黏弹 VTI 介质和正交各向异介质中的相衰减和群衰减特征，并给出了其弱各向异性近似表达式[235-236]；刘财，郭智奇（2006，2007，2008）对黏弹各向异性介质进行了伪谱法波场数值模拟[237-239]，系统地研究了黏弹各向异性薄（互）层波的反射、透射等问题；2006 年孙武亮研究了 EDA 介质中地震波的物理模拟，并用于预测裂隙走向及裂隙密度[240]；2006 年尤建军对 Alkhalifah 法进行了优化，提高了计算精度[241]；2007 年孙晶波通过引入远偏移距收敛因子，对常规双曲线时距方程进行了改进，提高了速度分析精度，改善了叠加剖面质量[242]；2007 年郝重涛研究任意空间取向 TI 介质纯模式反射非双曲线方程[243]；2007 年杜启振等对常规双曲线时距方程进行了改进，给出了 VTI 介质时距方程，并与 Alkhalifah 计算结果进行了对比分析[244]；2007 年 Vavryčuk 研究了黏弹性 VTI 介质中非均匀波的群衰减系数随群角的变化规律[245]；2008 年孙银行采用各向同性近似法对弱各向异性介质进行了数值模拟，并进行了波场分析[246]；2008 年 Vavryčuk 利用摄动法推导了黏弹性 VTI 介质中地震波的速度、衰减系数和品质因子表达式[247]；2008 年 Vavryčuk 提出用实射线追踪法对黏弹性各向异性介质中地震波进行数值模拟，取得了较好效果[248]。2008 年刘前坤对方位各向异性介质反射系数随偏移距的变化规律和波阻抗进行了详细研究[249]；2009

年郭智奇研究了黏弹各向异性介质中的反射、透射系数，并给出的衰减系数的反演算法[250]。2009 年 Behura 研究了 VTI 介质和正交各向异性介质中相衰减和群衰减系数的变化规律，并利用谱比法进行衰减估计[251]；2009 年 Vavryčuk 给出了弱各向异性衰减参数[252]。2009 年 Milana Ayzenberg 等给出了横向各向异性介质中弯曲界面的等效反射系数计算公式[253]；2009 年 Jyoti Behura 以各向同性黏弹性介质为背景介质，利用摄动法推导出黏弹性 VTI 介质中 P 波、PS 波的反射系数近似公式[254]。吴国忱(2009，2010)推导出 TTI 介质中地震波的精确相速度和偏振向量表达式，并给出了其弱各向异性近似表达式[255-256]；2009 年孙福利实现了弱各向异性介质中 qP 波的一阶射线追踪[257]；2009 年吴萍研究了 HTI 介质中纵波随方位角的变化特性[258]；2010 年郝奇用改进的摄动理论研究弱各向异性黏弹性介质中的非均匀平面波的传播特征并进行了误差分析，得出了一些有益的结论[259]；2010 年郭智奇研究了各向异性介质衰减特性[260]，2010 年聂建新研究了黏弹性各向异性介质中波的频散与衰减特性[261]。

1.5　本书的主要内容

本书主要内容如下：

第 1 章为绪论。介绍了本书的研究意义、瞬变电磁法研究现状、钻孔地质雷达研究现状、各向异性介质中地震波法研究现状及本书的主要内容。

第 2 章为矩形回线源激发的时间域电磁场。推导了垂直磁偶源激发的频率域电磁响应公式及矩形回线源激发的频率域电磁响应公式，最后采用 G-S 算法求取矩形回线源激发的时间域电磁场表达式。

第 3 章为三维有限差分方法。介绍了时间域有限差分实现瞬变电磁三维数值模拟过程中的关键点，包括控制方程的推导、时间剖分、边界条件的确定、初始值及时间步长的选取等。

第 4 章为瞬变电磁法三维数值模拟。将典型地电模型时间域有限差分三维数值模拟结果同一维正演解析解进行对比，验证了该算法的正确性；同时总结了空间步长和时间步长的选择对计算结果的影响，并详细地阐述了电磁波在空间的传播过程。

第 5 章为钻孔地质雷达正演模拟。从钻孔地质雷达电磁场的性质出发，分析了钻孔地质雷达场源的基本特性和钻孔地质雷达系统响应特征；结合 Maxwell 方程组和电磁波的本构方程，导出钻孔地质雷达的 TM 波和 TE 波的差分方程，以及 FDTD 数值模拟的数值稳定性条件；导出了完全匹配层(PML)方程以及单轴完全匹配层(UPML)的时间域方程和差分方程、卷积完全匹配层(CPML)边界条件的时间域方程和差分方程，并针对 CPML 中参数的选取进行了分析；最后针对背景为均匀介质的情况进行了 PML、UPML、CPML 三种吸收边界条件吸收效果的对比验证。

第 6 章为钻孔地质雷达有限差分正演模拟。分为两种探测模式的数值模拟，一种为单孔反射数值模拟，另一种为跨孔探测数值模拟。为了证明书中所选取的方法和参数对数值模拟的影响，在两种探测模式的数值模拟中都将模拟结果与实际探测数据进行了对比分析，事实证明本书所采取的方法是正确的，且能够取得良好的效果。

第 7 章为钻孔地质雷达层析成像算法改进。本书根据互相关函数法对初至波旅行时的提取进行了改进，以使大收发角度数据的初至波旅行时提取能够更为准确；分析、总结了天线对钻孔地质雷达跨孔探测时初至波传播视速度的影响，结合数值模拟数据和实际探测数据中视速度的计算值，给出初至波新的传播路径，并根据新的传播路径对初至波旅行时进行修正，以便更好地符合层析成像方法中基于点状天线发射和接收时的传播路径。

第 8 章为 EDA 介质中地震波参数反演。通过对传统时距方程进行修正，由 VTI 介质出发利用有限替代关系推导出 HTI、EDA 介质的时距方程，并通过数值计算对不同方程在不同排列长度时的动校正精度进行了具体分析，得出各方程的适用条件；由极端各向异性介质出发，推导出倾斜 HTI、EDA 介质中动校正速度的表达式，得到动校正速度与方位角、各向异性参数、倾角的关系，并对多层水平、倾斜模型进行速度分析和动校正计算。以多层倾斜 EDA 模型为例进行参数反演，利用最小二乘法对模拟记录进行相似性分析，得到动校正速度，然后由动校正速度与各向异性参数及对称轴方位角的关系，进行参数反演，另外由地震波走时及射线追踪法，以及多项式拟合法反演了地下界面的几何参数，并对反演结果进行了误差分析。

第 9 章为瞬变电磁法案例分析。以张官高速沅古坪特长隧道为例，该隧道位于湖南省西北部，横跨武陵山区，地形起伏大；隧道围岩以奥陶系下统盘家咀组泥质灰岩、条带状灰岩，寒武系上统探溪组泥质灰岩、泥质条带状灰岩、灰岩为主，地质条件复杂。在实际应用中，根据隧道空间点，合理布设测线并对数据进行解释。

第 10 章为钻孔地质雷达案例分析，对正演模拟得到的跨孔数据和实际工程中采集到的实测数据，分别用常规方法与改进之后的方法进行处理，并对实测数据处理的结果进行钻孔验证。

第 11 章为地震波法实例分析。云阳山隧道主要为砂岩，垂直裂隙发育，地下水丰富，正好可用 EDA 介质模型来描述。在勘探中采用了多方位布线法，确定了不同方位的动校正速度，探明了裂隙的走向，然后利用反演的各向异性参数，由各向异性参数裂隙密度及柔度比的关系式计算了模型的裂隙密度，预测了模型的富水程度，随后的开挖结果也验证了预测的准确性。

第 2 章　矩形回线源激发的时间域电磁场

本章的具体思路是先求解垂直磁偶源激发的频率域电磁场，然后对垂直磁偶源的磁矩沿矩形回线进行面积积分，得到矩形回线源激发的频率域电磁场的表达式，最后给出了矩形回线电磁场的瞬态响应。本章公式推导主要参考了米萨克. N. 纳比吉安编写的《勘察地球物理电磁法 第一卷 理论》[262]。

2.1　垂直磁偶源激发的频率域电磁场

位于水平层状介质表面的垂直磁偶源激发的一次电场和二次电场均只含水平分量，而不含垂直分量，属于 TE 极化模式[262-263]，在有源区域，电磁场的解由互补解和特解组成，在无源区域，电磁场的解只有互补解。这里我们只考虑源在空气中，即源位于地表以上的情形。

2.1.1　互补解

设由磁偶源引起的矢量势为 $\vec{F}$ ，

$$\vec{F} = F\vec{u}_z \tag{2-1}$$

标量势 F 满足齐次赫姆霍兹方程，即

$$\nabla^2 F + k^2 F = 0 \tag{2-2}$$

利用二维傅里叶变化将方程(2-2)转换为常微分方程，其中二维傅里叶变化定义如下：

$$\check{F}(k_x, k_y, z) = \int_{-\infty}^{\infty} \int_{-\infty}^{\infty} F(x, y, z) e^{-i(k_x x + k_y y)} \, dx dy \tag{2-3}$$

对方程(2-2)进行变换，得：

$$\frac{d^2 \check{F}}{dz^2} - u^2 \check{F} = 0 \tag{2-4}$$

式中,

$$u^2 = k_x^2 + k_y^2 - k^2 \tag{2-5}$$

式(2-3)类似于平面波的波动方程,它的解为

$$\check{F}(k_x, k_y, z) = F^+(k_x, k_y)e^{-uz} + F^-(k_x, k_y)e^{uz} \tag{2-6}$$

式中,角标"+"表示向下衰减,角标"−"表示向上衰减。

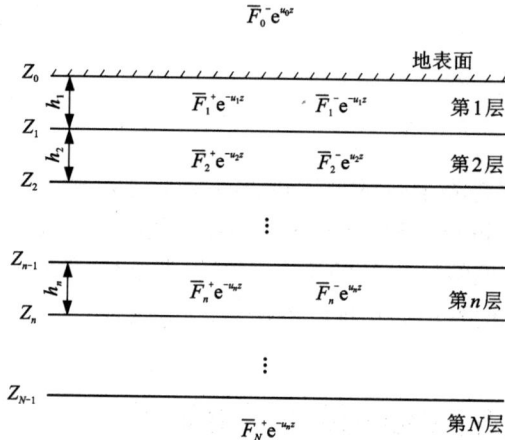

图 2.1 N 层大地中经傅里叶变换的 TE 势 $\check{F}$ 的解

图 2.1 中,

$$u_n = (k_x^2 + k_y^2 - k_n^2)^{1/2} \tag{2-7}$$

式中, k_n 为第 n 层的波数。

2.1.2 特解

根据米萨克.N.纳比吉安的推导,位于地表处的磁偶源激发的电磁场的特解为

$$\check{F}_p(k_x, k_y)e^{-u_0|z|} = \check{F}_p(k_x, k_y)e^{u_0z} \tag{2-8}$$

式中, $\check{F}_p$ 为入射场的振幅。

2.1.3 通解

(1)空气层中

当源位于地表以上时,空气层中的通解为互补解和特解的矢量之和,即

$$\check{F}_0 = \check{F}_0^-e^{u_0z} + \check{F}_p^+e^{u_0z} \tag{2-9}$$

式中, $\check{F}_0^-$ 由下式确定:

$$\check{F}_0^- = r_{\text{TE}}\check{F}_{\text{p}}\mathrm{e}^{-u_0 h} \tag{2-10}$$

式中，r_{TE} 为反射系数，由下式确定

$$r_{\text{TE}} = \frac{Y_0 - \hat{Y}_1}{Y_0 + \hat{Y}} \tag{2-11}$$

式中，

$$Y_0 = \frac{u_0}{\hat{z}_0}（自由空间的本征导纳） \tag{2-12}$$

$$\hat{z}_0 = iw\mu_0 \tag{2-13}$$

如图 2.1 所示的 N 层大地，地表导纳为：

$$\hat{Y}_1 = Y_1 \cdot \frac{\hat{Y}_2 + Y_1\tanh(u_1 h_1)}{Y_1 + \hat{Y}_2\tanh(u_1 h_1)} \tag{2-14}$$

$$\hat{Y}_n = Y_n \cdot \frac{\hat{Y}_{n+1} + Y_n\tanh(u_n h_n)}{Y_n + \hat{Y}_{n+1}\tanh(u_n h_n)} \tag{2-15}$$

$$\hat{Y}_N = Y_N \tag{2-16}$$

这样，就可以得到空气层中的解

$$\check{F}_0 = r_{\text{TE}}\check{F}_{\text{p}}\mathrm{e}^{u_0 h}\mathrm{e}^{u_0 z} + \check{F}_{\text{p}}\mathrm{e}^{-u_0 |z+h|} \tag{2-17}$$

（2）中间层（$n = 1, 2, \cdots, N-1$）

根据李建慧博士的推导[263]，该层的标量势为

$$\check{F}_n = \check{F}_{\text{p}}\left[a_n\mathrm{e}^{-u_n(z-Z_n)} + b_n\mathrm{e}^{u_n(z-Z_n)}\right] \tag{2-18}$$

在层与层的分界面上，标量势满足如下关系：

$$\begin{cases} \check{F}_{n-1}^z = \check{F}_n^z \\ \dfrac{1}{\mu_{n-1}}\dfrac{\partial \check{F}_{n-1}^z}{\partial z} = \dfrac{1}{\mu_n}\dfrac{\partial \check{F}_n^z}{\partial z} \end{cases} \tag{2-19}$$

（3）第 N 层

该层的标量势没有特解，只有一个互补解为

$$\check{F}_N = \check{F}_N^+\mathrm{e}^{-u_N z} \tag{2-20}$$

2.1.4　垂直磁偶源激发的频率域电磁场

位于坐标（$x' = 0, y' = 0, z' = 0$）处的磁偶源，其磁矩为 $m\vec{u}_z$，$\check{F}_{\text{p}} = \dfrac{\hat{z}_0 m}{2u_0}$，代入式（2-17）~式（2-20）中，联立方程组，就可以求出空间中的标量势。这里我们给出均匀半空间中的频率域电磁场。

（1）空气层中的频率域电磁场

空气中的标量势：

$$\breve{F}_0 = \frac{\hat{z}_0\, m}{2u_0}(r_{\mathrm{TE}}\mathrm{e}^{u_0 z} + \mathrm{e}^{-u_0 z}) \tag{2-21}$$

反傅里叶变化定义如下

$$F(x,\, y,\, z) = \frac{1}{4\pi^2}\int_{-\infty}^{\infty}\int_{-\infty}^{\infty}\breve{F}(k_x,\, k_y,\, z)\,\mathrm{e}^{\mathrm{i}(k_x x + k_y y)}\,\mathrm{d}k_x\mathrm{d}k_y \tag{2-22}$$

对式（2-21）进行反傅里叶变化得：

$$F_0(x,\, y,\, z) = \frac{\hat{z}_0\, m}{8\pi^2}\int_{-\infty}^{\infty}\int_{-\infty}^{\infty}(r_{\mathrm{TE}}\mathrm{e}^{u_0 z} + \mathrm{e}^{-u_0 z})\frac{1}{u_0}\mathrm{e}^{\mathrm{i}(k_x x + k_y y)}\,\mathrm{d}k_x\mathrm{d}k_y \tag{2-23}$$

利用关系式

$$\int_{-\infty}^{\infty}\int_{-\infty}^{\infty}F(k_x^2 + k_y^2)\,\mathrm{e}^{\mathrm{i}(k_x x + k_y y)}\,\mathrm{d}k_x\mathrm{d}k_y = 2\pi\int_0^{\infty}F(\lambda)\lambda J_0(\lambda\rho)\,\mathrm{d}\lambda \tag{2-24}$$

式中，$\rho = \sqrt{x^2 + y^2}$，$u_n = \sqrt{\lambda^2 - k_n^2}$

方程（2-23）变为：

$$F_0(\rho,\, z) = \frac{\hat{z}_0\, m}{4\pi}\int_0^{\infty}\frac{\lambda}{u_0}\cdot(r_{\mathrm{TE}}\mathrm{e}^{u_0 z} + \mathrm{e}^{-u_0 z})J_0(\lambda\rho)\,\mathrm{d}\lambda$$

在直角坐标系中，电磁场分量与标量势的关系如下：

$$\begin{cases} E_x = -\dfrac{\partial F}{\partial y}, & H_x = \dfrac{1}{\hat{z}}\dfrac{\partial^2 F}{\partial x \partial z} \\[2mm] E_y = \dfrac{\partial F}{\partial x}, & H_y = \dfrac{1}{\hat{z}}\dfrac{\partial^2 F}{\partial y \partial z} \\[2mm] E_z = 0, & H_z = \dfrac{1}{\hat{z}}\left(\dfrac{\partial^2}{\partial z^2} + k^2\right)F \end{cases} \tag{2-25}$$

这样，就可以得到频率域电磁场各分量：

$$E_x = \frac{\hat{z}_0\, m}{4\pi}\int_0^{\infty}\frac{\lambda^2}{u_0}\cdot(r_{\mathrm{TE}}\mathrm{e}^{u_0 z} + \mathrm{e}^{-u_0 z})\frac{y}{\rho}J_1(\lambda\rho)\,\mathrm{d}\lambda \tag{2-26}$$

$$E_y = -\frac{\hat{z}_0\, m}{4\pi}\int_0^{\infty}\frac{\lambda^2}{u_0}\cdot(r_{\mathrm{TE}}\mathrm{e}^{u_0 z} + \mathrm{e}^{-u_0 z})\frac{x}{\rho}J_1(\lambda\rho)\,\mathrm{d}\lambda \tag{2-27}$$

$$H_x = \frac{m}{4\pi}\int_0^{\infty}\lambda^2\cdot(\mathrm{e}^{-u_0 z} - r_{\mathrm{TE}}\mathrm{e}^{u_0 z})\frac{x}{\rho}J_1(\lambda\rho)\,\mathrm{d}\lambda \tag{2-28}$$

$$H_y = \frac{m}{4\pi}\int_0^{\infty}\lambda^2\cdot(\mathrm{e}^{-u_0 z} - r_{\mathrm{TE}}\mathrm{e}^{u_0 z})\frac{y}{\rho}J_1(\lambda\rho)\,\mathrm{d}\lambda \tag{2-29}$$

$$H_z = \frac{m}{4\pi}\int_0^{\infty}\frac{\lambda^3}{u_0}\cdot(\mathrm{e}^{-u_0 z} + r_{\mathrm{TE}}\mathrm{e}^{u_0 z})J_0(\lambda\rho)\,\mathrm{d}\lambda \tag{2-30}$$

（2）均匀半空间中的频率域电磁场

在均匀半空间中，电磁场只能向下衰减，这时标量势为

$$\check{F}_1(k_x,\ k_y,\ z)=\check{F}_1^+ \mathrm{e}^{-u_1 z} \tag{2-31}$$

式中，

$$\check{F}_1^+=t_{\mathrm{TE}}F_{\mathrm{p}} \tag{2-32}$$

式中，t_{TE} 为透射系数，由下式确定

$$t_{\mathrm{TE}}=\frac{2Y_0}{Y_0+\hat{Y}} \tag{2-33}$$

对式（2-31）进行反傅里叶变换，有：

$$F_1(\rho,\ z)=\frac{\hat{z}m}{4\pi}\int_0^\infty t_{\mathrm{TE}}\cdot \mathrm{e}^{-u_1 z}J_0(\lambda\rho)\,\mathrm{d}\lambda \tag{2-34}$$

根据式（2-25），可以得到均匀半空间中电磁场的各分量：

$$E_x=\frac{\hat{z}m}{4\pi}\int_0^\infty \frac{\lambda^2}{u_0}\cdot t_{\mathrm{TE}}\cdot \mathrm{e}^{-u_1 z}\frac{y}{\rho}J_1(\lambda\rho)\,\mathrm{d}\lambda \tag{2-35}$$

$$E_y=-\frac{\hat{z}m}{4\pi}\int_0^\infty \frac{\lambda^2}{u_0}\cdot t_{\mathrm{TE}}\cdot \mathrm{e}^{-u_1 z}\frac{x}{\rho}J_1(\lambda\rho)\,\mathrm{d}\lambda \tag{2-36}$$

$$H_x=\frac{m}{4\pi}\int_0^\infty \lambda^2\frac{u_1}{u_0}\cdot t_{\mathrm{TE}}\cdot \mathrm{e}^{-u_1 z}\frac{x}{\rho}J_1(\lambda\rho)\,\mathrm{d}\lambda \tag{2-37}$$

$$H_y=\frac{m}{4\pi}\int_0^\infty \lambda^2\frac{u_1}{u_0}\cdot t_{\mathrm{TE}}\cdot \mathrm{e}^{-u_1 z}\frac{y}{\rho}J_1(\lambda\rho)\,\mathrm{d}\lambda \tag{2-38}$$

$$H_z=\frac{m}{4\pi}\int_0^\infty \lambda^2\cdot \frac{u_1}{u_0}t_{\mathrm{TE}}\cdot \mathrm{e}^{-u_1 z}J_0(\lambda\rho)\,\mathrm{d}\lambda \tag{2-39}$$

2.2 矩形回线源激发的频率域电磁场

铺设于地表的矩形回线源，不能看作单个垂直磁偶源，但在计算过程中，可以将式（2-26）~式（2-30），以及式（2-35）~式（2-39）中的磁矩 m 用 $\mathrm{d}m=I\mathrm{d}s=I\mathrm{d}x'\mathrm{d}y'$ 代替，然后对其沿发射回线进行面积积分，求出矩形回线源激发的频率域电磁场的表达式。如图 2.2 所示，铺设于地表的矩形线框沿 x 轴长 $2W$，沿 y 轴长 $2L$，线框中心点与坐标轴中心点重合。$(x',y',0)$ 为磁偶源坐标，(x,y,z) 为接收点坐标。

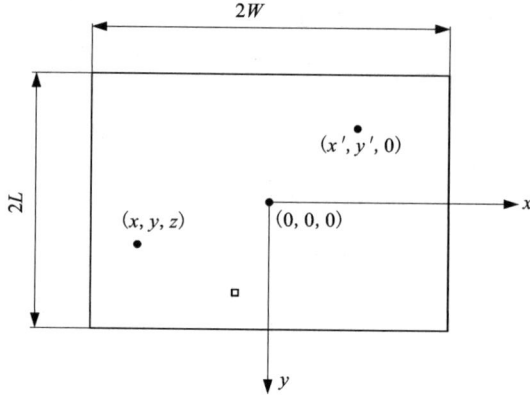

图 2.2 铺设于地表的矩形线框

2.2.1 空气中的电磁场

对方程(2-26)用 $dm = Idx'dy'$ 代替磁矩 m，然后对其沿发射回线进行面积积分，有：

$$E_x = \frac{\hat{z}_0 I}{4\pi}\int_{-L}^{L}\int_{-W}^{W}\left[\int_0^\infty \frac{\lambda^2}{u_0}\cdot(r_{\text{TE}}e^{u_0z}+e^{-u_0z})\frac{y-y'}{\rho}J_1(\lambda\rho)d\lambda\right]dx'dy' \quad (2\text{-}40)$$

式中，$\rho = [(x-x')^2+(y-y')^2]^{1/2}$。

因为贝塞尔函数存在如下关系式：

$$\frac{\partial J_0(\lambda\rho)}{\partial y'} = \lambda\frac{y-y'}{\rho}J_1(\lambda\rho) \quad (2\text{-}41)$$

故化解式(2-40)，有：

$$E_x = \frac{\hat{z}_0 I}{4\pi}\int_{-W}^{W}\int_0^\infty \frac{\lambda}{u_0}\cdot(r_{\text{TE}}e^{u_0z}+e^{-u_0z})[J_0(\lambda\rho_L)-J_0(\lambda\rho_{-L})]d\lambda dx' \quad (2\text{-}42)$$

式中，$\rho_L = [(x-x')^2+(y-L)^2]^{1/2}$，$\rho_{-L}=[(x-x')^2+(y+L)^2]^{1/2}$

同理，可以推出空气中其他电磁场分量，它们分别是：

$$E_y = -\frac{\hat{z}_0 I}{4\pi}\int_{-L}^{L}\int_0^\infty \frac{\lambda}{u_0}\cdot(r_{\text{TE}}e^{u_0z}+e^{-u_0z})[J_0(\lambda\rho_W)-J_0(\lambda\rho_{-W})]d\lambda dy' \quad (2\text{-}43)$$

$$H_x = \frac{I}{4\pi}\int_{-L}^{L}\int_0^\infty \lambda(e^{-u_0z}-r_{\text{TE}}e^{u_0z})[J_0(\lambda\rho_W)-J_0(\lambda\rho_{-W})]d\lambda dy' \quad (2\text{-}44)$$

$$H_y = \frac{I}{4\pi}\int_{-W}^{W}\int_0^\infty \lambda(e^{-u_0z}-r_{\text{TE}}e^{u_0z})[J_0(\lambda\rho_L)-J_0(\lambda\rho_{-L})]d\lambda dx' \quad (2\text{-}45)$$

$$H_z = \frac{I}{4\pi}\int_{-L}^{L}\int_{-W}^{W}\int_0^\infty \frac{\lambda^3}{u_0}\cdot(e^{-u_0z}+r_{\text{TE}}e^{u_0z})J_0(\lambda\rho)d\lambda dx'dy' \quad (2\text{-}46)$$

式中：$\rho_W = [(x - W)^2 + (y - y')^2]^{1/2}$，$\rho_{-W} = [(x + W)^2 + (y - y')^2]^{1/2}$。

2.2.2　均匀半空间中的电磁场

对式(2-35)~式(2-39)用 $dm = Idx'dy'$ 代替磁矩 m，然后对其沿发射回线进行面积积分，有：

$$E_x = \frac{\hat{z}I}{4\pi} \int_{-W}^{W} \int_0^\infty \frac{\lambda}{u_0} \cdot t_{TE} \cdot e^{-u_1 z} [J_0(\lambda \rho_L) - J_0(\lambda \rho_{-L})] d\lambda dx' \quad (2-47)$$

$$E_y = -\frac{\hat{z}I}{4\pi} \int_{-L}^{L} \int_0^\infty \frac{\lambda}{u_0} \cdot t_{TE} \cdot e^{-u_1 z} [J_0(\lambda \rho_W) - J_0(\lambda \rho_{-W})] d\lambda dy' \quad (2-48)$$

$$H_x = \frac{I}{4\pi} \int_{-L}^{L} \int_0^\infty \lambda \cdot \frac{u_1}{u_0} t_{TE} \cdot e^{-u_1 z} [J_0(\lambda \rho_W) - J_0(\lambda \rho_{-W})] d\lambda dy' \quad (2-49)$$

$$H_y = \frac{I}{4\pi} \int_{-W}^{W} \int_0^\infty \lambda \cdot \frac{u_1}{u_0} t_{TE} \cdot e^{-u_1 z} [J_0(\lambda \rho_L) - J_0(\lambda \rho_{-L})] d\lambda dx' \quad (2-50)$$

$$H_z = \frac{I}{4\pi} \int_{-L}^{L} \int_{-W}^{W} \int_0^\infty \lambda^2 \cdot \frac{u_1}{u_0} t_{TE} \cdot e^{-u_1 z} J_0(\lambda \rho) d\lambda dx' dy' \quad (2-51)$$

2.3　矩形回线源激发的时间域电磁场

将电磁场从频率域转换到时间域有三种方法，分别是 Gaver-Stehefest(G-S)算法、数值线性滤波法(Guptasaram 算法)和余弦变换多项式近似算法[264]。在早期三种算法的精度均很高，随着时间的延长，三种算法的计算精度都降低，并且三种算法中余弦变换多项式近似算法的计算精度最高，但其计算量也较大。由于本书是计算初始时刻，即早期的瞬变电磁场，故选用 G-S 算法。

2.3.1　G-S 算法

根据 G-S 算法，下式

$$P(t) = \frac{1}{2\pi i} \int_0^\infty P(s) e^{st} ds \quad (2-52)$$

的数值算法如下：

$$P(t) = \frac{\ln 2}{t} \sum_{j=1}^{J} K_j P\left(\frac{\ln 2}{t} j\right) \quad (2-53)$$

式中，K_j 为 G-S 变换滤波系数，J 为 G-S 变换滤波系数的数量。常见的 K_j 如表 2-1 所示。

表2-1 常见的 K_j 系数

J	j		
	12	14	16
1	$-1.666666666666667\times10^{-2}$	$2.777777777777778\times10^{-3}$	$-3.968253968253968\times10^{-4}$
2	$1.601666666666667\times10$	-6.402777777777779	2.133730158730159
3	$-1.247000000000000\times10^{3}$	$9.240500000000000\times10^{2}$	$-5.510166666666667\times10^{2}$
4	$2.755433333333333\times10^{4}$	$-3.459792777777778\times10^{4}$	$3.350016111111111\times10^{4}$
5	$-2.632808333333333\times10^{5}$	$5.403211111111111\times10^{5}$	$-8.126651111111111\times10^{5}$
6	$1.324138700000000\times10^{6}$	$-4.398346366666667\times10^{6}$	$1.007618376666667\times10^{7}$
7	$-3.891705533333333\times10^{6}$	$2.108759177777778\times10^{7}$	$-7.324138297777778\times10^{7}$
8	$7.053286333333333\times10^{6}$	$-6.394491304444444\times10^{7}$	$3.390596320730159\times10^{8}$
9	$-8.005336500000000\times10^{6}$	$1.275975795500000\times10^{8}$	$-1.052539536278571\times10^{9}$
10	$5.552830500000000\times10^{6}$	$-1.701371880833333\times10^{8}$	$2.259013328583334\times10^{9}$
11	$-2.155507200000000\times10^{6}$	$1.503274670333333\times10^{8}$	$-3.399701984433333\times10^{9}$
12	$3.592512000000000\times10^{5}$	$-8.459216150000000\times10^{7}$	$3.582450461700000\times10^{9}$
13		$2.747888476666667\times10^{7}$	$-2.591494081366667\times10^{9}$
14		$-3.925554966666667\times10^{6}$	$1.227049828766667\times10^{9}$
15			$-3.427345554285714\times10^{8}$
16			$4.284181942857143\times10^{7}$

2.3.2 下阶跃电流激发的阶跃响应

（1）上阶跃电流激发的阶跃响应

对公式（2-42）~式（2-51）两侧均除以 iw，并对其进行 G-S 变换，将其从频率域变换到时间域，就得到全空间中的电磁场在上阶跃电流激发下的阶跃响应，整理如下：

①空气层中电磁场的上阶跃响应。

$$e_x^+ = \frac{\ln2}{t}\sum_{j=1}^{J}K_j \cdot \frac{\frac{\hat{z}_0 I}{4\pi}\int_{-W}^{W}\int_{0}^{\infty}\frac{\lambda}{u_0}\cdot(r_{TE}e^{u_0z}+e^{-u_0z})[J_0(\lambda\rho_L)-J_0(\lambda\rho_{-L})]\,d\lambda\,dx'}{j\cdot\ln2/t}$$

$$(2-54)$$

$$e_y^+ = -\frac{\ln2}{t}\sum_{j=1}^{J}K_j\frac{\dfrac{\hat{z}_0 I}{4\pi}\displaystyle\int_{-L}^{L}\int_0^{\infty}\frac{\lambda}{u_0}\cdot(r_{TE}e^{u_0 z}+e^{-u_0 z})[J_0(\lambda\rho_W)-J_0(\lambda\rho_{-W})]\mathrm{d}\lambda\,\mathrm{d}y'}{j\cdot\ln2/t} \tag{2-55}$$

$$h_x^+ = \frac{\ln2}{t}\sum_{j=1}^{J}K_j\frac{\dfrac{I}{4\pi}\displaystyle\int_{-L}^{L}\int_0^{\infty}\lambda(e^{-u_0 z}-r_{TE}e^{u_0 z})[J_0(\lambda\rho_W)-J_0(\lambda\rho_{-W})]\mathrm{d}\lambda\,\mathrm{d}y'}{j\cdot\ln2/t} \tag{2-56}$$

$$h_y^+ = \frac{\ln2}{t}\sum_{j=1}^{J}K_j\frac{\dfrac{I}{4\pi}\displaystyle\int_{-W}^{W}\int_0^{\infty}\lambda(e^{-u_0 z}-r_{TE}e^{u_0 z})[J_0(\lambda\rho_L)-J_0(\lambda\rho_{-L})]\mathrm{d}\lambda\,\mathrm{d}x'}{j\cdot\ln2/t} \tag{2-57}$$

$$h_z^+ = \frac{\ln2}{t}\sum_{j=1}^{J}K_j\frac{\dfrac{I}{4\pi}\displaystyle\int_{-L}^{L}\int_{-W}^{W}\int_0^{\infty}\frac{\lambda^3}{u_0}\cdot(e^{-u_0 z}+r_{TE}e^{u_0 z})J_0(\lambda\rho)\mathrm{d}\lambda\,\mathrm{d}x'\mathrm{d}y'}{j\cdot\ln2/t} \tag{2-58}$$

②均匀半空间中电磁场的上阶跃响应。

$$e_x^+ = \frac{\ln2}{t}\sum_{j=1}^{J}K_j\frac{\dfrac{\hat{z}_1 I}{4\pi}\displaystyle\int_{-W}^{W}\int_0^{\infty}\lambda\cdot t_{TE}\cdot e^{-u_1 z}[J_0(\lambda\rho_L)-J_0(\lambda\rho_{-L})]\mathrm{d}\lambda\,\mathrm{d}x'}{j\cdot\ln2/t} \tag{2-59}$$

$$e_y^+ = -\frac{\ln2}{t}\sum_{j=1}^{J}K_j\frac{\dfrac{\hat{z}_1 I}{4\pi}\displaystyle\int_{-L}^{L}\int_0^{\infty}\lambda\cdot t_{TE}\cdot e^{-u_1 z}[J_0(\lambda\rho_W)-J_0(\lambda\rho_{-W})]\mathrm{d}\lambda\,\mathrm{d}y'}{j\cdot\ln2/t} \tag{2-60}$$

$$h_x^+ = \frac{\ln2}{t}\sum_{j=1}^{J}K_j\frac{\dfrac{I}{4\pi}\displaystyle\int_{-L}^{L}\int_0^{\infty}\lambda^2\cdot t_{TE}\cdot e^{-u_1 z}[J_0(\lambda\rho_W)-J_0(\lambda\rho_{-W})]\mathrm{d}\lambda\,\mathrm{d}y'}{j\cdot\ln2/t} \tag{2-61}$$

$$h_y^+ = \frac{\ln2}{t}\sum_{j=1}^{J}K_j\frac{\dfrac{I}{4\pi}\displaystyle\int_{-W}^{W}\int_0^{\infty}\lambda^2\cdot t_{TE}\cdot e^{-u_1 z}[J_0(\lambda\rho_L)-J_0(\lambda\rho_{-L})]\mathrm{d}\lambda\,\mathrm{d}x'}{j\cdot\ln2/t} \tag{2-62}$$

$$h_z^+ = \frac{\ln2}{t}\sum_{j=1}^{J}K_j\frac{\dfrac{I}{4\pi}\displaystyle\int_{-L}^{L}\int_{-W}^{W}\int_0^{\infty}\lambda^2\cdot t_{TE}\cdot e^{-u_1 z}J_0(\lambda\rho)\mathrm{d}\lambda\,\mathrm{d}x'\mathrm{d}y'}{j\cdot\ln2/t} \tag{2-63}$$

（2）下阶跃电流激发的阶跃响应

对于阶跃电流 $Iu(t)$，忽略位移电流的影响，对脉冲响应 $f(t)$ 积分，得到阶跃响应 $h(t)$，对于一个因果系统来说，阶跃响应 $h(t)$ 为：

$$f(t) = \int_0^t h(\tau) \, d\tau \qquad t \geq 0$$

在勘查地球物理中常常观测负阶跃函数 $u(-t) = 1 - u(t)$ 的响应 $f_-(t)$，也就是观测一稳定电流被切断后场的衰减。这时

$$f_-(t) = \int_t^\infty h(\tau) \, d\tau = \int_0^\infty h(\tau) \, d\tau - \int_0^t h(\tau) \, d\tau = f(\infty) - f(t) \qquad t \geq 0$$

$$(2-64)$$

也就是说，$f_-(t)$ 的时间导数是 $-h(t)$，即负的脉冲响应。

将式(2-64)应用于式(2-54)~式(2-63)，可以得到全空间中的电磁场，现整理如下：

①空气中电磁场的下阶跃响应

$$e_x^- = -\frac{\ln 2}{t} \sum_{j=1}^J K_j \cdot \frac{\dfrac{\hat{z}_0 I}{4\pi} \int_{-W}^{W} \int_0^\infty \dfrac{\lambda}{u_0} \cdot (r_{TE} e^{u_0 z} + e^{-u_0 z}) [J_0(\lambda \rho_L) - J_0(\lambda \rho_{-L})] \, d\lambda \, dx'}{j \cdot \ln 2 / t}$$

$$(2-65)$$

$$e_y^- = \frac{\ln 2}{t} \sum_{j=1}^J K_j \frac{\dfrac{\hat{z}_0 I}{4\pi} \int_{-L}^{L} \int_0^\infty \dfrac{\lambda}{u_0} \cdot (r_{TE} e^{u_0 z} + e^{-u_0 z}) [J_0(\lambda \rho_W) - J_0(\lambda \rho_{-W})] \, d\lambda \, dy'}{j \cdot \ln 2 / t}$$

$$(2-66)$$

$$h_x^- = -\frac{\ln 2}{t} \sum_{j=1}^J K_j \frac{\dfrac{I}{4\pi} \int_{-L}^{L} \int_0^\infty \lambda (e^{-u_0 z} - r_{TE} e^{u_0 z}) [J_0(\lambda \rho_W) - J_0(\lambda \rho_{-W})] \, d\lambda \, dy'}{j \cdot \ln 2 / t}$$

$$(2-67)$$

$$h_y^- = -\frac{\ln 2}{t} \sum_{j=1}^J K_j \frac{\dfrac{I}{4\pi} \int_{-W}^{W} \int_0^\infty \lambda (e^{-u_0 z} - r_{TE} e^{u_0 z}) [J_0(\lambda \rho_L) - J_0(\lambda \rho_{-L})] \, d\lambda \, dx'}{j \cdot \ln 2 / t}$$

$$(2-68)$$

$$h_z^- = -\frac{\ln 2}{t} \sum_{j=1}^J K_j \frac{\dfrac{I}{4\pi} \int_{-L}^{L} \int_{-W}^{W} \int_0^\infty \dfrac{\lambda^3}{u_0} \cdot (e^{-u_0 z} + r_{TE} e^{u_0 z}) J_0(\lambda \rho) \, d\lambda \, dx' \, dy'}{j \cdot \ln 2 / t} \quad (2-69)$$

②均匀半空间中电磁场的下阶跃响应。

$$e_x^- = -\frac{\ln 2}{t} \sum_{j=1}^J K_j \frac{\dfrac{\hat{z}_1 I}{4\pi} \int_{-W}^{W} \int_0^\infty \lambda \cdot t_{TE} \cdot e^{-u_1 z} [J_0(\lambda \rho_L) - J_0(\lambda \rho_{-L})] \, d\lambda \, dx'}{j \cdot \ln 2 / t}$$

$$(2-70)$$

$$e_y^- = \frac{\ln 2}{t} \sum_{j=1}^{J} K_j \frac{\dfrac{\hat{z}_1 I}{4\pi} \displaystyle\int_{-L}^{L}\int_0^{\infty} \lambda \cdot t_{\mathrm{TE}} \cdot \mathrm{e}^{-u_1 z}[J_0(\lambda\rho_W) - J_0(\lambda\rho_{-W})]\,\mathrm{d}\lambda\,\mathrm{d}y'}{j \cdot \ln 2/t} \tag{2-71}$$

$$h_x^- = -\frac{\ln 2}{t} \sum_{j=1}^{J} K_j \frac{\dfrac{I}{4\pi} \displaystyle\int_{-L}^{L}\int_0^{\infty} \lambda^2 \cdot t_{\mathrm{TE}} \cdot \mathrm{e}^{-u_1 z}[J_0(\lambda\rho_W) - J_0(\lambda\rho_{-W})]\,\mathrm{d}\lambda\,\mathrm{d}y'}{j \cdot \ln 2/t}$$
$$\tag{2-72}$$

$$h_y^- = -\frac{\ln 2}{t} \sum_{j=1}^{J} K_j \frac{\dfrac{I}{4\pi} \displaystyle\int_{-W}^{W}\int_0^{\infty} \lambda^2 \cdot t_{\mathrm{TE}} \cdot \mathrm{e}^{-u_1 z}[J_0(\lambda\rho_L) - J_0(\lambda\rho_{-L})]\,\mathrm{d}\lambda\,\mathrm{d}x'}{j \cdot \ln 2/t}$$
$$\tag{2-73}$$

$$h_z^- = -\frac{\ln 2}{t} \sum_{j=1}^{J} K_j \frac{\dfrac{I}{4\pi} \displaystyle\int_{-L}^{L}\int_{-W}^{W}\int_0^{\infty} \lambda^2 \cdot t_{\mathrm{TE}} \cdot \mathrm{e}^{-u_1 z} J_0(\lambda\rho)\,\mathrm{d}\lambda\,\mathrm{d}x'\,\mathrm{d}y'}{j \cdot \ln 2/t} \tag{2-74}$$

2.4　本章小结

（1）本节从置于地表处的垂直磁偶源激发的矢量势表达式出发，推导出垂直磁偶源在空气中和地下均匀半空间中激发的电磁场频率域表达式。

（2）对垂直磁偶源激发的电磁场的频率域表达式中的磁矩 dm 沿矩形回线进行面积积分，推导出置于地表处的矩形回线源激发的电磁场的频率域表达式。

（3）首先用 iw 除矩形回线源激发的电磁场频率域表达式，然后利用 G-S 算法将电磁场频率域表达式转换为时间域，这样就实现了矩形回线源激发的电磁场的阶跃响应，也得到了矩形回线源激发的电磁场时间域表达式。

第3章 三维有限差分方法

实验表明，宏观电磁现象均服从 Maxwell 方程组[262]，该方程组既可以写成微分形式，也可以写成积分形式。FDTD 方法就是从微分形式的 Maxwell 方程组出发，对其进行差分离散而得到一组时间和空间的递进公式。本章从 Maxwell 方程组出发，推导出瞬变电磁显式有限差分基本公式，同时，给出初始时刻和时间步长的基本公式，并且通过实例验证给出复合网格中非均匀网格空间步长的变化系数和时间步长对算法精度的影响。本章最后几节给出了瞬变电磁法有限差分边界条件的处理方法。

3.1 控制方程

在似稳条件下，线性、各向同性介质中的瞬变电磁场满足 Maxwell 方程组[262]：

$$\nabla \times \vec{e} = - \partial \vec{b} / \partial t \tag{3-1}$$

$$\nabla \times \vec{h} = - \vec{j} \tag{3-2}$$

$$\nabla \cdot \vec{b} = 0 \tag{3-3}$$

$$\nabla \cdot \vec{j} = 0 \tag{3-4}$$

式中，$\vec{b} = \mu \vec{h}$，$\vec{j} = \sigma \vec{e}$；$\vec{b}$、$\vec{h}$、$\vec{e}$、$\vec{j}$ 分别是磁感应强度、磁场强度、电场强度、电流密度，σ、μ 分别是大地介质的电导率和磁导率。

方程(3-1)~方程(3-4)不是完全独立的，例如对方程(3-1)取散度可以得到方程(3-3)，对方程(3-2)取散度可以得到方程(3-4)。Wang 和 Hohmann 于 1993 年就已经指出，如果忽略方程(3-3)，将会导致晚期结果错误[265]。同时，笔者还发现如果在晚期的计算过程中，忽略方程(3-4)，晚期的电磁场也将出现很大的错误。所以在数值计算过程中，必须联合方程(3-1)~方程(3-4)。

由于瞬变电磁场忽略了位移电流,方程(3-2)无法进行时间迭代计算。Wang
和 Hohmann 提出将 Dufort-Frankel 有限差分格式应用于电磁场三维差值计算中,
该方法主要是在方程(3-2)中引入虚拟位移电流项,不仅实现了电场的时间迭
代,而且还可以通过调节虚拟位移电流大小,控制模拟的电磁波的传播速度,保
证有限差分的稳定性。方程(3-2)修正后为:

$$\nabla \times \vec{h} = \gamma \frac{\partial \vec{e}}{\partial t} + \vec{j} \tag{3-5}$$

电磁场计算的方法是:

(1)用方程(3-5)计算 e_x、e_y,并且通过方程(3-4)计算 e_z。

(2)用方程(3-1)计算 h_x、h_y,并且通过方程(3-3)计算 h_z。

在直角坐标系中,将由方程(3-1)、方程(3-3)~方程(3-5)联立的方程组,
整理如下:

$$\begin{cases} \dfrac{\partial h_z}{\partial y} - \dfrac{\partial h_y}{\partial z} = \gamma \dfrac{\partial e_x}{\partial t} + \sigma e_x \\[2mm] \dfrac{\partial h_x}{\partial z} - \dfrac{\partial h_z}{\partial x} = \gamma \dfrac{\partial e_y}{\partial t} + \sigma e_y \\[2mm] \dfrac{\partial (\sigma e_x)}{\partial x} + \dfrac{\partial (\sigma e_y)}{\partial y} + \dfrac{\partial (\sigma e_z)}{\partial z} = 0 \end{cases} \tag{3-6}$$

$$\begin{cases} \dfrac{\partial e_z}{\partial y} - \dfrac{\partial e_y}{\partial z} = -\mu \dfrac{\partial h_x}{\partial t} \\[2mm] \dfrac{\partial e_x}{\partial z} - \dfrac{\partial e_z}{\partial x} = -\mu \dfrac{\partial h_y}{\partial t} \\[2mm] \dfrac{\partial h_x}{\partial x} + \dfrac{\partial h_y}{\partial y} + \dfrac{\partial h_z}{\partial z} = 0 \end{cases} \tag{3-7}$$

3.2　模型的离散化

如图 3-1~图 3-3 所示,将地质模型离散为许多小棱柱,其中坐标轴采用 Z
轴向下的笛卡尔坐标系。

图 3-1 为均匀网格,该网格的特点是在空间中同一个方向上的空间步长相
同;其优点是可以尽可能地对异常体进行"精细剖分",缺点是对一个比较大的模
型来说,在空间步长一定的情况下,占用内存比较大;对于网格在各个方向剖分
总数一定,空间步长一定,但空间模型比较小的情况,如果采用 Dirichlet 边界条
件,在晚期计算中,边界反射较强,对计算结果精度影响较大。

图 3-2 为非均匀网格，该网格的特点是：以网格的上表面中心为网格中心，在空间各个方向上，空间步长按照一定比例增大；其优点是在网格沿各个方向剖分总数一定的情况下，可以模拟一个较大的模型，缺点是不能对一个模型进行"精确剖分"。

图 3-3 为复合网格，该网格是将均匀网格和非均匀网格整合到一起，结合二者的优点：在离线框较近的区域采用均匀剖分，在离线框较远，特别是在需要剖分的异常体外采用非均匀剖分，这样既能较大程度地对异常体进行精细的网格剖分，而且可以利用有限的空间网格剖分较大的模型。

如图 3-4 所示，在 Yee 元胞中，电场三个分量均位于棱中，磁场三个分量均位于面中心，每个电场分量周围有四个磁场分量环绕，磁场分量和电场分量在空间上相差半个步长；每个磁场分量周围有四个电场分量环绕，电磁分量和电场分量在空间上相差半个步长。这种电磁场分量的空间取样方式不仅符合法拉第电磁感应定律和安培环路定律，而且电磁场分量的空间相对位置也适合麦克斯韦方程组的差分计算，能够恰当地描述电磁场的传播特性[266-268]。

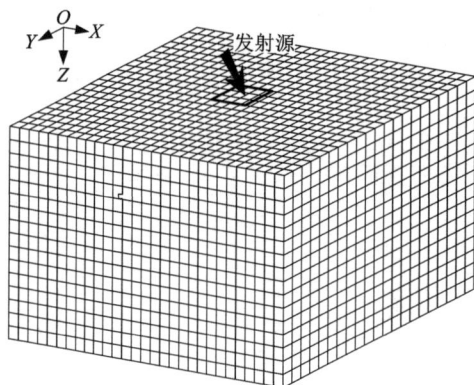

图 3-1 均匀网格

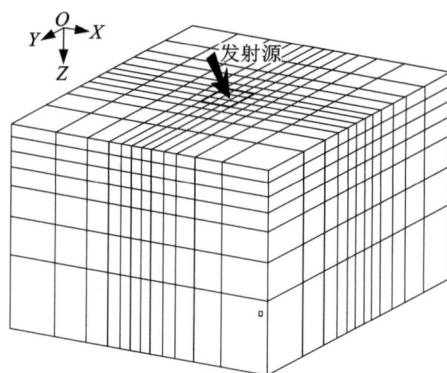

图 3-2 非均匀网格

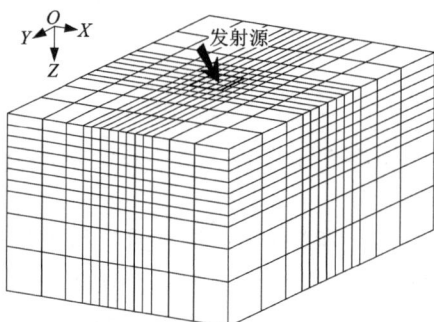

图 3-3 复合网格

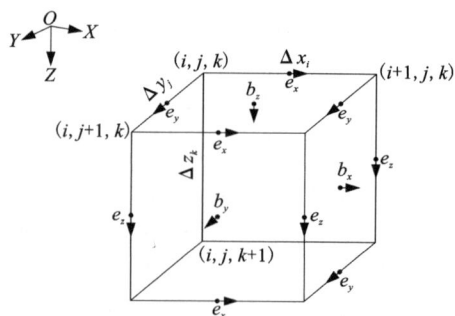

图 3-4 FDTD 离散中的 Yee 元胞

3.3　时间剖分

我们用 t_0，t_1，…，t_{n-1}，t_n…分别代替 0，1，…，$n-1$，n…时刻的时间值，并且有 $t_n = t_{n-1} + \Delta t_{n-1}$，其中 Δt_{n-1} 为时间步长。依照交错网格方法，在时间轴上电场在整数时间步上，而磁场在半整数时间步上。以跳跃方式完成时间上的步进：在初始时刻 t_0，给出电场值，并且在时刻 $t_0 + \Delta t_0 / 2$ 时，给出磁场值，然后根据 t_0 时刻的电场值和 $t_0 + \Delta t_0 / 2$ 时刻的磁场值计算 t_1 时刻的电场值，根据 $t_0 + \Delta t_0 / 2$ 时刻的磁场值和 t_1 时刻的电场值计算 $t_1 + \Delta t_1 / 2$ 时刻的磁场值，以此类推，就可以从早期电磁场外推得到晚期电磁场。

3.4　初始值和时间步长的选取

3.4.1　初始时刻的确定

对于初始时刻 t_0 的选择，原则上，应该使 t_0 足够小，以保证可以利用均匀半空间的解析解计算初始电场和磁场，也应该使 t_0 足够大，以保证对电磁场采样充足。这里，我们给出前人使用过的一个经验公式：

$$t_0 = 1.13 \mu_1 \sigma_1 \Delta_{\min}^2 \tag{3-8}$$

式中，μ_1、σ_1、$\Delta_{\min}$ 分别表示地表处的磁导率、电导率，以及网格最小的步长。

在电磁场的有限差分计算中，笔者发现公式(3-8)给出的初始时刻计算出的电场和磁场高频信号占比很大，四阶差分也难以压制其数值色散，导致程序的计算精度不高。故将 t_0 做如下修改：

$$t_0 = 2.30 \mu_1 \sigma_1 \Delta_{\min}^2 \tag{3-9}$$

3.4.2　时间步长的确定

由方程(3-1)和方程(3-5)确定的波动方程的相位速度是：

$$v = \frac{1}{\sqrt{\mu \lambda}} \tag{3-10}$$

波动方程 C-F-L 条件[266]如下：

$$v\Delta t \leqslant \frac{1}{\sqrt{\dfrac{1}{(\Delta x)^2} + \dfrac{1}{(\Delta y)^2} + \dfrac{1}{(\Delta z)^2}}} \tag{3-11}$$

将方程(3-10)代入方程(3.11)中,得:

$$\lambda \geqslant \frac{\left[\dfrac{1}{(\Delta x)^2} + \dfrac{1}{(\Delta y)^2} + \dfrac{1}{(\Delta z)^2}\right](\Delta t)^2}{\mu} \geqslant \frac{3}{\mu}\left(\frac{\Delta t}{\Delta_{\min}}\right)^2 \tag{3-12}$$

由方程(3-12)可知:λ 与 Δt^2 成正比关系,而 λ 代表虚拟位移电流。为了防止虚拟位移电流控制扩散的电磁场,必须限制时间步长的大小。Δt 应满足下式:

$$\Delta t \leqslant \left(\frac{\mu_{\min}\sigma t}{6}\right) \tag{3-13}$$

在实际应用中,我们可以用如下时间步:

$$\Delta t = \alpha\left(\frac{\mu_{\min}\sigma t}{6}\right) \tag{3-14}$$

式中,α 取 0.05~0.2,α 越小,差分的精度越高,但是计算量也将成倍增加。当 α 接近 0.05 时,有限差分的计算误差已经很小,并且 α 的变化对差分的精度的影响也已经很小。

3.5 边界条件

在瞬变电磁法中,共有 6 个边界条件,其中包括 5 个地下边界条件和 1 个空气-地表边界条件。为了保证解的唯一性,在地下所有区域边界上强加 Dirichlet 边界条件。为了方便,规定在地下边界上切向电场和法向磁场连续;在地表-空气边界条件上切向磁场连续。

3.5.1 地下边界条件

对于地下的 5 个边界条件,如果网格剖分的空间足够大,地下边界离电磁场场源就足够远,这样,在一定的时间内,边界上的切向电场和法向磁场为零,Dirichlet 边界条件接近真实的辐射条件。

3.5.2 空气-地表边界条件

对于空气-地表边界,如果模型考虑空气,由式(3-22)可知,模型的时间步长非常小,几乎接近于零。为了避免这个问题,Oristaglio M. L. 和 Hohmann G. W.

(1984)实现了边界条件的向上延拓[269]。该方法是基于地表是平坦的假设条件得到的。在似稳条件下，自由空间的磁感应强度 $\vec{b}$ 满足 Laplacian 方程：

$$\nabla^2 \vec{b} = 0 \qquad (3\text{-}15)$$

对于方程(3-15)中的 $\vec{b}$ 的水平分量，可以根据与其在同一水平位置的垂直分量得到。在波数域中，从方程(3-15)可以得到

$$B_x(u, v, z = 0) = -\frac{iu}{\sqrt{u^2 + v^2}} B_z(u, v, z = 0) \qquad (3\text{-}16)$$

$$B_y(u, v, z = 0) = -\frac{iv}{\sqrt{u^2 + v^2}} B_z(u, v, z = 0) \qquad (3\text{-}17)$$

式中，B_x、B_y、B_z 分别是 b_x、b_y、b_z 的波数域变换。u、v 分别是 x、y 方向的波数，波数域变换如下：

$$F(u, v) = \int_{-\infty}^{\infty} \int_{-\infty}^{\infty} f(x, y) \exp[-i(ux + vy)] \mathrm{d}x \mathrm{d}y \qquad (3\text{-}18)$$

在地表位于高度 h 处，B_x、B_y 满足如下关系：

$$B_x(u, v, z = -h) = \exp(-h\sqrt{u^2 + v^2}) B_x(u, v, z = 0) \qquad (3\text{-}19)$$

$$B_y(u, v, z = -h) = \exp(-h\sqrt{u^2 + v^2}) B_y(u, v, z = 0) \qquad (3\text{-}20)$$

根据方程(3-16)、方程(3-17)、方程(3-19)、方程(3-20)可推导出如下关系式：

$$B_x(u, v, z = -h) = -\frac{iu}{\sqrt{u^2 + v^2}} \exp(-h\sqrt{u^2 + v^2}) B_z(u, v, z = 0) \qquad (3\text{-}21)$$

$$B_y(u, v, z = -h) = -\frac{iv}{\sqrt{u^2 + v^2}} \exp(-h\sqrt{u^2 + v^2}) B_z(u, v, z = 0) \qquad (3\text{-}22)$$

具体做法是：首先通过求取地表 b_z 分量的二维波数域变换 B_z，然后分别利用方程(3-21)和方程(3-22)求出地表位于高度 h 处的 b_x、b_y 分量的波数域变换 B_x、B_y。最后通过二维波数域变换的逆变换，求出地表位于高度 h 处的 b_x、b_y 分量。

3.6　三维有限差分方程

对于方程(3-6)中的第一式，有：

$$\frac{\partial h_z\left(i+\frac{1}{2},j,k\right)}{\partial y\left(i+\frac{1}{2},j,k\right)}-\frac{\partial h_y\left(i+\frac{1}{2},j,k\right)}{\partial z\left(i+\frac{1}{2},j,k\right)}$$

$$=\gamma\left(i+\frac{1}{2},j,k\right)\frac{\partial e_x\left(i+\frac{1}{2},j,k\right)}{\partial t}+\sigma\left(i+\frac{1}{2},j,k\right)e_x\left(i+\frac{1}{2},j,k\right)$$

$$(3-23)$$

对方程(3-23)中的空间导数和时间导数，均采用中心差分，有：

$$\frac{h_z\left(i+\frac{1}{2},j+\frac{1}{2},k\right)-h_z\left(i+\frac{1}{2},j-\frac{1}{2},k\right)}{\dfrac{\Delta y\left(i+\frac{1}{2},j+\frac{1}{2},k\right)+\Delta y\left(i+\frac{1}{2},j-\frac{1}{2},k\right)}{2}}-\frac{h_y\left(i+\frac{1}{2},j,k+\frac{1}{2}\right)-h_y\left(i+\frac{1}{2},j,k-\frac{1}{2}\right)}{\dfrac{\Delta z\left(i+\frac{1}{2},j,k+\frac{1}{2}\right)+\Delta z\left(i+\frac{1}{2},j,k-\frac{1}{2}\right)}{2}}$$

$$=\gamma\left(i+\frac{1}{2},j,k\right)\frac{e_x^n\left(i+\frac{1}{2},j,k\right)-e_x^{n-1}\left(i+\frac{1}{2},j,k\right)}{\Delta t_n}+$$

$$\sigma\left(i+\frac{1}{2},j,k\right)\frac{e_x^n\left(i+\frac{1}{2},j,k\right)+e_x^{n-1}\left(i+\frac{1}{2},j,k\right)}{2}\qquad(3-24)$$

对方程(3-24)化简得：

$$e_x^n\left(i+\frac{1}{2},j,k\right)=\left[\frac{2\gamma\left(i+\frac{1}{2},j,k\right)-\Delta t_n\sigma\left(i+\frac{1}{2},j,k\right)}{2\gamma\left(i+\frac{1}{2},j,k\right)+\Delta t_n\sigma\left(i+\frac{1}{2},j,k\right)}\right]e_x^{n-1}\left(i+\frac{1}{2},j,k\right)+$$

$$\left[\frac{4\Delta t_n}{2\gamma\left(i+\frac{1}{2},j,k\right)+\Delta t_n\sigma\left(i+\frac{1}{2},j,k\right)}\right]\times$$

$$\left[\frac{h_z^{n-\frac{1}{2}}\left(i+\frac{1}{2},j+\frac{1}{2},k\right)-h_z^{n-\frac{1}{2}}\left(i+\frac{1}{2},j-\frac{1}{2},k\right)}{\Delta y\left(i+\frac{1}{2},j+\frac{1}{2},k\right)+\Delta y\left(i+\frac{1}{2},j-\frac{1}{2},k\right)}-\right.$$

$$\left.\frac{h_y^{n-\frac{1}{2}}\left(i+\frac{1}{2},j,k+\frac{1}{2}\right)-h_y^{n-\frac{1}{2}}\left(i+\frac{1}{2},j,k-\frac{1}{2}\right)}{\Delta z\left(i+\frac{1}{2},j,k+\frac{1}{2}\right)+\Delta z\left(i+\frac{1}{2},j,k-\frac{1}{2}\right)}\right]$$

$$(3-25)$$

同理对于方程(3-6)中的第二式，可得：

$$
\begin{aligned}
e_y^n\left(i, j+\frac{1}{2}, k\right) = & \left[\frac{2\gamma\left(i, j+\frac{1}{2}, k\right) - \Delta t_n \sigma\left(i, j+\frac{1}{2}, k\right)}{2\gamma\left(i, j+\frac{1}{2}, k\right) + \Delta t_n \sigma\left(i, j+\frac{1}{2}, k\right)}\right] e_y^{n-1}\left(i, j+\frac{1}{2}, k\right) + \\
& \left[\frac{4\Delta t_n}{2\gamma\left(i, j+\frac{1}{2}, k\right) + \Delta t_n \sigma\left(i, j+\frac{1}{2}, k\right)}\right] \times \\
& \left[\frac{h_x^{n-\frac{1}{2}}\left(i, j+\frac{1}{2}, k+\frac{1}{2}\right) - h_x^{n-\frac{1}{2}}\left(i, j+\frac{1}{2}, k-\frac{1}{2}\right)}{\Delta z\left(i, j+\frac{1}{2}, k+\frac{1}{2}\right) + \Delta z\left(i, j+\frac{1}{2}, k-\frac{1}{2}\right)} - \right. \\
& \left. \frac{h_z^{n-\frac{1}{2}}\left(i+\frac{1}{2}, j+\frac{1}{2}, k\right) - h_z^{n-\frac{1}{2}}\left(i-\frac{1}{2}, j+\frac{1}{2}, k\right)}{\Delta x\left(i+\frac{1}{2}, j+\frac{1}{2}, k\right) + \Delta x\left(i-\frac{1}{2}, j+\frac{1}{2}, k\right)}\right]
\end{aligned}
$$

$$(3-26)$$

对于方程(3-6)中的第三式, 有:

$$
\frac{\partial\left[\sigma(i, j, k) e_x(i, j, k)\right]}{\partial x(i, j, k)} + \frac{\partial\left[\sigma(i, j, k) e_y(i, j, k)\right]}{\partial y(i, j, k)} +
$$

$$
\frac{\partial\left[\sigma(i, j, k) e_z(i, j, k)\right]}{\partial z(i, j, k)} = 0 \tag{3-27}
$$

对空间导数进行中心差分, 得:

$$
\frac{\sigma\left(i+\frac{1}{2}, j, k\right) e_x\left(i+\frac{1}{2}, j, k\right) - \sigma\left(i-\frac{1}{2}, j, k\right) e_x\left(i-\frac{1}{2}, j, k\right)}{\Delta x\left(i+\frac{1}{2}, j, k\right) + \Delta x\left(i-\frac{1}{2}, j, k\right)} +
$$

$$
\frac{\sigma\left(i, j+\frac{1}{2}, k\right) e_y\left(i, j+\frac{1}{2}, k\right) - \sigma\left(i, j-\frac{1}{2}, k\right) e_y\left(i, j-\frac{1}{2}, k\right)}{\Delta y\left(i, j+\frac{1}{2}, k\right) + \Delta y\left(i, j-\frac{1}{2}, k\right)} +
$$

$$
\frac{\sigma\left(i, j, k+\frac{1}{2}\right) e_z\left(i, j, k+\frac{1}{2}\right) - \sigma\left(i, j, k-\frac{1}{2}\right) e_z\left(i, j, k-\frac{1}{2}\right)}{\Delta z\left(i, j, k+\frac{1}{2}\right) + \Delta z\left(i, j, k-\frac{1}{2}\right)} = 0
$$

$$(3-28)$$

化简得：

$$e_z\left(i,\ j,\ k-\frac{1}{2}\right)=\frac{\sigma\left(i,\ j,\ k+\frac{1}{2}\right)}{\sigma\left(i,\ j,\ k-\frac{1}{2}\right)}\times e_z\left(i,\ j,\ k+\frac{1}{2}\right)+$$

$$\frac{\Delta z\left(i,\ j,\ k+\frac{1}{2}\right)+\Delta z\left(i,\ j,\ k-\frac{1}{2}\right)}{\sigma\left(i,\ j,\ k-\frac{1}{2}\right)}\times$$

$$\left[\frac{\sigma\left(i+\frac{1}{2},\ j,\ k\right)e_x\left(i+\frac{1}{2},\ j,\ k\right)-\sigma\left(i-\frac{1}{2},\ j,\ k\right)e_x\left(i-\frac{1}{2},\ j,\ k\right)}{\Delta x\left(i+\frac{1}{2},\ j,\ k\right)+\Delta x\left(i-\frac{1}{2},\ j,\ k\right)}+\right.$$

$$\left.\frac{\sigma\left(i,\ j+\frac{1}{2},\ k\right)e_y\left(i,\ j+\frac{1}{2},\ k\right)-\sigma\left(i,\ j-\frac{1}{2},\ k\right)e_y\left(i,\ j-\frac{1}{2},\ k\right)}{\Delta y\left(i,\ j+\frac{1}{2},\ k\right)+\Delta y\left(i,\ j-\frac{1}{2},\ k\right)}\right] \tag{3-29}$$

对于方程(3-7)中的第一式，有：

$$\frac{\partial e_z\left(i,\ j+\frac{1}{2},\ k+\frac{1}{2}\right)}{\partial y\left(i,\ j+\frac{1}{2},\ k+\frac{1}{2}\right)}-\frac{\partial e_y\left(i,\ j+\frac{1}{2},\ k+\frac{1}{2}\right)}{\partial z\left(i,\ j+\frac{1}{2},\ k+\frac{1}{2}\right)}$$

$$=-\mu\left(i,\ j+\frac{1}{2},\ k+\frac{1}{2}\right)\frac{\partial h_x\left(i,\ j+\frac{1}{2},\ k+\frac{1}{2}\right)}{\partial t} \tag{3-30}$$

对方程(3-30)中的空间导数、时间导数进行中心差分，有：

$$\frac{e_z^n\left(i,\ j+1,\ k+\frac{1}{2}\right)-e_z^n\left(i,\ j,\ k+\frac{1}{2}\right)}{\Delta y\left(i,\ j+1,\ k+\frac{1}{2}\right)}-\frac{e_y^n\left(i,\ j+\frac{1}{2},\ k+1\right)-e_y^n\left(i,\ j+\frac{1}{2},\ k\right)}{\Delta z\left(i,\ j+\frac{1}{2},\ k+1\right)}$$

$$=-\mu\left(i,\ j+\frac{1}{2},\ k+\frac{1}{2}\right)\frac{h_x^{n+\frac{1}{2}}\left(i,\ j+\frac{1}{2},\ k+\frac{1}{2}\right)-h_x^{n-\frac{1}{2}}\left(i,\ j+\frac{1}{2},\ k+\frac{1}{2}\right)}{\frac{\Delta t_{n-1}+\Delta t_n}{2}}$$

$$\tag{3-31}$$

对方程(3-31)化简得：

$$h_x^{n+\frac{1}{2}}\left(i,\ j+\frac{1}{2},\ k+\frac{1}{2}\right)=h_x^{n-\frac{1}{2}}\left(i,\ j+\frac{1}{2},\ k+\frac{1}{2}\right)-\frac{\Delta t_{n-1}+\Delta t_n}{2\mu\left(i,\ j+\frac{1}{2},\ k+\frac{1}{2}\right)}\times$$

$$\left[\frac{e_z^n\left(i,\ j+1,\ k+\frac{1}{2}\right)-e_z^n\left(i,\ j,\ k+\frac{1}{2}\right)}{\Delta y\left(i,\ j+1,\ k+\frac{1}{2}\right)}-\frac{e_y^n\left(i,\ j+\frac{1}{2},\ k+1\right)-e_y^n\left(i,\ j+\frac{1}{2},\ k\right)}{\Delta z\left(i,\ j+\frac{1}{2},\ k+1\right)}\right]$$

$$(3-32)$$

同理，对于方程(3-7)中的第二式，有：

$$h_y^{n+\frac{1}{2}}\left(i+\frac{1}{2},\ j,\ k+\frac{1}{2}\right)=h_y^{n-\frac{1}{2}}\left(i+\frac{1}{2},\ j,\ k+\frac{1}{2}\right)-\frac{\Delta t_{n-1}+\Delta t_n}{2\mu\left(i+\frac{1}{2},\ j,\ k+\frac{1}{2}\right)}\times$$

$$\left[\frac{e_x^n\left(i+\frac{1}{2},\ j,\ k+1\right)-e_x^n\left(i+\frac{1}{2},\ j,\ k\right)}{\Delta z\left(i+\frac{1}{2},\ j,\ k+1\right)}-\frac{e_z^n\left(i+1,\ j,\ k+\frac{1}{2}\right)-e_z^n\left(i,\ j,\ k+\frac{1}{2}\right)}{\Delta x\left(i+1,\ j,\ k+\frac{1}{2}\right)}\right]\quad(3-33)$$

对于方程(3-7)中的第三式，有：

$$\frac{\partial h_x\left(i+\frac{1}{2},\ j+\frac{1}{2},\ k+\frac{1}{2}\right)}{\partial x\left(i+\frac{1}{2},\ j+\frac{1}{2},\ k+\frac{1}{2}\right)}+\frac{\partial h_y\left(i+\frac{1}{2},\ j+\frac{1}{2},\ k+\frac{1}{2}\right)}{\partial y\left(i+\frac{1}{2},\ j+\frac{1}{2},\ k+\frac{1}{2}\right)}+$$

$$\frac{\partial h_z\left(i+\frac{1}{2},\ j+\frac{1}{2},\ k+\frac{1}{2}\right)}{\partial z\left(i+\frac{1}{2},\ j+\frac{1}{2},\ k+\frac{1}{2}\right)}=0$$

对空间导数进行中心差分，得：

$$\frac{h_x\left(i+1,\ j+\frac{1}{2},\ k+\frac{1}{2}\right)-h_x\left(i,\ j+\frac{1}{2},\ k+\frac{1}{2}\right)}{\Delta x\left(i+1,\ j+\frac{1}{2},\ k+\frac{1}{2}\right)}+$$

$$\frac{h_y\left(i+\frac{1}{2},\ j+1,\ k+\frac{1}{2}\right)-h_y\left(i+\frac{1}{2},\ j,\ k+\frac{1}{2}\right)}{\Delta y\left(i+\frac{1}{2},\ j+1,\ k+\frac{1}{2}\right)}+$$

$$\frac{h_z\left(i + \frac{1}{2},\ j + \frac{1}{2},\ k + 1\right) - h_z\left(i + \frac{1}{2},\ j + \frac{1}{2},\ k\right)}{\Delta z\left(i + \frac{1}{2},\ j + \frac{1}{2},\ k + 1\right)} = 0 \tag{3-34}$$

化简得：

$$h_z\left(i + \frac{1}{2},\ j + \frac{1}{2},\ k\right) = h_z\left(i + \frac{1}{2},\ j + \frac{1}{2},\ k + 1\right) + \Delta z\left(i + \frac{1}{2},\ j + \frac{1}{2},\ k + 1\right) \times$$

$$\left[\frac{h_x\left(i + 1,\ j + \frac{1}{2},\ k + \frac{1}{2}\right) - h_x\left(i,\ j + \frac{1}{2},\ k + \frac{1}{2}\right)}{\Delta x\left(i + 1,\ j + \frac{1}{2},\ k + \frac{1}{2}\right)} + \right.$$

$$\left. \frac{h_y\left(i + \frac{1}{2},\ j + 1,\ k + \frac{1}{2}\right) - h_y\left(i + \frac{1}{2},\ j,\ k + \frac{1}{2}\right)}{\Delta y\left(i + \frac{1}{2},\ j + 1,\ k + \frac{1}{2}\right)}\right] \tag{3-35}$$

3.7 本章小结

(1)在瞬变电磁场有限差分的控制方程中，除了加入两个旋度方程，还要加入两个散度条件，这样在电磁场晚期计算中，计算结果才会更加准确。在磁场旋度方程中加入虚拟位移电流，不仅实现了电场的时间迭代计算，而且可以通过调节虚拟位移电流的大小，控制模拟的电磁波的传播速度，保证显式有限差分的稳定性。

(2)均匀网格可以对模型进行较为精细的剖分，在网格空间维数一定的情况下，却不能剖分一个很大的模型；非均匀网格可以剖分一个很大的模型，但是不能对模型进行较为精细的剖分；复合网格结合了均匀网格和非均匀网格的优点，对一个模型不仅可以较为精细地剖分，而且可以剖分一个非常大的模型。

(3)对初始时刻的选取，要尽可能得小，以保证在电磁场初始时刻电磁波还没有传播到异常位置；同时，初始时刻也要尽可能得大，以保证计算电磁场初始值时能够充分地对空间中的电磁波进行采样。

(4)在整个模型中，共涉及6个边界条件，分别是5个地下边界条件和1个空气-地表边界条件，在具体的差分计算中，我们对所有的地下边界强加Dirichlet边界条件，在空气-地表边界，使用向上延拓半个网格的方法计算磁场的两个水平分量，从而实现了对该边界条件的计算。

第 4 章　瞬变电磁法三维数值模拟

本章将典型地电模型(均匀半空间、三层 H 型和三层 K 型)下时间域有限差分三维数值模拟结果与一维解析解进行对比,验证三维有限差分程序的正确性;同时针对这三种地电模型,分析了均匀网格空间步长、非均匀网格空间步长和时间步长对计算结果的影响;最后,给出均匀半空间模型和低阻板状体20个典型时刻的等值线剖面图,就此分析低阻板状体对电磁波传播的影响。

4.1　算法验证

4.1.1　均匀半空间地电模型

模型参数设置:均匀半空间电阻率为 $40\ \Omega\cdot m$,线框大小为 500 m×500 m,线框中心点与模型中心点重合,接收点在回线中心点(0, 0, 0)处,接收分量为磁场垂直分量激发的感应电动势,接收线圈等效面积为 $1\ m^2$。

模型网格设置:在空间$-450\ m \leqslant x \leqslant 450\ m$、$-450\ m \leqslant y \leqslant 450\ m$、$-5\ m \leqslant z \leqslant 450\ m$ 内,网格采用均匀剖分,网格空间步长为 5 m;在此区域之外,网格采用非均匀剖分,网格空间步长变化系数取 1.2。

时间步长设置:时间步长变化系数 $\alpha = 0.05$。

从图 4-1 可以看出,三维有限差分计算结果与一维解析解非常吻合,各个时刻的相对误差均在 2% 以内。在图 4-1(b)中,1~3 号数据点的相对误差随着时间的增大而增大,这是因为在有限差分的计算初期,只计算了 5 层网格内的电场和磁场作为电磁场的初始值,这样就对空间中的电磁场产生了截断效应,该截断效应随着时间的增长,对地表处的电磁场影响也增大;4~8 号数据点的相对误差随着时间的增长而减小,这是因为随着时间的推移,电磁场逐渐向外、向下扩散,截断效应对电磁场的影响越来越小;9~13 号数据点的相对误差逐渐增大,这是因为随着时间的推移，截断效应对电磁场的影响可以忽略不计，而此时由于有限差分产生的数值色散引起的误差在整个误差中逐渐占据主导地位，所以相对误差也越来越大；14~21 号点的相对误差先增大后减小，这是因为电磁场在传播过程中，高频部分逐渐被滤掉，低频部分逐渐占据主导地位，所以数值色散引起的误差的增长速度没有 9~13 号数据点的误差的增长速度快，同时由于电磁场低频部分的主频也随着电磁场的传播而减小，而有限差分的数值色散也随之减小，故该段数据的相对误差先增大后减小；22~24 号点数据的相对误差逐渐增大，这是引起二次场的等效电流传播到非均匀网格中，有限差分的空间步长增大，数值色散也相应增大的缘故。

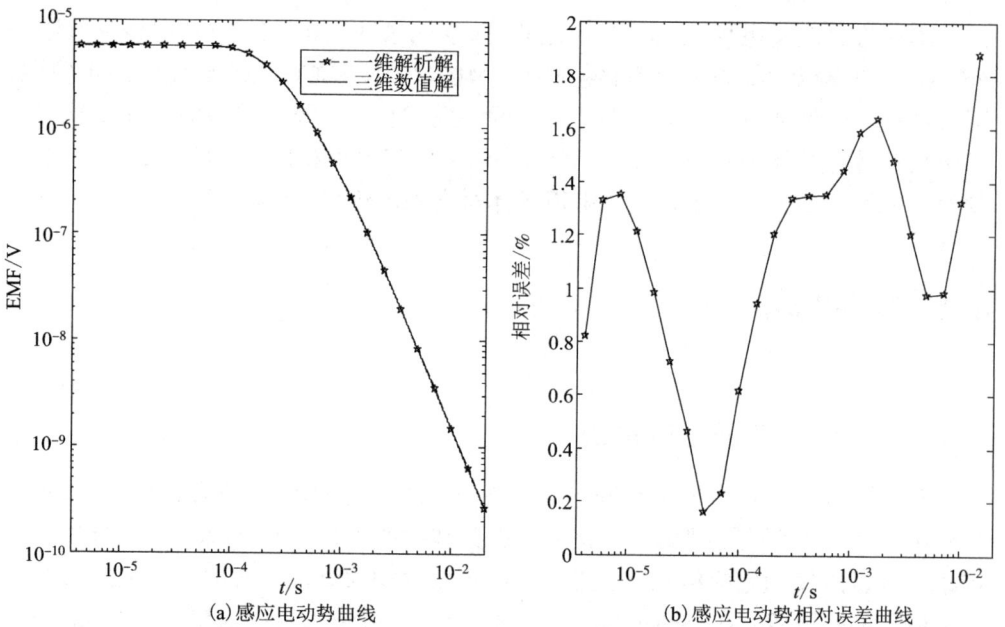

(a) 感应电动势曲线　　　　　　　(b) 感应电动势相对误差曲线

图 4-1　均匀半空间，点 (0, 0, 0) 处的计算结果

4.1.2　H 型地电模型

模型参数设置：三层模型，第一层电阻率为 40 Ω·m，厚度 50 m；第二层电阻率为 1 Ω·m，厚度 50 m；第三层电阻率为 40 Ω·m。线框大小为 500 m×500 m，线框中心点与模型中心点重合，接收点在回线中心点 (0, 0, 0) 处，接收分量为磁场垂直分量激发的感应电动势，接收线圈等效面积为 1 m²。

模型网格设置：在空间 −450 m ≤ x ≤ 450 m、−450 m ≤ y ≤ 450 m、−5 m ≤ z ≤ 450 m 内，网格采用均匀剖分，网格空间步长为 5 m；在此区域之外，网格采用非均匀剖分，网格空间步长变化系数取 1.2。

时间步长设置：时间步长变化系数 $\alpha = 0.05$。

从图 4-2 可以看出三维有限差分计算结果与一维解析解非常吻合，各个时刻的相对误差均在 1.53%以内。在图 4-2(b)中，1~3 号数据点的相对误差随着时间的增大而增大，这是因为在有限差分的计算初期，只计算了 5 层网格内的电场和磁场作为电磁场的初始值，这样就对空间中的电磁场产生了截断效应，该截断效应随着时间的增长，对地表处的电磁场影响也增大；4~9 号数据点的相对误差先减小后增大，这是因为截断误差对电磁场的影响随着时间的推移逐渐减小，而且有限差分的数值色散引起的误差在整个误差中占的比例越来越大；12~21 号数据点的相对误差先减小后增大，这是因为二次场的等效电流已经到达低阻层，其高频部分衰减很快，低频部分衰减较慢，故由低频部分引起的数值色散比高频小，相对误差也随着高频部分的衰减而减小，同时由于非均匀网格的存在，有限差分的数值色散也随着电磁波向非均匀网格的传播而逐渐增大；22~24 号数据点的相对误差逐渐减小，这是由于低阻层的存在，电磁波衰减很快，此时电磁波的主频部分的频率要比电磁波在均匀半空间中同一时刻的主频部分的频率要低很多，波长也更长，以至于非均匀网格引起的数值色散也更小，该段数据的相对误差也逐渐减小。

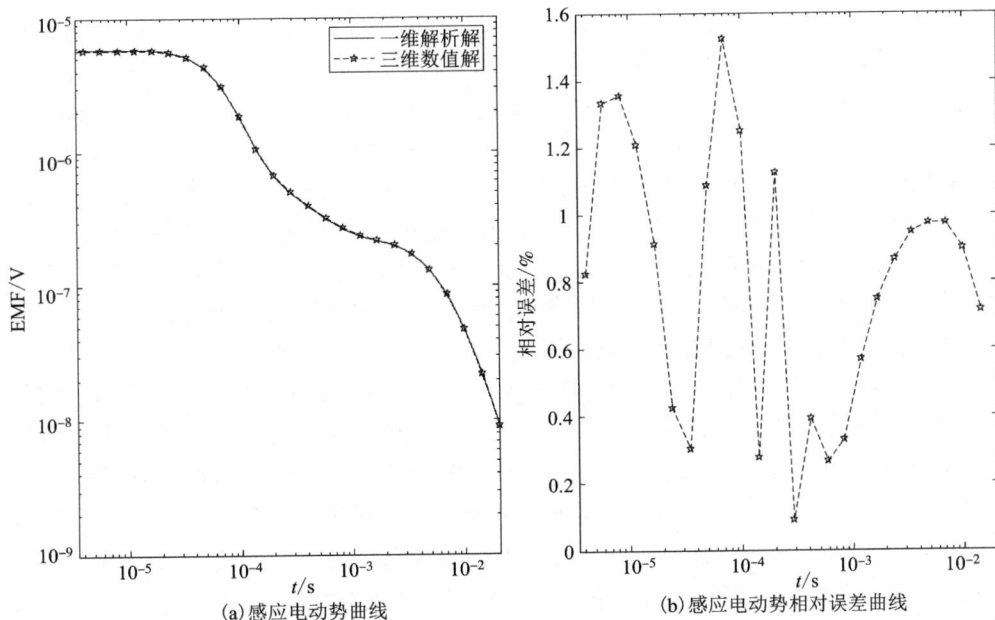

(a)感应电动势曲线　　　　　(b)感应电动势相对误差曲线

图 4-2　H 型地电模型，点(0, 0, 0)处的计算结果

4.1.3　K型地电模型

模型参数设置：三层模型，第一层电阻率为 40 Ω·m，厚度 50 m；第二层电阻率为 1000 Ω·m，厚度 50 m；第三层电阻率为 40 Ω·m。线框大小为 500 m×500 m，线框中心点与模型中心点重合，接收点在回线中心点(0, 0, 0)处，接收分量为磁场垂直分量激发的感应电动势，接收线圈等效面积为 1 m^2。

模型网格设置：在空间 −450 m≤x≤450 m、−450 m≤y≤450 m，−5≤z≤450 m 内，网格采用均匀剖分，网格空间步长为 5 m；在此区域之外，网格采用非均匀剖分，网格空间步长变化系数取 1.2。

时间步长设置：时间步长变化系数 α＝0.5。

从图 4-3 可以看出三维有限差分计算结果与一维解析解非常吻合，各个时刻的相对误差均在 2.5% 以内。在图 4-3(b) 中，1~3 号数据点的相对误差随着时间的增大而增大，这是因为在有限差分的计算初期，只计算了 5 层网格内的电场和磁场作为电磁场的初始值，这样就对空间中的电磁场产生了截断效应，该截断效应随着时间的增长，对地表处的电磁场影响也增大；4~7 号数据点的相对误差随着时间的增长而减小，这是因为随着时间的推移，电磁场逐渐向外、向下扩散，截断效应对电磁场的影响也越来越小；8~12 号数据点的相对误差逐渐增大，这是因为随着时间的推移，截断效应对电磁场的影响可以忽略不计，而此时由于有限差分产生的数值色散引起的误差在整个误差中占有主导地位，电磁场的高频部分被滤掉，低频部分被保留，所以相对误差也越来越大；12~16 号数据点的相对误差先减小后增大，这是因为此时电磁场中的高频部分消失殆尽，低频部分占主导地位，由于低频的波长比高频的波长更大，所以数值色散引起的误差先减小，同时由于电磁波在高频中传播较快，二次场的等效电流离非均匀网格更近，非均匀网格对误差的影响也逐渐增大，所以相对误差曲线呈现增大的趋势；16~24 号数据点的相对误差先减小后增大，这是由于电磁场的低频部分的主频进一步减小，有限差分数值色散也进一步减小，故该段数据的相对误差先减小，同时由于电磁波在高阻层中的传播速度比较快，二次场的等效电流也更快地传播到非均匀网格中，故该段数据的相对误差在后期呈现逐渐增大的趋势。

从图 4-1~图 4-3 可以发现：相同的系数 α，低阻层状模型的相对误差<均匀半空间模型的相对误差<高阻层状模型的相对误差。虽然电磁波在低阻区的传播速度<在均匀半空间的传播速度<在高阻区的传播速度，但电磁波在低阻区的衰减>在均匀半空间的衰减>在高阻区的衰减，特别是电磁波中的高频部分，而低频部分的波长比高频部分的波长更大，由低频部分引起的数值色散也更小，所以可以看出，与电磁波在低阻区的大波长相比，电磁波在低阻区的衰减作用对数值色散的贡献更大，因此在三个地电模型中，H 型模型的最大相对误差最小，K 型模型的最大相对误差最大，均匀半空间模型介于二者之间。

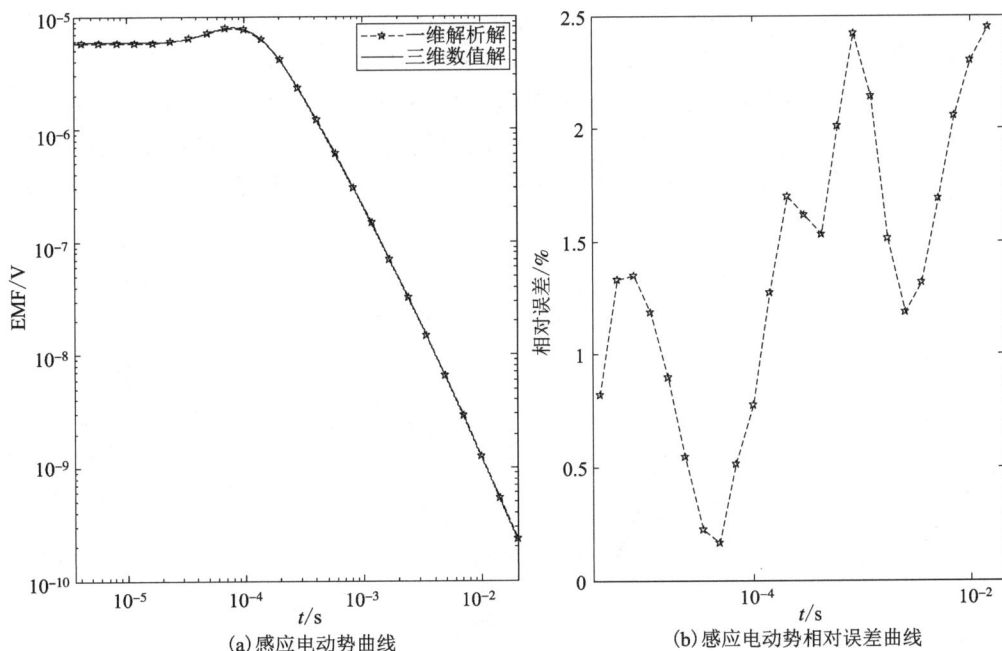

(a) 感应电动势曲线　　　　(b) 感应电动势相对误差曲线

图 4-3　K 型地电模型，点(0, 0, 0)处的计算结果

4.2　均匀网格剖分的空间步长对算法精度的影响

4.2.1　均匀半空间地电模型

模型参数设置：均匀半空间电阻率为 40 Ω·m，线框大小为 500 m×500 m，线框中心点与模型中心点重合，接收点在回线中心点(0, 0, 0)处，接收分量为磁场垂直分量激发的感应电动势，接收线圈等效面积为 1 m²。

模型网格设置：在空间 −450 m ≤ x ≤ 450 m、−450 m ≤ y ≤ 450 m、−5 m ≤ z ≤ 450 m 内，网格采用均匀剖分，网格空间步长分别取 5 m、10 m、20 m；在此区域之外，网格采用非均匀剖分，网格空间步长变化系数取 1.2。

时间步长设置：时间步长变化系数 $\alpha = 0.5$。

从图 4-4 可以看出，三种空间步长的有限差分数值模拟效果都很好，与一维解析解相比，相对误差都很小；网格空间步长为 5 m 时的最大相对误差为 1.9%，网格空间步长为 10 m 时的最大相对误差为 2.3%，网格空间步长为 20 m 时的最大相对误差为 2.2%。在早期，空间步长为 20 m 的模型的有限差分计算结果相对误差最大，为 2.2%，其次为空间步长为 5 m 的模型的有限差分计算结果，最大相对误差为 1.4%，最后为空间步长为 10 m 的模型的有限差分计算结果，最大相对误差为 0.6%。在晚期，空间步长为 10 m 的模型的有限差分计算结果相对误差最大，为 2.3%，其次为空间步长为 20 m 的模型的有限差分计算结果，最大相对误差为 2.2%，最后为空间步长为 5 m 的模型的有限差分计算结果，最大相对误差为 1.9%。

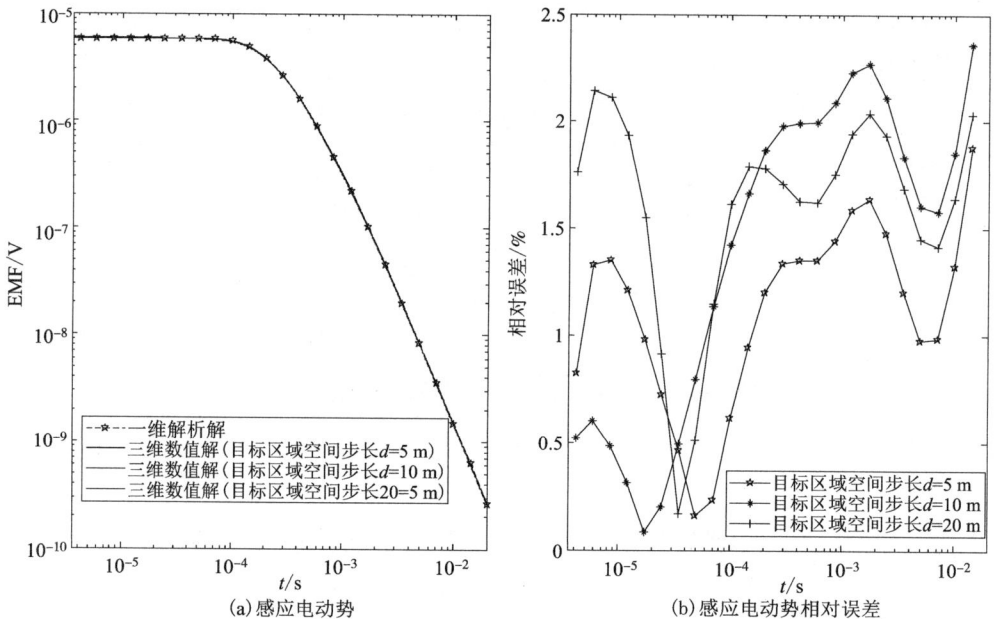

(a) 感应电动势　　　　　　　　　(b) 感应电动势相对误差

图 4-4　均匀半空间模型，点(0, 0, 0)处的计算结果

4.2.2　H 型地电模型

模型参数设置：三层模型，第一层电阻率为 40 Ω·m，厚度为 50 m；第二层电阻率为 1 Ω·m，厚度为 50 m；第三层电阻率为 40 Ω·m。线框大小为 500 m×500 m，线框中心点与模型中心点重合，接收点在回线中心点(0, 0, 0)处，接收分量为磁场垂直分量激发的感应电动势，接收线圈等效面积为 1 m²。

模型网格设置：在空间 −450 m ≤ x ≤ 450 m、−450 m ≤ y ≤ 450 m、−5 m ≤ z ≤ 450 m 内，网格采用均匀剖分，网格空间步长分别取 5 m、10 m、20 m；在此区域之外，网格采用非均匀剖分，网格空间步长变化系数取 1.2。

时间步长设置：时间步长变化系数 α = 0.05。

从图 4-5 可以看出，空间步长为 5 m、10 m 的有限差分数值模拟效果都很好，与一维解析解相比，相对误差都很小；空间步长为 20 m 的有限差分数值模拟效果较好，与一维解析解相比，相对误差很大。网格空间步长为 5 m 时的最大相对误差为 1.5%，网格空间步长为 10 m 时的最大相对误差为 6.9%，网格空间步长为 20 m 时的最大相对误差为 20.2%。在早期，空间步长为 20 m 的模型的有限差分计算结果相对误差最大，为 20.2%，其次为空间步长为 10 m 的模型的有限差分计算结果，最大相对误差为 6.9%，最后为空间步长为 10 m 的模型的有限差分计算结果，最大相对误差为 1.5%。在晚期，空间步长为 20 m 的模型的有限差分计算结果相对误差最大，为 11.3%，其次为空间步长为 10 m 的模型的有限差分计算结果，最大相对误差为 4.9%，最后为空间步长为 5 m 的模型的有限差分计算结果，最大相对误差为 1.2%。

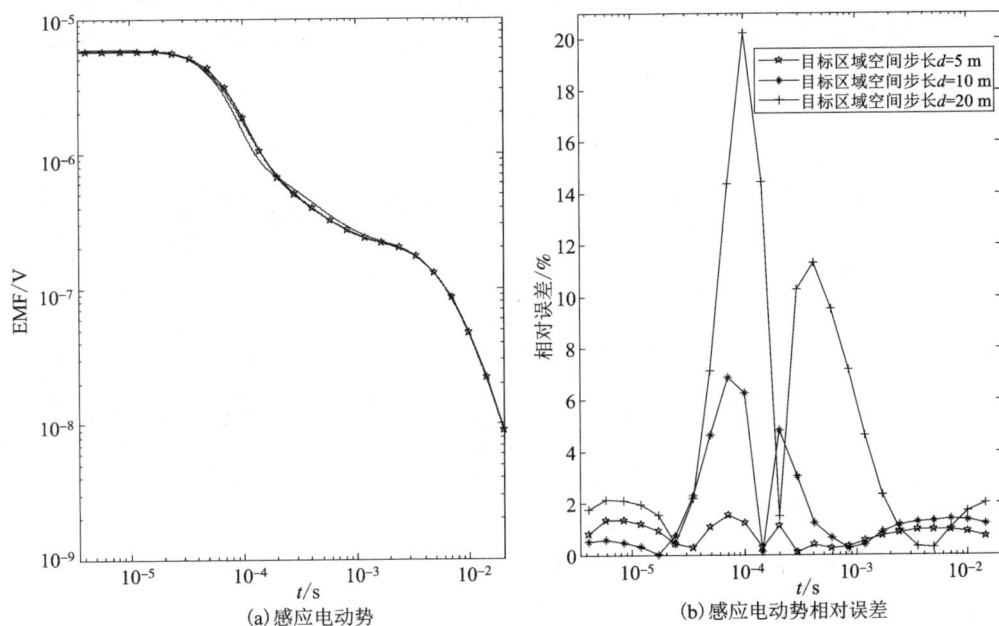

(a) 感应电动势　　　　　　　　(b) 感应电动势相对误差

图 4-5　H 型地电模型，点 (0, 0, 0) 处的计算结果

4.2.3　K 型地电模型

模型参数设置：三层模型，第一层电阻率为 40 Ω·m，厚度为 50 m；第二层电阻率为 1000 Ω·m，厚度为 50 m；第三层电阻率为 40 Ω·m。线框大小为 500 m×500 m，线框中心点与模型中心点重合，接收点在回线中心点 (0, 0, 0) 处，接收分量为磁场垂直分量激发的感应电动势,接收线圈等效面积为 1 m²。

模型网格设置:在空间−450 m≤x≤450 m、−450 m≤y≤450 m、−5 m≤z≤450 m 内,网格采用均匀剖分,网格空间步长分别取 5 m、10 m、20 m;在此区域之外,网格采用非均匀剖分,网格空间步长变化系数取 1.2。

时间步长设置:时间步长变化系数 $\alpha=0.05$。

从图 4-6 可以看出,三种空间步长的有限差分数值模拟效果都很好,与一维解析解相比,相对误差都很小;网格空间步长为 5 m 时的最大相对误差为 2.5%、网格空间步长为 10 m 时的最大相对误差为 3.1%,网格空间步长为 20 m 时的最大相对误差为 2.5%。在早期,空间步长为 20 m 的模型的有限差分计算结果相对误差最大,为 2.2%,其次为空间步长为 5 m 的模型的有限差分计算结果,最大相对误差为 1.4%,最后为空间步长为 10 m 的模型的有限差分计算结果,最大相对误差为 0.6%。在晚期,空间步长为 10 m 的模型的有限差分的计算结果的相对误差最大,为 3.1%,其次为空间步长为 20 m 的模型的有限差分计算结果,最大相对误差为 2.5%,最后为空间步长为 5 m 的模型的有限差分计算结果,最大相对误差为 2.5%。

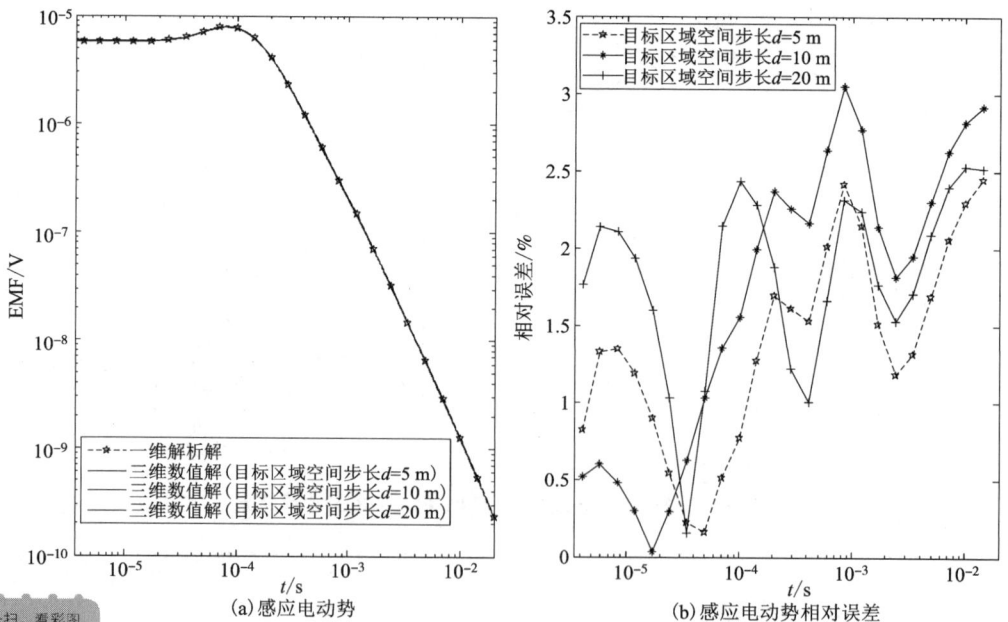

(a)感应电动势　(b)感应电动势相对误差

图 4-6　H 型地电模型,点 (0, 0, 0) 处的计算结果

从图 4-4~图 4-6 可以看出：在三个地电模型（均匀半空间、H 型地电模型、K 型地电模型）中，空间步长为 5 m 的有限差分计算结果最好，无论是早期还是晚期，结果的相对误差均不超过 2.5%。在早期，空间步长为 20 m 的有限差分计算结果的相对误差最大，在晚期，空间步长为 20 m 的有限差分计算结果在均匀半空间模型和高阻模型中的相对误差最大，空间步长为 10 m 的有限差分计算结果在低阻模型中的相对误差最大。这是因为在早期，高频部分对结果的影响很大，高频成分的波长很短，在电磁波相同的情况下，空间步长越短，有限差分的数值色散越小。所以早期空间步长为 20 m 的有限差分计算结果最差，相对误差也最大；在晚期，在空间网格数目一定的情况下，空间步长较大的网格所模拟的空间较大，因为非均匀网格的空间波长逐渐增加，所以在地电模型相同的情况下，均匀网格中空间步长越小的模型，其非均匀网格部分引起的数值色散对结果的影响越大，同时由于电磁场高频部分引起的数值色散和差分网格中的非均匀网格引起的数值色散相互作用，在均匀半空间和高阻模型的晚期，空间步长为 20 m 的有限差分计算结果相对误差最大，而在低阻模型的晚期，空间步长为 10 m 的有限差分计算结果相对误差最大。

4.3　非均匀网格空间步长对算法精度的影响

4.3.1　均匀半空间地电模型

模型参数设置：均匀半空间电阻率为 40 Ω·m，线框大小为 500 m×500 m，线框中心点与模型中心点重合，接收点在回线中心点(0, 0, 0)处，接收分量为磁场垂直分量激发的感应电动势，接收线圈等效面积为 1 m²。

模型网格设置：在空间-450 m≤x≤450 m、-450 m≤y≤450 m、-5 m≤z≤450 m 内，网格采用均匀剖分，网格空间步长分别取 5 m；在此区域之外，网格采用非均匀剖分，网格空间步长变化系数取 1.2、1.5、2.0。

时间步长设置：时间步长变化系数 $\alpha=0.05$。

从图 4-7 可以清楚地看出三种非均匀网格剖分方式对电磁场计算的精度影响不是很大，非均匀网格空间步长变化系数为 1.2 的模型最大相对误差为 1.89%，非均匀网格空间步长变化系数为 1.5 的模型最大相对误差为 2.48%，非均匀网格网格空间步长变化系数为 2.0 的模型最大相对误差为 2.98%。可见，对于均匀半空间来说，非均匀网格空间步长变化系数在 1~2 变化时，其相对误差均很小。

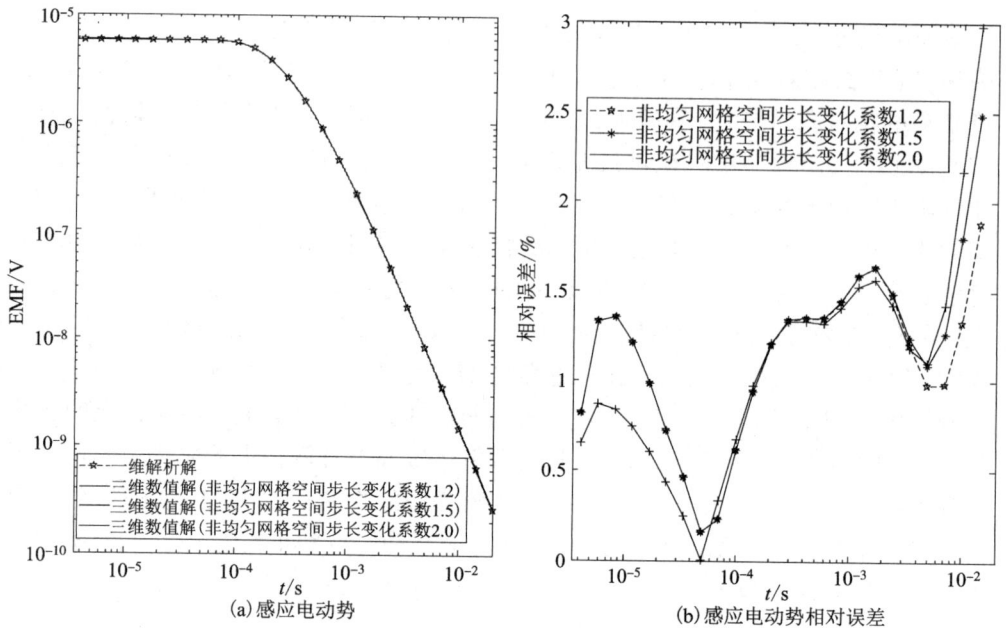

图 4-7 均匀半空间地电模型，点(0, 0, 0)处的计算结果

4.3.2 H 型地电模型

模型参数设置：三层模型，第一层电阻率为 40 Ω·m，厚度为 50 m；第二层电阻率为 1 Ω·m，厚度为 50 m；第三层电阻率为 40 Ω·m。线框大小为 500 m×500 m，线框中心点与模型中心点重合，接收点在回线中心点(0, 0, 0)处，接收分量为磁场垂直分量激发的感应电动势，接收线圈等效面积为 1 m^2。

模型网格设置：在空间 $-450 \text{ m} \leqslant x \leqslant 450 \text{ m}$、$-450 \text{ m} \leqslant y \leqslant 450 \text{ m}$、$-5 \text{ m} \leqslant z \leqslant 450 \text{ m}$ 内，网格采用均匀剖分，网格空间步长取 5 m；在此区域之外，网格采用非均匀剖分，网格空间步长变化系数取 1.2、1.5、2.0。

时间步长设置：时间步长变化系数 $\alpha = 0.05$。

从图 4-8 可以清楚地看出三种非均匀网格剖分方式对电磁场计算的精度影响不是很大，误差曲线只在早期不同，在后期，三条误差曲线几乎重合。非均匀网格空间步长变化系数为 1.2 的模型最大相对误差为 1.52%，非均匀网格空间步长变化系数为 1.5 的模型最大相对误差为 1.52%，非均匀网格网格空间步长变化系数为 1.63%。可见，对 H 型地电模型来说，非均匀网格空间步长变化系数在 1~2 变化时，其相对误差均很小。

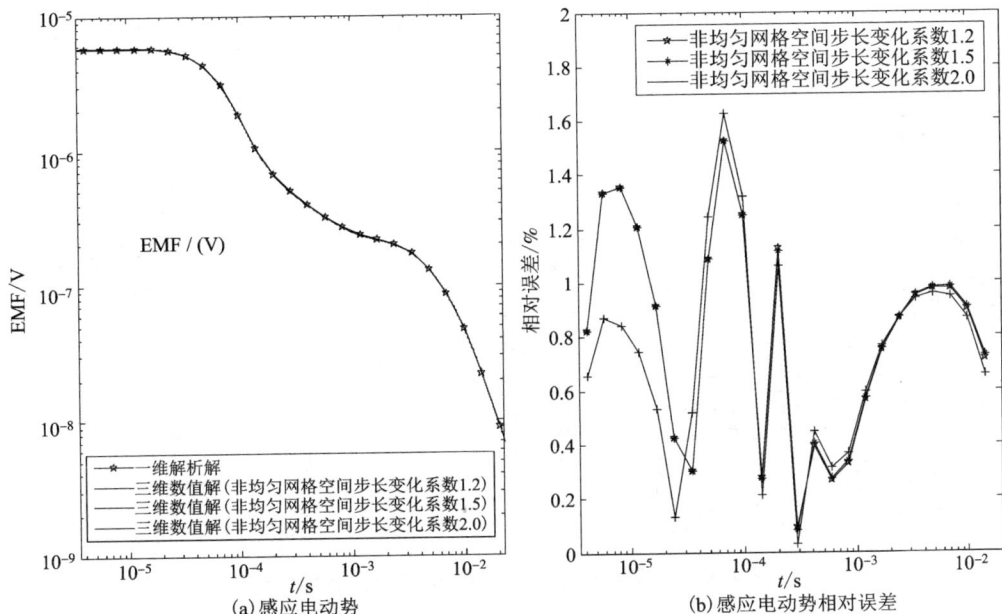

图 4-8　H 型地电模型，点(0，0，0)处的计算结果

4.3.3　K 型地电模型

模型参数设置：三层模型，第一层电阻率为 40 Ω·m，厚度为 50 m；第二层电阻率为 1000 Ω·m，厚度为 50 m；第三层电阻率为 40 Ω·m。线框大小为 500 m×500 m，线框中心点与模型中心点重合，接收点在回线中心点(0，0，0)处，接收分量为磁场垂直分量激发的感应电动势，接收线圈等效面积为 1 m²。

模型网格设置：在空间−450 m≤x≤450 m、−450 m≤y≤450 m、−5 m≤z≤450 m 内，网格采用均匀剖分，网格空间步长取 5 m；在此区域之外，网格采用非均匀剖分，网格空间步长变化系数取 1.2、1.5、2.0。

时间步长设置：时间步长变化系数 α=0.05。

从图 4-9 可以清楚地看出三种非均匀网格剖分方式对电磁场计算的精度影响不是很大，非均匀网格空间步长变化系数为 1.2 的模型最大相对误差为 2.45%，非均匀网格空间步长变化系数为 1.5 的模型最大相对误差为 3.08%，非均匀网格空间步长变化系数为 2.0 的模型最大相对误差为 3.58%。可见，对于 K 型地电模型来说，非均匀网格空间步长变化系数在 1~2 变化时，其相对误差均很小。

(a)感应电动势 (b)感应电动势相对误差

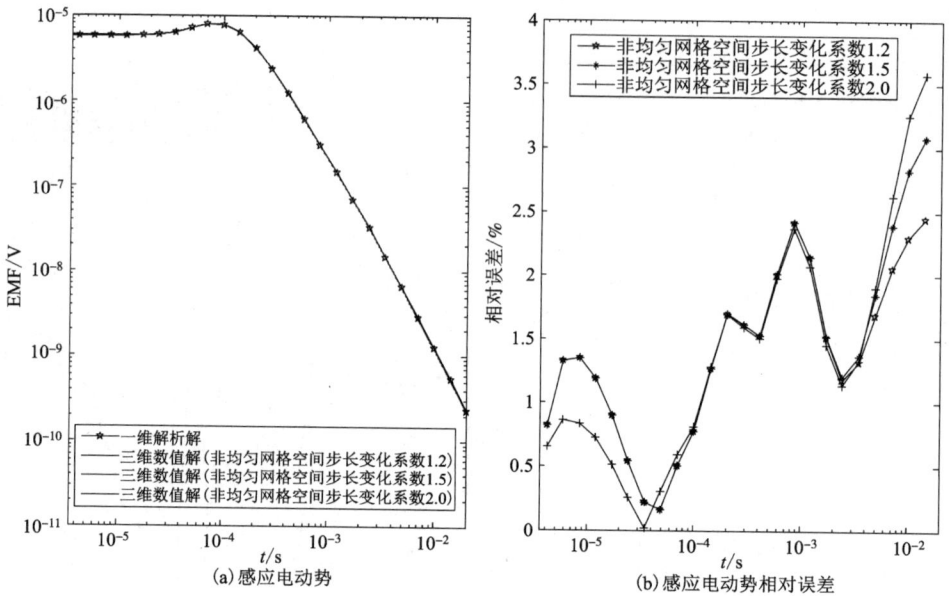

图 4-9 K 型地电模型，点(0，0，0)处的计算结果

4.4 时间步长对算法精度的影响

由公式(3-14)可知，时间步长受系数 α 的影响，α 越小，时间步长越小，计算量越大；反之，α 越大，时间步长越大，计算量减小。为了研究系数 α 对算法精度的影响。现以均匀半空间、H 型地电模型、K 型地电模型为例，进行详细阐述。

4.4.1 均匀半空间地电模型

模型参数设置：均匀半空间电阻率为 40 $\Omega \cdot m$，线框大小为 500 m×500 m，线框中心点与模型中心点重合，接收点在回线中心点(0，0，0)处，接收分量为磁场垂直分量激发的感应电动势，接收线圈等效面积为 1 m^2。

模型网格设置：在空间$-450\ m \leqslant x \leqslant 450\ m$、$-450\ m \leqslant y \leqslant 450\ m$、$-5\ m \leqslant z \leqslant 450\ m$ 内，网格采用均匀剖分，网格空间步长为 5 m；在此区域之外，网格采用非均匀剖分，网格空间步长变化系数取 1.2。

时间步长设置：时间步长变化系数分别取 $\alpha = 0.05$、0.10、0.15、0.20。

从图 4-10 可以看出，时间变化系数 $\alpha = 0.05$ 时的计算结果最好，计算精度最高，其相对误差最大值为 1.9%。在早期，四种时间变化系数的计算结果基本差不多, 计算精度基本相同, 最大相对误差为 1.4%; 在晚期, 时间变化系数 $\alpha = 0.05$ 时的计算结果最好, 计算精度最高, 其相对误差最大值为 1.9%; 其次为时间变化系数 $\alpha = 0.10$ 时的计算结果, 其相对误差最大值为 4.0%; 然后是时间变化系数 $\alpha = 0.15$ 时的计算结果, 其相对误差最大值为 7.6%; 最后是时间变化系数 $\alpha = 0.20$ 时的计算结果, 其计算结果最差, 相对误差最大值为 12.5%。产生这样结果的原因是: 同一时刻, 时间变化系数 α 越小, 时间步长也越小, 电磁波在一个时间步长内传播的距离越短, 有限差分空间网格采集的电磁波信息也越丰富, 故而其精度越高。

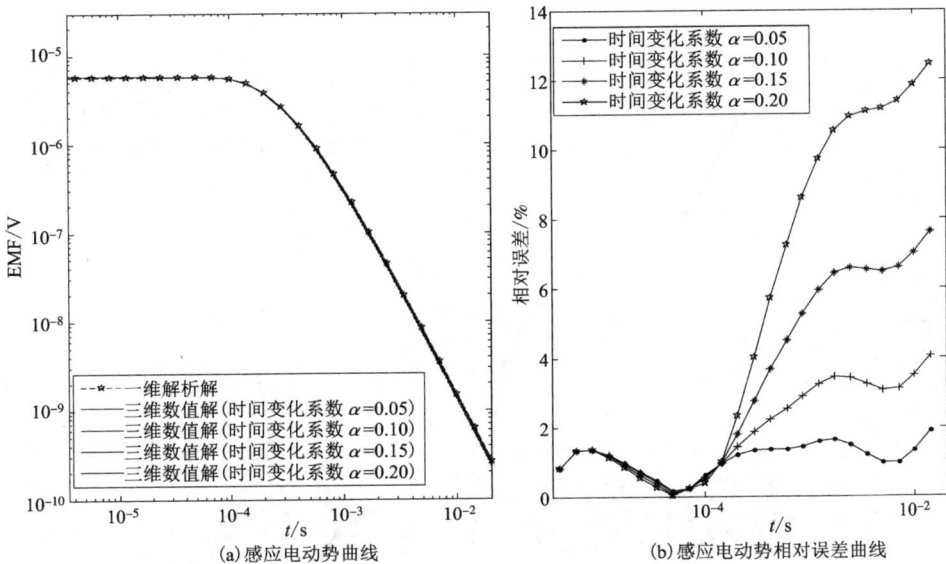

(a) 感应电动势曲线　　　　　(b) 感应电动势相对误差曲线

图 4-10　均匀半空间中, 点 (0, 0, 0) 处的计算结果

4.4.2　H 型地电模型

模型参数设置: 三层模型, 第一层电阻率为 40 Ω·m, 厚度为 50 m; 第二层电阻率为 1 Ω·m, 厚度为 50 m; 第三层电阻率为 40 Ω·m。线框大小为 500 m× 500 m, 线框中心点与模型中心点重合, 接收点在回线中心点 (0, 0, 0) 处, 接收分量为磁场垂直分量激发的感应电动势, 接收线圈等效面积为 1 m²。

模型网格设置: 在空间 $-450\ \text{m} \leqslant x \leqslant 450\ \text{m}$、$-450\ \text{m} \leqslant y \leqslant 450\ \text{m}$、$-5\ \text{m} \leqslant z \leqslant 450\ \text{m}$ 内, 网格采用均匀剖分, 网格空间步长为 5 m; 在此区域之外, 网格采用非均匀剖分, 网格空间步长变化系数取 1.2。

时间步长设置: 时间步长变化系数 $\alpha = 0.10$、0.15、0.20。

从图 4-11 可以看出, 时间变化系数 $\alpha = 0.05$ 时的计算结果最好, 计算精度最高,其相对误差最大值为1.5%。在早期,四种时间变化系数的计算结果基本差不多,计算精度基本相同,最大相对误差为1.4%;在晚期,时间变化系数 $\alpha=0.05$ 时的计算结果最好,计算精度最高,其相对误差最大值为1.5%;其次为时间变化系数 $\alpha=0.10$ 时的计算结果,其相对误差最大值为2.4%;再次是时间变化系数 $\alpha=0.15$ 时的计算结果,其相对误差最大值为4.5%;最后是时间变化系数 $\alpha=0.20$ 时的计算结果,其计算结果最差,相对误差最大值为8.0%。产生这样结果的原因是:同一时刻,时间变化系数 α 越小,时间步长也越小,电磁波在一个时间步长内的传播距离越短,有限差分空间网格采集的电磁波信息也越丰富,其精度越高。

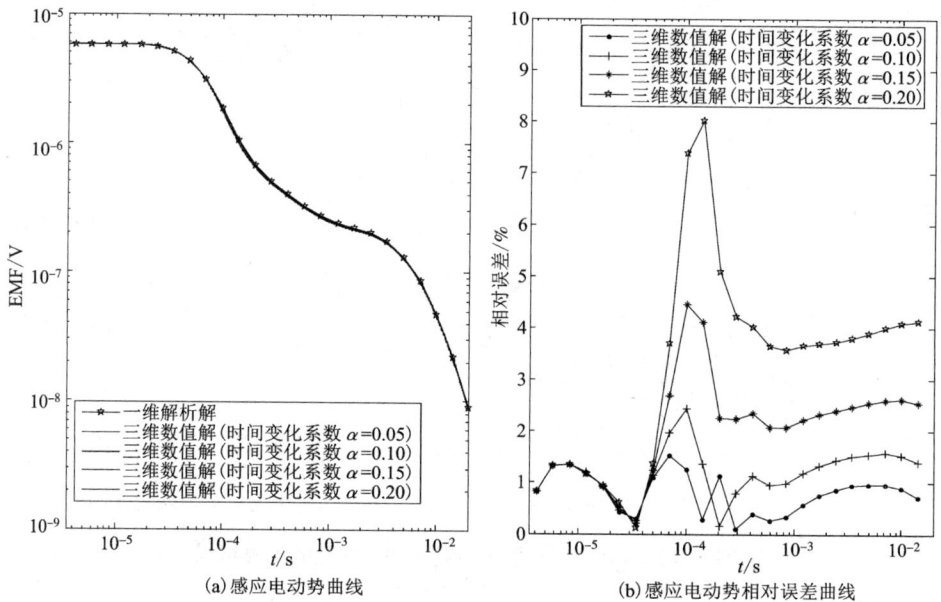

(a)感应电动势曲线   (b)感应电动势相对误差曲线

图4-11 H型地电模型,点(0, 0, 0)处的计算结果

4.4.3 K型地电模型

模型参数设置:三层模型,第一层电阻率为 $40\ \Omega \cdot m$,厚度为50 m;第二层电阻率为 $1000\ \Omega \cdot m$,厚度为50 m;第三层电阻率为 $40\ \Omega \cdot m$。线框大小为 $500\ m \times 500\ m$,线框中心点与模型中心点重合,接收点在回线中心点(0, 0, 0)处,接收分量为磁场垂直分量激发的感应电动势,接收线圈等效面积为 $1\ m^2$。

模型网格设置:在空间 $-450\ m \leqslant x \leqslant 450\ m$、$-450\ m \leqslant y \leqslant 450\ m$、$-5\ m \leqslant z \leqslant 450\ m$ 内,网格采用均匀剖分,网格空间步长为5 m;在此区域之外,网格采用非均匀剖分,网格空间步长变化系数取1.2。

时间步长设置：时间步长变化系数 α = 0.10、0.15、0.20。

从图 4-12 可以看出，时间变化系数 α = 0.05 时的计算结果最好，计算精度最高，其相对误差最大值为 2.5%。在早期，四种时间变化系数的计算结果有少许差别，时间变化系数 α = 0.20 时的计算结果相对误差最大，为 3%，其次为时间变化系数 α = 0.15、α = 0.10、α = 0.05 时的计算结果，其最大误差分别是 1.3%、1.3%、1.3%，而且在早期还出现了一个峰值，其产生的原因是：二次场的等效电路已经传到高阻层，电磁波在该区域传播速度较大，在时刻 t 相同的情况下，时间变化系数 α 越大，电磁波传播得越远，其数值色散越严重；在晚期，时间变化系数 α = 0.05 时的计算结果最好，计算精度最高，其相对误差最大值为 2.5%；其次为时间变化系数 α = 0.10 时的计算结果，其相对误差最大值为 4.3%；再次是时间变化系数 α = 0.15 时的计算结果，其相对误差最大值为 8.1%；最后是时间变化系数 α = 0.20 时的计算结果，其计算结果最差，相对误差最大值为 12.8%。

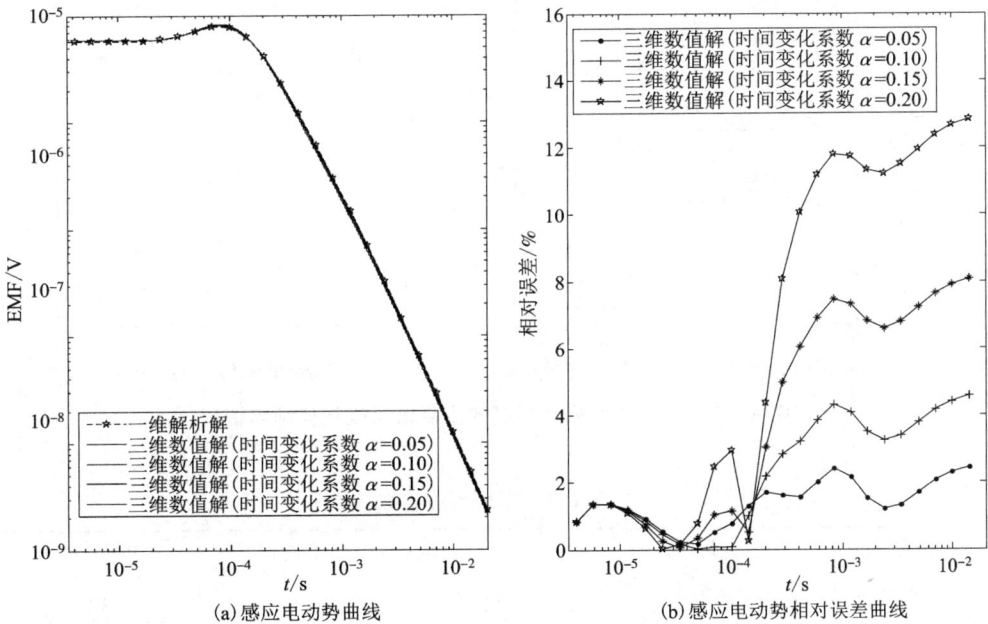

(a) 感应电动势曲线　　　　　(b) 感应电动势相对误差曲线

图 4-12　K 型地电模型，点 (0, 0, 0) 处的计算结果

从图 4-10~图 4-12 可以看出：在时间变化系数 α 相同的情况下，低阻模型的模拟精度>均匀半空间的模拟精度>高阻模型的模拟精度；在同一个地电模型中，时间变化系数 α 越小，模拟结果的精度越高；在三个地电模型中的时间变化系数 α = 0.05 时，其计算精度都很高，其最大值都小于 2.5%。

4.5 模型算例

4.5.1 不同厚度相同埋深的水平低阻板状体

模型参数设置：如图 4-13 所示，均匀半空间电阻率为 40 Ω·m，低阻板状体为正方体，埋深为 60 m，电阻率为 0.1 Ω·m；线框大小为 500 m×500 m，线框中心点与模型中心点重合；测线长 400 m，过板状体的中心线，测线中心点与板状体中心点重合，测线点距 20 m；接收分量为磁场垂直分量激发的感应电动势，接收线圈等效面积为 1 m²。低阻板状体地电模型的其他相关参数如表 4-1 所示。

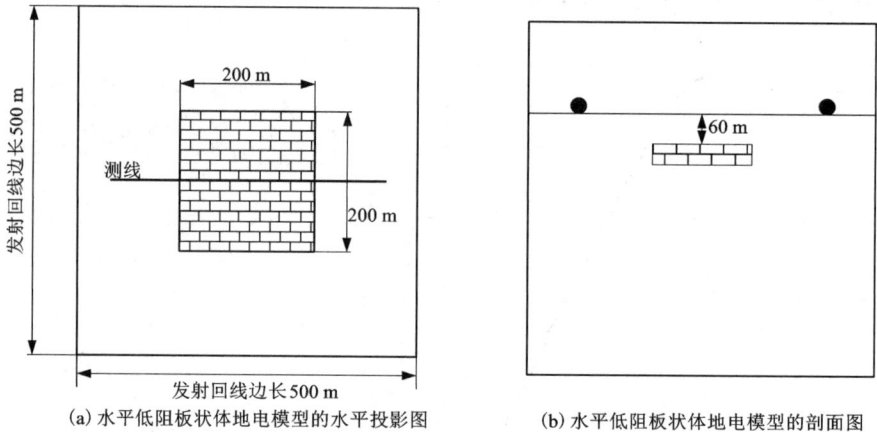

(a) 水平低阻板状体地电模型的水平投影图　　(b) 水平低阻板状体地电模型的剖面图

图 4-13　不同厚度相同埋深的水平低阻板状体地电模型

表 4-1　模型尺度参数

模型编号	长/m	宽/m	高/m	埋深/m
模型 1	200	200	10	50
模型 2	200	200	20	50
模型 3	200	200	40	50
模型 4	200	200	80	50

从图 4-14 可以看出：对于均匀半空间模型来说，在 0.05~0.14 ms，曲线中心部分下凹，两边凸起，而在其他时刻，同时刻曲线几乎水平。而对于其他模型来说，在 0.05~1.00 ms 时，曲线中心部分下凹，两边凸起，并且随着时间的增

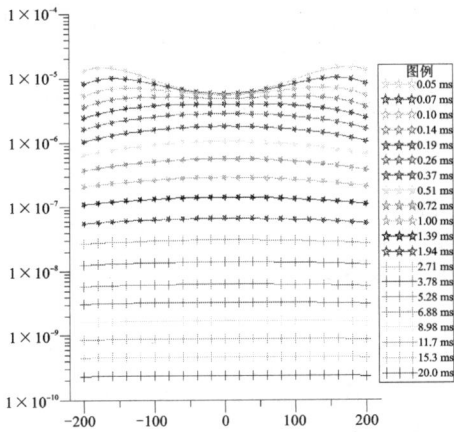

(a) 均匀半空间

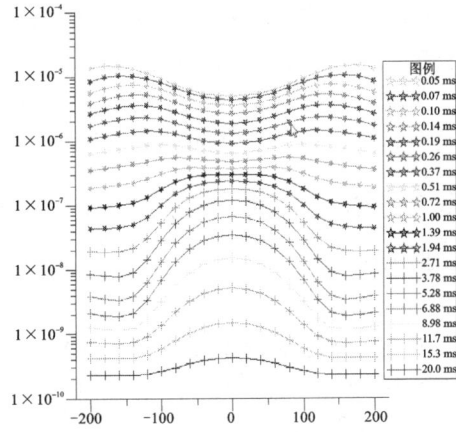

(b) 模型 1

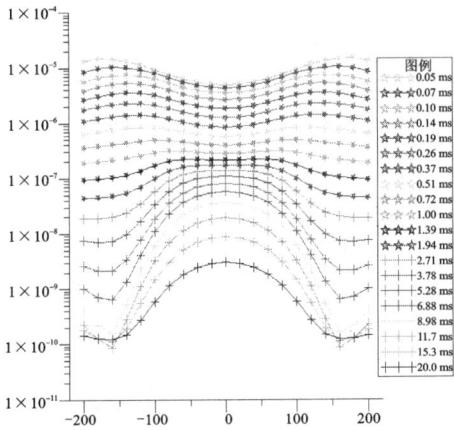

(c) 模型 2

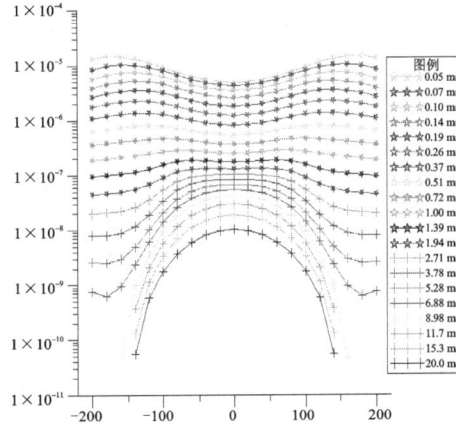

(d) 模型 13

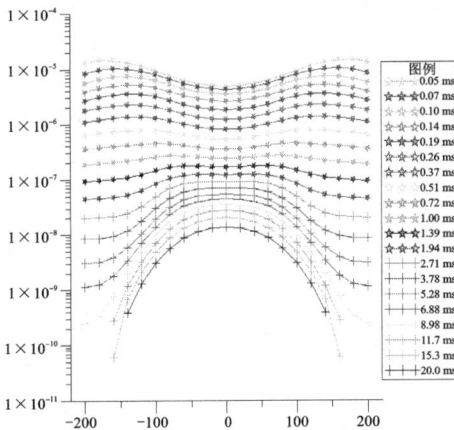

(e) 模型 4

图 4-14　多测点感应电动势曲线图

长，曲线越来越平缓；在 1.00~20.0 ms 时，曲线的两边凸起，特别是对于模型 1 和模型 2 来说，其曲线两边下凹，形状为典型的"两谷夹一山"。对于模型 1~模型 5 来说，随着低阻板状体厚度的增加，晚期数据变化越来越大，并且在模型 4 和模型 5 中，晚期数据的两侧出现了负值。

4.5.2 相同厚度不同埋深的低阻板状体

模型参数设置：如图 4-15 所示，均匀半空间电阻率为 40 Ω·m，低阻板状体为正方体，电阻率为 0.1 Ω·m；线框大小为 500 m×500 m，线框中心点与模型中心点重合；测线长 400 m，过板状体的中心线，测线中心点与板状体中心点重合，测线点距 20 m；接收分量为磁场垂直分量激发的感应电动势，接收线圈等效面积为 1 m²。低阻板状体地电模型的其他相关参数如表 4-2 所示。

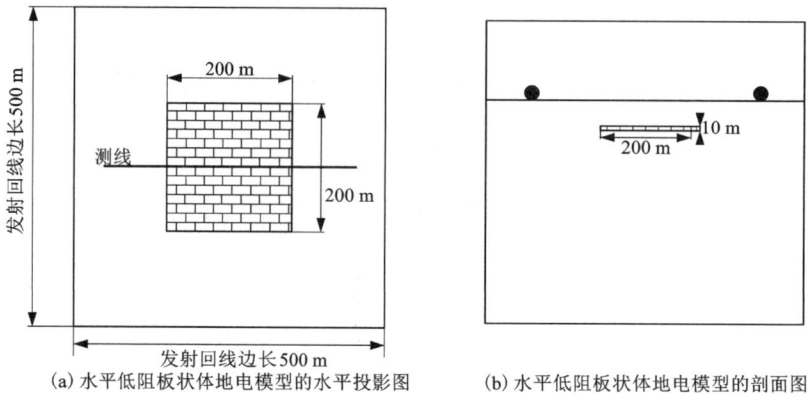

(a) 水平低阻板状体地电模型的水平投影图　　(b) 水平低阻板状体地电模型的剖面图

图 4-15　同一厚度不同深度的低阻板状体地电模型

表 4-2　模型尺度参数

模型编号	长/m	宽/m	高/m	埋深/m
模型 5	200	200	10	50
模型 6	200	200	10	100
模型 7	200	200	10	150
模型 8	200	200	10	200

从图 4-16 可以看出：对于均匀半空间模型来说，在 0.05~0.14 ms，曲线中心部分下凹，两边凸起，而在其他时刻，同时刻曲线几乎水平。而对于模型 5 来说，在 0.05~1.00 ms 时，曲线中心部分下凹，两边凸起，并且随着时间的增长，曲线越来越平缓；在 1.00~20.0 ms 时，曲线中心部分上凸，两边下凹，形状为

"两谷夹一山"。对于模型 6 来说，随着低阻板状体厚度的增加，晚期数据变化越来越大，并且在模型 4 和模型 5 中，在晚期数据的两侧出现了负值。可见，随着低阻板状体埋深的增加，数据早期越来越像均匀半空间，而且在曲线出现"两谷夹一山"之前，同时刻的曲线几乎呈直线形，且持续时间较长。

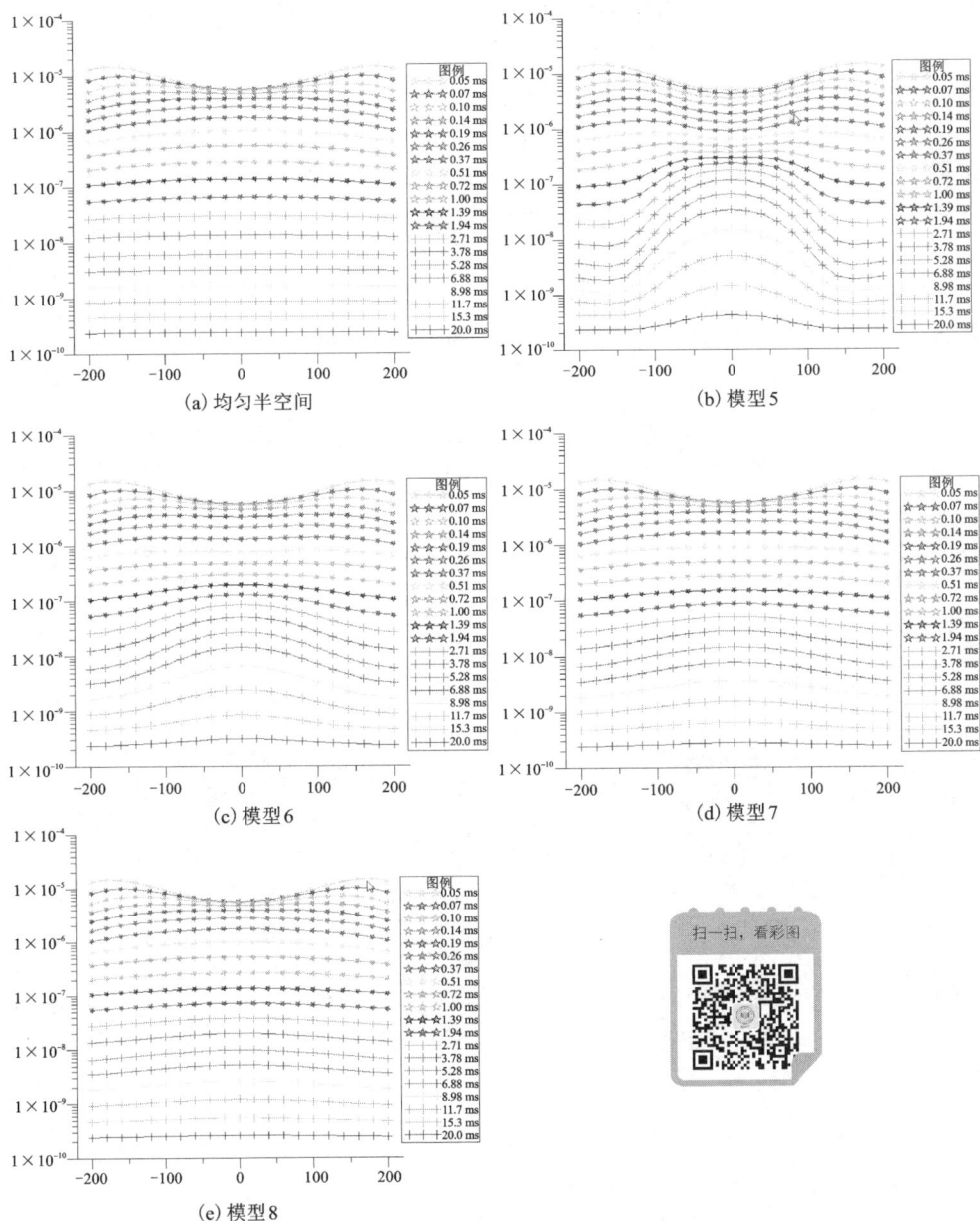

(a) 均匀半空间　　　(b) 模型 5

(c) 模型 6　　　(d) 模型 7

(e) 模型 8

图 4-16　同一厚度不同深度的低阻板状体地电模型

4.5.3　磁场垂直分量脉冲响应等值线剖面图

　　这里，我们仅以 4.5.2 节中均匀半空间和模型 5 为例，列出均匀半空间(图 4-17)和模型 5(图 4-18)中 20 个典型时刻测线下方磁场垂直分量在 XZ 剖面(测线正下方)的等值线图，并依此为例分析各个时刻电磁波的传播情况。

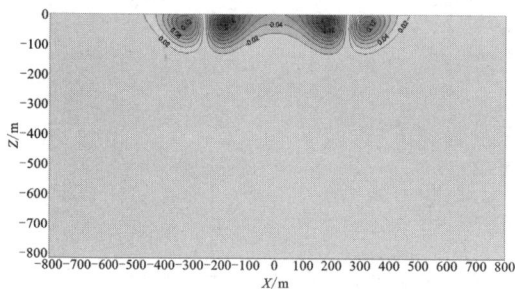

(a)0.05 ms的磁场垂直分量脉冲响应剖面图

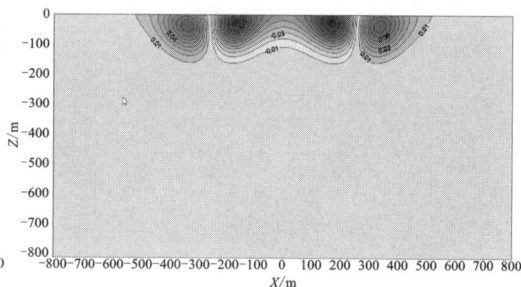

(b)0.07 ms的磁场垂直分量脉冲响应剖面图

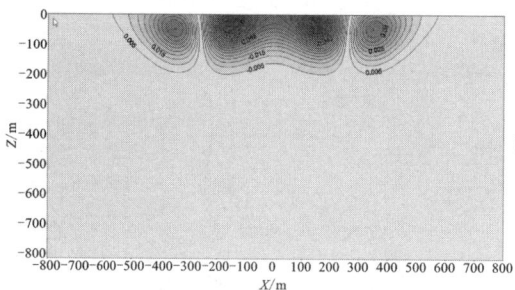

(c)0.10 ms的磁场垂直分量脉冲响应剖面图

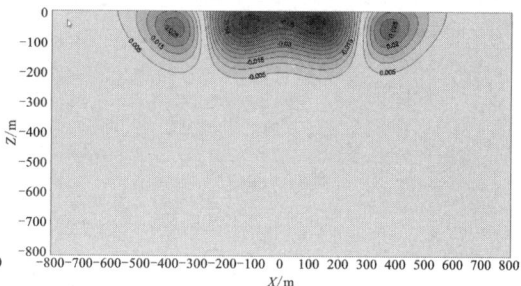

(d)0.14 ms的磁场垂直分量脉冲响应剖面图

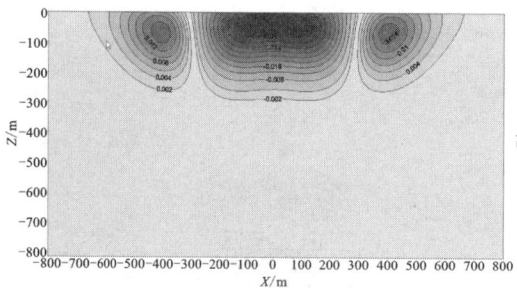

(e)0.19 ms的磁场垂直分量脉冲响应剖面图

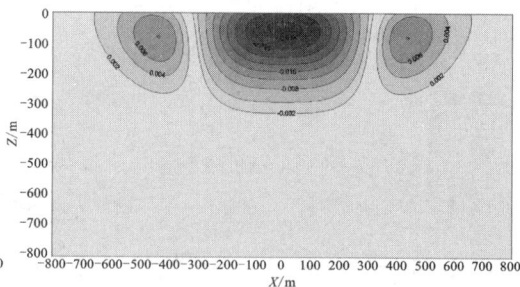

(f)0.26 ms的磁场垂直分量脉冲响应剖面图

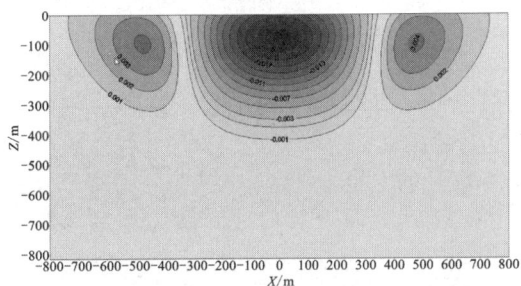

(g) 0.37 ms 的磁场垂直分量脉冲响应剖面图

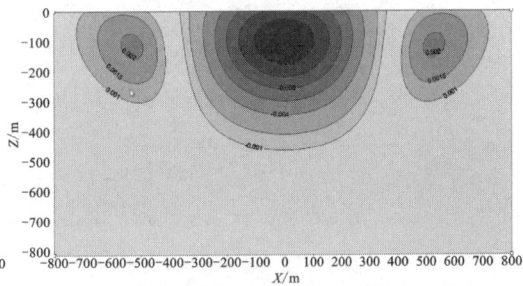

(h) 0.51 ms 的磁场垂直分量脉冲响应剖面图

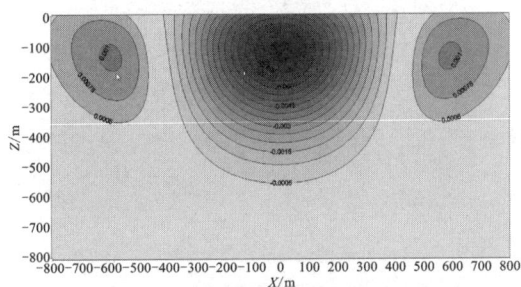

(i) 0.72 ms 的磁场垂直分量脉冲响应剖面图

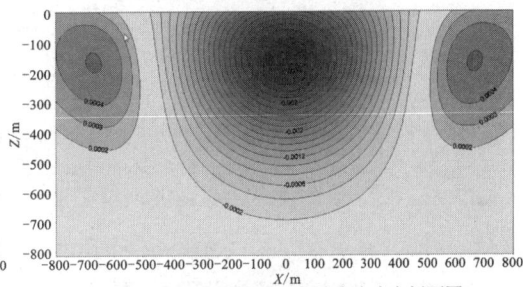

(j) 1.00 ms 的磁场垂直分量脉冲响应剖面图

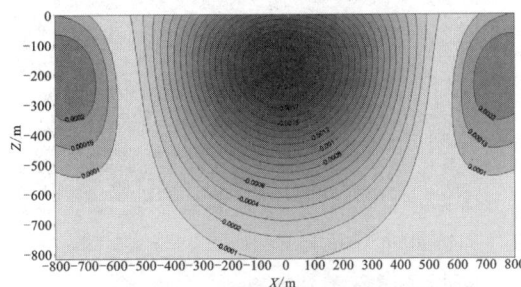

(k) 1.39 ms 的磁场垂直分量脉冲响应剖面图

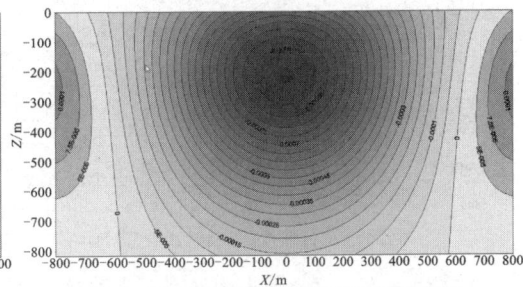

(l) 1.94 ms 的磁场垂直分量脉冲响应剖面图

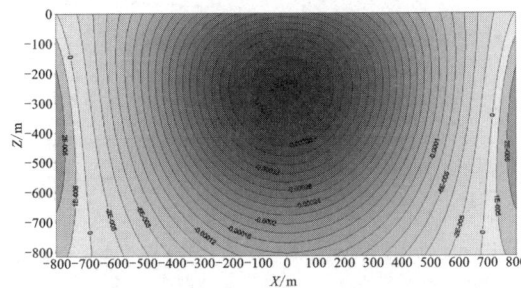

(m) 2.71 ms 的磁场垂直分量脉冲响应剖面图

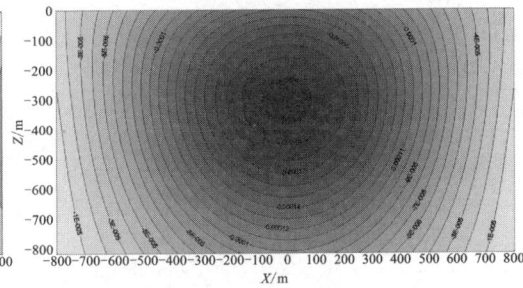

(n) 3.78 ms 的磁场垂直分量脉冲响应剖面图

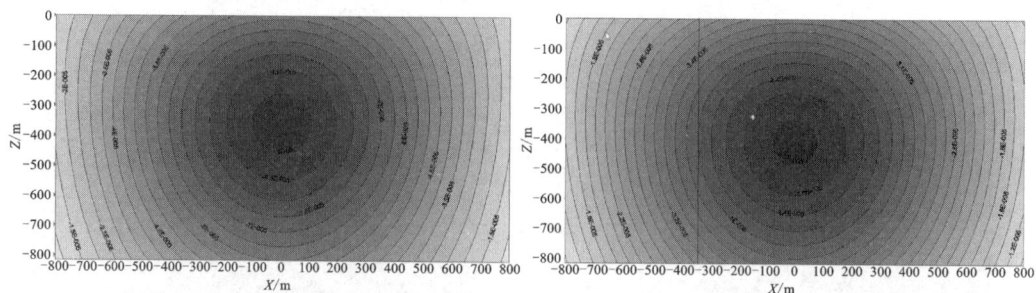
(o) 5.28 ms的磁场垂直分量脉冲响应剖面图

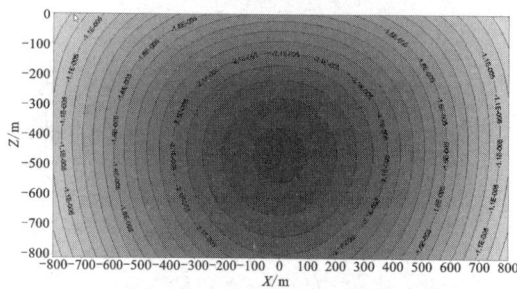
(p) 6.88 ms的磁场垂直分量脉冲响应剖面图

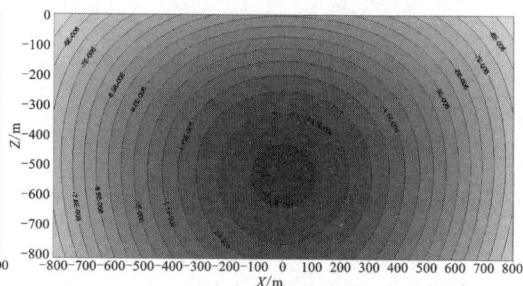
(q) 8.98 ms的磁场垂直分量脉冲响应剖面图

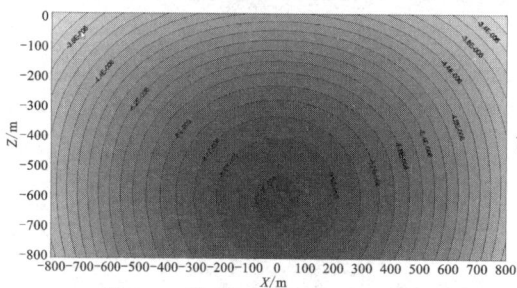
(r) 11.7 ms的磁场垂直分量脉冲响应剖面图

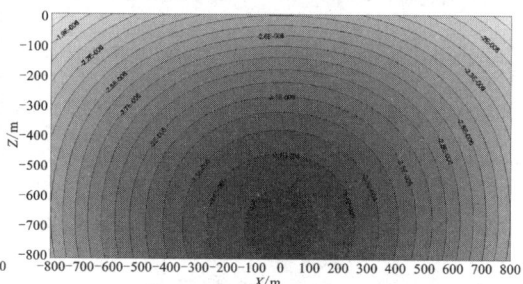
(s) 15.3 ms的磁场垂直分量脉冲响应剖面图

(t) 20.0 ms的磁场垂直分量脉冲响应剖面图

图 4-17　均匀半空间 20 个典型时刻的等值线剖面图

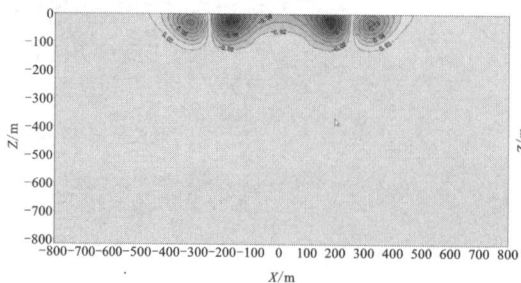
(a) 0.05 ms的磁场垂直分量脉冲响应剖面图

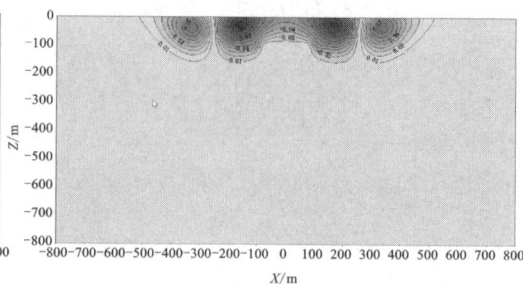
(b) 0.07 ms的磁场垂直分量脉冲响应剖面图

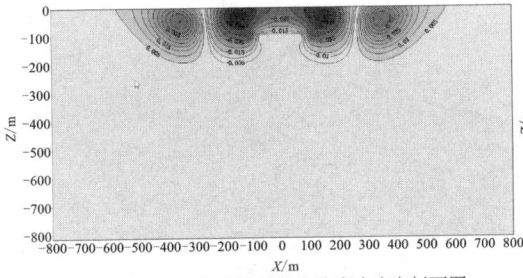

(c) 0.10 ms 的磁场垂直分量脉冲响应剖面图

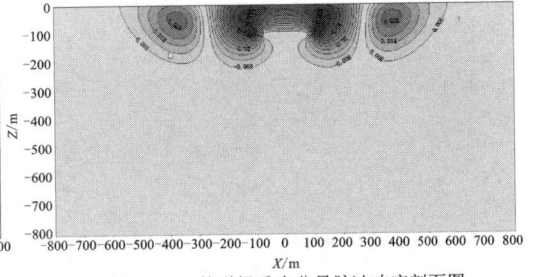

(d) 0.14 ms 的磁场垂直分量脉冲响应剖面图

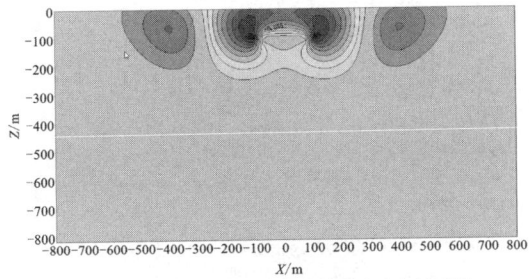

(e) 0.19 ms 的磁场垂直分量脉冲响应剖面图

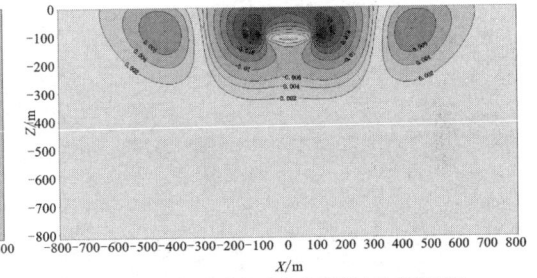

(f) 0.26 ms 的磁场垂直分量脉冲响应剖面图

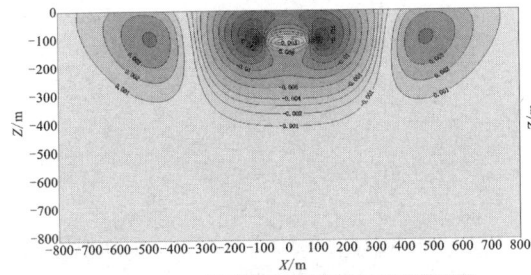

(g) 0.37 ms 的磁场垂直分量脉冲响应剖面图

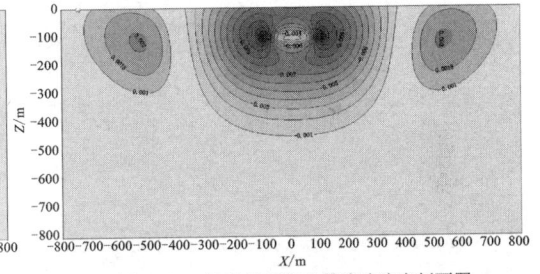

(h) 0.51 ms 的磁场垂直分量脉冲响应剖面图

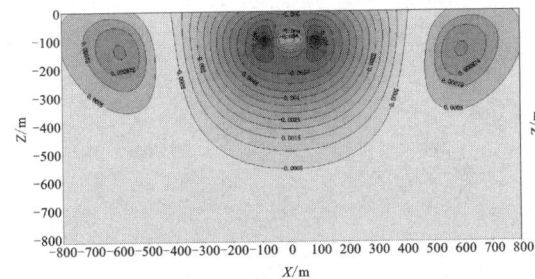

(i) 0.72 ms 的磁场垂直分量脉冲响应剖面图

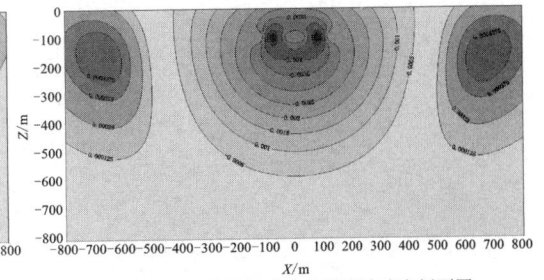

(j) 1.00 ms 的磁场垂直分量脉冲响应剖面图

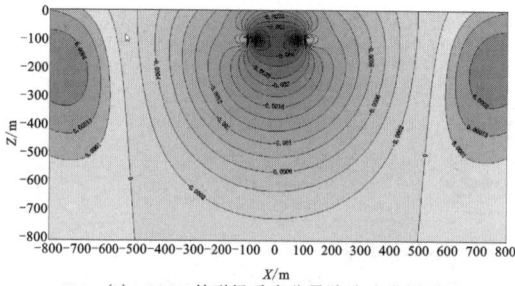

(k) 1.39 ms的磁场垂直分量脉冲响应剖面图

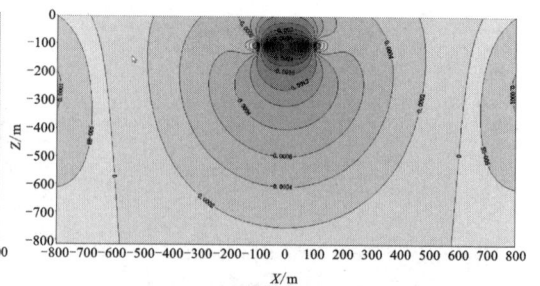

(l) 1.94 ms的磁场垂直分量脉冲响应剖面图

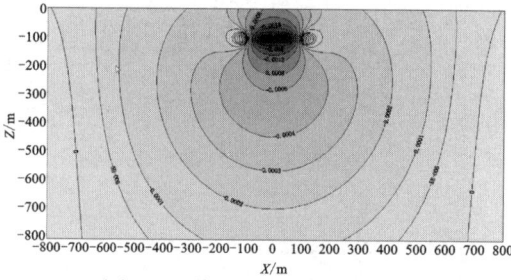

(m) 2.71 ms的磁场垂直分量脉冲响应剖面图

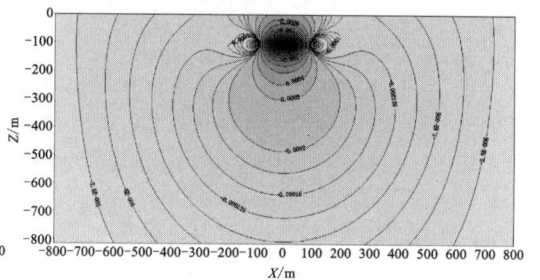

(n) 3.78 ms的磁场垂直分量脉冲响应剖面图

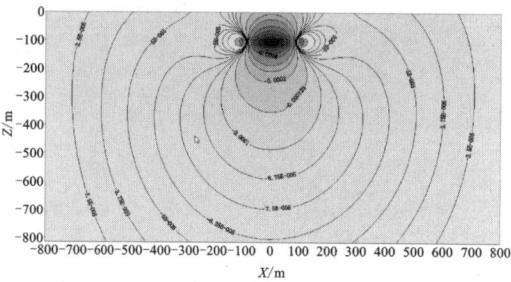

(o) 5.28 ms的磁场垂直分量脉冲响应剖面图

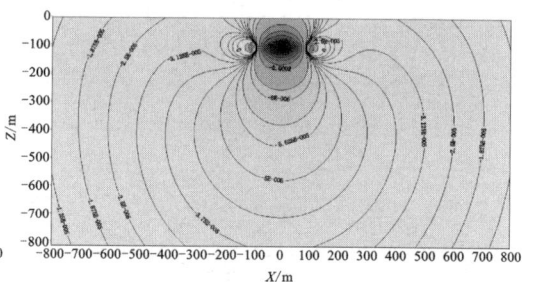

(p) 6.88 ms的磁场垂直分量脉冲响应剖面图

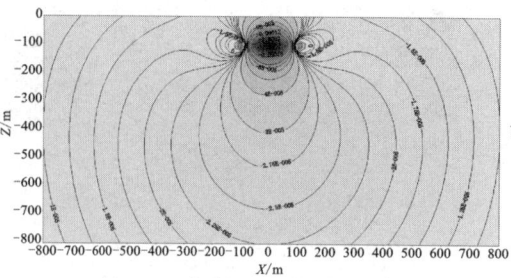

(q) 8.98 ms的磁场垂直分量脉冲响应剖面图

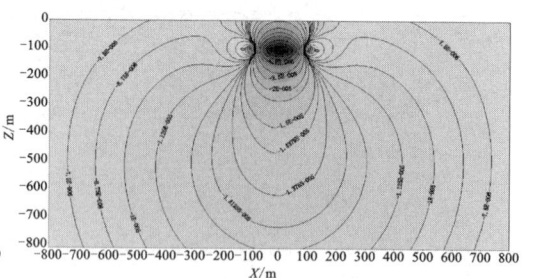

(r) 11.7 ms的磁场垂直分量脉冲响应剖面图

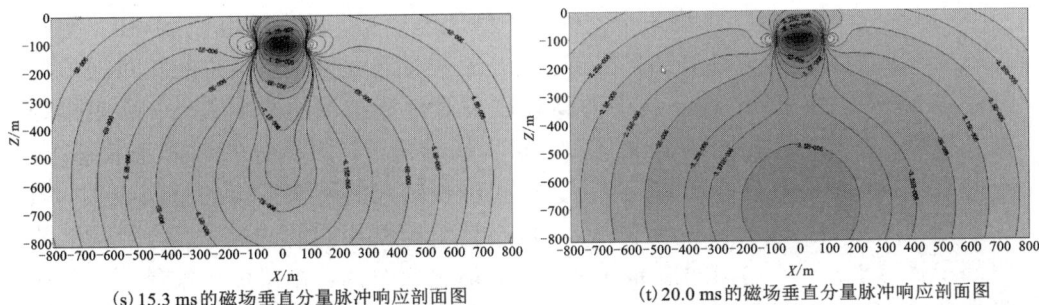

(s) 15.3 ms 的磁场垂直分量脉冲响应剖面图　　(t) 20.0 ms 的磁场垂直分量脉冲响应剖面图

图 4-18　模型 5 的 20 个典型时刻等值线剖面图

从图 4-17 可以看出：在早期，磁场垂直分量的负最大值主要集中在线框正下方的地表，并随着时间的推移，向下、向外移动（扩散），在 0.51 ms 时，两个负最大值重合。之后，电磁波的负最大值继续向下、向外扩散，并且随着时间的进一步推移，电磁场垂直分量以负最大值为中心，向外的辐射圈越来越近似一个圆形。

从图 4-18 可以看出：在早期，模型 5 中的垂直分量和均匀半空间的垂直分量相同，并且随着时间的推移，电磁场垂直分量的最大值逐渐移动到低阻板状体周围；从晚期图像中可以看出，虽然磁场垂直分量的负最小值一直位于低阻板状体周围，但是电磁波仍然继续向下、向外扩散。

对比图 4-17 和图 4-18，不难发现，和均匀半空间（高阻）相比，磁场垂直分量负最大值主要集中在低阻区，随着时间的推移，虽然电磁波仍然向外、向下扩散，但其中心点处的绝对值远比低阻体附近垂直磁场分量的绝对值小，可见，磁场垂直分量对低阻体更加敏感，电磁场对低阻体更加敏感。

4.6　本章小结

（1）在瞬变电磁有限差分正演模拟中，在时间变化系数 α 相同、均匀网格部分的空间步长相同的情况下，低阻层状模型的相对误差＜均匀半空间模型的相对误差＜高阻层状模型的相对误差。这是因为，电磁波在传播过程中，在低阻区域的波速小于在均匀区域的波速小于在高阻区域的波速，故在时间步长一定的情况下，电磁波在低阻区域传播的距离小于在均匀半空间传播的距离小于在高阻区域传播的距离。这样导致一个结果，即有限差分在低阻区域的采样信息量大于在均匀半空间的采样信息量大于在高阻区域的采样信息，进而有低阻模型计算精度大于均匀半空间模型计算精度大于高阻模型计算精度。

(2)在三个地电模型(均匀半空间、H型地电模型、K型地电模型)中,空间步长为5 m的有限差分计算结果最好,无论是早期还是晚期,结果的相对误差均不超过2.5%。在早期,电磁波中的高频成分对计算结果的影响很大,高频成分波长很短,在电磁波相同的情况下,空间步长越短,有限差分的数值色散越小;在晚期,空间网格数目一定的情况下,空间步长较大的网格模拟的空间较大,因为非均匀网格的空间波长逐渐增加,所以在地电模型相同的情况下,均匀网格的空间步长越小,其非均匀网格部分引起的数值色散对计算结果的影响越早,而在早期和晚期的过渡阶段,电磁场高频部分引起的数值色散和差分网格中的非均匀网格引起的数值色散共同对计算结果产生影响。

(3)非均匀网格空间步长变化系数在1~2时,其对有限差分模拟结果的精度影响并不大。在非均匀网格剖分方案相同的情况下,对于均匀半空间、H型地电模型、K型地电模型来说,H型地电模型的模拟精度大于均匀半空间的模拟精度大于K型地电模型的计算精度,这是因为:频率相同的电磁波在低阻区域的波长最大,在高阻区域的波长最小,在均匀半空间中的波长介于二者之间。所以可以更一般地讲,低阻模型的模拟精度大于均匀半空间的模拟精度大于高阻模型的计算精度。

(4)在时间变化系数 α 相同的情况下,低阻模型的模拟精度高于均匀半空间的模拟精度高于高阻模型的模拟精度;在同一个地电模型中,时间变化系数 α 越小,模拟精度越高;在三个地电模型中的时间变化系数 $\alpha = 0.05$ 时,其计算精度都很高,其最大值都小于2.5%。

第 5 章　钻孔地质雷达正演模拟

要对钻孔地质雷达进行正演的数值模拟，我们首先要了解雷达的电磁场中波场的性质。Maxwell 方程组描述了电磁场中电场值和磁场值随时间变化的规律。通过能量损失(与电导率有关)和能量存储(与介电常数和磁导率有关)，电场和磁场以波的形式进行扩散和传播，钻孔地质雷达正是基于此原理。将 Maxwell 方程组改成单独电场或者单独磁场时，波动性更为明显。在地球物理的数值模拟方法中，FDTD(时间域有限差分)因不需设定响应的参数就能模拟各种复杂的模型且其计算程序具有通用性等特点，已被广泛应用于电磁场数值模拟的各个领域[270]。

5.1　钻孔地质雷达电磁场特性

要对钻孔地质雷达进行数值模拟，我们要了解电磁波波场的特性，即电磁波波场的参数，场源的选择、布置，波的反射、折射、透射等性质。研究波的电磁特性和传播特性对于充分了解钻孔地质雷达数值模拟有重要意义[271]。

5.1.1　电磁波的基本特性

电磁波波场的主要参数有速度 v、衰减系数 α、波阻抗 Z[272]。对于介电常数、电导率和磁导率都已经确定的介质，电磁波的性质很容易表达。波速、衰减系数和频率之间的关系如图 5-1 所示，图中的角频率 $\omega = 2\pi f$。

电磁波的性质基本都类似，在低频时，电磁波的参数主要与频率有关；高频时的参数则与频率无关(假设介电常数、电导率、磁导率都与频率无关)[273]。对地质雷达来说我们主要关心的是高频时的电磁波参数。简单来说跃迁频率可以通过下面的公式来计算：

$$f_t = \frac{\sigma}{2\pi\varepsilon} \tag{5-1}$$

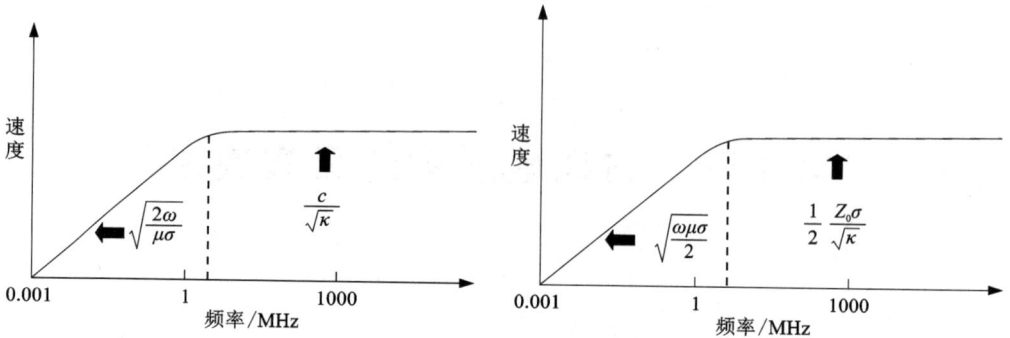

图 5-1 速度、衰减系数和频率之间的关系图

在超过跃迁频率的频段，所有频率的电磁波具有同样的传播速度和衰减系数。在无频散的介质中，脉冲信号的传播将不会对其波形造成影响。不考虑磁导率变化的情况下，速度、衰减系数和波阻抗可以通过下面的公式进行计算：

$$v = \frac{1}{\sqrt{\varepsilon \cdot \mu}} = \frac{c}{\sqrt{\kappa}} \tag{5-2}$$

$$\alpha = \sqrt{\frac{\mu}{\varepsilon}} \cdot \frac{\sigma}{2} = Z_0 \cdot \frac{\sigma}{2 \cdot \sqrt{\kappa}} \tag{5-3}$$

$$Z = \sqrt{\frac{\mu}{\varepsilon}} = \frac{Z_0}{\sqrt{\kappa}} \tag{5-4}$$

式(5-2)~式(5-4)中均默认磁导率等于自由空间的磁导率，即 $\mu = \mu_0 = 1.25 \times 10^{-6}$ H/m；c 为光速(3×10^8 m/s)；Z_0 为自由空间的波阻抗，即 $Z_0 = 377$ Ω。在钻孔地质雷达电磁波的传播中，随着频率的升高，衰减系数逐渐增大。产生这种现象的原因有两个：一个是随着频率的升高，水对波场能量的吸收能力增强；另一个是随着频率的升高，散射现象变得越来越严重。在实际情况中，波速的幅值一般为 0.07~0.15 m/ns；衰减系数为 0.01~0.1 dB/m 时视为低衰减，10~100 dB/m 时视为高衰减；波阻抗的幅值一般为 100~150 Ω。

钻孔地质雷达主要通过接收反射波信号和透射波信号进行扫描探测。通过平面状边界建立一个简单的模型来对此进行说明。Fresnel 反射(透射)系数很好地描述了电磁场中电磁波穿越两种介质的边界时是如何进行透射和反射的[274]。传播方向的改变也符合 Snell 定律，即：

$$\frac{\sin\theta_1}{v_1} = \frac{\sin\theta_2}{v_2} \tag{5-5}$$

式中，θ_1 为入射角，θ_2 为透射角。当电磁波在介质 2 中传播的速度超过在介质 1

中的传播速度，且电磁波由介质 1 传播至介质 2 时，入射角在大于某临界角时会发生全反射现象。临界角的大小可以通过假定 $\theta_2 = 90°$ 来求取。临界角的概念在研究地质雷达响应中是较为重要的。电磁波矢量场可以分为两个独立的场：横向电场(TE)和横向磁场(TM)。入射波、反射波和透射波的能量可以通过下面的公式来说明：

$$I + R \cdot I = T \cdot I \qquad (5-6)$$

式中，R 为反射系数，T 为透射系数，这两者可以通过 Snell 定律求出，结合电磁场的边界条件，可以得知：

$$R_{TE} = \frac{Y_1 \cdot \cos\theta_1 - Y_2 \cdot \cos\theta_2}{Y_1 \cdot \cos\theta_1 + Y_2 \cdot \cos\theta_2} \qquad (5-7)$$

$$R_{TM} = \frac{Z_1 \cdot \cos\theta_1 - Z_2 \cdot \cos\theta_2}{Z_1 \cdot \cos\theta_1 + Z_2 \cdot \cos\theta_2} \qquad (5-8)$$

$$T_{TE} = 1 + R_{TE} \qquad (5-9)$$

$$T_{TM} = 1 + R_{TM} \qquad (5-10)$$

式中，Z_i 和 Y_i 分别为第 i 层介质的阻抗和导纳，θ_1 为入射角，θ_2 为透射角。当电磁波垂直入射时，TE 波和 TM 波没有区别，而且 TE 波和 TM 波的反射系数也一样。

5.1.2　钻孔地质雷达场源

在钻孔地质雷达的实际使用中，场源由有限大小的发射器激发，并且要保证能被接收器所接收，而钻孔地质雷达的场源是通过天线的方式表达的。天线的设计要满足以下几点：激发(接收)电流电压和电磁场分量之间的转换是固定的，不随时间和空间变化；连接激发电压和接收电压之间的场值矢量分量是可以量化的；天线的带宽必须满足系统的实际应用需求[275]。目前的应用表明，最有效的钻孔地质雷达天线就是偶极子天线。

图 5-2 为偶极子天线的能量辐射示意图，能量均匀分布在与偶极子轴垂直的平面上。图 5-3 所示为 TE 场和 TM 场的横截面。图中的辐射场是远场分量的示意图，近天线处的辐射场更为复杂。

沿着界面上的任何一个场源激发点都可以在几何上被视为局部的以一个特定角度入射的平面波。在钻孔地质雷达的探测模式中，每个局部信号的反射和折射都满足 Snell 定律。入射波和反射波在空间形成

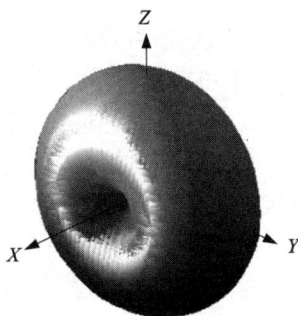

图 5-2　偶极子天线的能量辐射示意图

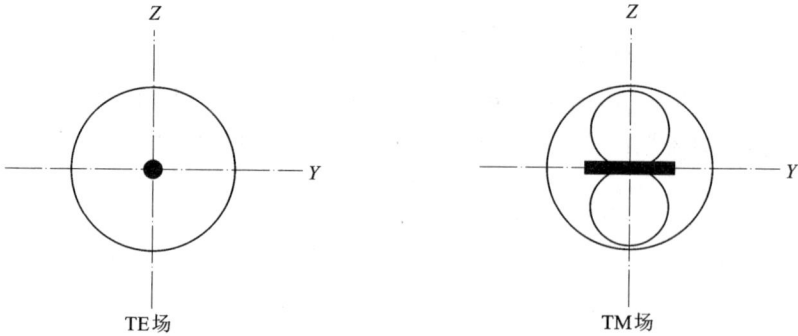

图 5-3　偶极子天线辐射场中的 TE 场和 TM 场的横截面

一个上行的球面波。在界面处，发射信号被分成两部分，即一个球面波和一个以特定角度入射的平面波。球面波则在界面附近形成一个空气中的衰减场。与电磁波波长相比，在距离场源非常远的地方各种波场由于空间和时间的分布不同能够被清晰地划分出来；距离场源较近的波场的分离会很困难，但各种波场的概念还是存在的。

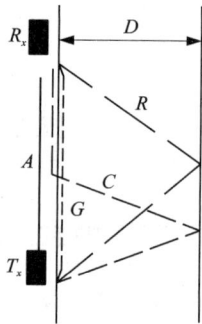

图 5-4　电磁波传播路径图

发射的电磁波信号在发射天线与接收天线之间的传播可以视为直线传播。图 5-4 所示为发射天线与接收天线之间各种波的传播路径（以钻孔地质雷达单孔反射模式为例），A 为直达波；C 为折射波；R 为反射波；G 为接触面直达波。

5.1.3　系统响应特征

钻孔地质雷达信号在时间域和频率域采集手段不同，我们最常用的是在时间域采集的信号，即振幅随时间变化的信号。天线结构、采集系统本身的误差等因素会使信号失真。大多数问题集中在激励源脉冲的选取、接收器接收信号所产生的误差和天线以及其他结构对信号产生的影响。假设激励源激发一个持续时间为 w 的脉冲。理想状态下，在脉冲激发之后，系统的信号将会立刻消失，如图 5-5 所示。

实际的雷达系统中，电子在结束脉冲激发后仍然有短暂的反应，且这个反应脉冲能够被天线所发射和接收。另外在发射和接收时，信号在天线内部传播的时间延迟也必须考虑在内。再者，天线和主机以及其他结构之间需要用电线、电缆连接，这些附属结构内也会有感应电流存在，会形成一个有限时间延迟的再辐射场。

电磁波在结束脉冲激发后具有的短暂残留脉冲应该随着时间迅速衰减，且最

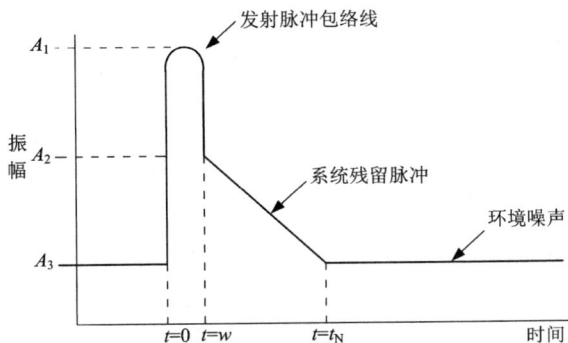

图 5-5　脉冲和噪声振幅分布图

好低于周围的环境噪声水平，这些残留的脉冲被称为系统的出现"振铃现象"。接收器在出现"振铃现象"时开始接收信号。如果残留脉冲信号的强度比地质雷达响应信号弱，那么残留脉冲信号衰减比响应信号快时，系统能够接收时间 t_g 之后所有的信号；残留脉冲信号衰减比响应信号慢时，系统只能接收时间 t_{g1} 和 t_{g2} 之间的信号，如图 5-6(b)所示。如果残留脉冲信号的强度比地质雷达响应信号强，那么残留脉冲信号衰减比响应信号快时，系统能够接收时间 t_g 之后所有的信号，如图 5-6(c)所示；残留脉冲信号衰减比响应信号慢时，系统将接收不到任何信号，如图 5-6(d)所示。

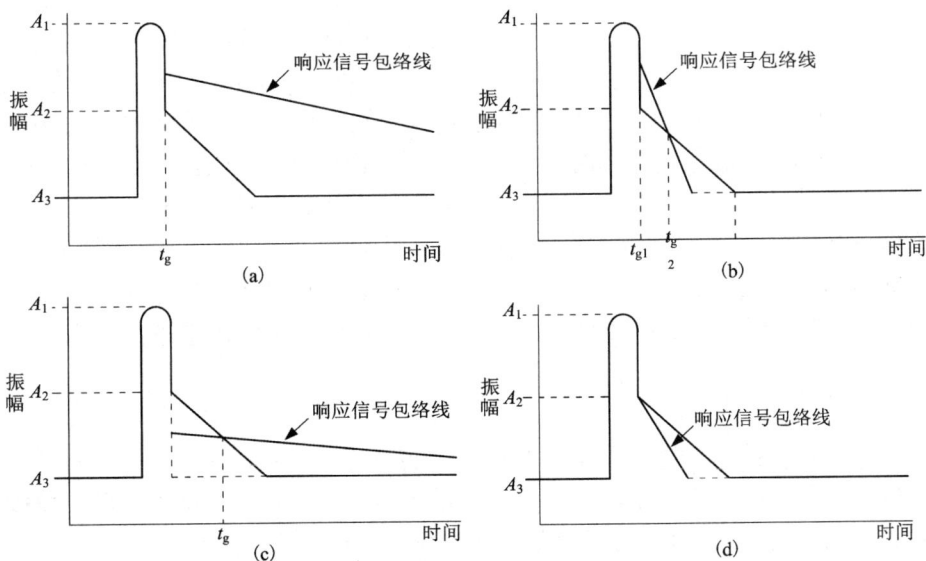

图 5-6　响应信号和"振铃现象"之间的关系

综上所述，系统残留的脉冲会在某段时间或者全部时间段掩盖掉真正的地质雷达响应。在某些情况下，残留脉冲可以被去除，地质雷达数据处理过程中的背景去除就是为了提高地质雷达的性能。由于天线、电缆以及其他附属结构的影响和实际探测场地的地质情况不同，系统残留脉冲很难计算出来。

5.2 电磁波传播方程

钻孔地质雷达与普通地质雷达的基本原理是一致的，都是基于电磁波理论的应用。Maxwell 方程从数学上描述了电磁场的物理性质和介质的本构参数之间的关系，为定量描述地质雷达信号提供了理论基础[276]。

5.2.1 Maxwell 方程组

电磁场的 Maxwell 方程组数学表达式为：

$$\nabla \times E = -\frac{\partial B}{\partial t} \tag{5-11}$$

$$\nabla \times H = j + \frac{\partial D}{\partial t} \tag{5-12}$$

$$\nabla \cdot B = 0 \tag{5-13}$$

$$\nabla \cdot D = \rho \tag{5-14}$$

式(5-11)~式(5-14)中，∇ 为哈密顿微分算子，E 为电场强度，单位为 V/m；B 为磁感应强度，单位为 T；H 为磁场强度，单位为 A/m；j 为电流密度，单位为 A/m²；D 为电位移，单位为 C/m²；ρ 为电荷密度，单位为 C/m³。式(5-11)称为微分形式的法拉第电磁感应定律；式(5-12)称为安培电流环路定律，其中 $\partial D/\partial t$（由 Maxwell 引入）称为位移电流密度 J_d；式(5-13)称为磁荷不存在定律，式(5-14)称为电场高斯定理。

Maxwell 通过这几个公式简明扼要地总结了众多研究者的工作成果。通过这些公式，结合材料的电性参数我们可以推导出所有的经典电磁学理论公式。

5.2.2 本构方程

本构方程能够用来描述介质在电磁场的响应特征。对钻孔地质雷达而言，介质的电性参数和磁性参数是两个非常关键的参数[277]。本构方程从宏观上描述了电磁场应用中电子、原子、分子是如何集体做出响应的。

$$J = \sigma E \tag{5-15}$$

$$D = \varepsilon E \tag{5-16}$$

$$B = \mu H \tag{5-17}$$

式(5-15)~式(5-17)中，σ 为电导率，单位为 S/m，电导率描述了电场中自由电荷的运动能力；ε 为介电常数，单位为 F/m，介电常数描述了电场中介质限制电荷进行位移的能力；μ 为磁导系数，单位为 H/m，磁导系数描述了磁场中原子和分子的磁矩响应能力。

这三个参数都是张量，且都是非线性的，但在几乎所有的地质雷达实际应用中，这些参数都被视为标量[278-282]。虽然这种假设基本不符合实际情况，但是目前在地质雷达的实际应用中很少考虑这些参数的复杂性。介质的电磁参数还和入射场有关，在入射场场强变化较慢时，电荷移动的速度也较慢；入射场场强变化较快时，电荷移动的速度也会变快。因此公式(5-5)应该写为[274]（仅以此为例）：

$$J(t) = \int_0^\infty \sigma(\beta)\, E(t - \beta)\, d\beta \tag{5-18}$$

公式(5-18)只能应用在色散介质的本构方程中。对于绝大多数地质雷达应用来说，可以把介电常数、电导率、磁导率三个参数都看作标量，尤其前面两者较为重要。

对钻孔地质雷达来说，介电常数是一个非常重要的参数[283]。一般来说，实际应用中都会使用一个叫"相对介电常数"的名词来对介电常数进行简化。相对介电常数等于介质的介电常数除以真空中的介电常数，为无量纲单位，真空中的介电常数为 $8.89 \cdot 10^{-12} \mathrm{F/m}$。

5.2.3　GPR 方程导出

Maxwell 方程组概括了宏观电磁场的基本规律，它由两个旋度方程和两个散度方程构成，其中两个旋度方程是最基本的[266, 284]。将两个旋度方程进行变化，得到如下形式：

$$\nabla \times E = -\mu \frac{\partial H}{\partial t} - \sigma_{\mathrm{m}} H \tag{5-19}$$

$$\nabla \times H = \varepsilon \frac{\partial E}{\partial t} - \sigma_{\mathrm{e}} E \tag{5-20}$$

式(5-19)中 σ_{m} 为方程导磁率，单位为 Ω/m，引进这个参数的目的是使方程具有对称性。在直角坐标系中，E、H 分别为具有三个方向的矢量，将方程(5-19)和方程(5-20)展开就可以得到电磁场的六个分量所满足的方程。

$$\sigma E_x + \varepsilon \frac{\partial E_x}{\partial t} = \frac{\partial H_z}{\partial y} - \frac{\partial H_y}{\partial z} \tag{5-21}$$

$$\sigma E_y + \varepsilon \frac{\partial E_y}{\partial t} = \frac{\partial H_x}{\partial z} - \frac{\partial H_z}{\partial x} \tag{5-22}$$

$$\sigma E_z + \varepsilon \frac{\partial E_z}{\partial t} = \frac{\partial H_y}{\partial x} - \frac{\partial H_x}{\partial y} \tag{5-23}$$

$$- \sigma_m H_x - \mu \frac{\partial H_x}{\partial t} = \frac{\partial E_z}{\partial y} - \frac{\partial E_y}{\partial z} \tag{5-24}$$

$$- \sigma_m H_y - \mu \frac{\partial H_y}{\partial t} = \frac{\partial E_x}{\partial z} - \frac{\partial E_z}{\partial x} \tag{5-25}$$

$$- \sigma_m H_z - \mu \frac{\partial H_z}{\partial t} = \frac{\partial E_y}{\partial x} - \frac{\partial E_x}{\partial y} \tag{5-26}$$

考虑在二维的情况下,方程(5-21)~方程(5-26)可以分为两个互相独立的方程组,其中一组只有 E_z 分量,这类电磁波通常称为 TM 波;另一组则只有 H_z 分量,这类电磁波通常称为 TE 波。将方程(5-21)~方程(5-26)进行分解,可以得到如下结论:

TM 波:

$$\begin{cases} \sigma E_z + \varepsilon \dfrac{\partial E_z}{\partial t} = \dfrac{\partial H_y}{\partial x} - \dfrac{\partial H_x}{\partial y} \\[2ex] - \sigma_m H_x - \mu \dfrac{\partial H_x}{\partial t} = \dfrac{\partial E_z}{\partial y} \\[2ex] \sigma_m H_y + \mu \dfrac{\partial H_y}{\partial t} = \dfrac{\partial E_z}{\partial x} \end{cases} \tag{5-27}$$

TE 波:

$$\begin{cases} - \sigma_m H_z - \mu \dfrac{\partial H_z}{\partial t} = \dfrac{\partial E_y}{\partial x} - \dfrac{\partial E_x}{\partial y} \\[2ex] \sigma E_x + \varepsilon \dfrac{\partial E_x}{\partial t} = \dfrac{\partial H_z}{\partial y} \\[2ex] \sigma E_y + \varepsilon \dfrac{\partial E_y}{\partial t} = - \dfrac{\partial H_z}{\partial x} \end{cases} \tag{5-28}$$

5.3 FDTD 差分方程

在 1966 年 K. S. Yee 提出了一种电磁场数值计算的新方法——时间域有限差分法(finite difference time domain, FDTD 法)[285]。对电磁场 E、H 分量在空间和时间上采取交替抽样的离散方式,每一个 E(或 H)场分量周围有四个 H(或 E)分量环绕,应用这种离散方式将含时间变量的 Maxwell 旋度方程转换为一组差分方程,并在时间轴上逐步推进求解空间电磁场。图 5-7 为 TM 模式中各分量的分布示意图。

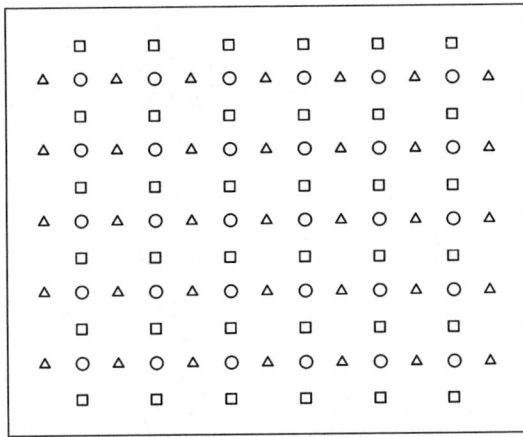

（圆形代表 E_z，三角形代表 H_x，正方形代表 H_y）

图 5-7　TM 模式中各场分量空间分布图

根据差分理论，公式(5-27)和公式(5-28)可以分别写为：

$$E_z^{n+1}(i,j) = CA(m) \cdot E_z^n(i,j) + \frac{CB(m)}{\Delta x} \cdot \left[H_y^{n+1/2}(i+1/2,j) - \right.$$

$$\left. H_y^{n+1/2}(i-1/2,j) \right] + \frac{CB(m)}{\Delta y} \cdot \left[H_x^{n+1/2}(i,j+1/2) - H_x^{n+1/2}(i,j-1/2) \right] \quad (5\text{-}29)$$

$$H_x^{n+1/2}(i,j+1/2) = CP(m) \cdot H_x^{n-1/2}(i,j+1/2) - \frac{CQ(m)}{\Delta y} \cdot$$

$$\left[E_z^n(i,j+1) - E_z^n(i,j) \right] \quad (5\text{-}30)$$

$$H_y^{n+1/2}(i+1/2,j) = CP(m) \cdot H_y^{n-1/2}(i+1/2,j) + \frac{CQ(m)}{\Delta x} \cdot$$

$$\left[E_z^n(i+1,j) - E_z^n(i,j) \right] \quad (5\text{-}31)$$

$$H_z^{n+1}(i+1/2,j+1/2) = CP(m) \cdot H_z^{n-1/2}(i+1/2,j+1/2) - \frac{CQ(m)}{\Delta x} \cdot \left[E_y^n(i+1, \right.$$

$$\left. j+1/2) - E_y^n(i,j+1/2) \right] + \frac{CQ(m)}{\Delta y} \cdot \left[E_x^n(i+1/2,j+1) - E_x^n(i+1/2,j) \right] \quad (5\text{-}32)$$

$$E_x^{n+1}(i+1/2,j) = CA(m) \cdot E_x^n(i+1/2,j) + \frac{CB(m)}{\Delta y} \cdot$$

$$\left[H_z^{n+1/2}(i+1/2,j+1/2) - H_z^{n+1/2}(i+1/2,j-1/2) \right] \quad (5\text{-}33)$$

$$E_y^{n+1}(i,j+1/2) = CA(m) \cdot E_y^n(i,j+1/2) - \frac{CB(m)}{\Delta x} \cdot$$

$$[H_z^{n+1/2}(i+1/2,\ j+1/2)-H_z^{n+1/2}(i-1/2,\ j+1/2)] \tag{5-34}$$

式中，

$$CA(m)=\cfrac{1-\cfrac{\sigma(m)\Delta t}{2\varepsilon(m)}}{1+\cfrac{\sigma(m)\Delta t}{2\varepsilon(m)}} \tag{5-35}$$

$$CB(m)=\cfrac{\cfrac{\Delta t}{\varepsilon(m)}}{1+\cfrac{\sigma(m)\Delta t}{2\varepsilon(m)}} \tag{5-36}$$

$$CP(m)=\cfrac{1-\cfrac{\sigma(m)\Delta t}{2\mu(m)}}{1+\cfrac{\sigma(m)\Delta t}{2\mu(m)}} \tag{5-37}$$

$$CQ(m)=\cfrac{\cfrac{\Delta t}{\mu(m)}}{1+\cfrac{\sigma(m)\Delta t}{2\mu(m)}} \tag{5-38}$$

5.4 数值稳定条件

FDTD 法是用差分方程组的解来代替原来电磁场偏微分方程组的解。但是只有离散后差分方程组的解是收敛和稳定的，这种代替才有意义。收敛性是指当离散间隔趋于零时，差分方程组的解在空间任意一点和任意时刻都一致趋于原方程的解。稳定性是指寻求一种离散间隔所满足的条件，在此条件下差分方程组的数值解与原方程的严格解之间的差为有界的。换句话说，数值稳定条件就是对时间步长和空间步长进行一定程度的限制。

5.4.1 空间稳定性条件

我们先从一维情况进行分析，由 Maxwell 方程得知：

$$\frac{\partial^2 f}{\partial x^2}+\frac{\omega^2}{c^2}f=0 \tag{5-39}$$

式中，c 为光速。对于平面波则有：

$$f(x,\ t)=f_0\exp[-\mathrm{j}(kx-\omega t)] \tag{5-40}$$

将式(5-40)代入式(5-39)得到：

$$\left(-k^2 + \frac{\omega^2}{c^2} \right) f = 0 \qquad (5-41)$$

即

$$k = \frac{\omega}{c} \qquad (5-42)$$

通过式(5-40)可以得到波的相速度为：

$$v = \frac{\omega}{k} \qquad (5-43)$$

将式(5-39)中的二阶倒数用差分公式表达，然后再将式(5-40)代入式(5-39)得：

$$\frac{\sin^2\left(\frac{k\Delta x}{2} \right)}{\left(\frac{\Delta x}{2} \right)^2} - \frac{\omega^2}{c^2} = 0 \qquad (5-44)$$

由此，可以得知，差分近似后的 k 与 ω 不再是简单的线性关系了，这必然会导致相速度与频率相关，因而出现色散，称为数值色散。因此，即使介质本身是无色散的，做差分近似后也将导致波的色散，这种现象将给计算带来误差。合并式(5-43)和式(5-44)得：

$$v = c \left| \frac{\sin\left(\frac{k\Delta x}{2} \right)}{\left(\frac{k\Delta x}{2} \right)} \right| \qquad (5-45)$$

根据三角函数再结合式(5-45)，可以得知：

$$\frac{k\Delta x}{2} = \frac{\pi}{12} \qquad (5-46)$$

满足式(5-44)后，差分近似带来的色散将非常小[266]。即当 Δx 满足下面公式时，差分近似带来的数值色散将较小。

$$\Delta x \leqslant \frac{\lambda}{12} \qquad (5-47)$$

同样，对于二维情况，Δy 的选择与上面相同。

5.4.2　时间稳定性条件

考虑到时谐场情形，方程：

$$\frac{\partial f}{\partial t} = j\omega f \qquad (5-48)$$

的解为:

$$f(x, y, z, t) = f_0 \exp(\mathrm{j}\omega t) \tag{5-49}$$

将方程(5-48)用差分近似代替后,方程变为:

$$\frac{f^{n+1/2} - f^{n-1/2}}{\Delta t} = \mathrm{j}\omega f^n \tag{5-50}$$

式中,$f^n = f(x, y, z, n\Delta t)$,$\Delta t$ 为时间步长。当 Δt 足够小时,定义数值增长因子 q 为:

$$q = \frac{f^{n+1/2}}{f^n} = \frac{f^n}{f^{n-1/2}} \tag{5-51}$$

将式(5-51)代入式(5-50)之后得到:

$$q^2 - \mathrm{j}\omega\Delta t q - 1 = 0 \tag{5-52}$$

式(5-52)的解为:

$$q = \frac{\mathrm{j}\omega\Delta t}{2} \pm \sqrt{1 - \left(\frac{\omega\Delta t}{2}\right)^2} \tag{5-53}$$

所以,数值增长因子 q 应为:

$$q = \frac{f^{n+1/2}}{f^n} = \exp\left(\frac{1}{2}\mathrm{j}\omega\Delta t\right) \tag{5-54}$$

式(5-54)表明,当时间迭代步数趋于无穷大,即时间步长足够小时,增长因子的绝对值小于1。根据式(5-53),满足增长因子的绝对值小于1的条件是:

$$\frac{\omega\Delta t}{2} \leqslant 1 \tag{5-55}$$

将式(5-54)拓展至二维情况,可以得到:

$$\frac{\sin^2\left(\frac{k_x\Delta x}{2}\right)}{\left(\frac{\Delta x}{2}\right)^2} + \frac{\sin^2\left(\frac{k_y\Delta y}{2}\right)}{\left(\frac{\Delta y}{2}\right)^2} - \frac{\omega^2}{c^2} = 0 \tag{5-56}$$

应用式(5-55),将式(5-56)改写为:

$$\left(\frac{c\Delta t}{2}\right)^2 \frac{\sin^2\left(\frac{k_x\Delta x}{2}\right)}{\left(\frac{\Delta x}{2}\right)^2} + \frac{\sin^2\left(\frac{k_y\Delta y}{2}\right)}{\left(\frac{\Delta y}{2}\right)^2} = \left(\frac{\omega\Delta t}{2}\right)^2 \leqslant 1 \tag{5-57}$$

即

$$c\Delta t \leqslant \frac{1}{\sqrt{\frac{1}{(\Delta x)^2} + \frac{1}{(\Delta y)^2}}} \tag{5-58}$$

式(5-58)给出了空间步长和时间步长之间的关系，又称为 Courant 稳定性条件。一般情况下，对于横向和纵向空间步长我们会取相同的值(比如 l)，所以式(5-58)可以写为：

$$c\Delta t \leqslant \frac{l}{\sqrt{2}} \qquad\qquad (5-59)$$

将式(5-47)和式(5-59)结合，就可以得到时间步长和空间步长的取值限制条件，从而使数值模拟得到稳定的结果。

5.5　吸收边界条件

由于计算机容量的限制，FDTD 模拟计算只能在有限区域进行。这样在计算的过程中，网格空间截断处就会产生强烈的电磁波反射波(干扰波)。这与电磁波真实的传播条件不符，即真实的地下空间趋于无限大，不会产生截断效应，而数值模拟采用截断的网格空间会严重影响计算结果的准确性。因此为了模拟开域电磁过程，在计算区域的截断边界处必须给出吸收边界条件。吸收边界条件就是为了使计算中界面所处的位置无反射信号或者反射信号很弱，从而不影响总体计算结果的精确度。吸收边界条件正是 FDTD 数值模拟领域的重要研究内容。

5.5.1　完全匹配层(PML)边界条件

相比 Engquist-Majda 吸收边界条件、Mur 吸收边界条件等其他吸收边界条件而言，PML 边界条件具有两个较为明显的优点。首先，PML 边界条件只需要一小部分计算网格就可以实现对边缘部位反射波的吸收；其次，PML 边界条件的坐标只需要在吸收边界区域进行复拉伸，而不需要在整个计算区域内进行复拉伸[266]。因此 PML 边界条件较为适合并行处理。以二维 TE 波为例，直角坐标系下的 Maxwell 方程组为：

$$\begin{cases} -\mu_0 \dfrac{\partial H_z}{\partial t} = \dfrac{\partial E_y}{\partial x} - \dfrac{\partial E_x}{\partial y} \\[2mm] \varepsilon_0 \dfrac{\partial E_x}{\partial t} = \dfrac{\partial H_z}{\partial y} \\[2mm] \varepsilon_0 \dfrac{\partial E_y}{\partial t} = -\dfrac{\partial H_z}{\partial x} \end{cases} \qquad (5-60)$$

在 PML 介质中，Berenger 将磁场分量 H_z 分裂为 H_{zx} 和 H_{zy}，且 $H_z = H_{zx} + H_{zy}$。进而，将 Maxwell 方程组改写为以下形式：

$$\begin{cases} \mu_0 \dfrac{\partial H_{zx}}{\partial t} + \sigma_{mx} H_{zx} = -\dfrac{\partial E_x}{\partial y} \\[2mm] \mu_0 \dfrac{\partial H_{zy}}{\partial t} + \sigma_{my} H_{zy} = \dfrac{\partial E_y}{\partial x} \\[2mm] \varepsilon_0 \dfrac{\partial E_x}{\partial t} + \sigma_y E_x = \dfrac{\partial (H_{zx} + H_{zy})}{\partial x} \\[2mm] \varepsilon_0 \dfrac{\partial E_y}{\partial t} + \sigma_x E_y = \dfrac{\partial (H_{zx} + H_{zy})}{\partial y} \end{cases} \quad (5\text{-}61)$$

式中，σ_x、σ_y 和 σ_{mx}、σ_{my} 分别为介质的电导率和导磁率。

假设 TE 波的电场幅值为 E_0，电场与 y 轴的夹角为 φ。用 H_{zx0} 和 H_{zy0} 分别表示 H_{zx} 和 H_{zy} 的振幅。设平面波在 PML 介质中传播，4 个场分量可以表示为：

$$\begin{cases} E_x = -E_0 \sin\varphi \exp[\mathrm{j}\omega(t - \alpha x - \beta y)] \\[1mm] E_y = E_0 \cos\varphi \exp[\mathrm{j}\omega(t - \alpha x - \beta y)] \\[1mm] H_{zx} = H_{zx0} \exp[\mathrm{j}\omega(t - \alpha x - \beta y)] \\[1mm] H_{zx} = H_{zx0} \exp[\mathrm{j}\omega(t - \alpha x - \beta y)] \end{cases} \quad (5\text{-}62)$$

式中，α 和 β 为复常数。将式(5-62)代入式(5-61)中得到：

$$\begin{cases} \varepsilon_0 E_0 \sin\varphi - \mathrm{j}\dfrac{\sigma_y}{\omega} E_0 \sin\varphi = \beta(H_{zx0} + H_{zy0}) \\[3mm] \varepsilon_0 E_0 \cos\varphi - \mathrm{j}\dfrac{\sigma_x}{\omega} E_0 \cos\varphi = \alpha(H_{zx0} + H_{zy0}) \\[3mm] \mu_0 H_{zx0} - \mathrm{j}\dfrac{\sigma_{mx}}{\omega} H_{zx0} = \alpha E_0 \cos\varphi \\[3mm] \mu_0 H_{zy0} - \mathrm{j}\dfrac{\sigma_{my}}{\omega} H_{zy0} = \beta E_0 \sin\varphi \end{cases} \quad (5\text{-}63)$$

由上式中后两式得到 H_{zx0} 和 H_{zy0} 的解，并代入前两式可以得到：

$$\begin{cases} \varepsilon_0 \mu_0 \left(1 - \mathrm{j}\dfrac{\sigma_y}{\varepsilon_0 \omega}\right)\sin\varphi = \beta\left[\dfrac{\alpha\cos\varphi}{1 - \mathrm{j}\dfrac{\sigma_{mx}}{\mu_0\omega}} + \dfrac{\beta\sin\varphi}{1 - \mathrm{j}\dfrac{\sigma_{my}}{\mu_0\omega}}\right] \\[6mm] \varepsilon_0 \mu_0 \left(1 - \mathrm{j}\dfrac{\sigma_x}{\varepsilon_0 \omega}\right)\cos\varphi = \alpha\left[\dfrac{\alpha\cos\varphi}{1 - \mathrm{j}\dfrac{\sigma_{mx}}{\mu_0\omega}} + \dfrac{\beta\sin\varphi}{1 - \mathrm{j}\dfrac{\sigma_{my}}{\mu_0\omega}}\right] \end{cases} \quad (5\text{-}64)$$

将式(5-64)中两式相除得到：

$$\frac{\beta}{\alpha} = \frac{\sin \varphi}{\cos \varphi} \frac{1 - \mathrm{j} \dfrac{\sigma_y}{\varepsilon_0 \omega}}{1 - \mathrm{j} \dfrac{\sigma_x}{\varepsilon_0 \omega}} \tag{5-65}$$

结合式(5-64)和式(5-65)，可以得到：

$$\begin{cases} \alpha = \dfrac{\sqrt{\varepsilon_0 \mu_0}}{G} \left(1 - \mathrm{j} \dfrac{\sigma_x}{\varepsilon_0 \omega} \right) \cos \varphi \\[4mm] \beta = \dfrac{\sqrt{\varepsilon_0 \mu_0}}{G} \left(1 - \mathrm{j} \dfrac{\sigma_y}{\varepsilon_0 \omega} \right) c\sin \varphi \end{cases} \tag{5-66}$$

式中，参数 G 为：

$$G = \sqrt{w_x \cos^2 \varphi + w_y \sin^2 \varphi} \tag{5-67}$$

$$w_x = \frac{1 - \mathrm{j} \dfrac{\sigma_x}{\varepsilon_0 \omega}}{1 - \mathrm{j} \dfrac{\sigma_{mx}}{\mu_0 \omega}} \tag{5-68}$$

$$w_y = \frac{1 - \mathrm{j} \dfrac{\sigma_y}{\varepsilon_0 \omega}}{1 - \mathrm{j} \dfrac{\sigma_{my}}{\mu_0 \omega}} \tag{5-69}$$

若用 ψ 表示任意场分量，ψ_0 表示振幅，c 代表光速，则由式(5-62)和式(5-66)，各场分量可以统一写为：

$$\psi = \psi_0 \exp\left[\mathrm{j}\omega \left(t - \frac{x\cos \varphi + y\sin \varphi}{cG} \right) \right] \exp\left(- \frac{\sigma_x \cos \varphi}{\varepsilon_0 cG} x \right) \left(\exp - \frac{\sigma_y \sin \varphi}{\varepsilon_0 cG} y \right) \tag{5-70}$$

此外，将 H_{zx0} 和 H_{zy0} 表示为 α 和 β 的函数，并代入式(5-66)可以得到：

$$\begin{cases} H_{zx0} = E_0 \sqrt{\dfrac{\varepsilon_0}{\mu_0}} \dfrac{1}{G} w_x \cos^2 \varphi \\[4mm] H_{zy0} = E_0 \sqrt{\dfrac{\varepsilon_0}{\mu_0}} \dfrac{1}{G} w_y \sin^2 \varphi \end{cases} \tag{5-71}$$

结合式(5-67)~式(5-69)，可以得到磁场分量的振幅：

$$H_0 = H_{zx0} + H_{zy0} = E_0 G \sqrt{\frac{\mu_0}{\varepsilon_0}} \tag{5-72}$$

定义介质的波阻抗为电场与磁场之比，则有：

$$Z = \frac{E_0}{H_0} = \frac{1}{G}\sqrt{\frac{\mu_0}{\varepsilon_0}} \tag{5-73}$$

当参数 σ_x、σ_{mx}、σ_y、σ_{my} 满足下面的公式时：

$$\begin{cases} \dfrac{\sigma_x}{\varepsilon_0} = \dfrac{\sigma_{mx}}{\mu_0} \\ \dfrac{\sigma_y}{\varepsilon_0} = \dfrac{\sigma_{my}}{\mu_0} \end{cases} \tag{5-74}$$

由式(5-67)~式(5-69)可知，对于任何频率，w_x、w_y 和 G 均等于1。于是场分量公式(5-70)和公式(5-73)可以写为：

$$\psi = \psi_0 \exp\left[j\omega\left(t - \frac{x\cos\varphi + y\sin\varphi}{c} \right) \right] \exp\left(-\frac{\sigma_x\cos\varphi}{\varepsilon_0 c}x \right) \exp\left(-\frac{\sigma_y\sin\varphi}{\varepsilon_0 c}y \right) \tag{5-75}$$

$$Z = \frac{E_0}{H_0} = \sqrt{\frac{\mu_0}{\varepsilon_0}} = Z_0 \tag{5-76}$$

式(5-75)中的第一个指数项表示在 PML 介质中平面波的相位传播方向与电场方向垂直，相速度等于光速；后两个指数项表示电磁波的振幅沿 x 轴和 y 轴呈指数衰减，衰减的快慢与介质的电导率直接相关。式(5-76)则表明 PML 介质波阻抗和真空中的波阻抗完全相同。这就是 PML 介质重要的基本条件——阻抗匹配条件[266]。

5.5.2 单轴完全匹配层(UPML)边界条件

5.5.2.1 UPML 时间域方程

Sacks 和 Gedney 分别在 1995 年和 1996 年提出 UPML 并将之应用于 FDTD 计算区域的吸收边界。Gedney 在 1996 年给出了单轴介质相对本构参数的要求：

$$\begin{cases} \varepsilon_p = \mu_p = \begin{bmatrix} a & 0 & 0 \\ 0 & a & 0 \\ 0 & 0 & 1/a \end{bmatrix} \\ a = \kappa + \dfrac{\sigma}{j\omega\varepsilon_0} \end{cases} \tag{5-77}$$

要满足式(5-77)，则不仅要求反射系数为 0，而且需要透射波的传播方向和入射波方向完全一致，即透射波沿入射波方向直线前进，且进入各向异性介质层后透射波将以指数衰减[266]。为了便于进一步分析，将式(5-77)中的上式改写为：

$$S_i = \begin{bmatrix} s_i & 0 & 0 \\ 0 & s_i & 0 \\ 0 & 0 & 1/s_i \end{bmatrix} \tag{5-78}$$

在二维情况下 UPML 的参数变为：

$$s_x = \kappa_x + \frac{\sigma_x}{j\omega\varepsilon_0}, \quad s_y = \kappa_y + \frac{\sigma_y}{j\omega\varepsilon_0}, \quad s_y = 1 \tag{5-79}$$

以 TM 波为例，将式(5-79)代入 Maxwell 方程组的旋度方程中，可以得到在边界区域的磁场和电场公式：

$$\frac{\partial H_y}{\partial x} - \frac{\partial H_x}{y} = \kappa_x \frac{\partial D_z}{\partial t} + \frac{\sigma_x}{\varepsilon_0} D_z \tag{5-80}$$

$$\frac{\partial D_z}{\partial t} = \varepsilon_1 \kappa_y \frac{\partial E_z}{\partial t} + \varepsilon_1 \frac{\sigma_y}{\varepsilon_0} E_z \tag{5-81}$$

式中，D_z 的表达式为：

$$D_z = \varepsilon_1 \frac{s_y}{s_x} E_z \tag{5-82}$$

式中，ε_1 为计算区域内均匀介质的相对介电常数。

同样，我们可以得到 Maxwell 的另外一个旋度方程：

$$\begin{cases} \dfrac{\partial E_z}{\partial y} = -j\omega\mu_1 \dfrac{s_y}{s_x} H_x \\[3mm] -\dfrac{\partial E_z}{\partial x} = -j\omega\mu_1 \dfrac{s_x}{s_y} H_y \end{cases} \tag{5-83}$$

式中，μ_1 为计算区域内均匀介质的磁导系数。这里假设中间变量为：

$$\begin{cases} B_x = \dfrac{\mu_1}{s_x} H_x \\[3mm] B_y = \dfrac{\mu_1}{s_y} H_y \end{cases} \tag{5-84}$$

将式(5-84)代入式(5-83)得到：

$$\begin{cases} \dfrac{\partial E_z}{\partial y} = -j\omega s_y B_x = -j\omega\left(\kappa_y + \dfrac{\sigma_y}{j\omega\varepsilon_0}\right) B_x \\[3mm] -\dfrac{\partial E_z}{\partial x} = -j\omega s_x B_y = -j\omega\left(\kappa_x + \dfrac{\sigma_x}{j\omega\varepsilon_0}\right) B_y \end{cases} \tag{5-85}$$

将式(5-85)转换到时间域，可以得到：

$$\begin{cases} \dfrac{\partial E_z}{\partial y} = -\kappa_y \dfrac{\partial B_x}{\partial t} - \dfrac{\sigma_y}{\varepsilon_0} B_x \\[3mm] -\dfrac{\partial E_z}{\partial x} = -\kappa_x \dfrac{\partial B_y}{\partial t} - \dfrac{\sigma_x}{\varepsilon_0} B_y \end{cases} \tag{5-86}$$

再将式(5-79)代入式(5-84)，并将其转换至时间域，得到：

$$\begin{cases} \mu_1 \dfrac{\partial H_x}{\partial t} = \kappa_x \dfrac{\partial B_x}{\partial t} + \dfrac{\sigma_x}{\varepsilon_0} B_x \\[3mm] \mu_1 \dfrac{\partial H_y}{\partial t} = \kappa_y \dfrac{\partial B_y}{\partial t} + \dfrac{\sigma_y}{\varepsilon_0} B_y \end{cases} \tag{5-87}$$

同样对于 TE 模式，也可以得到类似的三组方程，分别为：

$$\begin{cases} \dfrac{\partial H_z}{\partial y} = \kappa_y \dfrac{\partial D_x}{\partial t} + \dfrac{\sigma_y}{\varepsilon_0} D_x \\[3mm] -\dfrac{\partial H_z}{\partial x} = \kappa_x \dfrac{\partial D_y}{\partial t} + \dfrac{\sigma_x}{\varepsilon_0} D_y \end{cases} \tag{5-88}$$

$$\begin{cases} \varepsilon_1 \dfrac{\partial E_x}{\partial t} = \kappa_x \dfrac{\partial D_x}{\partial t} + \dfrac{\sigma_x}{\varepsilon_0} D_x \\[3mm] \varepsilon_1 \dfrac{\partial E_y}{\partial x} = \kappa_y \dfrac{\partial D_y}{\partial t} + \dfrac{\sigma_y}{\varepsilon_0} D_y \end{cases} \tag{5-89}$$

$$\begin{cases} \dfrac{\partial E_y}{\partial x} - \dfrac{\partial E_x}{\partial y} = -\kappa_x \dfrac{\partial B_z}{\partial t} - \dfrac{\sigma_x}{\varepsilon_0} B_z \\[3mm] \dfrac{\partial B_z}{\partial t} = \mu_1 \kappa_y \dfrac{\partial H_z}{\partial t} + \mu_1 \dfrac{\sigma_y}{\varepsilon_0} H_z \end{cases} \tag{5-90}$$

5.5.2.2 UPML 差分方程

UPML 边界条件的差分公式相比普通的 FDTD 差分公式稍显复杂，因为其存在多个中间变量，即 B、D。以 TM 模式为例，迭代的过程是通过两个磁场分量 H_x、H_y 求出中间变量 D_z，再根据中间变量 D_z 求出电场分量 E_z，之后求出两个中间变量 B_x、B_y，根据这两个中间变量再求出两个磁场分量 H_x、H_y，从而形成一个循环迭代。下面给出 TM 模式中 6 个变量的差分格式，首先从中间变量 D_z 开始，这 6 个变量的差分公式分别为：

$$D_z^{n+1}(i, j) = CA(m) \cdot D_z^n(i, j) + \frac{CB(m)}{\Delta x} \cdot [H_y^{n+1/2}(i + 1/2, j) - H_y^{n+1/2}(i -$$

$$1/2, j)] - \frac{CB(m)}{\Delta y} \cdot [H_x^{n+1/2}(i, j + 1/2) - H_x^{n+1/2}(i, j - 1/2)] \tag{5-91}$$

$$\begin{cases} CA(m) = \dfrac{\dfrac{\kappa_x(m)}{\Delta t} - \dfrac{\sigma_x(m)}{2\varepsilon_0}}{\dfrac{\kappa_x(m)}{\Delta t} + \dfrac{\sigma_x(m)}{2\varepsilon_0}} \\[3em] CB(m) = \dfrac{1}{\dfrac{\kappa_x(m)}{\Delta t} + \dfrac{\sigma_x(m)}{2\varepsilon_0}} \end{cases} \tag{5-92}$$

$$E_z^{n+1}(i, j) = C1(m) \cdot E_z^n(i, j) + C2(m) \cdot [D_z^{n+1}(i, j) - D_z^{n+1/2}(i, j)] \tag{5-93}$$

$$\begin{cases} C1(m) = \dfrac{\dfrac{\kappa_y(m)}{\Delta t} - \dfrac{\sigma_y(m)}{2\varepsilon_0}}{\dfrac{\kappa_y(m)}{\Delta t} + \dfrac{\sigma_y(m)}{2\varepsilon_0}} \\[3em] C2(m) = \dfrac{1}{\dfrac{\varepsilon_1 \kappa_y(m)}{\Delta t} + \dfrac{\varepsilon_1 \sigma_y(m)}{2\varepsilon_0}} \end{cases} \tag{5-94}$$

$$B_x^{n+1}(i, j + 1/2) = CP(m) \cdot B_x^{n-1/2}(i, j + 1/2) - \frac{CQ(m)}{\Delta y} \cdot$$

$$[E_z^n(i, j + 1) - E_z^n(i, j)] \tag{5-95}$$

$$\begin{cases} CP(m) = \dfrac{\dfrac{\kappa_y(m)}{\Delta t} - \dfrac{\sigma_y(m)}{2\varepsilon_0}}{\dfrac{\kappa_y(m)}{\Delta t} + \dfrac{\sigma_y(m)}{2\varepsilon_0}} \\[3em] CQ(m) = \dfrac{1}{\dfrac{\kappa_y(m)}{\Delta t} + \dfrac{\sigma_y(m)}{2\varepsilon_0}} \end{cases} \tag{5-96}$$

$$B_y^{n+1/2}(i + 1/2, j) = CP(m) \cdot B_y^{n-1/2}(i + 1/2, j) + \frac{CQ(m)}{\Delta x} \cdot$$

$$[E_z^n(i + 1, j) - E_z^n(i, j)] \tag{5-97}$$

$$
\begin{cases}
CP(m) = \dfrac{\dfrac{\kappa_x(m)}{\Delta t} - \dfrac{\sigma_x(m)}{2\varepsilon_0}}{\dfrac{\kappa_x(m)}{\Delta t} + \dfrac{\sigma_x(m)}{2\varepsilon_0}} \\[4ex]
CQ(m) = \dfrac{1}{\dfrac{\kappa_x(m)}{\Delta t} + \dfrac{\sigma_x(m)}{2\varepsilon_0}}
\end{cases}
\tag{5-98}
$$

$$
H_x^{n+1/2}(i, j+1/2) = H_x^{n-1/2}(i, j+1/2) + C2(m) \cdot B_x^{n+1/2}(i, j+1/2) -
$$
$$
C3(m) \cdot B_x^{n-1/2}(i, j+1/2)
\tag{5-99}
$$

$$
\begin{cases}
C2(m) = \dfrac{\dfrac{\kappa_x(m)}{\Delta t} + \dfrac{\sigma_x(m)}{2\varepsilon_0}}{\dfrac{\mu_1}{\Delta t}} \\[4ex]
C3(m) = \dfrac{\dfrac{\kappa_x(m)}{\Delta t} - \dfrac{\sigma_x(m)}{2\varepsilon_0}}{\dfrac{\mu_1}{\Delta t}}
\end{cases}
\tag{5-100}
$$

$$
H_y^{n+1/2}(i+1/2, j) = H_y^{n-1/2}(i+1/2, j) + C2(m) \cdot B_y^{n+1/2}(i+1/2, j) -
$$
$$
C3(m) \cdot B_y^{n-1/2}(i+1/2, j)
\tag{5-101}
$$

$$
\begin{cases}
C2(m) = \dfrac{\dfrac{\kappa_y(m)}{\Delta t} + \dfrac{\sigma_y(m)}{2\varepsilon_0}}{\dfrac{\mu_1}{\Delta t}} \\[4ex]
C3(m) = \dfrac{\dfrac{\kappa_y(m)}{\Delta t} - \dfrac{\sigma_y(m)}{2\varepsilon_0}}{\dfrac{\mu_1}{\Delta t}}
\end{cases}
\tag{5-102}
$$

方程(5-91)~方程(5-102)就是 UPML 边界条件的差分方程。

5.5.3 卷积完全匹配层(CPML)边界条件

5.5.3.1 CPML 时间域方程

首先,我们可以根据麦克斯韦方程组得到电磁场在频率域中的旋度方程:

$$
\nabla \times E = - \mathrm{i}\omega\mu H
\tag{5-103}
$$

$$\nabla \times H = \sigma E + i\omega\varepsilon E \tag{5-104}$$

式中，$i = \sqrt{-1}$，ω 为角频率，ε 为介电常数，μ 为磁导率，σ 为电导率。E 为电场矢量分量，H 为磁场矢量分量。由于本书在数值模拟中采用的是 CPML 边界条件，因此我们采用拉伸坐标空间，则算子可以写为：

$$\nabla = \vec{x} \frac{1}{S_x} \frac{\partial}{\partial x} + \vec{y} \frac{1}{S_x} \frac{\partial}{\partial y} + \vec{z} \frac{1}{S_z} \frac{\partial}{\partial z} \tag{5-105}$$

式中，复拉伸坐标变量

$$S_k = \kappa_k + \frac{\sigma_k}{\alpha_k + i\omega\varepsilon_0}, \ k = x, \ y, \ z \tag{5-106}$$

式中，ε_0 为自由空间的介电常数，σ_k、κ_k 和 α_k 是保证电磁波在计算区域传播以及在吸收边界区域被吸收的可以量化的参数。需要注意的是，这三个参数并不是真实的电性参数，但能够保证在复拉伸坐标下电磁波的吸收效果。

对于二维问题，设所有物理量均与 z 无关，把式(5-105)代入式(5-103)和式(5-104)中，则包含 H_x、H_y、E_z 这三个分量的 TM 波和包含 E_x、E_y、H_z 这三个分量的 TE 波可以分别写作：

$$i\omega\mu H_x = -\frac{1}{S_y} \frac{\partial E_z}{\partial y} \tag{5-107}$$

$$i\omega\mu H_y = \frac{1}{S_x} \frac{\partial E_z}{\partial x} \tag{5-108}$$

$$\omega E_z + i\omega\varepsilon E_z = \frac{1}{S_x} \frac{\partial H_y}{\partial x} - \frac{1}{S_y} \frac{\partial H_x}{\partial y} \tag{5-109}$$

和

$$\sigma E_x + i\omega\varepsilon E_x = \frac{1}{S_y} \frac{\partial H_z}{\partial y} \tag{5-110}$$

$$\sigma E_y + i\omega\varepsilon E_y = -\frac{1}{S_x} \frac{\partial H_z}{\partial x} \tag{5-111}$$

$$i\omega\mu H_z = \frac{1}{S_x} \frac{\partial E_y}{\partial x} - \frac{1}{S_y} \frac{\partial E_x}{\partial y} \tag{5-112}$$

在计算区域内，我们取 $S_x = S_y = 1$；而在吸收边界内，S_x，S_y 为复数。这样可以保证在吸收边界内对电磁波的吸收效果。

CPML 边界条件通过 $1/S_x$ 和 $1/S_y$ 在时间域中的表达来避免其他 PML 边界条件中普遍存在的电场分量和磁场分量分离的问题。对式(5-106)进行傅里叶变换，我们可以得到：

$$1/S_k(t) = \frac{\delta(t)}{\kappa_k} - \frac{\sigma_k}{\varepsilon_0\kappa_k^2} \exp\left[-\frac{t}{\varepsilon_0}\left(\frac{\sigma_k}{\kappa_k} + \alpha_k\right)\right] u(t) = \frac{\delta(t)}{\kappa_k} + \zeta_k(t) \tag{5-113}$$

式中，$\delta(t)$ 为单位脉冲函数，$u(t)$ 为 Heaviside 函数。因此式(5-107)~式(5-112)在时间域中可以依次写为：

$$\mu \frac{\partial H_x}{\partial t} = -\frac{1}{\kappa_y}\frac{\partial E_z}{\partial y} - \zeta_y(t) \times \frac{\partial E_z}{\partial y} \qquad (5-114)$$

$$\mu \frac{\partial H_y}{\partial t} = \frac{1}{\kappa_x}\frac{\partial E_z}{\partial x} + \zeta_x(t) \times \frac{\partial E_z}{\partial x} \qquad (5-115)$$

$$\sigma E_z + \varepsilon \frac{\partial E_z}{\partial t} = \frac{1}{\kappa_x}\frac{\partial H_y}{\partial x} - \frac{1}{\kappa_y}\frac{\partial H_x}{\partial y} + \zeta_x(t)\times\frac{\partial H_y}{\partial x} - \zeta_y(t)\times\frac{\partial H_x}{\partial y} \qquad (5-116)$$

$$\sigma E_x + \varepsilon \frac{\partial E_x}{\partial t} = \frac{1}{\kappa_y}\frac{\partial H_z}{\partial y} - \zeta_z(t) \times \frac{\partial H_z}{\partial y} \qquad (5-117)$$

$$\sigma E_y + \varepsilon \frac{\partial E_y}{\partial t} = -\frac{1}{\kappa_x}\frac{\partial H_z}{\partial x} + \zeta_x(t) \times \frac{\partial H_z}{\partial x} \qquad (5-118)$$

$$\mu \frac{\partial H_z}{\partial t} = \frac{1}{\kappa_y}\frac{\partial E_x}{\partial y} - \frac{1}{\kappa_x}\frac{\partial E_y}{\partial x} + \zeta_y(t) \times \frac{\partial E_x}{\partial y} - \zeta_x(t) \times \frac{\partial E_y}{\partial x} \qquad (5-119)$$

5.5.3.2　CPML 差分方程

根据差分理论，式(5-114)~式(5-119)可以写为：

$$H_x\big|_{i,j+1/2}^{n+1/2} = H_x\big|_{i,j+1/2}^{n-1/2} - D_{b_y}\big|_{i,j+1/2}\big[-E_z\big|_{i,j+2}^{n} + 27E_z\big|_{i,j+1}^{n} - 27E_z\big|_{i,j}^{n} + E_z\big|_{i,j-1}^{n}\big] -$$
$$D_c\big|_{i,j+1/2}\big[\psi_{H_{xy}}\big|_{i,j+1/2}^{n}\big] \qquad (5-120)$$

$$H_y\big|_{i+1/2,j}^{n+1/2} = H_y\big|_{i+1/2,j}^{n-1/2} + D_{b_x}\big|_{i+1/2,j}\big[-E_z\big|_{i+2,j}^{n} + 27E_z\big|_{i+1,j}^{n} - 27E_z\big|_{i,j}^{n} + E_z\big|_{i-1,j}^{n}\big] +$$
$$D_c\big|_{i+1/2,j}\big[\psi_{H_{yx}}\big|_{i+1/2,j}^{n}\big] \qquad (5-121)$$

$$E_z\big|_{i,j}^{n+1} = C_a\big|_{i,j}\big[E_z\big|_{i,j}^{n}\big] + C_{b_x}\big|_{i,j}\big[-H_y\big|_{i+3/2,j}^{n+1/2} + 27H_y\big|_{i+1/2,j}^{n+1/2} - 27H_y\big|_{i-1/2,j}^{n+1/2} +$$
$$H_y\big|_{i-3/2,j}^{n+1/2}\big] - C_{b_y}\big|_{i,j}\big[E_z\big|_{i,j}^{n+1}\big] = C_a\big|_{i,j}\big[E_z\big|_{i,j}^{n}\big] + C_{b_x}\big|_{i,j}\big[-H_y\big|_{i+3/2,j}^{n+1/2} +$$
$$27H_y\big|_{i+1/2,j}^{n+1/2} - 27H_y\big|_{i-1/2,j}^{n+1/2} + H_y\big|_{i-3/2,j}^{n+1/2}\big] - C_{b_y}\big|_{i,j}\big[-H_x\big|_{i,j+3/2}^{n+1/2} +$$
$$27H_x\big|_{i,j+1/2}^{n+1/2} - 27H_x\big|_{i,j+1/2}^{n+1/2} + H_x\big|_{i,j+3/2}^{n+1/2}\big] + C_c\big|_{i,j}\big[\psi_{E_{zx}}\big|_{i,j}^{n+1/2} - \psi_{E_{zy}}\big|_{i,j}^{n+1/2}\big]$$
$$(5-122)$$

$$E_x\big|_{i,j+1/2}^{n+1/2} = C_a\big|_{i,j}E_x\big|_{i,j+1/2}^{n-1/2} + C_{b_y}\big|_{i,j+1/2}\big[-H_z\big|_{i,j+2}^{n} + 27H_z\big|_{i,j+1}^{n} - 27H_z\big|_{i,j}^{n} + H_z\big|_{i,j-1}^{n}\big] +$$
$$C_c\big|_{i,j+1/2}\big[\psi_{E_{xy}}\big|_{i,j+1/2}^{n}\big] \qquad (5-123)$$

$$E_y\big|_{i+1/2,j}^{n+1/2} = C_a\big|_{i,j}E_y\big|_{i+1/2,j}^{n-1/2} - C_{b_x}\big|_{i+1/2,j}\big[-H_z\big|_{i+2,j}^{n} + 27H_z\big|_{i+1,j}^{n} -$$
$$27H_z\big|_{i,j}^{n} + H_z\big|_{i-1,j}^{n}\big] - C_c\big|_{i+1/2,j}\big[\psi_{E_{yx}}\big|_{i+1/2,j}^{n}\big] \qquad (5-124)$$

$$H_z\big|_{i,j}^{n+1} = \big[H_z\big|_{i,j}^{n}\big] + D_{b_x}\big|_{i,j}\big[-E_y\big|_{i+3/2,j}^{n+1/2} + 27E_y\big|_{i+1/2,j}^{n+1/2} - 27E_y\big|_{i-1/2,j}^{n+1/2} + E_y\big|_{i-3/2,j}^{n+1/2}\big] -$$
$$D_{b_y}\big|_{i,j}\big[-E_x\big|_{i,j+3/2}^{n+1/2} + 27E_x\big|_{i,j+1/2}^{n+1/2} - 27E_x\big|_{i,j1/2}^{n+1/2} + E_x\big|_{i,j3/2}^{n+1/2}\big] +$$

$$D_c \big|_{i,j} \big[\psi_{H_{zx}} \big|_{i,j}^{n+1/2} - \psi_{H_{zy}} \big|_{i,j}^{n+1/2} \big]$$

$$(5-125)$$

式(5-102)~式(5-125)中各参数分别为：

$$
\begin{cases}
C_a = \left(1 - \dfrac{\sigma \Delta t}{2\varepsilon} \right) \left(1 + \dfrac{\sigma \Delta t}{2\varepsilon} \right)^{-1} \\[2mm]
C_{b_k} = \dfrac{\Delta t}{\varepsilon} \left(1 + \dfrac{\sigma \Delta t}{2\varepsilon} \right)^{-1} (24\kappa_k \Delta k)^{-1} \\[2mm]
C_c = \dfrac{\Delta t}{\varepsilon} \left(1 + \dfrac{\sigma \Delta t}{2\varepsilon} \right)^{-1} \\[2mm]
D_{b_k} = \dfrac{\Delta t}{\mu} (24\kappa_k \Delta k)^{-1} \\[2mm]
D_c = \dfrac{\Delta t}{\mu}
\end{cases}
\qquad (5-126)
$$

卷积项 $\psi_{H_{xy}}$，$\psi_{H_{yx}}$，$\psi_{E_{zx}}$，$\psi_{E_{zy}}$ 和 $\psi_{E_{xy}}$、$\psi_{E_{yx}}$、$\psi_{H_{zx}}$、$\psi_{H_{zy}}$ 分别为：

$$\psi_{H_{xy}} \big|_{i,j+1/2}^{n} = B_y \big|_{i,j+1/2} \big[\psi_{H_{xy}} \big|_{i,j+1/2}^{n-1} \big] + A_y \big|_{i,j+1/2} \big[-E_z \big|_{i,j+2}^{n} + 27 E_z \big|_{i,j+1}^{n} - 27 E_z \big|_{i,j}^{n} + E_z \big|_{i,j-1}^{n} \big]$$

$$(5-127)$$

$$\psi_{H_{yx}} \big|_{i+1/2,j}^{n} = B_x \big|_{i+1/2,j} \big[\psi_{H_{yx}} \big|_{i+1/2,j}^{n-1} \big] + A_x \big|_{i+1/2,j} \big[-E_z \big|_{i+2,j}^{n} + 27 E_z \big|_{i+1,j}^{n} - 27 E_z \big|_{i,j}^{n} + E_z \big|_{i-1,j}^{n} \big]$$

$$(5-128)$$

$$\psi_{E_{zx}} \big|_{i,j}^{n+1/2} = B_x \big|_{i,j} \big[\psi_{E_{zx}} \big|_{i,j}^{n-1/2} \big] + A_x \big|_{i,j} \big[-H_y \big|_{i+3/2,j}^{n+1/2} + 27 H_y \big|_{i+1/2,j}^{n+1/2} - 27 H_y \big|_{i-1/2,j}^{n+1/2} + H_y \big|_{i-3/2,j}^{n+1/2} \big]$$

$$(5-129)$$

$$\psi_{E_{zy}} \big|_{i,j}^{n+1/2} = B_y \big|_{i,j} \big[\psi_{E_{zy}} \big|_{i,j}^{n-1/2} \big] + A_y \big|_{i,j} \big[-H_x \big|_{i+3/2,j}^{n+1/2} + 27 H_x \big|_{i+1/2,j}^{n+1/2} - 27 H_x \big|_{i-1/2,j}^{n+1/2} + H_x \big|_{i-3/2,j}^{n+1/2} \big]$$

$$(5-130)$$

$$\psi_{E_{xy}} \big|_{i,j+1/2}^{n} = B_y \big|_{i,j+1/2} \big[\psi_{E_{xy}} \big|_{i,j+1/2}^{n-1} \big] + A_y \big|_{i,j+1/2} \big[-H_z \big|_{i,j+2}^{n} + 27 H_z \big|_{i,j+1}^{n} - 27 H_z \big|_{i,j}^{n} + H_z \big|_{i,j-1}^{n} \big]$$

$$(5-131)$$

$$\psi_{E_{yx}} \big|_{i+1/2,j}^{n} = B_x \big|_{i+1/2,j} \big[\psi_{E_{yx}} \big|_{i+1/2,j}^{n-1} \big] + A_x \big|_{i+1/2,j} \big[-H_z \big|_{i+2,j}^{n} + 27 H_z \big|_{i+1,j}^{n} - 27 H_z \big|_{i,j}^{n} + H_z \big|_{i-1,j}^{n} \big]$$

$$(5-132)$$

$$\psi_{H_{zx}} \big|_{i,j}^{n+1/2} = B_x \big|_{i,j} \big[\psi_{H_{zx}} \big|_{i,j}^{n-1/2} \big] + A_x \big|_{i,j} \big[-E_y \big|_{i+3/2,j}^{n+1/2} + 27 E_y \big|_{i+1/2,j}^{n+1/2} - 27 E_y \big|_{i-1/2,j}^{n+1/2} + E_y \big|_{i-3/2,j}^{n+1/2} \big]$$

$$(5-133)$$

$$\psi_{H_{zy}}\Big|_{i,j}^{n+1/2} = B_y\Big|_{i,j}\Big[\psi_{H_{zy}}\Big|_{i,j}^{n-1/2}\Big] + A_y\Big|_{i,j}\Big[-E_x\Big|_{i+3/2,j}^{n+1/2} + 27E_x\Big|_{i+1/2,j}^{n+1/2} - $$
$$27E_x\Big|_{i-1/2,j}^{n+1/2} + E_x\Big|_{i-3/2,j}^{n+1/2}\Big]$$

$$(5-134)$$

式中：

$$\begin{cases} A_k = \dfrac{\sigma_k}{\sigma_k\kappa_k + \alpha_k\kappa_k^2}(B_k - 1) \\ B_k = \exp\Big[-\dfrac{\Delta t}{\varepsilon_0}\Big(\dfrac{\sigma_k}{\kappa_k} + \alpha_k\Big)\Big] \end{cases}$$

$$(5-135)$$

TE 模式中的 $\psi_{E_{xy}}$、$\psi_{E_{yx}}$、$\psi_{H_{zx}}$、$\psi_{H_{zy}}$ 和 TM 模式中的 $\psi_{H_{xy}}$，$\psi_{H_{yx}}$，$\psi_{E_{zx}}$，$\psi_{E_{zy}}$ 卷积项公式基本一致。

此外，CPML 差分方程的一个重要优点就是与介质的典型参数之间的相关性小，独立性较强，在对非均匀介质进行数值模拟时，只需将每个差分网格的电性参数作为矩阵存储，就能对其进行数值计算。

5.5.3.3　CPML 参数选取

CPML 边界条件相对 PML 边界条件来说与介质性质之间的相关性较小，独立性更强，即不论计算区域内介质的电性参数如何变化，差分公式中的卷积项都不需要改变。

在计算区域内，κ_x、κ_y 应设置为 1，σ_x、σ_y 应设置为 0，这样才能保证在计算区域内 S_x、S_y 两个参数的一致性。如果 σ_x、σ_y 均大于 0，κ_x、κ_y 均大于 1，那么电磁波将会被吸收。

理论上而言，S_x、S_y 两个参数的变化对介质的电磁阻抗没有影响，所以 κ_x、κ_y 和 σ_x、σ_y 都应该设置得越高越好，这样在吸收边界区域对边界造成的反射波和消逝波的吸收效果越好。在离散 FDTD 空间的实际计算中，节点之间的电性参数变化太大会造成电磁波的反射。因此，CPML 边界条件中的参数应该从计算区域到吸收边界区域逐渐增大。所以，对 κ_x、κ_y，我们通过如下公式进行设置：

$$\kappa_k = \begin{cases} 1 \\ 1 + \Big(\dfrac{d}{\delta}\Big)^m(\kappa_{k_{max}} - 1) \end{cases}$$

$$(5-136)$$

式中，上式为在计算区域内的取值，下式为在吸收边界条件内的取值。同样，对 σ_x、σ_y 也可以通过以下公式进行设置：

$$\sigma_k = \begin{cases} 0 \\ \Big(\dfrac{d}{\delta}\Big)^m\sigma_{k_{max}} \end{cases}$$

$$(5-137)$$

式中，上式为在计算区域内的取值，下式为在吸收边界条件内的取值。式(5-136)和式(5-137)中，d 为与吸收边界区域外侧边界的距离，δ 为吸收边界区域的厚度，m 为 CPML 指数，$\sigma_{k_{\max}}$、$\kappa_{k_{\max}}$ 则表示最大值。根据 James Irving 的分析，$m=4$、$\kappa_{k_{\max}}=5$、$\sigma_{k_{\max}}=\dfrac{m+1}{150\pi\sqrt{\varepsilon_r}\,\Delta k}$ 是较为合适的取值[286]。

5.6　吸收边界效果验证对比

5.6.1　均匀介质中吸收边界效果对比

在进行数值模拟之前，我们首先要验证所选取的 CPML 吸收边界条件是否合适，吸收反射波的效果如何，以及我们为何会选取 CPML 作为本书中正演模拟的吸收边界。这里，我们通过一个简单的模型对其进行验证，如图 5-8 所示。模型大小为 10 m×20 m，图 5-8 中的黑点为激励源，其位置在模型的正中间，主频为 100 MHz。背景场的相对介电常数为 12，电导率为 2×10^{-3} S/m，背景场相对磁导率为 1。空间步长取值为 0.04 m，时间步长取值为 0.08 ns。

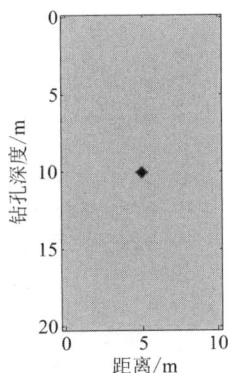

图 5-8　均匀介质边界吸收效果验证模型示意图

图 5-9 所示为 PML 作为吸收边界时计算的电场分量 E_z 在 80 ns、136 ns、144 ns 时的波场快照。从图中可以看出在 80 ns 时，电磁波传播到左、右边界处，由于采用 PML 作为吸收边界，其反射信号变弱；在时间达到 136 ns 时，电磁波传播到模型上、下边界，同样由于吸收边界，其反射信号变弱；时间达到 144 ns 时，上、边界和左、右边界反射的电磁波形成叠加，使其信号变强。

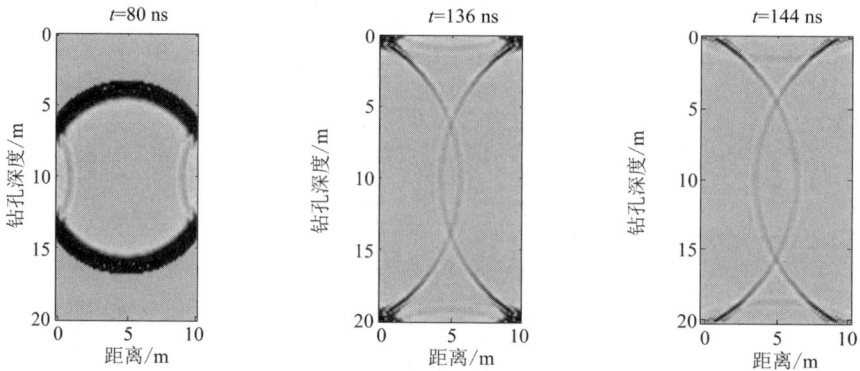

图 5-9 PML 吸收边界效果波场快照

图 5-10 所示为采用 UPML 作为吸收边界时计算的电场分量 E_z 在 80 ns、136 ns、144 ns 时的波场快照。与图 5-9 中各个时刻的波场快照进行对比可知，采用 UPML 作为吸收边界时边界的吸收效果明显比采用 PML 作为吸收边界时的吸收效果更好，边界处的反射波强度明显变弱。

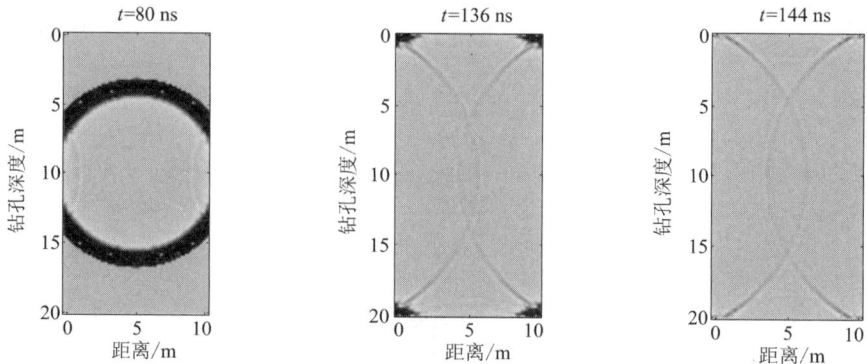

图 5-10 UPML 吸收边界效果波场快照

图 5-11 所示为采用 CPML 作为吸收边界时计算的电场分量 E_z 在 80 ns、136 ns、144 ns 时的波场快照。与图 5-9 和图 5-10 中各个时刻的波场快照进行对比可知，采用 CPML 作为吸收边界时边界的吸收效果明显比采用 UPML 和 PML 作为吸收边界时的吸收效果要好，边界处的反射波强度明显变弱。采用 CPML 作为边界条件时，可以看到图中边界处反射信号已基本消失，只有在上、下边界和左、右边界的反射波产生信号叠加时其反射信号的强度才会显得稍强，其余时候的反射波已基本不可见。

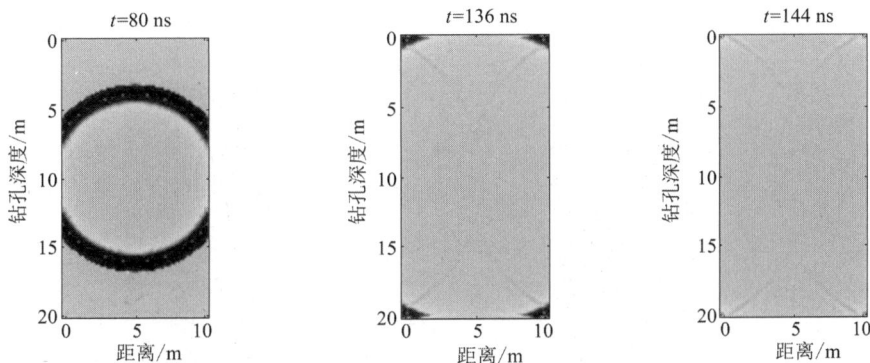

图 5-11　CPML 吸收边界效果波场快照

对比图 5-9~图 5-11，在同样的时刻场源激发的电场分量在边界处的反射波强度在采用 CPML 边界条件时是最弱的，其吸收效果也是最好的。这说明本书采用 CPML 作为边界条件是可取的，也是合适的。之后还需要对非均匀介质进行数值模拟，因此需要先验证 CPML 边界条件对非均匀介质是否仍然适用。

5.6.2　非均匀介质中吸收边界效果

我们可以将非均匀介质中的吸收边界近似看作层状介质或者介电常数在某个数值区间内随机分布的一种介质。将计算区域分成较小的网格，每个网格内的介电常数、电导率和磁导率是一样的，网格与网格之间的介电常数、电导率和磁导率可以相同也可以不同。这里的随机分布是指每个网格内的相对介电常数和电导率是随机分布的。PML 边界条件和 UPML 边界条件中时间域方程以及差分方程成立的前提就是计算区域内的介质为均匀介质，而 CPML 边界条件相对两者而言独立性更强，只需将每个差分网格的电性参数作为矩阵存储，就能对其进行数值计算，因此其可以应用于介质相对介电常数随机分布的非均匀介质数值模拟。

为了验证 CPML 在相对介电常数和电导率随机分布的非均匀介质中仍然适用于做吸收边界条件，我们建立模型来对边界处的反射波信号强弱进行验证，模型如图 5-12 所示。模型大小为 10 m×20 m，激励源位于模型的正中间（距离为 5 m，钻孔深度为 5 m）。将计算区域划分为 10 cm×10 cm 的网格，每个网格内的相对介电常数为 9 和 12 之间随机分布的一个数值，电导率则为 $1×10^{-3}$ S/m 和 $10×10^{-3}$ S/m 之间随机分布的一个数值，所有计算区域内的网格相对磁导率则为 1。图 5-12（a）为相对介电常数分布图，图 5-13（b）为电导率分布图。和上一节内容相似，我们仍然采用电场分量波场快照方式对吸收边界的效果进行验证。不同的是本节是通过计算区域内无边界条件和存在 CPML 边界条件时的边界反射波强度来对比验证 CPML 边界条件的吸收效果的。

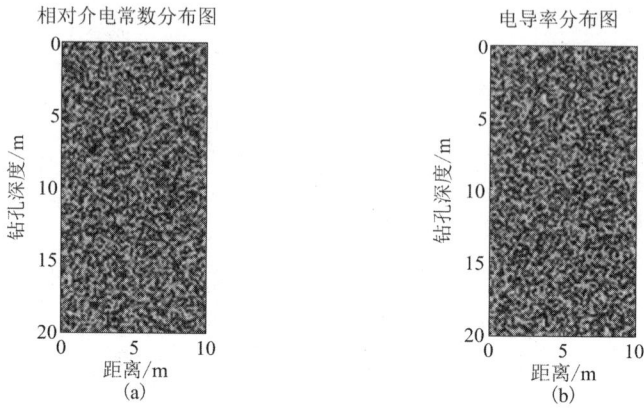

图 5-12　非均匀介质边界吸收效果验证模型示意图

对比图 5-13 和图 5-14 中同时刻的波场快照图可知，在无吸收边界条件时，电磁波传播到计算区域的边界时会产生较强的反射波，对计算结果的精确度会造成严重的影响；而采用 CPML 边界条件时，电磁波传播到计算区域边界时发生的反射波强度基本可以忽略，这样的边界反射波会模拟结果已经基本不会影响模拟结算结果的精确度。

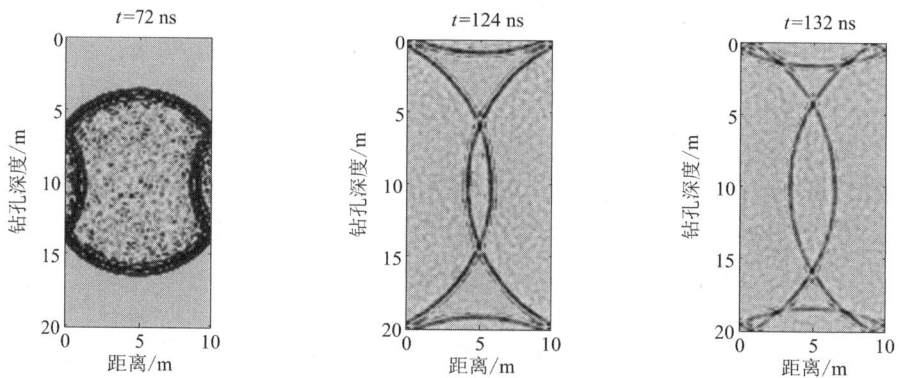

图 5-13　无吸收边界条件时波场快照

综合以上结果可知，无论是在均匀介质，还是在介电常数、电导率随机分布的非均匀介质的钻孔地质雷达数值模拟中，CPML 边界条件均能取得良好的效果。因此，本书中采用 CPML 作为计算的吸收边界条件是合理的。

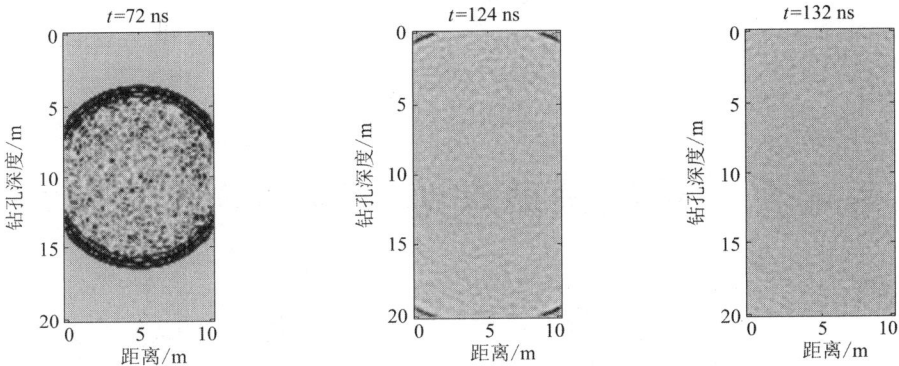

图 5-14　采用 CPML 边界条件时波场快照

5.7　本章小结

本章主要研究内容为钻孔地质雷达正演模拟的基本方程以及吸收边界条件等基础工作，具体如下：

(1)从钻孔地质雷达电磁场的性质出发，分析了钻孔地质雷达场源的基本特性以及钻孔地质雷达的系统响应特征。

(2)结合 Maxwell 方程组和介质在电磁场中响应特征的本构方程导出钻孔地质雷达正演的 FDTD 方程，为下一步工作的开展奠定基础。

(3)详细推导了 PML、UPML、CPML 等吸收边界条件在 FDTD 正演模拟中的时间域方程和差分方程，并针对边界条件中参数的选取进行了分析和讨论。

(4)以 TM 波为例，给出背景介质为均匀介质前提下正演模拟中电磁波传播到计算区域边界时的电场分量波场快照，对比了 PML、UPML、CPML 等吸收边界条件的吸收效果，从吸收效果的对比图可知，CPML 的吸收效果最好，在计算区域边界处反射的电磁波强度很弱，基本不可见，只有在边界处反射的电磁波产生叠加的情况下才稍微清晰。

(5)针对 CPML 边界条件本身与介质之间的独立性，同样以 TM 波为例，给出背景介质为非均匀介质前提下正演模拟中电磁波传播到计算区域边界时的电场分量波场快照，对比无边界和存在 CPML 吸收边界条件时电场分量从边界处发生的反射波强度可知，CPML 在背景介质为非均匀介质时的吸收效果依然较好，在计算区域边界处反射的电磁波强度很弱，基本不可见，因此文中选定 CPML 作为钻孔地质雷达正演模拟的吸收边界条件。

第6章　钻孔地质雷达有限差分正演模拟

通过上章对 Maxwell 方程组在 CPML 边界条件下差分公式和数值稳定条件的推导以及吸收边界条件效果的比较验证，我们可以对钻孔地质雷达探测进行正演模拟。进行数值模拟的先期条件就是要建立地质模型，而地质模型主要根据介质的电性参数来建立。如第 5 章所述，介质的电性参数主要是相对介电常数、电导率和磁导率，对常用的非磁导性介质，一般取磁导率和真空中一致[287-288]。表 6-1 列出了常用介质的相对介电常数、电导率和衰减系数。

表 6-1　常见介质的各种电性参数

介质类型	ε_r	$\sigma/(\mathrm{mS \cdot m^{-1}})$	$\alpha/(\mathrm{dB \cdot m^{-1}})$
空气	1	0	0
蒸馏水	80	0.01	2×10^{-3}
淡水	80	0.5	0.1
海水	80	3000	10^3
干砂	3~5	0.01	0.01
饱和砂	20~30	0.1~1	0.03~0.3
灰岩	4~9	0.5~2	0.4~1
页岩	5~15	1~100	1~100
淤泥	5~30	1~100	1~100
黏土	5~40	2~1000	1~300
花岗岩	4~6	0.01~1	0.01~1
干冰	5~6	0.01~1	0.01~1
冰	3~4	0.01	0.01

6.1　单孔反射数值模拟

目前国内使用的钻孔地质雷达，还是有较多是基于单孔反射的探测方法进行工作的，因此对钻孔地质雷达的单孔反射探测模式进行数值模拟是必要的。下面针对二维情况下的地电模型进行数值模拟。

6.1.1　均匀介质正演模拟

（1）模型 1

图 6-1（a）为此次数值模拟的模型 1 示意图。模型大小为 10 m×20 m，模型的左边界留有空气层以便更符合实际探测中雷达电磁波的直达波。激励源位于横轴 0 m 处，以 0.2 m 的间距向下移动。计算区域背景介质的相对介电常数为 9，电导率为 1×10⁻³S/m。模型中由上至下存在三个异常体，最上部的异常体的相对介电常数为 1，电导率为 0；中部的异常体的相对介电常数为 25，电导率为 5×10⁻³S/m；下部异常体的相对介电常数为 81，电导率为 1×10⁻²S/m。异常体的大小均为 1 m×2 m，异常体左边界与钻孔的距离均为 2 m，且异常体垂直方向的间隔为 6 m。

由图 6-1（b）可以看出，在介质为均匀的情况下，基本上异常体的响应在数值模拟结果图中都能够被清晰地辨认出。对比模型示意图可以看出，得各个异常体的位置以及形状，都能够较为清晰地判别。随着异常体相对介电常数的升高，异常体在单孔反射探测中的响应特征越来越模糊，对异常体右边界的定位也越来越不清晰，但仍然能够判别出三个异常体的位置。在相对介电常数最高的异常体响应中，随着时间的推移，其信号也越来越杂乱；当时间到达 200 ns 时，从响应特征中已经无法对信号进行甄别。

（2）模型 2

图 6-2（a）为此次数值模拟的模型 2 示意图。模型大小为 10 m×20 m，模型的左边界留有空气层以便更符合实际探测中雷达电磁波的直达波。激励源位于横轴 0 m 处，以 0.2 m 的间距向下移动。上半部介质的相对介电常数为 8，电导率为 2×10⁻³S/m，下半部介质的相对介电常数为 15，电导率为 4×10⁻³S/m。断层台阶的高度为 2 m。上半部设置有两个异常体，其中矩形异常体的大小为 2 m×1 m，与钻孔的距离为 3 m；圆形异常体的直径为 1.5 m，与钻孔的距离为 5 m。下半部介质中同样设置有两个异常体，其中裂隙的宽度为 0.5 m，长度为 4 m，与钻孔的夹角为 30°，与钻孔的距离为 3 m；矩形异常体大小为 2 m×1 m，与钻孔的距离为 6 m。所有异常体的相对介电常数为 1，电导率为 0。

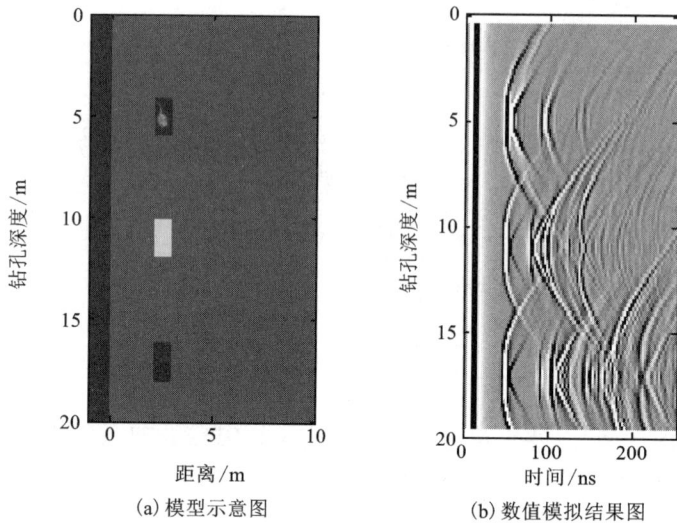

(a) 模型示意图　　　　　(b) 数值模拟结果图

图 6-1　单孔反射探测数值模拟 1

由图 6-2(b)可以看出,在介质为均匀的情况下,基本上异常体的响应在数值模拟结果图中都能够被清晰地辨认出。对比几何模型示意图可以看出各个异常体的位置和形状,断层断面都能够较为清晰地判别。上半部的圆形异常体在数值模拟结果图中的响应为一标准双曲线,矩形异常体在模拟结果图中的响应为两段双曲线,分别对应其左、右边界。下半部的裂隙异常体在模拟结果图中的响应也是双曲线,双曲线的顶点位于裂隙端点处,但其两边的信号强度并不一致,沿着裂隙的走向双曲线的反射强度比另一边稍强;矩形异常体在模拟结果图中的响应也为一段双曲线,这是其正上方裂隙异常体和与发射天线的距离所引起的。因此,本书中选取的参数以及边界条件对于均匀介质的钻孔地质雷达数值模拟是适用的。下面我们根据一个实际的地球物理模型来进行数值模拟,并假定其背景介质为均匀介质。

6.1.2　非均匀介质正演模拟

上节针对计算区域背景介质为均匀介质的情况对钻孔地质雷达单孔反射探测进行了从简单模型到复杂模型的正演模拟。根据模拟的结果可知,均匀介质情况下的单孔反射探测对每个异常体的响应特征都较为明显,能够清晰地对异常体的位置进行判断,而对异常体形状的分辨能力则较弱。与均匀介质相比,非均匀介质更接近地下介质的电性参数。下面根据两个同样的模型进行非均匀介质条件下的正演模拟。

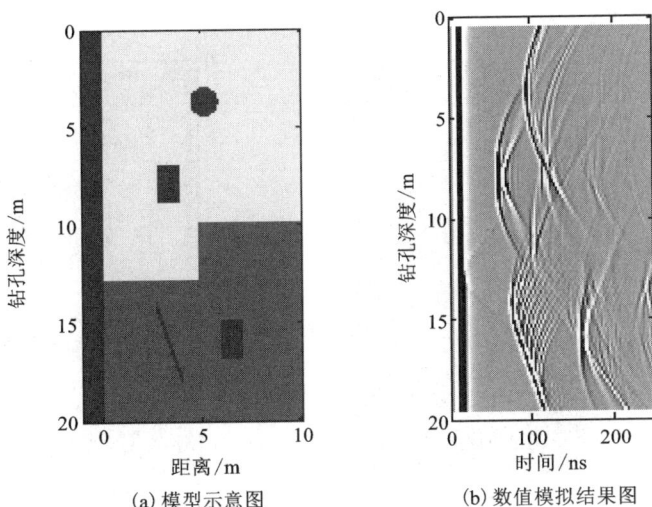

(a) 模型示意图　　　　　(b) 数值模拟结果图

图 6-2　单孔反射探测数值模拟 2

(1) 模型 3

图 6-3(a) 为此次数值模拟的模型 3 示意图。该模型与图 6-1(a) 中的模型基本相同，只是背景介质的电性参数分布不同。计算区域背景介质的相对介电常数为 9 和 12 之间随机分布的一个数值，电导率则为 1×10^{-3} S/m 和 2×10^{-3} S/m 之间随机分布的一个数值。

图 6-3(b) 与图 6-1(b) 所示数值模拟结果相似，但在图 6-3(b) 中信号较为嘈杂，说明电磁波在背景介质中产生了多次反射、绕射等现象。总体而言，即使在非均匀介质条件下，三个异常体的响应特征也较为明显，但与均匀介质条件下的模拟结果相比分辨能力较弱，异常体右边界的位置则更为模糊。

(2) 模型 4

图 6-4(a) 为此次数值模拟的模型 4 示意图。该模型与图 6-2(a) 中的模型基本相同，只是背景介质的电性参数分布不同。计算区域上半部背景介质的相对介电常数为 9 和 12 之间随机分布的一个数值，下半部背景介质的相对介电常数为 12 和 16 之间随机分布的一个数值；电导率则为 1×10^{-3} S/m 和 2×10^{-3} S/m 之间随机分布的一个数值。

由图 6-4(b) 可以看出，在介质为非均匀的情况下，异常体的响应特征变得模糊，尤其是异常体的右边界无法分辨。模型中的 4 个异常体响应特征相对较为明显，但断层的特征基本消失，只能勉强进行分辨。对比两个模型在均匀介质和非均匀介质条件下的正演模拟结果，形状规则的异常体特征都较为明显，断层等不规则异常体在非均匀介质条件下的正演模拟图中则基本不能进行判别。为了验证这个推测，下面我们对一个实测数据与两种正演模拟结果进行对比分析。

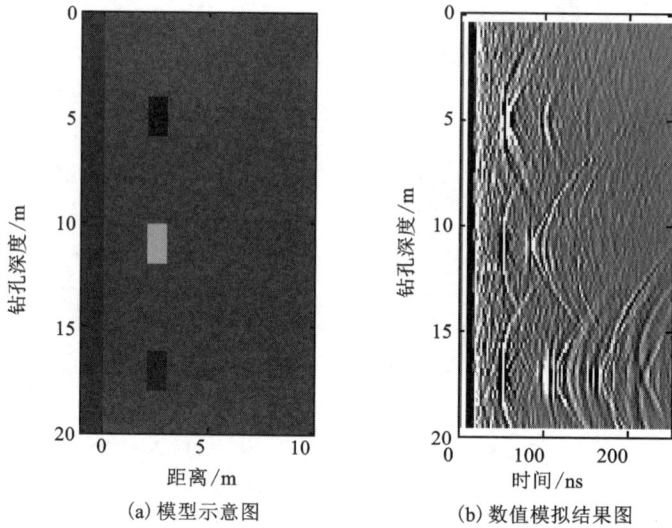

(a) 模型示意图   (b) 数值模拟结果图

图 6-3 单孔反射探测数值模拟 3

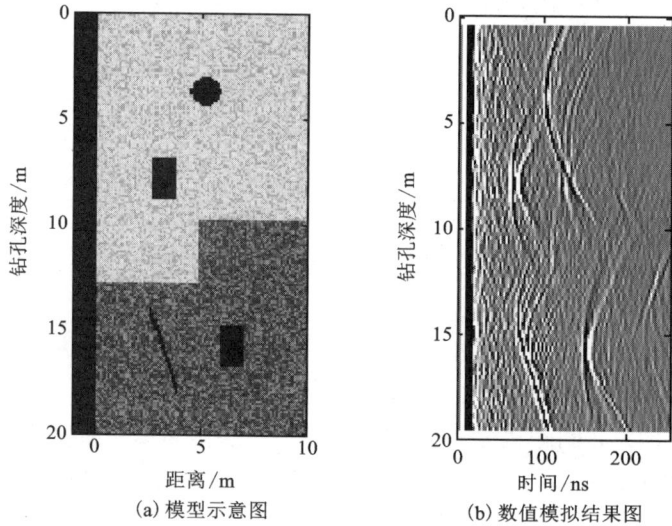

(a) 模型示意图   (b) 数值模拟结果图

图 6-4 单孔反射探测数值模拟 4

6.1.3 模拟数据与实测数据对比分析

图 6-5(a) 为某工地中用钻孔地质雷达探测桥桩埋深的实际扫描结果。图中钻孔与桥桩边界的距离为 1.2 m，桥桩直径为 1.1 m。本次实测数据采用的是

GSSI 的钻孔地质雷达, 天线主频为 100 MHz, 采样时间为 80 ns, 天线从上至下开始扫描, 实测数据如图 6-5(b)所示, 其中只截取了 40 ns 的扫描数据。

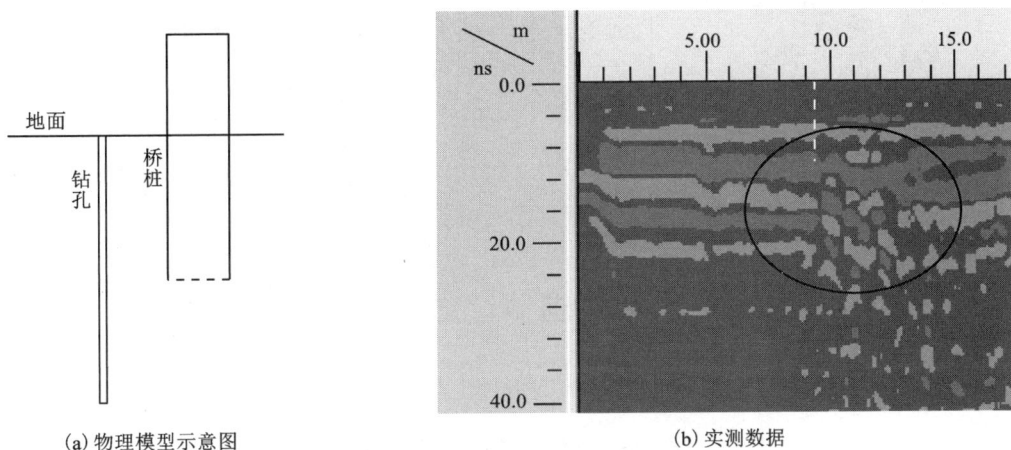

(a) 物理模型示意图　　　　　　　　　　　(b) 实测数据

图 6-5　钻孔地质雷达实际扫描结果

　　首先根据物理模型来建立数值模拟模型, 图 6-6(a)和图 6-7(a)分别为本次两个物理模型的数值模拟模型示意图。因为只针对地下空间的钻孔地质雷达单孔反射探测进行了数值模拟, 所以数值模拟模型示意图中未显示桥桩在地面以上的部分。图 6-6(a)中桥桩的相对介电常数为 8, 背景场的相对介电常数为 12, 桥桩和背景场的磁导率和电导率一致; 图 6-7(a)中桥桩的相对介电常数为 8, 背景场的相对介电常数为 9~14 的随机介质, 桥桩和背景场的磁导率和电导率一致。桥桩的埋深未知。

　　因为要针对桥桩底部的单孔反射响应进行分析总结, 并与钻孔地质雷达实际采集数据进行对比, 因此对模拟数据结果图进行了坐标轴转换, 以和 RADAN 处理软件的结果相对应。

　　对图 6-6(b)进行分析可知, 在对与钻孔走向平行的桩进行扫描时, 可以很清晰地看到扫描图中存在多层与钻孔走向平行的界面, 这是电磁波在层间进行多次反射得到的结果。值得注意的是在对桩底的探测中, 存在两条双曲线形反射弧, 这是桩底相对钻孔位置前后的两个点的响应特征。从图中可以看出, 在背景介质为均匀介质时, 对于桩底的位置是很容易进行判别的, 而且位置也很精确。但这种情况属于理想状态, 并不符合实际情况。对图 6-7(b)进行分析可知, 在上半段针对桥桩的探测结果和模拟结果中都有较为明显的层状界面出现; 当扫描到达桥桩底部时, 信号的同相轴出现了错乱且信号发生了强反射; 随后雷达信号的同相轴恢复了其连续性，但由于没有了桥桩的影响，后面的信号没有出现明显的层状效应。

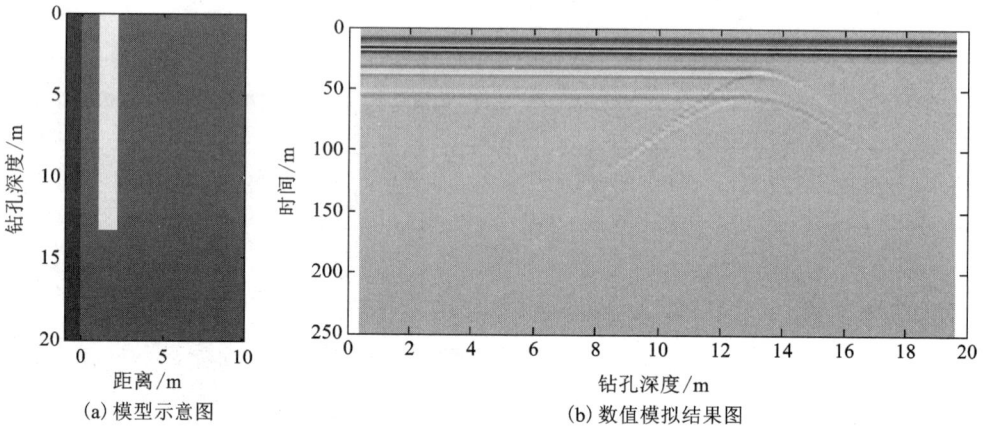

(a) 模型示意图 (b) 数值模拟结果图

图 6-6　单孔反射探测数值模拟 5

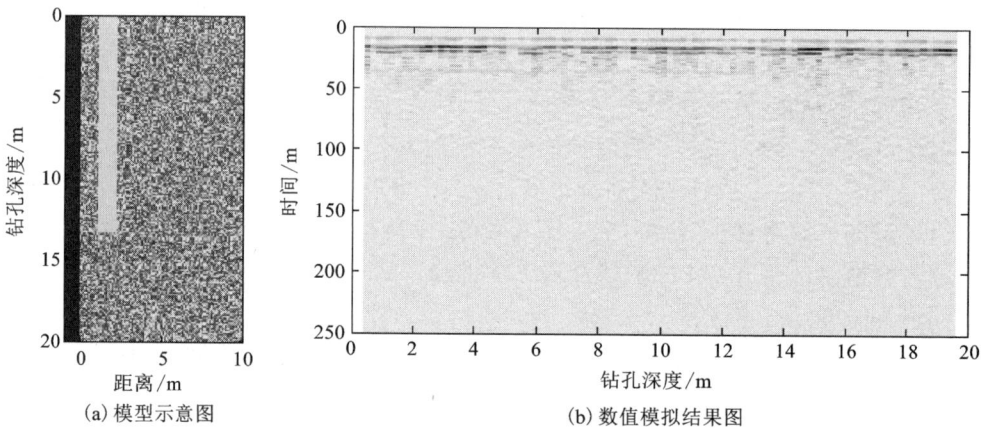

(a) 模型示意图 (b) 数值模拟结果图

图 6-7　单孔反射探测数值模拟 6

　　在对模型中桥桩这种规则异常体的响应中，均匀介质与非均匀介质的数值模拟均能取得较好的效果，但是对桩底这种类似于断面的不规则异常体，非均匀介质下的数值模拟结果较为模糊，但通过与实测数据进行对比，也能够对其进行分辨。总体而言，与背景介质为均匀介质时的数值模拟相比，背景介质为非均匀介质时的数值模拟结果更接近钻孔地质雷达的实际扫描数据，能够为我们判断实际扫描数据中异常体的位置提供更好的帮助。

6.2　跨孔探测数值模拟

在对模型进行钻孔地质雷达跨孔探测数值模拟时，可以对数据进行共偏移距成像，也可以对每一道数据进行排列后形成一系列随时间变化的振幅图像。此次跨孔探测模拟仅仅是为了验证本书中正演方法的正确性和有效性，因此跨孔探测模拟采用的是和单孔反射数值模拟基本类似的思想，即对均匀介质的正演数值模拟与非均匀介质的正演数值模拟进行对比分析。与单孔反射数值模拟的不同之处在于，发射天线与接收天线位于不同孔内，跨孔探测数值模拟时的模型中没有空气层。

6.2.1　均匀介质正演模拟

（1）模型 1

图 6-8（a）为此次跨孔探测数值模拟的几何模型 1 示意图。模型的大小为 10 m×20 m，其余参数与单孔反射数值模拟的模型 1 参数一致。发射天线位于横轴 0 m 位置，接收天线位于横轴 10 m 位置，发射天线与接收天线皆为 0.2 m 移动一次。激励源的中心频率为 100 MHz，CPML 吸收层为 10 个网格厚度。空间步长取值为 0.04 m，时间步长取值为 0.08 ns。此次成像是按照零偏移距（ZOP）探测方式进行数据成像。

从图 6-8（b）中的数值模拟结果可以看出，模型的上半部由于相对介电常数较低，电磁波的旅行时明显比下半部要小，对断层的反映也较为明显。由于裂缝和下半部的矩形异常体位于同一水平位置，在钻孔地质雷达的跨孔探测中较难反映出来，因此，需要通过别的方法对数据进行成图分析。

（2）模型 2

图 6-9（a）为此次跨孔探测数值模拟的几何模型 2 示意图。模型的大小为 6 m×20 m，异常体的大小为 1 m×2 m。区域内背景介质和异常体的相对介电常数分别为 20 和 25。发射天线与接收天线分别位于 0 m、6 m 处。

此次采集模式为 MOG，即发射天线不动时，接收天线从上至下移动 20 m，然后再移动发射天线。激励源的中心频率为 100 MHz，CPML 吸收层为 10 个网格厚度。空间步长取值为 0.025 m，时间步长取值为 0.1 ns。共有 41 个发射点和接收点，道数总共为 1681 道。

图 6-9（b）为数值模拟的结果，成像为 MOG 所有数据按照发射点的位置排列而成。从图中可以看出，在黑色椭圆圈出的位置，这些发射点发射的数据初至波的旅行时明显要比其他发射点的数据旅行时大，说明这个位置存在一个低速体，

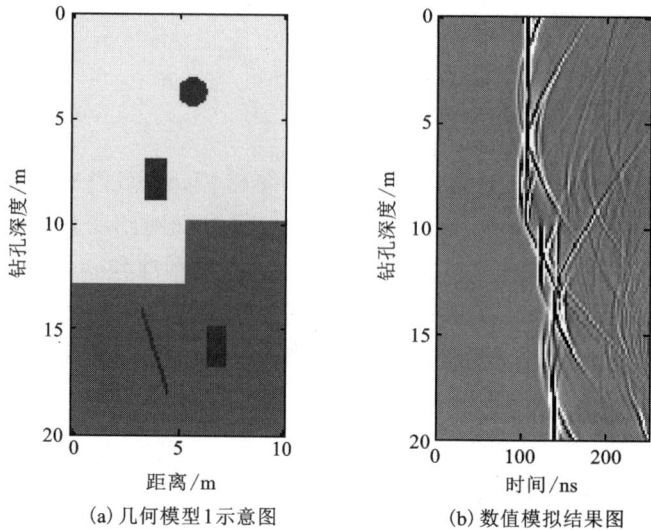

(a) 几何模型1示意图　　　　(b) 数值模拟结果图

图 6-8　跨孔探测数值模拟 1

影响了电磁波在收发点之间的视速度。从图 6-9 还可以得知，模型中存在一个低速体，且高度位于模型的中间，但是我们不能确定异常体的水平位置，也无法得知异常体的大小。在背景介质为各向均匀介质时，可以得到以上信息，但是在非均匀介质中，我们是否也可以得到如上所述有关异常体的信息呢？

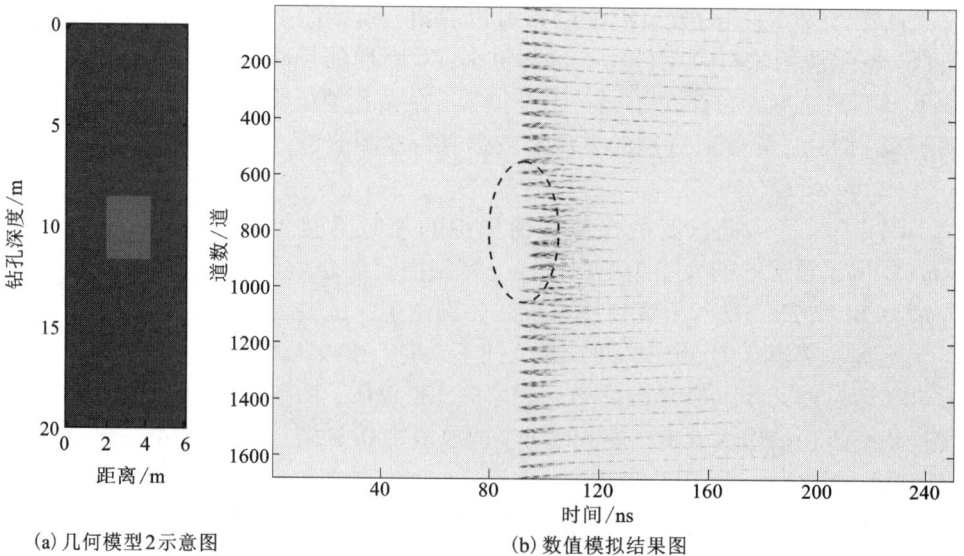

(a) 几何模型2示意图　　　　　　(b) 数值模拟结果图

图 6-9　跨孔探测数值模拟 2

6.2.2　非均匀介质正演模拟

（1）模型 3

图 6-10（a）为此次跨孔探测数据模拟的几何模型 3 的相对介电常数分布图。模型的大小为 6 m×20 m，区域内背景介质的相对介电常数按照随机函数进行 20~30 的随机分布，异常体的相对介电常数为 15，大小为 1 m×2 m。发射天线位于横轴 0 m 位置，接收天线位于模轴 6 m 位置，发射天线与接收天线均按 0.5 m 移动一次，此次采集模式为 MOG，即发射天线不动时，接收天线从上至下移动 20 m，然后再移动发射天线。激励源的中心频率为 100 MHz，CPML 吸收层为 10 个网格厚度。空间步长取值为 0.025 m，时间步长取值为 0.1 ns。图 6-10（b）为相应的数值模拟结果，横坐标为时间，纵坐标即为道数。共有 41 个发射点和接收点，道数总共为 1681 道。

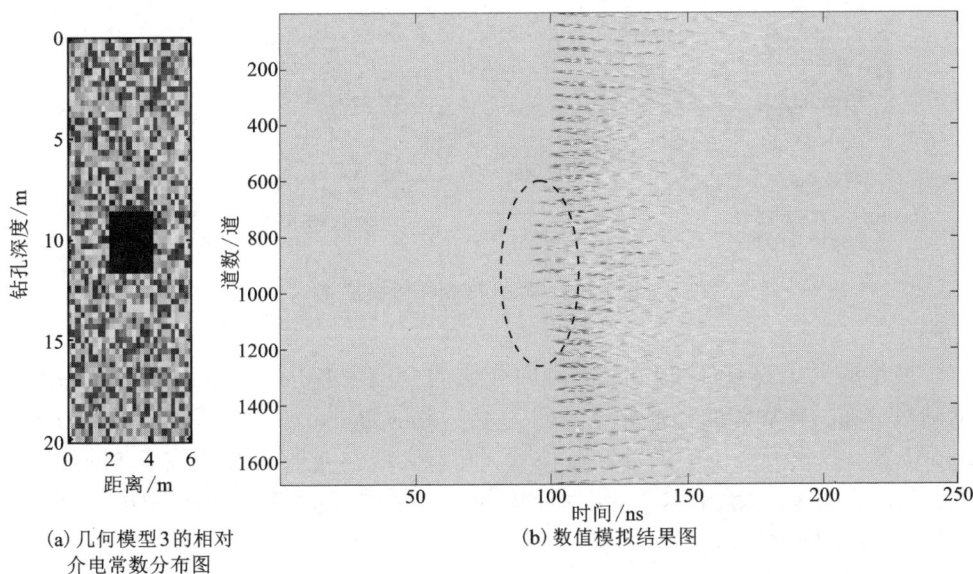

(a) 几何模型 3 的相对　　　　　　(b) 数值模拟结果图
　介电常数分布图

图 6-10　跨孔探测数值模拟 3

从图 6-10 可以看出，在黑色椭圆圈出的位置，这些发射点发射的数据初至波的旅行时明显要比其他发射点的数据旅行时小。说明这个位置存在一个低速体，导致电磁波在收发点之间的视速度增大。从图 6-10 还可以得知，模型中存在一个低速体，且高度位于模型的中间，但是我们不能确定异常体的水平位置，也无法得知异常体的大小。且与背景介质为均匀介质时的数值模拟结果比较，图 3-10 中每个发射点所发射的信号都产生了较多的反射等现象，导致大收发角度信号的信噪比较低。

（2）模型4

模型3中的相对介电常数分布图仅仅是理论模型，其相对介电常数分布在相邻网格内是突变而不是渐变的。因此，下面对模型进行优化，使其更贴近实际。如图6-11(a)所示为几何模型4的相对介电常数分布图。

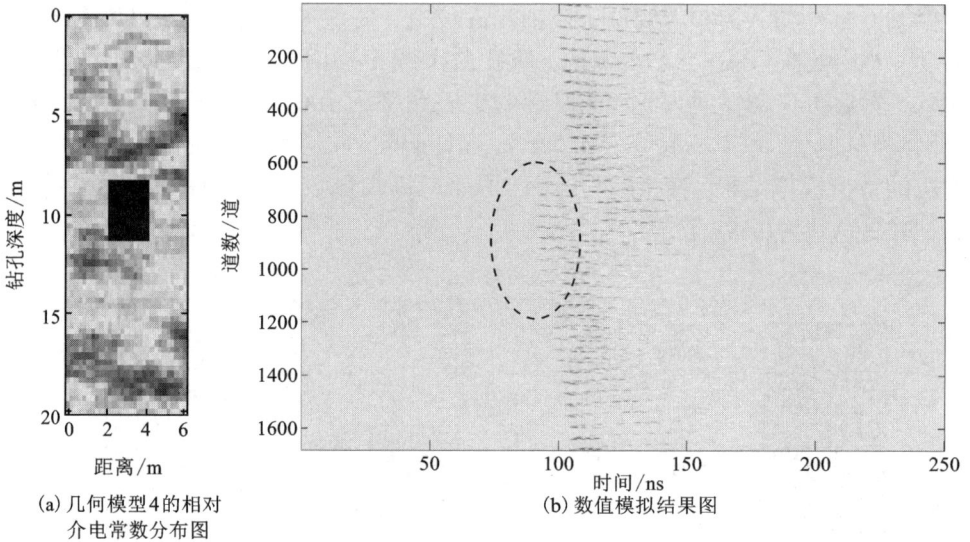

(a) 几何模型4的相对
介电常数分布图

(b) 数值模拟结果图

图6-11 跨孔探测数值模拟4

模型的大小为6 m×20 m，区域内介质的介电常数按照随机函数进行20~30的随机分布，异常体的相对介电常数为15，大小为1 m×2 m。发射天线位于横轴0 m位置，接收天线位于横轴6 m位置，发射天线与接收天线均按0.5 m移动一次，此次采集模式为MOG。此次模拟的激励源的中心频率为100 MHz，CPML吸收层为10个网格厚度。空间步长取值为0.025 m，时间步长取值为0.2 ns。图6-11(b)为相应的数值模拟结果，横坐标为时间，纵坐标为道数。共有41个发射点和接收点，道数总共为1681道。

模型4中的相对介电常数虽然是随机分布，但总体而言是渐变而不是突变的。从此模型的数值模拟结果图中，可以看出初至波旅行时有较大差别，与模型中相对介电常数的分布较为吻合。但在图6-11(b)中黑色椭圆圈出的地方，其初至波旅行时明显要比其他发射点的数据旅行时小很多，由此可以清晰地判断出异常体的垂直位置，水平位置则未知。

（3）模型 5

模型 4 中存在异常体，且与周围介质的相对介电常数相差较大。下面来对无异常体的渐变随机介质进行数值模拟。如图 6-12（a）所示为模型 5 的相对介电常数分布图。模型的大小为 6 m×20 m，区域内介质的介电常数按照随机函数进行 20~30 的随机分布。发射天线位于横轴 0 m 位置，接收天线位于横轴 6 m 位置，发射天线与接收天线均按 0.5 m 移动一次，此次采集模式为 MOG。此次模拟的激励源的中心频率为 100 MHz，CPML 吸收层为 10 个网格厚度。空间步长取值为 0.025 m，时间步长取值为 0.2 ns。图 6-12（b）为相应的数值模拟结果，横坐标为时间，纵坐标为道数。共有 41 个发射点和接收点，道数总共为 1681 道。

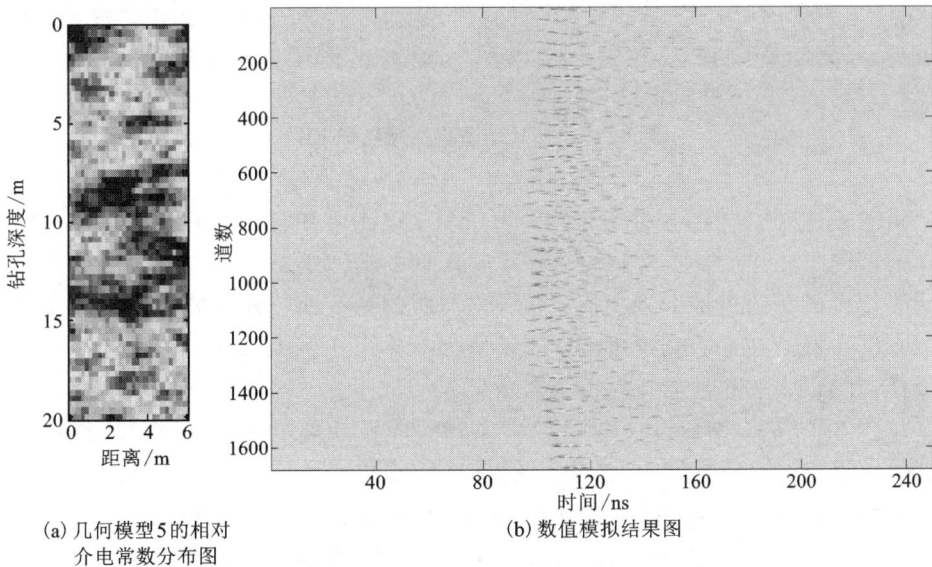

(a) 几何模型5的相对　　　　(b) 数值模拟结果图
介电常数分布图

图 6-12　跨孔探测数值模拟 5

在模型 5 的数值模拟结果图中，可以看出初至波旅行时有较大差别，与模型中相对介电常数的分布较为吻合。实际地质情况中，探测区域内相对介电常数的分布千变万化，而模拟仅仅是针对某种特殊情况。下面我们对实测数据与模拟数据进行对比，验证模拟结果的正确性。

6.2.3　模拟数据与实测数据对比分析

图 6-13 为钻孔地质雷达跨孔探测的实测数据，此次采样采用的是瑞典的 MALA 雷达。两个钻孔之间的距离为 3 m。其中图 6-13（a）对应的采样时天线的分布为：发射天线位于 1 号井中距离地面 7 m 处固定不动，接收天线则在 2 号井

中，每次从上至下匀速移动 19 m，采样距离间隔为 0.1 m。图 6-13(b) 对应的采样时天线的分布为：发射天线位于 1 号井中每 0.5 m 移动一次，接收天线则在 2 号井中每次从上至下匀速移动 18 m，采样距离间隔为 0.1 m。

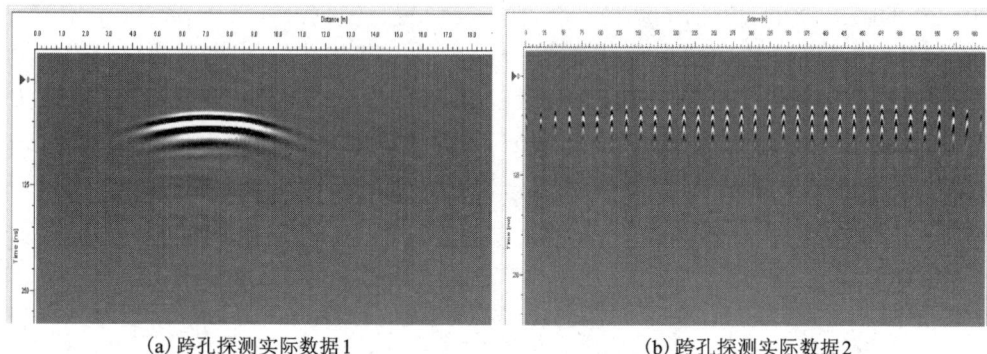

(a) 跨孔探测实际数据1   (b) 跨孔探测实际数据2

图 6-13　钻孔地质雷达跨孔扫描图

将图 6-13(b) 与图 6-9(b)～图 6-12(b) 对比可知，在不考虑相对介电常数分布的情况下，背景介质为非均匀介质时得到的数值模拟结果与背景介质为均匀介质时得到的数值模拟结果相比，非均匀介质的钻孔地质雷达数值模拟与实际探测的数据在成图结果上吻合更好，仅仅是因为本书中模型给出的参数不同，所以数值模拟结果中初至波旅行时差异较大。

从图 6-9(b)～图 6-12(b) 可以看出随着收发距离的增大，初至波旅行时越来越大；随着收发角度的增大，数据的信噪比越来越小，到收发角度最大时基本已看不出有效信号；异常体的水平位置无法根据数据进行直观的判断。背景介质为均匀介质时得到的数值模拟结果中大收发角度的数据信噪比依然较大，不符合实际情况；相对而言，背景介质为非均匀介质时得到的钻孔地质雷达数值模拟结果中大收发角度数据的信噪比与实际数据更为吻合。从模拟结果中很难直观地对跨孔数据进行了解分析，此时就需要对数据进行处理，对钻孔地质雷达跨孔探测数据进行处理常用的办法是基于射线追踪的层析成像，本书采用的也是这种方法。数据处理的过程会在后面的章节进行分析。

6.3　本章小结

本章主要研究均匀介质条件与非均匀介质条件下钻孔地质雷达单孔反射及跨孔探测的数值模拟实例，具体如下：

（1）采用两组同样的模型分别进行均匀介质条件和非均匀介质条件下的单孔反射探测正演模拟，不论是针对简单模型还是复杂模型，两种介质条件下的正演模拟结果对规则异常体的响应都较为明显，但非均匀介质条件下的模拟结果对异常体的右边界的响应较为模糊，且对断层等不规则异常体的响应特征也较模糊。

（2）针对一组单孔反射探测的实测数据进行了均匀介质与非均匀介质正演模拟结果的对比，首先根据实测目标进行数值建模，比较两种情况下的正演模拟结果，均匀介质条件下的模拟结果对异常体的响应特征过于理想，而非均匀介质条件下的模拟结果响应特征更接近实测数据，能够为我们对实测数据解译提供更好的帮助。

（3）针对钻孔地质雷达的跨孔探测进行了均匀介质和非均匀介质的正演模拟，采用单孔反射成像方法对均匀介质条件下的正演模拟结果进行成像无法分辨出位于同一水平位置的多个异常体，而通过数值模拟得到的合成数据也对异常体的水平位置无法判别，仅仅能够判别出异常体的深度。

（4）通过均匀介质与非均匀介质的跨孔探测正演模拟合成数据与实测数据的对比得知，均匀介质条件下的跨孔探测正演模拟合成数据大收发角度数据的特征过于明显，而非均匀介质条件下的跨孔探测正演模拟合成数据中大收发角度数据的信噪比更接近实测数据，这从侧面说明了非均匀介质条件下的正演模拟更接近实测数据，对其进行处理分析得到的结果也能够为我们对实测数据进行解译提供更好的帮助。

第 7 章　地质雷达层析成像算法改进

在钻孔地质雷达跨孔探测数值模拟结果图中不能清晰地判断出异常体的位置、大小以及性质，需要对其进行更进一步的数据处理，通常采用的办法就是对数据进行层析成像。在针对数据进行速度层析成像时，初至波旅行时的提取是较为重要的一点，时间越准确则结果越精确。钻孔地质雷达的数据信噪比往往随着收发角度的增大而减小，这样会导致其旅行时的提取变得困难，较难提取出准确的旅行时。

钻孔地质雷达也是通过发射和接收电磁波来对地下介质进行探测，因此引出了一个问题：钻孔地质雷达层析成像和普通的电磁波层析成像有何不同？首先钻孔地质雷达发射的电磁波是高频电磁波，频率一般都在 10^7 Hz 以上；其次钻孔地质雷达的天线具有一定长度而不是点源发射。本章将针对雷达天线如何影响钻孔地质雷达的层析成像进行分析和讨论。

7.1　层析成像

在所有的地球物理勘探方法中，都是根据仪器采集到的数据来推断地下介质的结构特征分布，这种根据采集到的数据来推断地下介质结构特征分布的过程就是所谓的反演问题。相对而言，正演问题就是在给定地下介质结构特征分布和相应的物理定律的基础上，对仪器应该记录下的数据进行理论计算。层析成像就是正、反演问题的求解过程[289]。

7.1.1　直射线层析成像

跨孔层析成像主要分为两种：一种是基于运动方程的射线层析成像；另一种是基于波动方程的波形层析成像。基于波动方程的波形层析成像能充分利用电磁波的走时、振幅、相位、频率等全波形记录，大大增加了数据的信息量，对层析成像的精度和准确度都能做到较为显著的提升。但是在实际应用上，基于波动方程的波形层析成像在理论和实际上都存在较为明显的问题，如清除对波形产生影响的干扰因素(介质吸收、天线耦合等)。

基于运动方程的射线层析成像又可以分为两种：一种是速度层析成像；另一种是衰减系数层析成像。这两种层析成像分别使用了初至波旅行时和电磁波波场强度变化两个参数，方法原理较为简单，对其产生干扰的因素相对较少。因此，只要充分利用采集到的数据信息以及介质的先验信息，并采用较为合理且有效的反演算法，就能达到我们理想中的效果，得到相对较为精确的地下介质结构分布图。所以，目前使用更为广泛的仍然是基于运动方程的射线层析成像。本书使用的是初至波旅行时数据，因此本书讨论的方法均为基于运动方程的速度层析成像。

7.1.2　层析成像基本方程

层析成像的基本原理是根据多发多收的大量数据(图 7-1)，形成收发天线间的射线网络，通过对这些数据进行处理，反推地下介质的结构特征分布。

数据处理的方法简单分为 4 步：

(1)网格划分(分为 $N×M$ 个网格)，建立初始物理量(本书中指电磁波速度 V)模型。

(2)计算理论物理量与实际观测值的误差(本书中指 Δt)。

(3)建立并求解大型稀疏超定或亚定方程(本书中指 $A\Delta V = \Delta t$，式中 A 为 $N×M$ 阶雅可比矩阵，ΔV 为 M 维速度的修正列向量，Δt 为 N 维旅行时的观测值与理论计算值之差)。

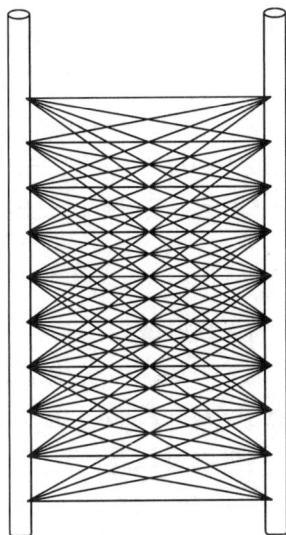

图 7-1　钻孔地质雷达多发多收采集方式
（左边为发射天线，右边为接收天线）

(4)计算出 ΔV 后，对初始的速度模型进行修正，之后重复上述(2)~(4)步，直到初至波旅行时观测值与理论计算值小于预先给定的一个参数，这个模型就可以认为是我们想得到的结果。

下面我们对其进行详细的说明。首先对钻孔之间的计算区域进行离散网格化，如图 7-2 所示，图中为简化模型，图中有填充的部分为异常体的位置，意味着在该道收发数据时，有 4 个网格中存在对判断异常体位置有用的数据，如果异常体位置较大，则会有更多的网格。不同角度的收发数据，会造成不同数量的对判断异常体位置有用的数据的网格。

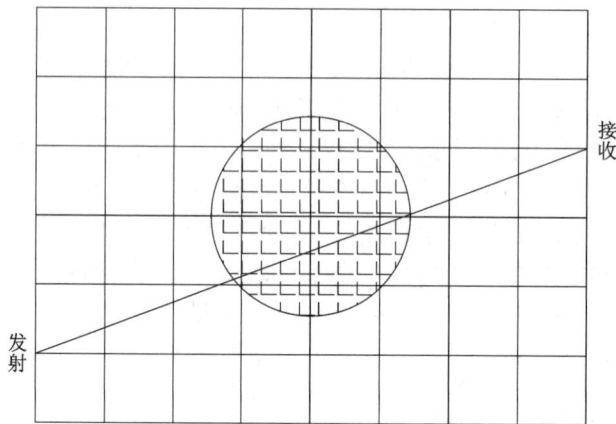

图7-2 离散网格化示意图

对于基于运动方程的速度层析成像来说，根据初至波的旅行时反推钻孔之间的计算区域中速度 $V(x, y)$ 或者慢度 $S(x, y)$ （速度的倒数）的分布。假设第 i 道收发数据，即第 i 条射线的长度为 L_i，其初至波的旅行时为 T_i，则可以得到方程：

$$T_i = \int_{L_i} \frac{1}{V(x, y)} ds = \int_{L_i} S(x, y) ds \qquad (7-1)$$

式中，ds 为弧长的微元。而对于基于运动方程的衰减系数层析成像来说，要根据观测到的电磁波场强度变化来计算电磁波在孔间介质中传播所产生的衰减系数 $\beta(x, y)$ 的分布。假设第 i 道收发数据，即第 i 条射线的射线长度为 L_i，其场强衰减为 E_i，则可以得到方程：

$$E_i = \int_{L_i} \beta(x, y) ds \qquad (7-2)$$

由式(7-1)、式(7-2)可以看出，速度层析成像和衰减层析成像归根到底所要解决的数学方程是基本相同的。

假设图7-2中的网格单元数为 N 个，每个单元内的速度设定为 V_j，慢度为 S_j，则第 i 条射线中初至波的旅行时 T_i 可以表示为：

$$T_i = \sum_{j=1}^{N} a_{ij} S_j \quad i = 1, 2, \cdots, M \qquad (7-3)$$

式中，a_{ij} 为第 i 条射线通过第 j 个网格的长度，M 为射线的总数。将式(7-3)用通用的矩阵方程形式表示，即

$$Ax = b \qquad (7-4)$$

式中：

$$\boldsymbol{x} = \begin{bmatrix} x_1 \\ x_2 \\ x_3 \\ \vdots \\ x_N \end{bmatrix} \qquad \boldsymbol{b} = \begin{bmatrix} b_1 \\ b_2 \\ b_3 \\ \vdots \\ b_N \end{bmatrix} \tag{7-5}$$

$$\boldsymbol{A} = \begin{bmatrix} a_{11} & a_{12} & a_{13} & \cdots & a_{1N} \\ a_{21} & a_{22} & a_{23} & \cdots & a_{2N} \\ a_{31} & a_{32} & a_{33} & \cdots & a_{3N} \\ \vdots & \vdots & \vdots & & \vdots \\ a_{N1} & a_{N2} & a_{N3} & \cdots & a_{NN} \end{bmatrix} \tag{7-6}$$

因为其网格是离散化的，所以每条射线只能对较少的网格提供数据。因此矩阵 $\boldsymbol{A}$ 为一个大型稀疏矩阵，且通常是病态的，需要通过某种特殊的数学方法才能对其进行求解。一般来说，有下列几种解法：代数重建法（ART）、联立迭代重建法（SIRT）、共轭梯度法（CG）、最小二乘正交分解法（LSQR）[290]。本书中采用的是最小二乘正交分解法（LSQR），下面对其进行简单的介绍。

7.1.3　最小二乘正交分解法

最小二乘正交分解法（LSQR）最早是 Paige 和 Saunders 提出的一种用来解大型稀疏病态方程组的方法，该方法是通过 Lanczos 方法求解最小二乘问题的一种共轭梯度法。但是由于在求解过程中会用到 QR 因子分解法，所以把这种方法称为 LSQR（least squares QR-fractorization）。

QR 因子分解法就是把一个 $m \times n$ 的矩阵分解为一个正交矩阵 $\boldsymbol{Q}$ 和一个三角矩阵 $\boldsymbol{R}$。由于 QR 因子分解法具有良好的稳定性，因此在求解线性最小二乘问题时的应用较为广泛。Lanczos 方法是一种子空间的投影法。举例来说，对于方程：

$$\boldsymbol{A}\boldsymbol{x} = \boldsymbol{b} \tag{7-7}$$

式中，$\boldsymbol{A}$ 为 $n \times n$ 的对称矩阵。利用 Lanczos 方法求解该方程的过程将产生一系列向量 $\{V^{(i)}\}$ 以及标量 $\{\alpha_i\}$、$\{\beta_i\}$，并将矩阵 $\boldsymbol{A}$ 化为三对角矩阵。

设 $V^{(0)}$，$V^{(1)}$，$\cdots$，$V^{(m-1)}$ 为 n 维空间中 m 个无关的向量。令 $n \times m$ 阶矩阵 $\boldsymbol{V}_m$ 和 $V^{(0)}$，$V^{(1)}$，$\cdots$，$V^{(m-1)}$ 形成的子空间 $\boldsymbol{K}_m$ 分别为：

$$\boldsymbol{V}_m = [V^{(0)}, V^{(1)}, \cdots, V^{(m-1)}] \tag{7-8}$$

$$\boldsymbol{K}_m = \mathrm{sp}\{V^{(0)}, V^{(1)}, \cdots, V^{(m-1)}\} \tag{7-9}$$

投影的基本思想是求得公式（7-7）的近似解 $\boldsymbol{x}^{(m)}$，使得公式（7-10）成立。

$$\begin{cases} \boldsymbol{x}^{(m)} \in \boldsymbol{K}_m \\ [\boldsymbol{A}\boldsymbol{x}^{(m)} - \boldsymbol{b}] \perp V^{(j)}, \quad j = 0, 1, 2, \cdots, m-1 \end{cases} \tag{7-10}$$

假设存在变量 $\boldsymbol{X}^{(m)}$，其表达式为：

$$\boldsymbol{X}^{(m)} = \boldsymbol{V}_m \boldsymbol{y}^{(m)} \tag{7-11}$$

式中，$\boldsymbol{y}^{(m)}$ 为 $m \times 1$ 的实向量，则公式 (7-7) 可以改写为：

$$\boldsymbol{V}_m^{\mathrm{T}} \boldsymbol{A} \boldsymbol{V}_m \boldsymbol{y}^{(m)} = \boldsymbol{V}_m^{\mathrm{T}} \boldsymbol{b} \tag{7-12}$$

这样，基于公式 (7-12) 就可以通过求解 $\boldsymbol{y}^{(m)}$ 而得到 $\boldsymbol{x}^{(m)}$。

要合理选择 $\boldsymbol{V}^{(0)}$，$\boldsymbol{V}^{(1)}$，$\cdots$，$\boldsymbol{V}^{(m-1)}$，使得公式 (7-12) 中的矩阵 $\boldsymbol{V}_m^{\mathrm{T}} \boldsymbol{A} \boldsymbol{V}_m$ 具有较为简单的形式，以便于求解公式 (7-12)，下面给出构造 Lanzcos 向量 $\boldsymbol{V}^{(0)}$，$\boldsymbol{V}^{(1)}$，$\cdots$，$\boldsymbol{V}^{(m-1)}$ 使矩阵 $\boldsymbol{V}_m^{\mathrm{T}} \boldsymbol{B} \boldsymbol{V}_m$ 具有三对角形式的方法。

$$\begin{cases} \beta_1 \boldsymbol{V}^{(1)} = \boldsymbol{b} \\ \boldsymbol{V}^{(0)} = 0 \\ \boldsymbol{f}^{(m)} = \boldsymbol{A} \boldsymbol{V}^{(m)} - \beta_m \boldsymbol{V}^{(m-1)} \\ \alpha_m = \left[\boldsymbol{V}^{(m)} \right]^{\mathrm{T}} \boldsymbol{f}^{(m)} \\ \beta_{m+1} \boldsymbol{V}^{(m+1)} = \boldsymbol{f}^{(m)} - \alpha_m \boldsymbol{V}^{(m)} \end{cases} \tag{7-13}$$

式 (7-13) 中选取的 β_{m+1} 要使得 $\| \boldsymbol{V}^{(m+1)} \| = 1$，直至不再存在这样的 β_{m+1}，则迭代过程结束。按照式 (7-13) 构造的 Lanczos 向量 $\boldsymbol{V}^{(0)}$，$\boldsymbol{V}^{(1)}$，$\cdots$，$\boldsymbol{V}^{(m-1)}$ 为 m 个标准向量，这样我们可以把三对角矩阵 $\boldsymbol{T}_m$ 写为：

$$\boldsymbol{T}_m = \begin{bmatrix} \alpha_0 & \beta_1 & & & \\ \beta_1 & \alpha_1 & \beta_2 & & \\ & \ddots & \ddots & \ddots & \\ & & \ddots & \ddots & \beta_{k-1} \\ & & & \beta_{k-1} & \alpha_{k-1} \end{bmatrix} \tag{7-14}$$

则公式 (7-13) 可以写为：

$$\boldsymbol{A} \boldsymbol{V}_m = \boldsymbol{V}_m \boldsymbol{T}_m + \beta_m \tag{7-15}$$

对于 $\boldsymbol{V}_m^{\mathrm{T}} \boldsymbol{A} \boldsymbol{V}_m$，可以得到：

$$\boldsymbol{V}_m^{\mathrm{T}} \boldsymbol{A} \boldsymbol{V}_m = \boldsymbol{V}_m^{\mathrm{T}} \boldsymbol{V}_m \boldsymbol{T}_m + \beta_m \boldsymbol{V}_m^{\mathrm{T}} \tag{7-16}$$

结合前文所述，可以知道：

$$\begin{cases} \boldsymbol{V}_m^{\mathrm{T}} \boldsymbol{V}_m = \boldsymbol{I} \\ \boldsymbol{V}_m \perp \boldsymbol{K}_m \end{cases} \tag{7-17}$$

从而可以得到：

$$\begin{cases} \boldsymbol{V}_m^{\mathrm{T}} \boldsymbol{V}_m = 0 \\ \boldsymbol{V}_m^{\mathrm{T}} \boldsymbol{A} \boldsymbol{V}_m = \boldsymbol{T}_m \end{cases} \tag{7-18}$$

从而公式 (7-12) 可以改写为：

$$\boldsymbol{T}_m \boldsymbol{y}^{(m)} = \boldsymbol{V}_m^{\mathrm{T}} \boldsymbol{b} = \beta_0 (1, 0, \cdots, 0)^{\mathrm{T}} \tag{7-19}$$

公式(7-19)再通过 QR 分解，即可求的 $y^{(m)}$，从而得到我们想要的 $x^{(m)}$。

对于病态问题，LSQR 算法能够取得相对较好的结果，但是当数据误差较大时，LSQR 算法仍会发散[291]。因此要在迭代求解过程中加入阻尼因子，其最小二乘问题

$$\min \left\| \begin{bmatrix} A \\ \lambda I \end{bmatrix} x - \begin{bmatrix} b \\ 0 \end{bmatrix} \right\| \tag{7-20}$$

等价于求解：

$$\begin{bmatrix} I & A \\ A^{\mathrm{T}} & -\lambda^2 I \end{bmatrix} \begin{bmatrix} r \\ x \end{bmatrix} = \begin{bmatrix} b \\ 0 \end{bmatrix} \tag{7-21}$$

式中，λ 为阻尼因子($\lambda \geq 0$)，$r = b - Ax$ 为残差向量。利用 Lanczos 的迭代公式(7-13)求解方程(7-21)，仿照前文对 Lanczos 方法的推导，经过 $2k+1$ 次迭代之后，可以得到：

$$\begin{bmatrix} I & B_k \\ B_k^{\mathrm{T}} & -\lambda^2 I \end{bmatrix} \begin{bmatrix} t_{k+1} \\ f_k \end{bmatrix} = \beta_0 \begin{bmatrix} 1 \\ 0 \\ \vdots \\ 0 \end{bmatrix} \tag{7-22}$$

$$\begin{bmatrix} y_{k+1} & 0 \\ 0 & z_k \end{bmatrix} \begin{bmatrix} t_{k+1} \\ f_k \end{bmatrix} = \begin{bmatrix} r_k \\ x_k \end{bmatrix} \tag{7-23}$$

其中 B_k 的定义为：

$$T_m = \begin{bmatrix} \alpha_0 & & & & \\ \beta_1 & \alpha_1 & & & \\ & \beta_2 & \ddots & & \\ & & \ddots & \ddots & \\ & & & \beta_{k-1} & \alpha_{k-1} \end{bmatrix} \tag{7-24}$$

而 f_k 是方程组：

$$B_k f_k = \beta_0 (1, 0, \cdots, 0)^{\mathrm{T}} \tag{7-25}$$

的最小二乘解。对 B_k 进行 QR 分解，就可以很方便地得到 $x^{(m)}$。这就是 LSQR 算法的基本原理。

7.2 基于互相关法的初至波旅行时提取

钻孔地质雷达的跨孔探测方式主要有 ZOP 和 MOG 两种方式，其中 MOG 方式较为常用，对其数据进行处理的方式也是主要通过层析成像来进行。根据前文

所述,基于运动方程的层析成像可以用初至波旅行时和电磁波衰减来进行反演计算,本书中采用的是基于初至波旅行时计算的速度层析成像。

7.2.1 初至波旅行时提取分析

当所有接收点都接收数据时,大角度收发数据因其传播距离较长,电磁波衰减得更为强烈,信噪比也会越来越小。我们取一个实际数据来对此进行说明,此次采集数据使用的是瑞典 MALA 公司的 RAMAC 地质雷达,天线的主频率为 250 MHz,发射天线位于地下 10 m 处固定不动,接收天线沿接收钻孔从井口匀速下移 17 m。图 7-3 分别是收发角度为 0°、15°、35°和 50°时采集的数据。图中每一道数据都按照其最大振幅进行了归一化处理。

该实测数据取发射点在深度为 8 m 时所有接收点接收的数据,并进行统一滤波、归一化振幅等处理,得到的结果如图 7-4 所示。

从图 7-4 可以看出,当接收点的深度为 3~10 m 时,数据的信噪比较大,接收点位于其他深度时,数据的信噪比较小。由此看出随着数据收发角度的增大,数据的信噪比逐渐减小,意味着该道数据初至波的提取变得越来越困难。

7.2.2 互相关函数法

初至波的研究主要是为了利用初至波旅行时参数进行反演成像。因此,初至波旅行时的拾取精度直接影响层析成像的质量。如何进一步提高初至波拾取的准确性、稳定性和抗干扰能力是一个值得深入研究的问题。初至波的提取主要有信噪比最大法和能力最大法等[292]。在地震勘探中,还有其他方法,如 Length 分形维法、神经网络法等[293-294]。

这里,我们采用一种新的方法来对大收发角度数据进行初至波旅行时的提取,就是互相关法。互相关法在地震波处理、声波处理和图像处理中都得到较为广泛的应用[295-297]。

在统计学上,互相关有时用来表示两个随机矢量 X 和 Y 之间的协方差 $\mathrm{cov}(X,Y)$,矢量 X 的协方差指的是 X 的各个标量成分之间的协方差矩阵。在信号处理领域,互相关(有时也称为互协方差)用来度量两个信号间的时间相似性,通常通过与已知信号比较来寻找未知信号中的特性,它是两个信号之间一个相对于时间的函数,有时也称为滑动点积。

假设存在两个连续的随机过程 $x(t)$ 和 $y(t)$,且它们的周期函数为实数,$x(t)$ 和 $y(t)$ 之间的互相关函数可以定义为:

$$R_{xy}(\tau) = \lim_{T \to \infty} \frac{1}{T} \int_{-T/2}^{T/2} x(t)y(t-\tau)\,\mathrm{d}t \tag{7-26}$$

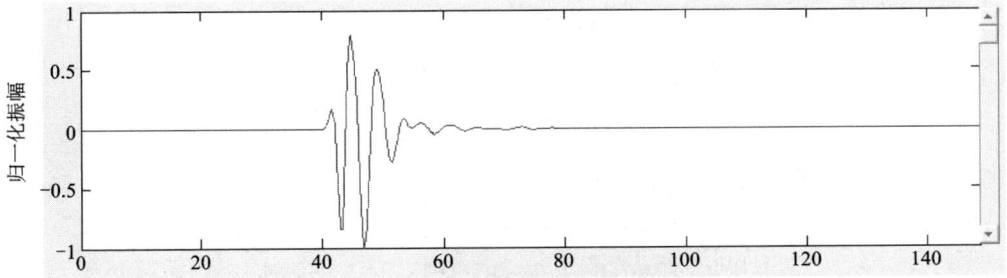

(a) 收发角度为0°时的数据

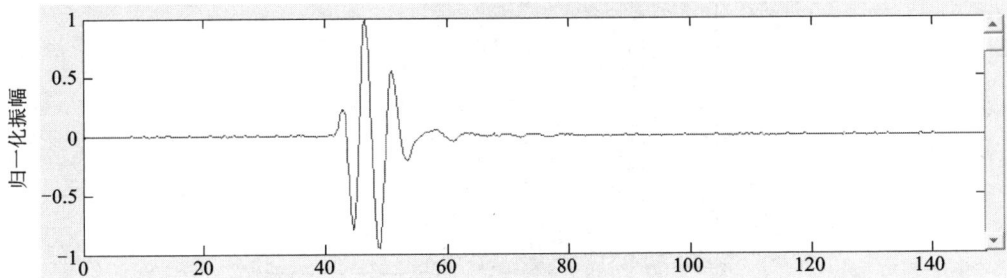

(b) 收发角度为15°时的数据

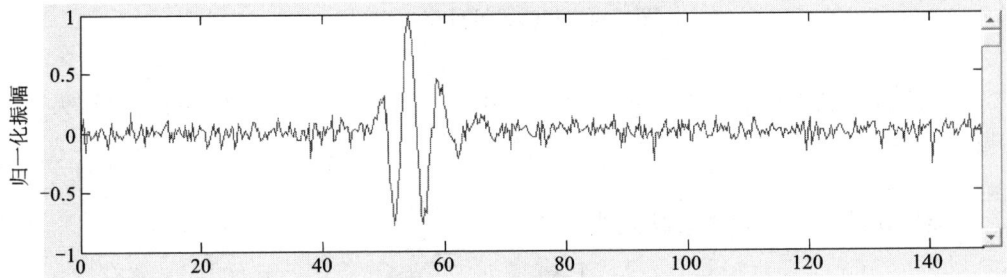

(c) 收发角度为35°时的数据

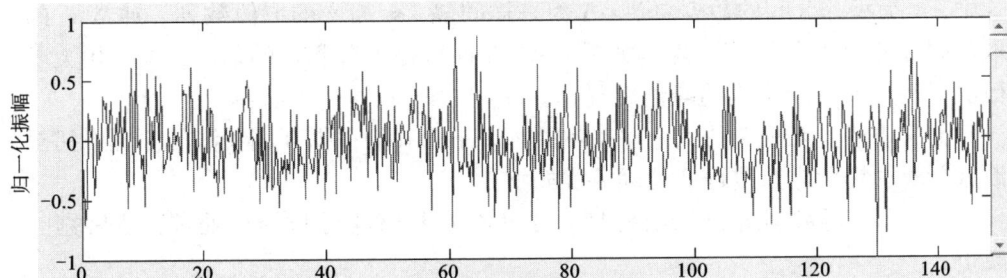

(d) 收发角度为50°时的数据

图 7-3　采集的实际数据

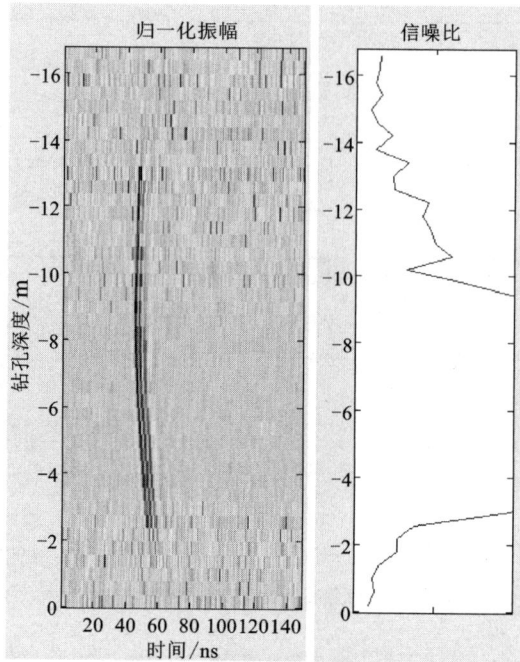

图 7-4 实验数据处理结果

通常计算的时候, 式(7-26)是由 t 为 0 时开始的, 因此式(7-26)可以写为:

$$R_{xy}(\tau) = \lim_{T \to \infty} \frac{1}{T} \int_0^T x(t) y(t - \tau) \mathrm{d}t \qquad (7-27)$$

离散化的互相关函数表达式为:

$$R_{xy}(\tau_j) = \frac{1}{N} \sum_{i=1}^{N-1} x(\mathrm{i}\Delta) y(\mathrm{i}\Delta - \tau_j) \qquad (7-28)$$

式中, N 为积分区间的数据总数; Δ 为采样间隔; τ_j 为 τ 的取值数列。通常 τ_j 的取值间隔等于 Δ 的取值间隔。如果 $x(t)$ 和 $y(t)$ 是十分相近的信号, 则互相关函数 $R_{xy}(\tau)$ 会有一个突出的峰值出现。

前文讲述了互相关法的一些基本原理。下面我们根据互相关法的原理对初至波旅行时的提取进行改进。处理流程如下:

第一步, 对数据进行先期处理, 对每道数据均进行归一化处理, 然后剔除废道。

第二步, 对数据按收发角度进行划分, 每 5° 为一个单元(以收发角度 0°~5° 为例)。

第三步, 针对相同收发角度的数据, 对每道数据与该角度数据中信噪比最大的一道数据进行互相关处理，从而使大部分数据按照合理的方式进行排序，如图 7-5 所示。

道数/道

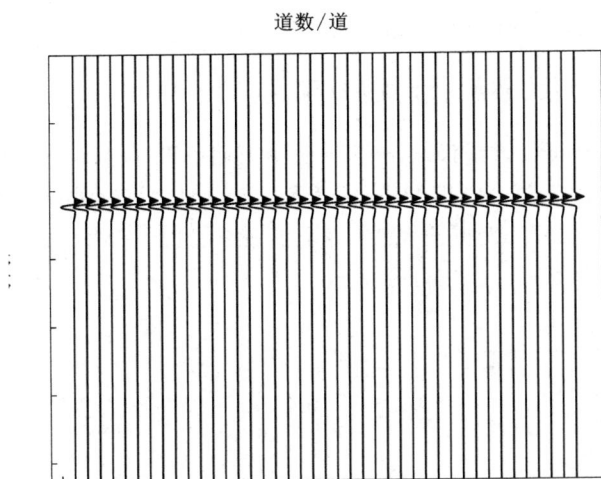

图 7-5　相同收发角度数据排序示意图

第四步，对这些数据进行叠加，从而得到收发角度为 0°~5° 的数据参考波形，如图 7-6 所示。

第五步，提取出参考波形的初至波到达时间。

振幅

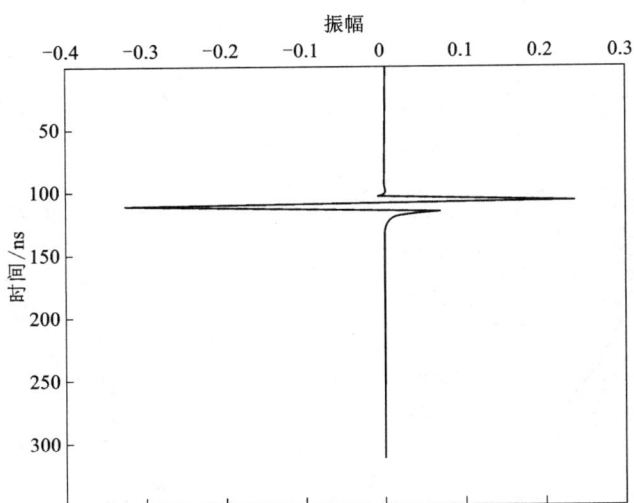

图 7-6　叠加后得到的参考波形示意图

第六步，对每道数据与该角度的参考波形进行互相关处理，从而得到每道数据的初至波到达时间。

同样，可以得到其他角度的参考波形，与图 7-6 所示类似。这样对每个角度的参考波形与该角度数据进行互相关处理，提取出初至波旅行时。

7.2.3 改进的初至波旅行时提取实例

我们对某个正演数值模拟结果进行初至波旅行时的提取，以便对本书所提方法进行验证。图 7-7 即为模拟数据的初至波旅行时提取示意图，粗线为初至波的旅行时曲线。得到每道数据准确的初至波旅行时后，就可以对数据进行层析成像。

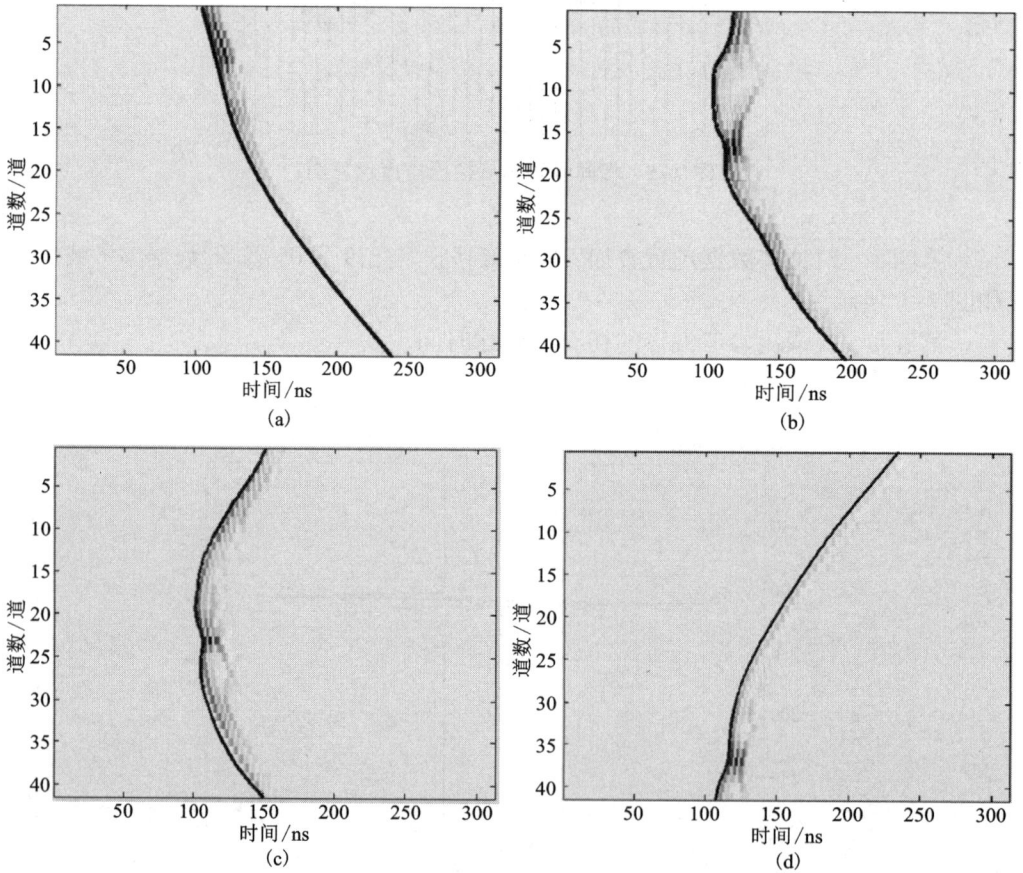

图 7-7 模拟数据初至波旅行时提取示意图

由图 7-7 可以看到经过互相关法处理后的数据，其初至波旅行时的提取更为方便。即使是对大收发角度数据进行处理，也能够轻易得到其初至波旅行时的数据。

图 7-7 中只有模拟数据的提取结果，并不能完全说明本书中方法的改进。图 7-8 为实际数据中按照本书所提方法得到的初至波旅行时提取示意图，为了简单说明，只给出了两道数据的示意图。图 7-8 中绿色直线处为初至波旅行时位置。经互相关处理后，对收发角度较大的数据仍然可以较为清晰地判别其旅行时到达时间。

层析成像中较为关键的就是初至波旅行时。而针对实际数据中大收发角度数据的旅行时提取困难的问题，利用互相关处理法可以对其进行优化，且能够得到较好的结果，但这只是理论上的可行性。为了验证本书提出的这个方法在处理实际数据时是否有效，下文将对模拟数据进行层析成像，对该方法得出的结果与普通层析成像方法得出的结果进行对比验证。

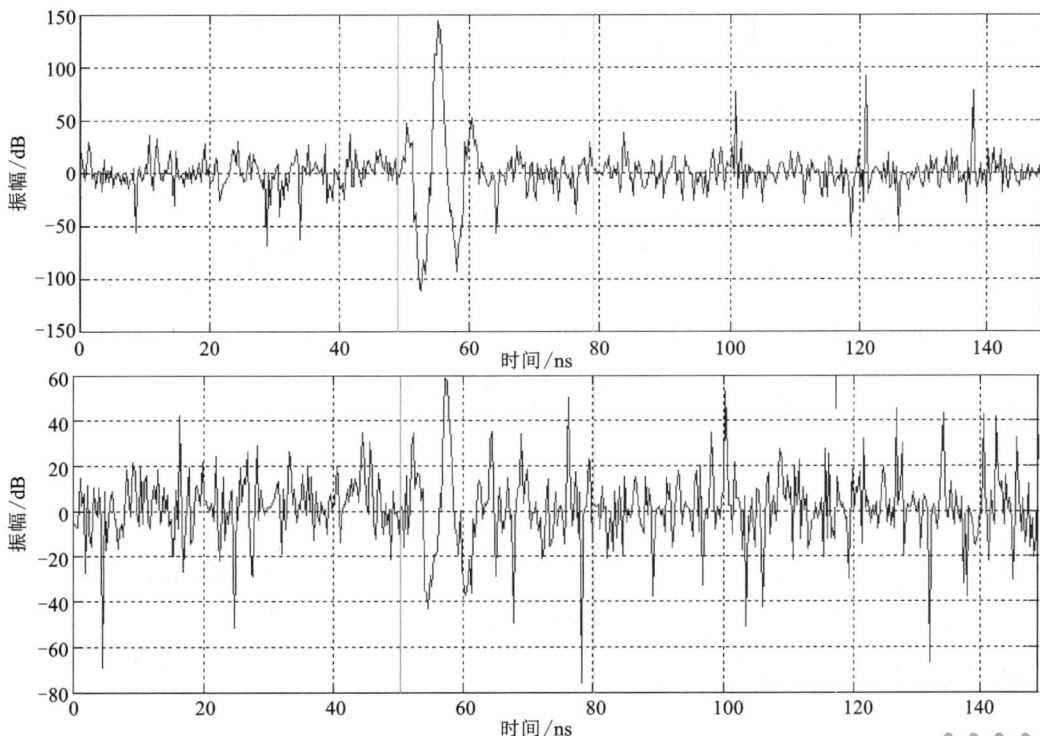

图 7-8　实际数据初至波旅行时提取示意图

扫一扫，看彩图

7.3 钻孔地质雷达天线数值模拟

钻孔地质雷达层析成像和跨孔地震层析成像基本类似：假定信号的路径是由发射天线的中心点到接收天线的中心点，根据初至波的旅行时和振幅反演出电磁波的波速或者衰减系数分布图，从而判断地下结构的分布。想要提高层析成像的分辨率，就必须把更多的参数加入反演所需要的数据中，比如天线的影响。因此，首先要考虑在正演数值模拟的数据中加入天线的参数。

King 和 Smith 在 1981 年推导出了绝缘偶极子天线中电流的表达式[298]。在此基础上，Sato 和 Thierbach 对钻孔地质雷达的跨孔探测中天线的影响进行了数值模拟[299]。但是这个模拟成立的条件是：钻孔间的介质为均匀介质，且天线的距离不能太近。此外对于有水填充满钻孔的情况，上述天线中电流的表达式不成立。所以需要对其进行改进以便对非均匀介质进行模拟。

7.3.1 天线收发信号方程

钻孔地质雷达天线基本都是柱状的偶极子天线，且馈电点位于天线中央，以发射天线为例。如图 7-9 所示。天线的长度为从 $-l$ 到 l，Z_0 为天线的负载波阻抗，$V_g(t)$ 为发射天线中激发的电压脉冲。为了方便推导公式，我们假设发射天线和接收天线距离较远，且发射孔和接收孔之间的介质为均匀介质，则相对发射天线而言，接收天线所接收到的信号表达式就是其远场的表达式。由于我们是针对钻孔地质雷达的跨孔模式进行数值模拟的，而天线是平行于 z 轴的，所以这里只考虑 TE 模式的电磁波传播。

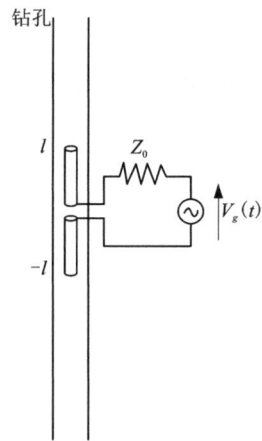

图 7-9 钻孔地质雷达发射天线示意图

在远场，可以通过下面的公式对发射的电磁场进行表达[299]：

$$E_\theta(r, \theta, \omega) = -\mathrm{i}k\xi \frac{e^{-\mathrm{i}kr}}{4\pi r}h(\omega)I(0, \omega) \qquad (7\text{-}29)$$

式中，r 为发射天线与接收天线之间的距离；θ 为接收天线连接发射天线之间的路径与发射天线钻孔的夹角；ω 为角频率；k 为波数；ξ 为电磁波的波阻抗；$I(0, \omega)$

为天线馈电点处电流的频率域表达式；h 是天线的有效高度在 θ 方向上的分量，可以表示为[300]：

$$h(\omega) = -\frac{\sin\theta}{I(0,\omega)}\int_{-l}^{l} I(z,\omega)e^{ikz\cos\theta}\mathrm{d}z \tag{7-30}$$

k 和 ξ 可以通过对相对介电常数 ε、相对磁导率 μ 和相对电导率 σ 的计算得到，公式如下：

$$k = \omega\sqrt{\mu(\varepsilon - i\sigma/\omega)} \tag{7-31}$$

$$\xi = \sqrt{\frac{\mu}{\varepsilon - i\sigma/\omega}} \tag{7-32}$$

把式(7-30)代入式(7-29)中，可以得到：

$$E_\theta(r,\theta,\omega) = \int_{-l}^{l}\left[-i\xi k\frac{e^{-ikr}}{4\pi r}I(z,\omega)\sin\theta\right]e^{ikz\cos\theta}\mathrm{d}z \tag{7-33}$$

式(7-33)中括号内的表达式就是电流为 $I(z,\omega)$ 的无限小的偶极子天线在远场时的电场表达式。这个公式表明发射天线引发的远场电场强度可以通过对一系列无限小的电流强度为 $I(z,\omega)$ 的偶极子天线引发的电场强度进行叠加来表达。在 1995 年，这个公式就已经被应用到了对电阻加载偶极子天线的数值模拟中[301]。

根据 Sato 在 1991 年得出的结论，发射天线馈电点处电流的频率域表达式和发射天线激发的电压脉冲之间的关系可以通过下面的公式进行表述：

$$I(0,\omega) = \frac{V_g(\omega)}{Z_0 + Z_{in}(\omega)} \tag{7-34}$$

式中，$V_g(\omega)$ 为发射天线激发的电压脉冲的频率域表达式；$Z_{in}(\omega)$ 是天线的输入阻抗。假设有一个变量 $A(z,\omega)$，其定义为：

$$A(z,\omega) = \frac{I(z,\omega)}{I(0,\omega)}\frac{1}{Z_0 + Z_{in}(\omega)} \tag{7-35}$$

那么天线中任意部位的电流强度表达式可以写为：

$$I(z,\omega) = A(z,\omega)V_g(\omega) \tag{7-36}$$

转换成时间域内的表达式则是：

$$I(z,t) = A(z,t) * V_g(t) \tag{7-37}$$

这样就可以根据发射天线激发的电压脉冲和变量 $A(z,\omega)$ 的卷积得到天线中任意一点的电流表达式。

相对于发射天线所激发出的电压脉冲，接收天线接收的是由其负载电阻根据电场强度的变化引起的电压变化。1991 年，Sato 提出了频率域中远场的接收电压表达式：

$$V_r(r, \theta, \omega) = - E_\theta(r, \theta, \omega) h(\omega) \left[\frac{Z_0}{Z_0 + Z_{in}(\omega)} \right] \qquad (7-38)$$

把式(7-30)和式(7-35)代入(7-38)中，可以得到电压沿天线长度的积分表达式：

$$V_\theta(r, \theta, \omega) = \int_{-l}^{l} \left[E_\theta(r, \theta, \omega) \sin\theta e^{ikz\cos\theta} \right] A(z, \omega) dz \qquad (7-39)$$

式(7-39)中括号内为电场强度在 z 方向的分量，其表达式为：

$$E_z(z, \omega) = E_\theta(r, \theta, \omega) \sin\theta e^{ikz\cos\theta} \qquad (7-40)$$

对式(7-40)进行变换，可以得到式(7-39)在时间域中的表达式：

$$V_r(r, \theta, t) = \int_{-l}^{l} \left[E_z(z, t) * A(z, t) \right] Z_0 dz \qquad (7-41)$$

式(7-41)表明由接收天线负载引发的电压变化也可以通过对无限小的接收天线引发的电压进行叠加得到，电压 $V_r(t)$ 是通过 $E_z(z, t)$ 和 $A(z, t)$ 的卷积叠加之后与天线的负载阻抗相乘得到，这与发射天线的表达式较为相似。

基于以上公式及分析，可以得出如下结论：在接收天线的任意一点，由发射天线激发的电磁波脉冲所引发的 E_z 分量能够激发接收天线中产生由该点沿着天线往两端传播的电流。$A(z, t)$ 不仅表明了发射天线中馈电点激发的电压脉冲和天线中每个点电流之间的关系，也表明了接收天线中每个点激发的电压脉冲和天线中电流的关系。我们可以通过 $E_z(z, t)$ 和 $A(z, t)$ 的卷积叠加得到天线中电流强度的总和，从而得到天线中接收的总电压。

综上所述，我们可以对钻孔地质雷达跨孔探测时发射和接收的信号进行数值模拟。对于发射信号，首先根据激发的电压与 $A(z, t)$ 的卷积得到天线中电流的分布，从而得到计算区域的电场；对于接收信号，通过接收天线处的电场与 $A(z, t)$ 的卷积得到该无限小的天线的电流强度，然后根据天线长度对其进行积分得到天线总电流的大小，与接收天线的负载电阻相乘即可得到该时刻接收到的电压大小。尽管我们是根据远场的表达式来对天线的发射和接收信号进行公式推导，但是此公式一样适用于近场的研究和分析。

7.3.2　天线收发信号数值模拟计算

对于偶极子天线来说，天线中电流与输入阻抗的关系可以用下式进行表达：

$$I(z, \omega) = I(0, \omega) \frac{\sin k(l - |z|)}{\sin kl} \qquad (7-42)$$

假设天线具有特征阻抗 Z_c，那么可以得到：

$$Z_{in} = - i Z_c \cot kl \qquad (7-43)$$

将式(7-43)和式(7-42)代入式(7-44)中，可以得到：

$$I(z, \omega) = \frac{V_g(\omega)}{Z_0 - iZ_c \cot kl} \frac{\sin k(l - |z|)}{\sin kl} \tag{7-44}$$

天线中的波数 k 可以通过下式进行计算：

$$k = \frac{\omega\sqrt{\varepsilon}}{c} \tag{7-45}$$

式中，c 为空气中的电磁波速度，ε 为相对介电常数。

为了对推导的公式进行验证，我们通过一个简单的例子来进行说明。首先对偶极子天线的发射信号进行计算并画图。假设相对介电常数为 9，天线的特征阻抗为 150 Ω，发射天线激发的电压脉冲为高斯脉冲。

高斯脉冲的时间域表达式为：

$$V_g(t) = \exp\left[-\frac{(t - t_0)^2}{\tau^2} \right] \tag{7-46}$$

在对式(7-46)的计算当中，取 τ 为 1 ns，t_0 为 5 ns，计算出的结果如图 7-10 所示。

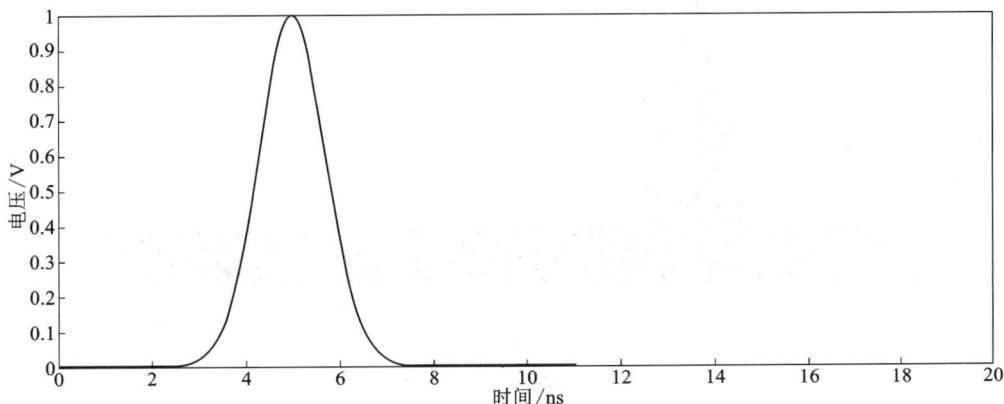

图 7-10　激发电压的时间域波形

根据计算出的激励电压，可以算出偶极子天线中馈电点处的电流，即 $I(0, \omega)$ 的大小。取天线的长度为 2 m，则式(7-44)变成：

$$I(0, t) = \frac{V_g(t)}{50 - 150i \cot k} \tag{7-47}$$

计算结果如图 7-11 所示(取其实数部分成图)。

图 7-11 所示为馈电点即 $z=0$ 处各个时刻的电流，而我们需要得到沿天线各处在每个时刻的电流变化。因此要根据式(7-42)进行计算，计算结果如图 7-12 所示。

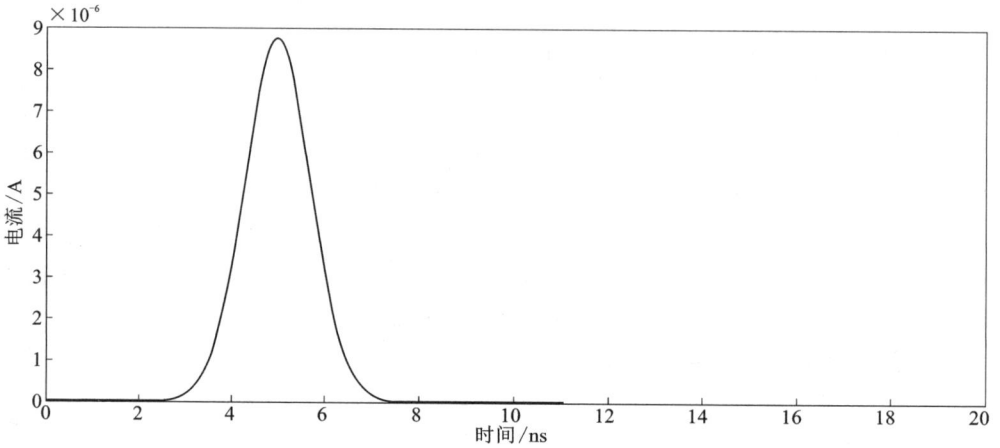

图 7-11　馈电点电流的时间域波形

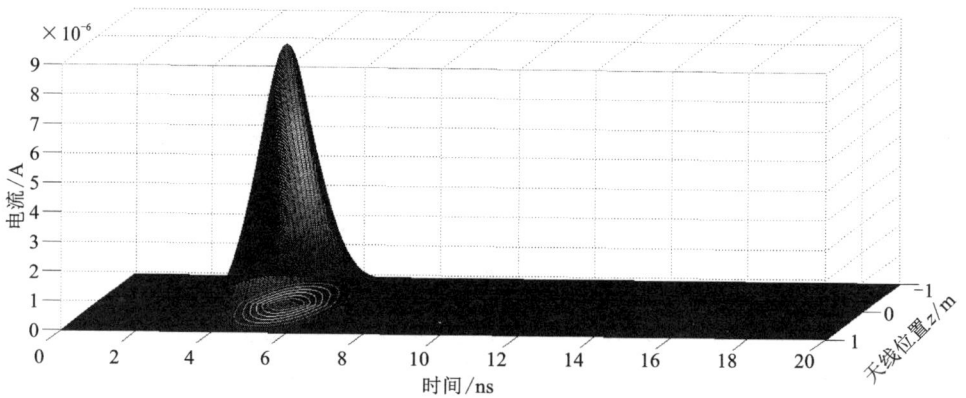

图 7-12　天线中各点电流分布

从图 7-12 可以看出，在 $t = t_0$ 时刻，$z = 0$ 处出现了电流的最大值，随后不管是随着距离的增大还是时间的推进，电流强度都在逐渐减小，并慢慢变化至 0，这就是发射天线所发射的信号。据此，我们可以根据式 (7-29) 算出远场的电场强度。

下面对天线接收的信号进行计算并成图，对此，我们取较为简单的参数来进行计算。假设发射天线与接收天线位于同一水平面，即 $\theta = 90°$，接收天线与发射天线之间的距离为 6 m，则式 (7-5) 可以写为

$$E = \int_{-1}^{1} \left\{ -\mathrm{i}\xi k \frac{\mathrm{e}^{-6ik}}{24\pi} I(z, \omega) \right\} \mathrm{d}z \tag{7-48}$$

结合式(7-42)、式(7-48)得:

$$E = \int_{-1}^{0} \left\{ -i\xi k \frac{e^{-6ik}}{24\pi} I(0, \omega) \frac{\sin[k \times (1 + z)]}{\sin(k)} \right\} dz +$$

$$\int_{0}^{1} \left\{ -i\xi k \frac{e^{-6ik}}{24\pi} I(0, \omega) \frac{\sin[k \times (1 - z)]}{\sin(k)} \right\} dz \qquad (7-49)$$

对方程求解,得:

$$E = i\xi k \frac{e^{-6ik}}{24\pi} I(0, \omega) \frac{\cos(k) - \cos(0)}{\sin(k)} - i\xi k \frac{e^{-6ik}}{24\pi} I(0, \omega) \frac{\cos(0) - \cos(k)}{\sin(k)}$$

$$(7-50)$$

$$E = i\xi k \frac{e^{-6ik}}{24\pi} I(0, \omega) \frac{2[\cos(k) - \cos(0)]}{\sin(k)} \qquad (7-51)$$

计算的 E 变化曲线如图 7-13 所示。

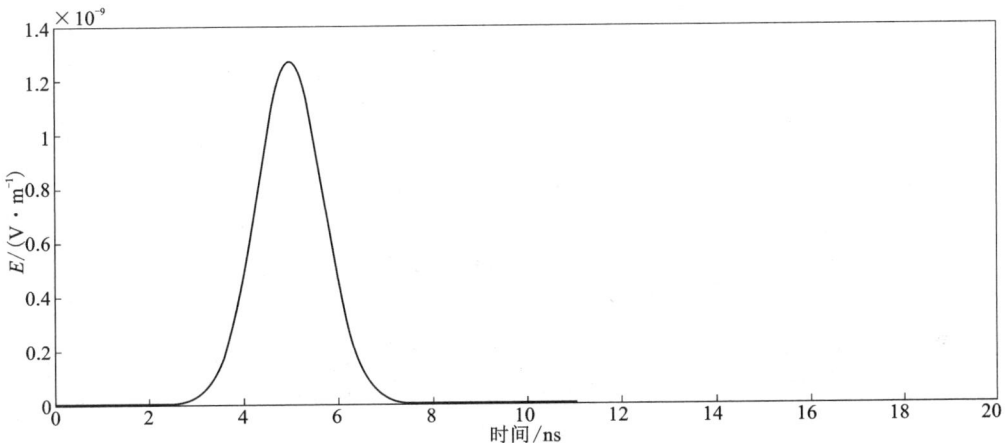

图 7-13　观测点的电场强度变化曲线

根据上面假设的参数,将式(7-35)、式(7-42)、式(7-43)代入式(7-41),可以得到

$$V = \int_{-1}^{1} 50E \cdot \frac{\sin[k(1 - |z|)]}{\sin k(50 - i150\cot k)} dz \qquad (7-52)$$

与公式(7-49)类似,我们可以将式(7-52)写为:

$$V = \int_{-1}^{0} 50E \cdot \frac{\sin[k(1 + z)]}{\sin k(50 - i150\cot k)} dz +$$

$$\int_{0}^{1} 50E \cdot \frac{\sin[k(1 - z)]}{\sin k(50 - i150\cot k)} dz \qquad (7-53)$$

$$V = 50E \cdot \frac{\cos 0 - \cos k}{\sin k(50 - \mathrm{i}150\cot k)} +$$

$$50E \cdot \frac{\cos 0 - \cos k}{\sin k(50 - \mathrm{i}150\cot k)} \quad (7-54)$$

$$V = 100E \cdot \frac{\cos 0 - \cos k}{\sin k(50 - \mathrm{i}150\cot k)} \quad (7-55)$$

根据式(7-55)可以计算出 V 随 E 的变化。

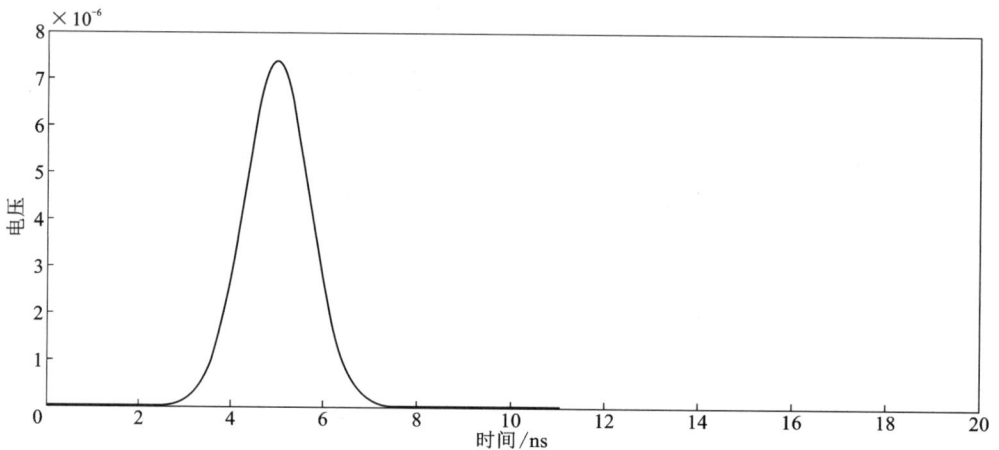

图 7-14 接收的电压波形图

从图7-10、图7-11、图7-13、图7-14可以看出，发射天线激发的电压脉冲会产生和电压一样波形的电流，从而产生电场，进而被接收天线通过该处观察到的电场强度转换成电压，并接收天线接收并显示。

7.3.3 天线数值模拟实例

前文对天线数值模拟的公式进行了推导并根据公式计算结果进行了成图。下面根据实际模型来对接收天线所接收的信号进行数值模拟。为了便于计算，模型中的参数设置较为简单。模型示意图如图7-15所示。模型的大小为 11 m×6 m，天线的频率为 100 MHz，相对介电常数为 25(这是饱和带的一个典型参数，同时在计算上较为方便)，相对磁导率为 1，电导率为 1 mS/m，天线的总长度为 1 m。发射天线位于图的左边，接收天线位于图的右边。此次模拟的天线移动方式为单发多收：发射天线中心点位于5.5 m处不动，接收天线从0.5 m处每隔0.25 m移动一次，直至到达10.5 m处。空间步长为0.025 m，时间步长为0.2 ns。

针对天线进行数值模拟的激励脉冲采用微分高斯脉冲，取 $t_0 = 0.8\tau$，发射信

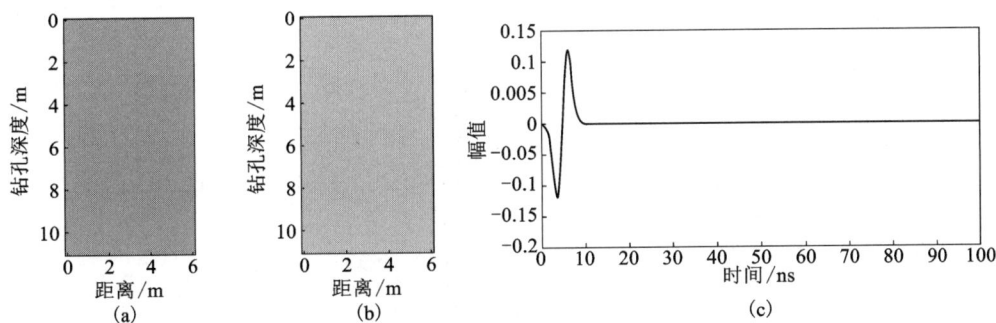

图 7-15　天线数值模拟模型

号波形如图 7-15(c)所示,接收点接收的数值模拟信号如图 7-16 所示,信号为双曲线状弧形。由于数据的道数过多,数据较密集,从模拟信号中难以看出接收信号的具体波形。

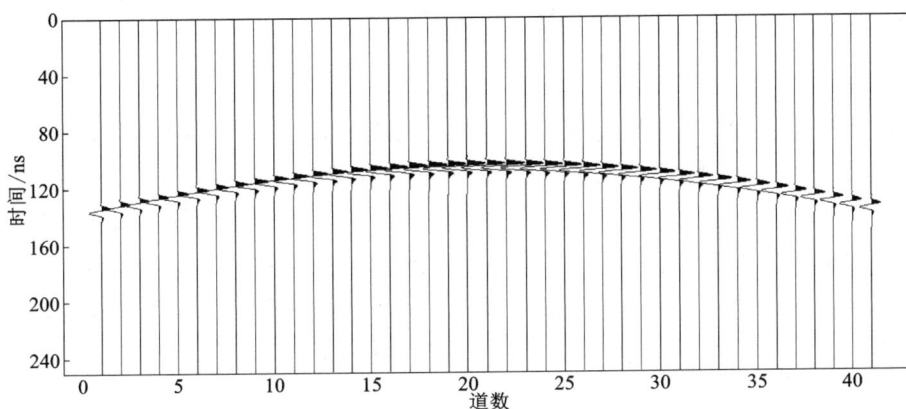

图 7-16　接收的数值模拟信号

为此,我们取其中收发角度最大,即接收天线位于钻孔端点处的信号,如图 7-17 所示。

从图 7-15(c)和图 7-17 我们可以看出,根据本书推导的公式进行的天线数值模拟取得了较好的效果。接收信号的波形和发射信号的波形并未产生很大的变化,基本是一致的。这样,我们就能够在对钻孔地质雷达跨孔数据进行数值模拟时加入天线的数值模拟。加入天线的数值模拟原因将在下节进行分析。

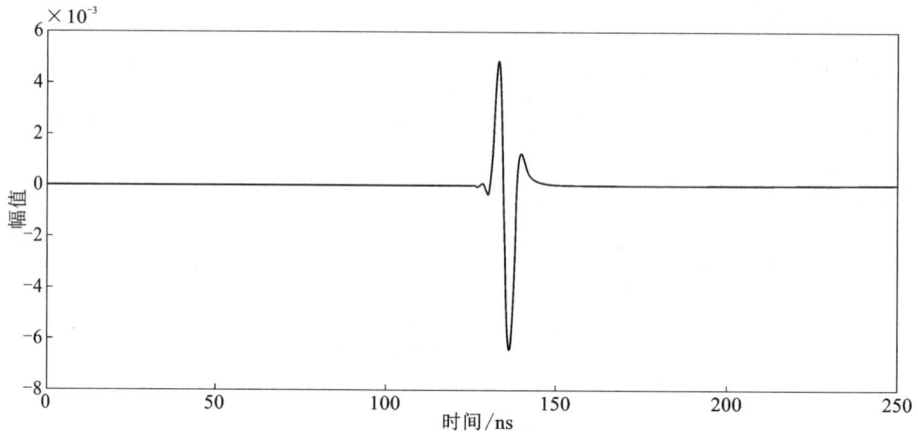

图 7-17 接收天线位于 0.5 m 处接收的数值模拟信号

7.4 初至波旅行时影响因素分析

前文已经叙述过，对钻孔地质雷达跨孔探测数据进行处理的方式主要是通过层析成像进行数据的成图，层析成像又分为速度层析成像和衰减系数层析成像。速度层析成像主要通过接收天线所接收到的初至波旅行时的大小来反推电磁波在钻孔间介质进行传播时的速度分布。钻孔地质雷达的天线也是导体，电磁波在天线中也会发生传播。因此，天线会对钻孔地质雷达跨孔探测模式中初至波的传播造成一定的影响，从而影响旅行时的大小，进而影响整个速度层析成像的精确度。

7.4.1 钻孔地质雷达天线中电磁波速度分析

为了获得更高分辨率的层析图像，发射天线和接收天线之间的射线路径要尽可能覆盖到更多的区域，即要有一个更大的覆盖角度。但是，Peterson 在 2001 年就提出大收发角度的数据在层析成像的使用中存在一些问题[302]。大收发角度只包含着少量的有效信息，这会使得层析成像的结果中产生大量的假象，从而使得结果不精确。针对这种问题，常规的方法是舍弃掉收发角度大于某个值时的数据。James Irving 在 2006 年提出在钻孔地质雷达的层析成像过程中，把收发角度大于 40°的数据舍弃，这样能够得到相对较好的结果[303]。如果我们能找到大收发角度数据影响层析成像精度的原因，并解决这个问题，我们就能得到更精确的层析成像结果。

钻孔地质雷达的天线具有一定的长度，因此天线信号在其中传播时会对初至波的旅行时造成影响，由于电磁波的传播是基于传播时间最短的原理，钻孔地质雷达的天线也会导致信号发射和接收之间的射线路径产生变化。这里存在两个重要的参数，即电磁波在天线中传播的速度 V_a 和电磁波在孔间介质中传播的速度 V_m，这两者通常情况下是不等值的。如果 $V_a < V_m$，那么毫无疑问初至波是由发射天线中心传播至接收天线中心位置。如果 $V_a > V_m$，那么信号收、发之间传播的路径就可能是这样的：①信号以速度 V_a 由发射天线中心传播至发射天线末端；②信号以速度 V_m 由发射天线末端传播至接收天线末端；③信号以速度 V_a 由接收天线末端传播至接收天线中心。

现在最关键的就是我们要知道电磁波在天线中传播的速度是不是在孔间介质中传播得速度更快。如果 $V_a > V_m$，那么假定电磁波传播路径仍然是发射天线的中心点到接收天线的中心点时，其视速度 V_{app} 应该比电磁波在孔间介质中传播的速度要 V_m 快。那么，到底是不是这种情况呢？下面我们分两种情况对其进行讨论。

7.4.2 均匀介质中旅行时的影响分析

孔间介质为均匀介质的模型大小为 11 m×6 m，天线的频率为 100 MHz，相对介电常数为 25，相对磁导率为 1，电导率为 1 mS/m，天线的总长度为 1 m。此次模拟的天线移动方式为多发多收：发射天线中心点从 0.5 m 处每间隔 0.25 m 移动一次，直到 10.5 m 处，接收天线同样以此方式进行移动。取其中三个共发射点的数据，即发射点分别位于 0.5 m、5.5 m、10.5 m 处的数据进行计算。空间步长为 0.025 m，时间步长为 0.2 ns。电磁波在天线中传播的速度为 0.12 m/ns。根据模拟出来的结果，得到发射点分别位于 0.5 m、5.5 m、10.5 m 时所有接收点接收到的初至波传播视速度（假定传播路径仍然是在收发天线的中心点之间进行），如图 7-18 所示。图中的纵坐标为电磁波在发射点和接收点之间传播的视速度。

由图 7-18 可以看出，在发射天线与接收天线距离较近，即收发角度较小时，视速度与电磁波在介质中传播的真实速度的误差较小；随着收发角度的增大，视速度也逐渐增大，当达到一定的收发角度时视速度会达到一个顶峰，随后慢慢随着收发角度的增大而逐渐减小，但是仍然会比电磁波在介质中传播的真实速度要大。因此，我们得出结论：基于电磁波在天线中传播的速度比在孔间介质中传播速度快，且传播路径为天线中心点之间的连线，当孔间介质为均匀介质时，其视速度比真实速度要快。

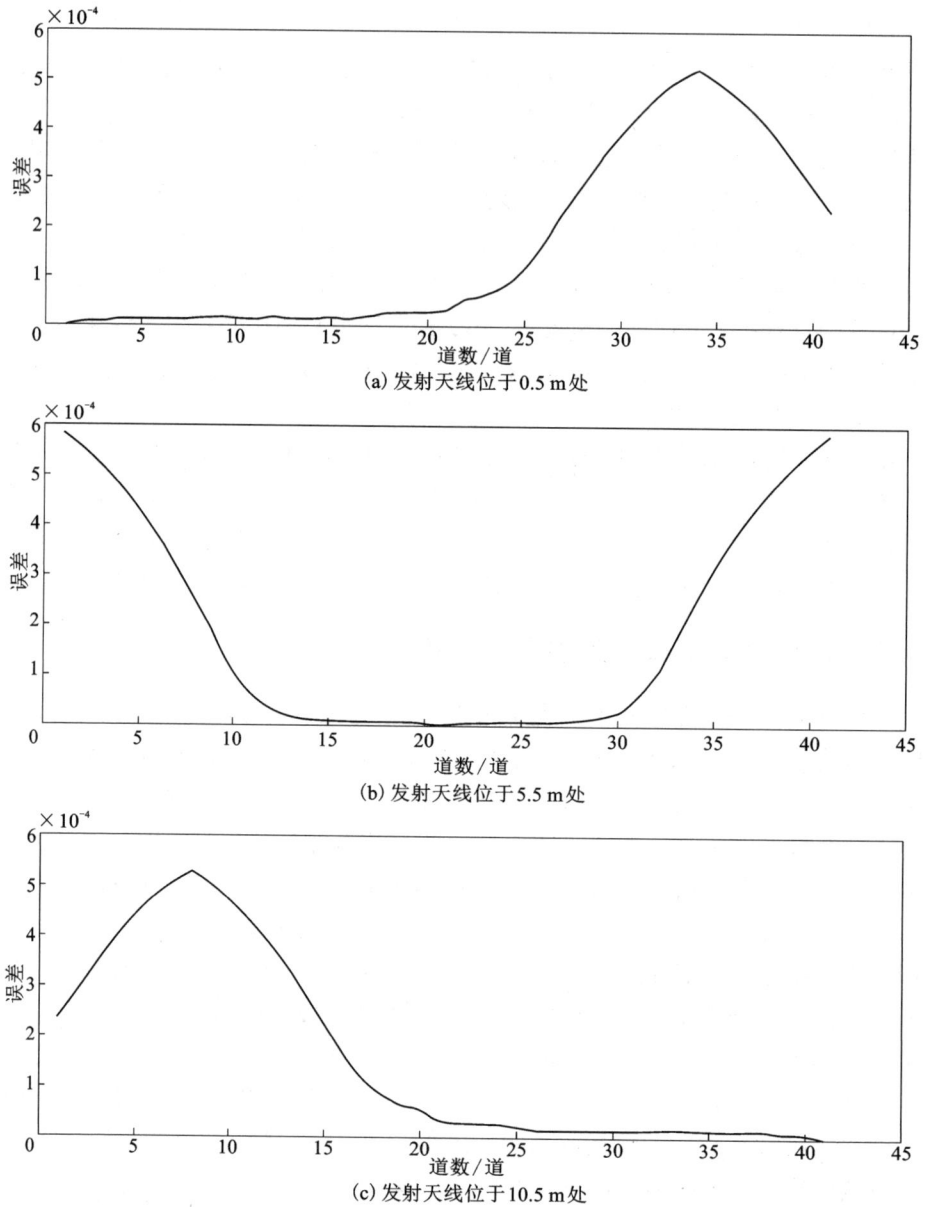

(a) 发射天线位于0.5 m处

(b) 发射天线位于5.5 m处

(c) 发射天线位于10.5 m处

图7-18 电磁波的视速度与在均匀介质中的传播速度误差图

7.4.3 非均匀介质中旅行时影响分析

对于孔间介质为非均匀介质的模型，与7.3.2节采用的模型类似，参数设置也类似，不同的是孔间介质的相对介电常数不是一个常数，而是一个随机变化的量。模型的大小为 11 m×6 m，天线的频率为 100 MHz，相对介电常数为 20~30 的随机分布［图 7-19(a)］，相对磁导率为 1，电导率为 1 mS/m［图 7-19(b)］，天线的总长度为 1 m。此次模拟的天线移动方式为多发多收：发射天线中心点从 0.5 m 处每间隔 0.25 m 移动一次，直到 10.5 m 处，接收天线同样以此方式进行移动。取其中三个共发射点的数据，即发射点分别位于 0.5 m、5.5 m、10.5 m 处的数据。空间步长为 0.025 m，时间步长为 0.2 ns。电磁波在天线中的传播速度为 0.12 m/ns。

(a) 相对介电常数分布图　　(b) 电导率分布图

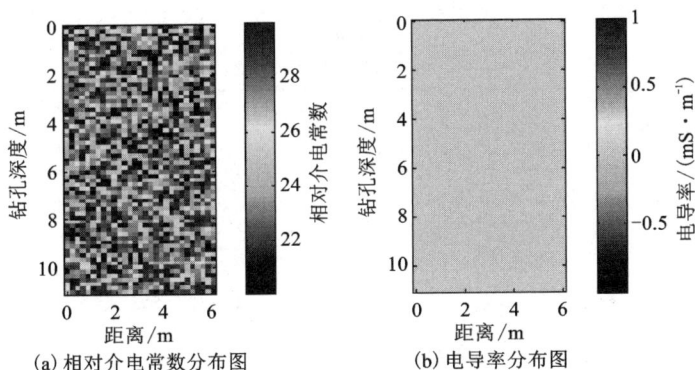

图 7-19　非均匀介质下视速度计算模型示意图

　　根据模拟出来的结果，计算得到发射点分别位于 0.5 m、5.5 m、10.5 m 时所有接收点接收到的初至波传播视速度（假定传播路径仍然在收、发天线的中心点之间）。由于孔间介质的相对介电常数为 20~30 的随机分布，因此电磁波在孔间介质中传播的速度并不是一个固定值，而是会变化的值。这里就需要取一个值作为电磁波在孔间介质中传播的平均速度，从而对各道数据的视速度进行比较。

　　我们把发射点与接收点位于同一水平位置时的速度取出，共有 41 道。通过这 41 道数据，可以得到 41 个速度值，分别为电磁波在不同水平位置传播时的速度。取这 41 个速度值的平均值作为电磁波在整个计算区域内传播的平均速度，这样就可以对不同收发角度数据中电磁波传播的视速度进行比较。此次计算得到的平均速度为 0.06056 m/ns。图 7-20 为电磁波的视速度计算结果图。

　　从图 7-20 可知，在收、发天线距离较近，即收发角度较小时，电磁波的视速度虽然比我们假定的平均速度要大，但其变化幅度较小，而收发距离增大时，随着收发角度达到某个值，电磁波的视速度会达到一个峰值，之后逐渐下降。而发射天线位于钻孔中央时，由于其收发角度最大值还未达到特定的角度，因此电磁波视速度一直在增加。根据图 7-20 可知，基于电磁波在孔间传播的路径为收、发天线的中心点之间的连线，对于孔间介质为非均匀介质且电磁波在天线中的传

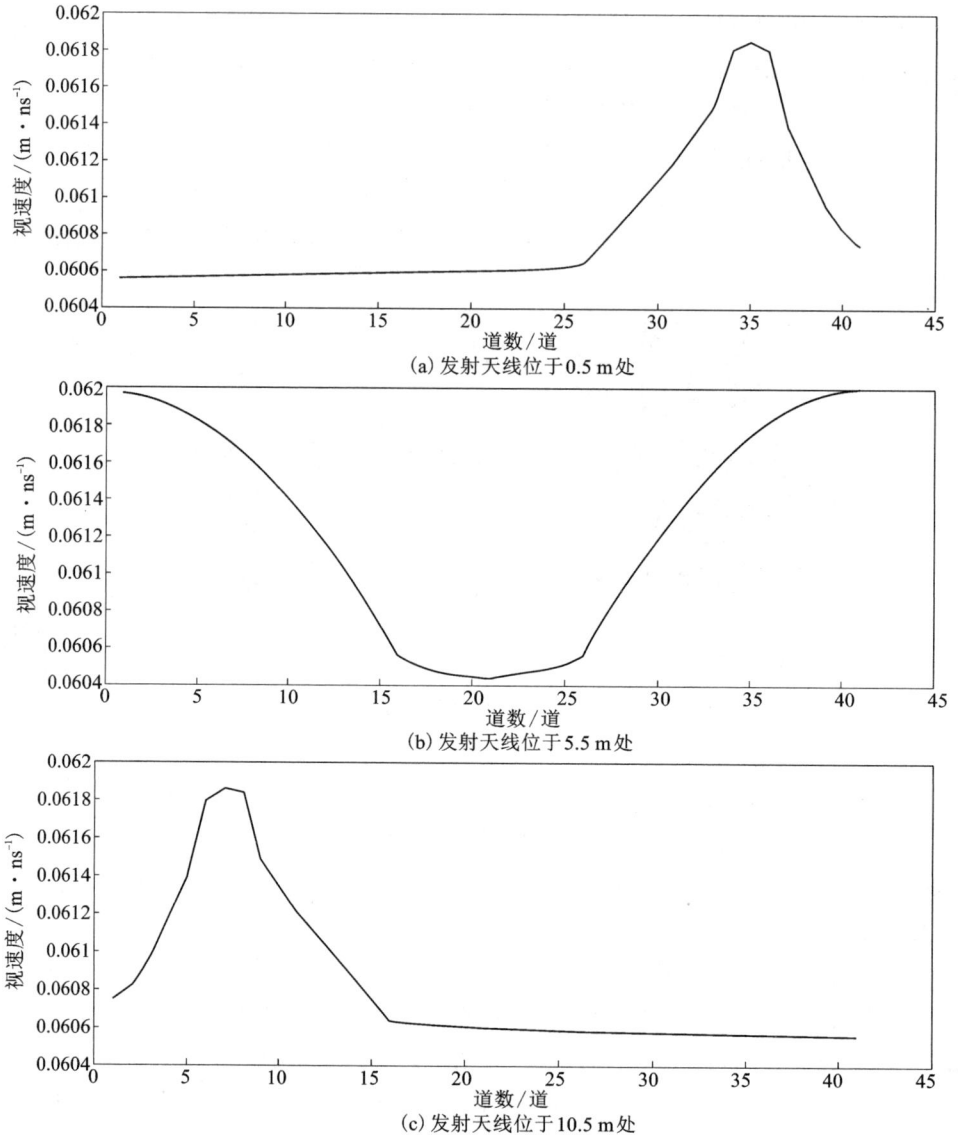

图 7-20 电磁波的视速度计算结果图

播速度比在介质中传播速度快的情况，其电磁波的视速度也会比在介质中传播的平均速度快。

结合图 7-18 和图 7-20 可以判定，如果电磁波在天线中比在孔间介质中的传播速度快，那么基于运动方程的射线层析成像路径并不是天线中心点的连线，而是应该有其他路径。

7.5　初至波旅行时修正

根据第 4 章的计算结果，电磁波在天线中传播的速度比在介质中快时，电磁波的视速度比真实速度快，而层析成像方法是假设电磁波在天线的中心点连线之间传播，这样就不需要根据视速度与真实速度的差异来对其进行旅行时修正，而是需要知道初至波确切的传播路径，通过计算旅行时的差值来对旅行时进行修正。本书提出了一个传播路径的假设：①信号以速度 V_a 由发射天线中心传播至发射天线末端；②信号以速度 V_m 由发射天线末端传播至接收天线末端；③信号以速度 V_a 由接收天线末端传播至接收天线中心。情况是不是这样呢？我们在此假设成立的前提下，对其进行计算验证。

7.5.1　射线传播路径修正

由前文得知大收发角度的波速明显与小收发角度的波速相差较大，因此将所有角度数据直接进行联合成像会产生成像效果的误差。2001 年 Peterson 在论文里阐述了这种现象，但是他并没能完全解释这种现象发生的原因[302]。

James 在 2005 年通过数值模拟，证明了不管钻孔内是空气充填还是水充填，电磁波在天线中的传播速度要比在介质中的传播速度快[286]。传播路径如图 7-21 所示，下面计算理论情况下发射天线位于钻孔中央时所有接收点接收的数据旅行时。

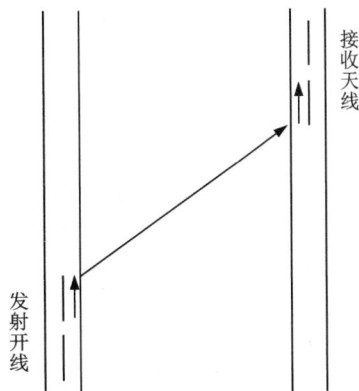

图 7-21　射线传播路径示意图

图中带箭头的线为电磁波传播路径，电磁波首先沿着发射天线传播至端头，然后经孔间介质传播至接收天线端头，最后到达接收天线中心。按照此方法，我们可以计算出每道数据的平均波速的理论值。

下面我们设置一个模型并计算其电磁波的波速。孔间介质为各向均匀介质，相对介电常数为 25；电磁波在天线中传播的速度为 0.11 m/ns；天线长度为0.8 m；两孔之间的距离为 3 m。根据 7.4 节的数值模拟结果，发射天线位于 6 m处时，数据的视速度一直在增大且没有出现减小的趋势；而在发射天线位于钻孔末端时电磁波的视速度增大后又随之减小。这是由于两孔之间的距离过长，发射天线位于 6 m 时，收发角度最大也没有达到电磁波传播速度最大时的临界角度，因此，这次计算时把孔间距离设置得较小，以便收发角度能达到临界角，从而保证计算数据的完整性与准确性。

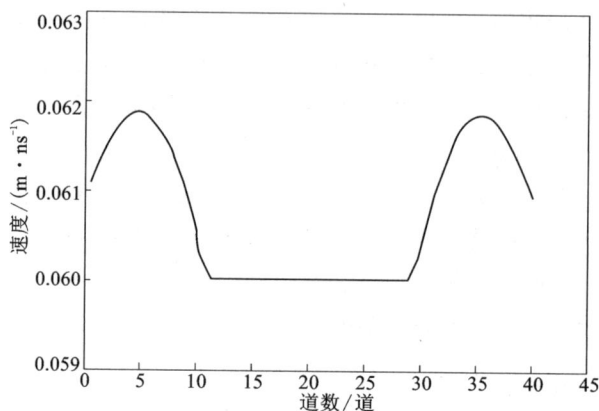

图 7-22　计算出的各道数据的平均坡速示意图

图 7-22 为计算出的各道数据的平均波速示意图。从图中可以看出波速先随着数据收发角度的增大逐渐增大；数据收发角度达到一个临界值之后，随着数据收发角度的增大，电磁波的速度开始慢慢减小。在收发角度较小时，速度基本保持不变。

这种曲线的形态过于理想化，其要建立在脉冲持续时间相对于电磁波在天线中传播的时间小得多的基础上。实际上，对于现在所使用的仪器来说是不大可能实现的，我们使用的激励脉冲都具有一定的持续时间，而电磁波在天线中传播的速度相对较快。

因此在计算时，可以采用 10 ns 的高斯脉冲。在不考虑介质色散的情况下，计算出来的结果如图 7-23 所示。考虑到实际的钻孔地质雷达探测过程中，介质会使电磁波发生一定程度的色散，我们采用和图 7-22 所示模型中一样的参数和脉冲，但是给予电磁波一定的色散来分析色散对不同收发角度数据波速的影响。Turner 和 Siggins 在 1994 年给出了色散系数 Q 取值范围是 2~30。这里，我们取 Q 值为 16，得出的结果如图 7-24 所示。

图 7-24 所示结果与图 7-23 基本类似，曲线形状也基本相同。不同的是在数据收发角度最大的两端，波速的理论值在有色散的情况下比在介质中的真实速度低。

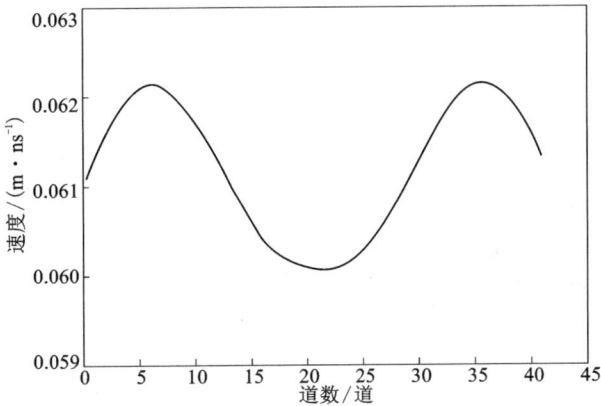

图 7-23　不考虑介质色散时波速的理论值示意图

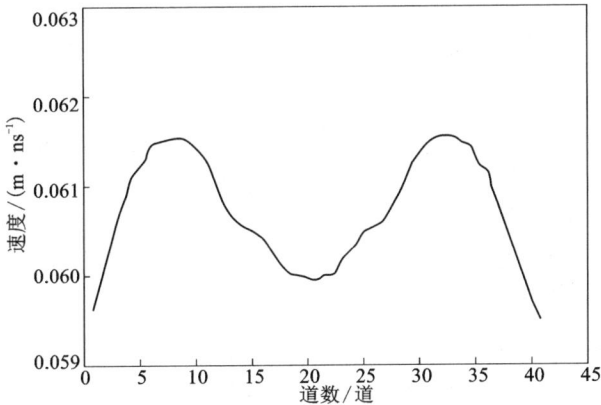

图 7-24　存在色散条件下高斯脉冲波速示意图

7.5.2　电磁波传播速度数值模拟计算

图 7-25 为一跨孔雷达探测数值模拟结果，孔间介质的介电常数随机分布在 20~30，取发射点位于孔中间时接收的数据，从而计算得到每道数据的平均波速，如图 7-26 所示。

从图 7-26 中可以看出，平均速度先随着接收角度的增大而增大，然后再慢慢减小，在色散和长脉冲的基础上计算出的结果与根据模拟数据得到的波速分布图非常接近，曲线的形状也基本一样，均为"M"形。由此，我们可以推断：在钻孔地质雷达实际探测过程中电磁波在收、发天线之间是按照图 7-21 所示路径进行传播的。

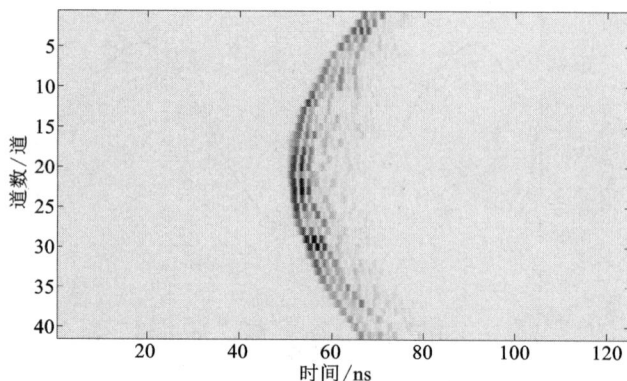

图 7-25 跨孔雷达探测数值模拟图

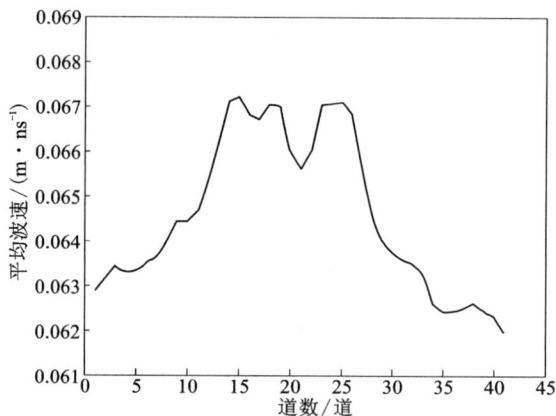

图 7-26 传播路径平均波速图

综上所述，大收发角度的波速明显与小收发角度的波速相差较大，因此将所有角度数据直接进行联合成像会造成成像效果的误差。层析成像的计算是基于射线从天线中心点之间按直线传播的理论，所以我们必须根据实际的传播路径来对其旅行时进行修正，使其更接近实际情况，从而提高钻孔地质雷达层析成像结果的准确性。

7.5.3 旅行时修正方程

在对钻孔地质雷达数据进行层析成像时，我们需要对其旅行时进行修正。标准的基于射线理论的速度层析成像方程是：

$$Ls = T \tag{7-56}$$

式中，L 为传播路径的长度；s 为电磁波在路径中传播的慢度(速度的倒数)；T 为旅行时的大小。下面对旅行时做出一部分修正。我们可以将方程改写为：

$$L\Delta s = \Delta T \tag{7-57}$$

此时的 ΔT 为观察到的旅行时与基于射线理论得到的旅行时之间的差值矩阵；Δs 为慢度差值矩阵，将其加入初始模型的速度中以使旅行时更符合观察到的数值。这里，我们把方程(7-57)改写为：

$$\begin{bmatrix} L & M \end{bmatrix} \begin{bmatrix} \Delta s \\ \Delta t \end{bmatrix} = \Delta T \tag{7-58}$$

式中，M 为对各道数据进行修正时的权重值，Δt 为计算出来的不同收发角度的旅行时修正值。

在解方程组(7-58)时，因为电磁波的波速较快，所以旅行时的修正值会很小，因此在对修正值曲线进行校正时，不需要对其进行平滑和对称约束处理；唯一需要注意的是收发角度为 0°(收发天线位于同一水平位置)时，该角度的 Δt 也为 0。通过解此方程组，我们可以把所有收发角度的数据都用来进行速度层析成像。

7.6　本章小结

本章主要研究的内容为层析成像算法改进，集中在对初至波旅行时提取方法的改进，以及根据对传播路径的修正而对旅行时进行修正这两方面。具体如下：

(1)从直射线层析成像的理论入手，导出层析成像的基本方程，并推导了 LSQR 法解方程组的具体步骤。

(2)初至波旅行时作为层析成像的一个重要参数，其提取的精度和准确度严重影响着最后层析成像结果的准确度，从采集到的实际数据以及正演模拟得到的合成数据中，我们都可以看到随着收发角度的增大，该道数据的信噪比越来越低，甚至已经分不清有效信号与噪声之间的差异，这对初至波旅行时的提取造成了很大的困扰，根据互相关函数处理法对初至波旅行时的提取进行改进，并应用到模拟数据和实测数据中。

(3)钻孔地质雷达层析成像和其他地球物理方法中的层析成像的不同之处在于钻孔地质雷达的天线具有一定的长度，不能简单地视为点状激励源，因此钻孔地质雷达的层析成像需要考虑天线的影响，因此需要对钻孔地质雷达的天线信号进行数值模拟。对于发射信号，可以根据激发的电压与 $A(z, t)$ 的卷积得到天线中电流的分布，从而得到计算区域的电场；对于接收信号，通过接收天线处的电

场与 $A(z, t)$ 的卷积得到无限小的天线电流强度，然后根据天线长度对其进行积分得到天线总电流，与接收天线的负载电阻相乘即可得到该时刻接收到的电压，据此，就可以对偶极子天线的发射和接收信号进行数值模拟，以高斯脉冲为激励源，结合天线的参数，计算并得出天线发射和接收信号的波形图；

（4）根据数值模拟的结果，在收发信号传播的射线路径为天线中心点之间连线的前提下，计算了发射天线分别位于钻孔两端和中央时，每道接收信号的电磁波视速度，证明了在天线中电磁波速度大于介质中电磁波速度时，电磁波的视速度比其在介质中传播的真实速度要大，因此给出了一个假设，即信号是由发射天线中心传播至发射天线末端，再由发射天线末端传播至接收天线末端，然后再传播至接收天线中心。通过对均匀介质和非均匀介质中旅行时影响的分析，证明了在收发角度较大的情况下，电磁波是由发射天线中心点传至其末端，再经孔间介质传播至接收天线相反的末端，从而到达接收天线中心点，因此对钻孔地质雷达数据进行层析成像处理时需要对初至波的旅行时进行修正，并给出了旅行时修正的方程。

第 8 章　EDA 介质中地震波参数反演

8.1　各向异性介质基本理论

8.1.1　各向异性介质的分类体系及其弹性矩阵

按地球介质中波动物理可实现的对称性，对弹性各向异性介质进行分类，如表 8-1 所示。

表 8-1　弹性各向异性介质的分类

对应晶族	对应晶系	对称特点	独立常数个数/个	对应矿物
低级晶族	三斜晶系	无对称轴和对称面	21	斜长石
	单斜晶系	有一个对称面	13	角闪石
	斜方晶系	有三个相互正交的对称面	9	橄榄石
中级晶族	三方晶系 I	有三个对称面和一个三次对称轴	6	电气石
	三方晶系 II	有一个三次对称轴	7	钛铁矿
	四方晶系 I	有五个对称面和一个四次对称轴	6	锡石
	四方晶系 II	有一个对称面和一个四次对称轴	7	白钨矿
	六方晶系	圆柱对称	5	β-石英
高级晶族	等轴晶系	有九个对称面和四个三次对称轴	3	石榴子石

不同的介质由于其对称面与对称轴不同，存在不同的对称性，因而其弹性系数矩阵中独立常数的个数也不一样。各向同性介质可以看作对称性最好的介质，

即有无穷个对称面和无穷次对称轴,其独立常数最少(只有两个)。

8.1.2　常见的地球各向异性介质

各向异性的基本模式有两种:一种是裂隙诱导各向异性 EDA 模式(extensive dilatancy anisotropy),该模式用于描述由彼此平行的垂直裂隙、微裂隙和定向排列的微细孔洞引起的各向异性。EDA 介质广泛存在于地壳中,属于六方晶系,有水平对称轴,对称轴在最小水平应力方向。另一种是 PTL 模式(periodic thin-layery),用来描述沉积盆地地层的微细层理和旋回性薄层引起的各向异性,也属于六方晶系,但其对称轴是相互垂直的。上述两种模式都属于六方各向异性(又称横向各向同性, transverse isotropy with a vertical axis of symmetry),称为 VTI 介质,具有水平对称轴的 TI 介质(transverse isotropy with a horizontal axis of symmetry)称为 HTI 介质,HTI 介质可以看成是 VTI 介质旋转 90° 而得到。

上述两种基本模式还可组合,生成具有任意方位的正交晶系的各向异性介质[304-305],这种岩层属 OA(orthorhombic anistropy)介质,又称为 PTL+EDA 介质。三种常见的各向异性模式的岩层模型见图 8-1。

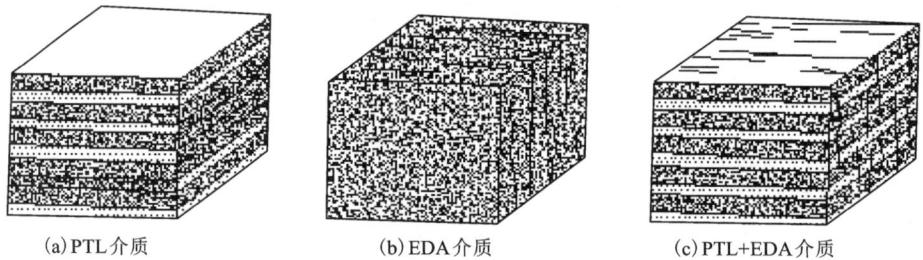

(a)PTL介质　　　　　　(b)EDA介质　　　　　　(c)PTL+EDA介质

图 8-1　三种常见的各向异性岩层模型

8.1.3　Bond 变换

一般情况下,弹性参数都是在"局域坐标系"或本构坐标系(以对称轴为坐标轴)中给出的。这个本构坐标系一般与观测坐标系不一致。实际正演和反演问题中,为了简化运算,本构坐标系和观测坐标系之间的转换必不可少。根据欧拉旋转理论,三维空间的任意旋转可以用三个角度(欧拉角)描述。为此,定义欧拉角 (φ, θ, ψ)。其中 φ 为旋转角度,绕新的 x 轴旋转的角度为 $\theta \in [0, \pi]$。绕新的 z 轴旋转的角度为 ψ(见图 8-2)。欧拉角描述的旋转矩阵可以用三个旋转矩阵合成,即[306]

$$A = BCD \tag{8-1}$$

式中，$\boldsymbol{A}$ 为欧拉旋转矩阵，并有

$$\boldsymbol{D} = \begin{bmatrix} \cos\varphi & \sin\varphi & 0 \\ -\sin\varphi & \cos\varphi & 0 \\ 0 & 0 & 1 \end{bmatrix} \tag{8-2}$$

$$\boldsymbol{C} = \begin{bmatrix} 1 & 0 & 0 \\ 0 & \cos\theta & \sin\theta \\ 0 & -\sin\theta & \cos\theta \end{bmatrix} \tag{8-3}$$

$$\boldsymbol{B} = \begin{bmatrix} \cos\psi & \sin\psi & 0 \\ -\sin\psi & \cos\psi & 0 \\ 0 & 0 & 1 \end{bmatrix} \tag{8-4}$$

因此，欧拉角旋转矩阵可以写为：

$$\boldsymbol{A} = a_{ij} \begin{bmatrix} -\cos\theta\sin\varphi\sin\psi+\cos\varphi\cos\psi & \cos\theta\cos\varphi\sin\psi+\cos\varphi\cos\psi & \sin\theta\sin\psi \\ -\cos\theta\sin\varphi\cos\psi-\sin\varphi\sin\psi & \cos\theta\cos\varphi\cos\psi-\sin\varphi\sin\psi & \cos\psi\sin\theta \\ \sin\theta\sin\varphi & 0 & \cos\theta \end{bmatrix}$$

$$\tag{8-5}$$

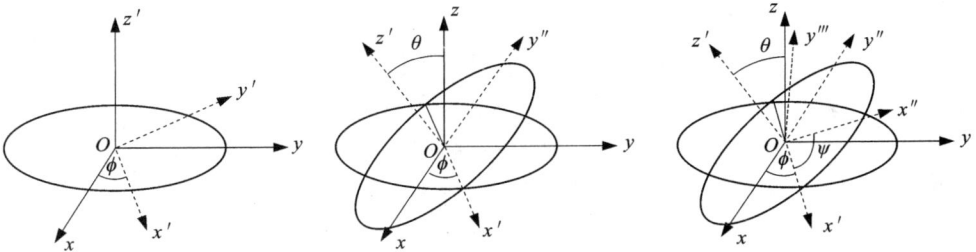

图 8-2　欧拉角旋转示意图

$$\sigma'_{mn} = a_{mi}a_{nj}\sigma_{ij} \tag{8-6}$$

$$\varepsilon'_{op} = a_{ok}a_{pl}\varepsilon_{kl} \tag{8-7}$$

式中，σ'_{mn} 和 ε'_{op} 分别为新坐标系下的应力和应变张量，a_{mi} 为新、老坐标轴间的余弦。根据式（8-2）、式（8-6）和式（8-7），有：

$$\sigma'_{mn} = C_{ijkl}a_{mi}a_{nj}a_{ok}a_{pl}\varepsilon'_{op} \qquad i, j, k, l, m, n, o, p = 1, 2, 3 \tag{8-8}$$

则

$$C'_{mnop} = a_{mi}a_{nj}a_{ok}a_{pl}C_{ijkl} \qquad i, j, k, l, m, n, o, p = 1, 2, 3 \tag{8-9}$$

式（8-9）为张量的旋转变换式。

对于 6×6 的弹性刚度矩阵 $\boldsymbol{C}_{ij}$，Bond（1943）给出了变换矩阵（Bond 矩阵）：

$$M = \begin{bmatrix} a_{ax}^2 & a_{ay}^2 & a_{az}^2 & 2a_{ay}a_{az} & 2a_{az}a_{ax} & 2a_{ax}a_{ay} \\ a_{bx}^2 & a_{by}^2 & a_{bz}^2 & 2a_{by}a_{bz} & 2a_{bz}a_{bx} & 2a_{bx}a_{by} \\ a_{cx}^2 & a_{cy}^2 & a_{cz}^2 & 2a_{cy}a_{cz} & 2a_{cz}a_{cx} & 2a_{cx}a_{cy} \\ a_{bx}a_{cx} & a_{by}a_{cy} & a_{bz}a_{cz} & a_{by}a_{cz}+a_{bz}a_{cy} & a_{bx}a_{cz}+a_{bz}a_{cx} & a_{bx}a_{cy}+a_{by}a_{cx} \\ a_{cx}a_{ax} & a_{cy}a_{ay} & a_{cz}a_{az} & a_{ay}a_{cz}+a_{az}a_{cy} & a_{ax}a_{cz}+a_{zz}a_{cx} & a_{ax}a_{cy}+a_{ay}a_{cx} \\ a_{ax}a_{bx} & a_{ay}a_{by} & a_{az}a_{bz} & a_{ay}a_{bz}+a_{az}a_{by} & a_{ax}a_{bz}+a_{az}a_{bx} & a_{ax}a_{by}+a_{ay}a_{bx} \end{bmatrix}$$

$$(8-10)$$

式中，a_{ij} 为新、旧坐标轴间夹角的余弦。这样，新坐标系下的弹性系数矩阵可以进一步表示为：

$$C' = MCM^{\mathrm{T}} \tag{8-11}$$

绕 x 轴的旋转可由绕 y 轴和 z 轴的旋转组合代替，如图 8-3 所示，TI 介质对称轴在 xOz 平面内与观测坐标 z 的夹角 θ^0，称为极角；在 xOy 平面内与 x 轴的夹角 φ^0 称为方位角。当介质对称轴只与 x 有一定夹角时可称为方位各向异性，如 EDA 介质；当介质对称轴只与 z 有一定夹角时可称为极化各向异性，如 TTI 介质；两者都存在时称为极化方位各向异性[255]。

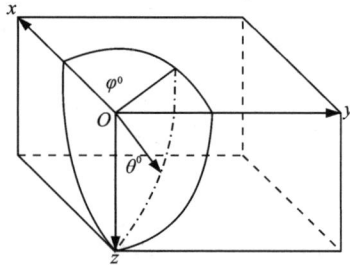

图 8-3 本构坐标系与观测坐标系之间的关系

Bond 矩阵可分别表示为：

$$M_{\varphi^0} = \begin{bmatrix} \cos^2\varphi^0 & \sin^2\varphi^0 & 0 & 0 & 0 & -\sin 2\varphi^0 \\ \sin^2\varphi^0 & \cos^2\varphi^0 & 0 & 0 & 0 & \sin\varphi^0 \\ 0 & 0 & 1 & 0 & 0 & 0 \\ 0 & 0 & 0 & \cos\varphi^0 & \sin\varphi^0 & 0 \\ 0 & 0 & 0 & -\sin\varphi^0 & \cos\varphi^0 & 0 \\ \frac{1}{2}\sin 2\varphi^0 & -\frac{1}{2}\sin 2\varphi^0 & 0 & 0 & 0 & \cos 2\varphi^0 \end{bmatrix}$$

$$\boldsymbol{M}_{\theta^0} = \begin{bmatrix} \cos^2\theta^0 & 0 & \sin^2\theta^0 & 0 & -\sin2\theta^0 & 0 \\ 0 & 1 & 0 & 0 & 0 & 0 \\ \sin^2\theta^0 & 0 & \cos^2\theta^0 & 0 & -\sin2\theta^0 & 0 \\ 0 & 0 & 0 & \cos\theta^0 & 0 & \sin\theta^0 \\ \dfrac{1}{2}\sin2\theta^0 & 0 & -\dfrac{1}{2}\sin2\theta^0 & 0 & \cos2\theta^0 & 0 \\ 0 & 0 & 0 & -\sin\theta^0 & 0 & \cos\theta^0 \end{bmatrix}$$

方位极化各向异性的弹性矩阵可表示为：

$$\boldsymbol{C}_{\theta^0\varphi^0} = \boldsymbol{M}_{\varphi^0}\boldsymbol{M}_{\theta^0}\boldsymbol{C}^0\boldsymbol{M}_{\theta^0}^{\mathrm{T}}\boldsymbol{M}_{\varphi^0}^{\mathrm{T}} \tag{8-12}$$

8.2　HTI 介质中水平介质的非双曲线时差分析

反射波的时距曲线通常通过以下双曲线时距方程来近似表示：

$$t^2 \approx t_H^2 \equiv t_v^2 + \frac{x^2}{V_{\mathrm{nmo}}^2} \tag{8-13}$$

式中，t_v 为近似回声时间，x 为炮检距，V_{nmo} 为叠加速度。为了利用反射数据反演垂向速度，通常假设 V_{nmo} 与均方根速度相等[209]。

双曲线方程(8-13)严格来讲只在均匀各向同性(或椭圆各向异性介质)层状介质中成立。在实际各向异性介质中必须对这个公式进行修正。

各向异性主要从两方面影响反射时距曲线的畸变。首先，在短排列中，动校正叠加速度不等于垂直均方根速度，而常规处理技术往往忽略了它们之间的差异，在各向异性介质甚至弱各向异性介质中都可能导致层速度计算和时深转换过程中出现难以接受的错误。在各向异性介质中，只用短排列叠加速度是不能得到真实的垂直速度的。由反射数据计算真实垂直速度时至少需要分析一个长排列的非双曲线校正。其次，各向异性介质即使是均匀介质也会使时距曲线由双曲线变为非双曲线。如果不正确进行校正，非双曲线时距曲线会引起计算速度的畸变，降低叠加剖面的质量。为了确定叠加速度是否真的代表短排列动校正速度，就要理解层状各向异性介质中偏离双曲线的时距方程特征。

8.2.1　HTI 介质中对称面内反射波的时距方程

8.2.1.1　HTI 介质的各向异性参数

以 x_1 为对称轴的具有水平对称轴的横向各向同性介质如图 8-4 所示，参考正交各向异性介质，P 波的运动学特点可通过弹性系数分量 c_{ij} 和密度 ρ 表示。

设 V_{P0} 为 P 波的垂直速度：

$$V_{P0} \equiv \sqrt{\frac{c_{33}}{\rho}} \qquad (8-14)$$

$V_{S\perp}$ 为 P 波的垂直速度（偏振向量沿 x_1 方向）：

$$V_{S\perp 0} \equiv \sqrt{\frac{c_{55}}{\rho}} \qquad (8-15)$$

$V_{S\parallel 0}$ 为 $S^{\parallel}$ 波的垂直速度：

$$V_{S\parallel 0} \equiv \sqrt{\frac{c_{33}}{\rho}} \qquad (8-16)$$

$\varepsilon^{(2)}$ 为垂直对称面 $x_1 O x_3$ 的 VTI 参数 ε：

$$\varepsilon^{(V)} \equiv \varepsilon^{(2)} \equiv \frac{c_{11} - c_{33}}{2c_{33}} = \frac{V_P^2(90) - V_P^2(0)}{2V_P^2(0)} \qquad (8-17)$$

$\delta^{(2)}$ 为垂直对称面 $x_1 O x_3$ 的 VTI 参数 δ：

$$\delta^{(V)} \equiv \delta^{(2)} \equiv \frac{(c_{33} + c_{55})^2 - (c_{33} - c_{55})^2}{2c_{33}(c_{33} - c_{55})} \qquad (8-18)$$

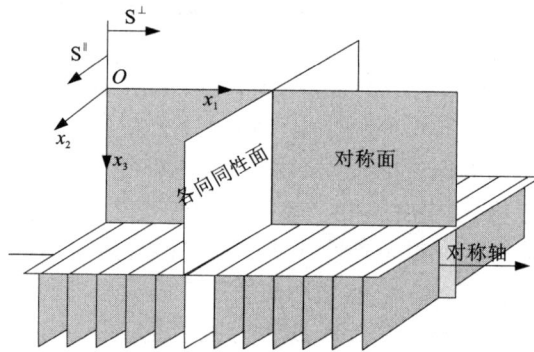

图 8-4　以 x_1 为对称轴的具有水平对称轴的
横向各向同性介质（AbdulFattah. Al-Dajani）

$\gamma^{(2)}$ 为垂直对称面 $x_1 O x_3$ 的 VTI 参数 γ：

$$\gamma^{(V)} \equiv \gamma^{(2)} \equiv \frac{c_{66} - c_{44}}{2c_{44}} = \frac{V_{SH}^2(90) - V_{SH}^2(0)}{2V_{SH}^2(0)} \qquad (8-19)$$

$\varepsilon^{(1)}$ 为垂直对称面 $x_2 O x_3$ 的 VTI 参数 ε：

$$\varepsilon^{(1)} \equiv 0 \qquad (8-20)$$

$\delta^{(1)}$ 为垂直对称面 $x_2 O x_3$ 的 VTI 参数 δ：

$$\delta^{(1)} \equiv 0 \qquad (8-21)$$

$\gamma^{(1)}$ 为垂直对称面 x_2Ox_3 的 VTI 参数 γ：

$$\gamma^{(1)} \equiv 0 \tag{8-22}$$

$\delta^{(3)}$ 为水平对称面 x_1Ox_2 的 VTI 参数 δ：

$$\delta^{(3)} = \frac{\delta^{(V)} - 2\varepsilon^{(V)}\left[1 + \varepsilon^{(V)}/f\right]}{\left[1 + 2\varepsilon^{(V)}/f\right]\left[1 + 2\varepsilon^{(V)}\right]} \tag{8-23}$$

式中，$f \equiv 1 - V_{S0}^2/V_{P0}^2$

在 $[x_1, x_3]$ 对称面内，水平反射界面的 P 波精确的动校正速度，可以通过与 VTI 介质相似的方法得到[307]：

$$V_{\text{nmo}}^{(2)} = V_{P0}\sqrt{1 + 2\delta^{(2)}} \tag{8-24}$$

同样与 x_2 平行的 P 波，由于处在各向同性平面内，其动校正速度可表示如下：

$$V_{\text{nmo}}^{(1)} = V_{P0}\sqrt{1 + 2\delta^{(1)}} = V_{P0} \tag{8-25}$$

参考正交各向异性介质，η 由 ε 和 δ 表示如下：

$\eta^{(2)}$ 为垂直对称平面 x_1Ox_3 的 VTI 参数 η：

$$\eta^{(2)} = \eta^{(V)} = \frac{\varepsilon^{(V)} - \delta^{(V)}}{1 + 2\delta^{(V)}} \tag{8-26}$$

$\eta^{(1)}$ 为垂直对称平面 x_2Ox_3 的 VTI 参数 η：

$$\eta^{(1)} \equiv 0 \tag{8-27}$$

$\eta^{(3)}$ 为水平对称平面 x_2Ox_3 的 VTI 参数 η：

$$\eta^{(3)} = \frac{\varepsilon^{(V)} - \delta^{(V)}}{1 + 2\left[\delta^{(V)} + \varepsilon^{(V)}\dfrac{1-f}{f}\right]} \approx \eta^{(V)} \tag{8-28}$$

P 波、S$^\perp$ 波的相速度可表示为[308]：

$$\frac{V^2(\theta)}{V_{\text{Pvert}}^2} = 1 + \varepsilon^{(V)}\cos^2\theta - \frac{f^{(V)}}{2} \pm \frac{f^{(V)}}{2}\sqrt{\left[1 + \frac{2\varepsilon^{(V)}\cos^2\theta}{f^{(V)}}\right]^2 - \frac{2\left[\varepsilon^{(V)} - \delta^{(V)}\right]\sin^2 2\theta}{f^{(V)}}}$$
$$\tag{8-29}$$

正负号分别对应于 P 波和 S$^\perp$ 波，$f^{(V)} = 1 - (V_{S^\perp 0}/V_{P0})^2$，$\theta$ 为相角，即与水平对称轴的夹角。

8.2.1.2　HTI 介质中的对称面内反射波非双曲线时距方程

由于对称面 x_2Ox_3 为各向同性面，因此这里主要考虑 x_1Ox_3 平面内时距曲线的特点。

对反射波时距曲线最直接的近似就是用泰勒级数对 $t^2(x^2)$ 曲线在 $x^2 = 0$ 处展开[209]：

$$t_T^2 = A_0 + A_2 x^2 + A_4 x^4 + \cdots \tag{8-30}$$

式中，$A_0 = t_0^2$，$A_2 = \dfrac{dt^2}{dx^2}\bigg|_{x=0}$，$A_4 = \dfrac{1}{2}\dfrac{d}{dx^2}\left(\dfrac{dt^2}{dx^2}\right)\bigg|_{x=0}$，$t_0$ 为真实的回声时间。

（1）短排列的反射波动校正速度。

短排列（偏移距/目标深度<1.0）的动校正速度可表示为：

$$V_{nmo} = V_2 = 1/\sqrt{A_2} \tag{8-31}$$

在传统的处理方法中，式（8-31）只用前面两项表示，有效叠加速度与 V_2 相等，即 $V_{nmo} = V_2$。对于具有水平对称轴各向异性介质的反射，P 波、$S^\perp$ 波、$S^\parallel$ 波速度 V_{nmo} 可表示如下[307]：

$$\begin{cases} V_{nmo}^2(P) = V_{P0}^2\left[1+2\delta^{(V)}\right] \\ V_{nmo}^2(S^\perp) = V_{S^\perp 0}^2\left[1+2\sigma^{(V)}\right] \\ V_{nmo}^2(S^\parallel) = V_{S^\parallel 0}^2\left[1+2\gamma^{(V)}\right] \end{cases} \tag{8-32}$$

式中

$$\sigma^{(V)} = \left(\frac{V_{P0}}{V_{S^\perp 0}}\right)^2\left[\varepsilon^{(V)} - \delta^{(V)}\right] \tag{8-33}$$

P 波、$S^\perp$ 波的水平速度为：

$$\begin{cases} V_{hor}(P) = V_{P0}\sqrt{1+2\varepsilon^{(V)}} \\ V_{hor}(S^\perp) = V_{S^\perp 0} \end{cases} \tag{8-34}$$

对 N 层均匀介质，其动校正速度可表示如下：

$$V_{nmo}^2 = \lim_{x\to 0}\frac{dx^2}{dt^2} = \frac{1}{t_0}\sum_{i=1}^{N}V_{2i}^2\Delta t_i \tag{8-35}$$

由式（8-32）可得：

$$V_{nmo}^2 = V_{rms}^2(1+2\zeta) \tag{8-36}$$

式中

$$\zeta = \frac{1}{V_{rms}^2 t_0}\sum_{i=1}^{N}V_{0i}^2\zeta_i\Delta t_i \tag{8-37}$$

式中，ζ_i 表示每一层中的 δ_i、σ_i、γ_i，Δt_i 表示对应的双程垂直走时。V_{rms} 表示平均波速，ζ 决定了 V_2 与 V_{rms} 的差异。假设 $V_2 = V_{rms}$，利用 Dix 公式可得到受各向异性影响的视层速度 $V_{2i} = V_{0i}\sqrt{1+2\zeta_i}$，这种情况在短排列中仍然可能发生。如果忽略这一影响，在时深转换时会产生意想不到的错误。

（2）中等排列长度的反射波时距方程。

当 $1.7 < x_{max}/z < 2.5$ 可看成中等排列，下面主要讨论中等排列长度的反射波时距方程的泰勒系数。

①HTI 介质中 P 波、$S^\perp$ 波的时距方程的精确泰勒系数。

在 HTI 介质中式（8-30）中的 A_2、A_4 满足如下关系式[309]：

$$V_2^2(\mathrm{P}) = \frac{1}{A_2(\mathrm{P})} = V_{\mathrm{P0}}^2 \left[1 + 2\delta^{(V)} \right] \tag{8-38}$$

$$A_4(\mathrm{P}) = \frac{-2\left[\varepsilon^{(V)} - \delta^{(V)} \right] \left[1 + \dfrac{2\delta^{(V)}}{1 - V_{\mathrm{S0}}^2/V_{\mathrm{P0}}^2} \right]}{t_{\mathrm{P0}}^2 V_{\mathrm{P0}}^4 \left[1 + 2\delta^{(V)} \right]^4} \tag{8-39}$$

$$V_2^2(\mathrm{S}^{\perp}) = \frac{1}{A_2(\mathrm{S}^{\perp})} = V_{\mathrm{S}^{\perp}0}^2 \left[1 + 2\sigma^{(V)} \right] \tag{8-40}$$

$$A_4(\mathrm{S}^{\perp}) = \frac{-2\sigma^{(V)} \left[1 + \dfrac{2\delta^{(V)}}{1 - V_{\mathrm{S0}}^2/V_{\mathrm{P0}}^2} \right]}{t_{\mathrm{S0}}^2 V_{\mathrm{S0}}^4 \left[1 + 2\sigma^{(V)} \right]^4} \tag{8-41}$$

②多层 HTI 介质的精确四次泰勒系数。

$$V_2^2(\mathrm{P}) = \frac{1}{A_2(\mathrm{P})} = \frac{1}{t_{\mathrm{P0}}} \sum_{i=1}^{N} V_{2\mathrm{P}i}^2 \Delta t_{\mathrm{P}i} \tag{8-42}$$

$$V_2^2(\mathrm{SV}) = \frac{1}{A_2(\mathrm{SV})} = \frac{1}{t_{\mathrm{S0}}} \sum_{i=1}^{N} V_{2\mathrm{S}i}^2 \Delta t_{\mathrm{S}i} \tag{8-43}$$

$$A_4(\mathrm{P/SV}) = \frac{\left(\sum_i V_{2i}^2 \Delta t_i \right)^2 - t_0 \sum_i V_{2i}^4 \Delta t_i}{4 \left(\sum_i V_{2i}^2 \Delta t_i \right)^4} + \frac{t_0 \sum_i A_{4i} V_{2i}^8 \Delta t_i^3}{\left(\sum_i V_{2i}^2 \Delta t_i \right)^4} \tag{8-44}$$

（3）长排列反射波时距方程。

虽然三项泰勒级数展开式[式(8-30)]可以较好地描述非双曲线时距曲线的特性，但其精度随着偏移距的增加不断降低，为此 Ilya Tsvankin 和 Leon Thornsen（1994）提出了修正后的泰勒级数展开式：

$$t_A^2 \equiv t_0^2 + A_2 x^2 + \frac{A_4 x^4}{1 + A x^2} \tag{8-45}$$

当偏移距趋于无穷大时：

$$t_A^2 \big|_{x \to \infty} = t_0^2 - \frac{A_4}{(A)^2} + x^2 \left(A_2 + \frac{A_4}{A} \right) + \cdots$$

因此有：

$$A \equiv \frac{A_4}{\dfrac{1}{V_{\mathrm{hor}}^2} - A_2} \tag{8-46}$$

对 P 波有：

$$A_2 = \frac{1}{V_{\mathrm{P0}}^2 \left[1 + 2\delta^{(V)} \right]} = \frac{1}{V_{\mathrm{nmo}}^2(0)} \tag{8-47}$$

$$A_4(\mathrm{P}) = \frac{-2\left[\varepsilon^{(V)} - \delta^{(V)}\right]\left[1 + \dfrac{2\delta^{(V)}}{1 - V_{S0}^2/V_{P0}^2}\right]}{t_{P0}^2 V_{P0}^4\left[1 + 2\delta^{(V)}\right]^4} \tag{8-48}$$

为了进一步简化以上表达式，在此先定义一个各向异性参数 η：

$$\eta = 0.5\left(\frac{V_h^2}{V_{nmo}^2} - 1\right) = \frac{\varepsilon^{(V)} - \delta^{(V)}}{1 + 2\delta^{(V)}} \tag{8-49}$$

$$V_{nmo} = V_{P0}\sqrt{1 + 2\delta^{(V)}} \tag{8-50}$$

$$V_{hor} = V_{nmo}\sqrt{1 + 2\eta} \tag{8-51}$$

忽略 S 波的垂直速度 V_{S0}，式(8-45)可简化为：

$$t^2(x) = t_{P0}^2 + \frac{x^2}{V_{nmo}^2} - \frac{C\eta x^4}{V_{nmo}^2\left[t_{P0}^2 V_{nmo}^2 + (1 + 2\eta)x^2\right]} \tag{8-52}$$

式中，C 为常数。

以上所讨论的都是 CMP 排列与 HTI 介质的对称轴 x_1 平行时的情况。当 CMP 排列不在 HTI 介质的垂直对称面内时，可以用式(8-52)得到与方位角有关的参数[310]。

8.2.2　HTI 介质中水平介质的动校正速度与方位角的关系

8.2.2.1　单层水平 HTI 介质的动校正速度和时距方程

(1)动校正速度与水平速度。

具有水平对称轴横向各向同性介质的共中心点反射如图 8-5 所示。

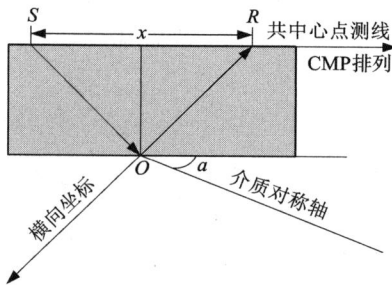

图 8-5　具有水平对称轴横向各向同性介质的共中心点反射

当 CMP 排列与 HTI 介质对称轴的夹角为 a 时，非转换波的动校正速度可表示为[308, 310]：

$$V_{nmo}^2 = V_0^2\frac{1 + A}{1 + A\sin^2 a} \tag{8-53}$$

式中，a 为 HTI 介质对称轴与 CMP 排列的夹角，V_0 表示垂直速度，各向异性参数

A 可表示为：

$$A = \frac{1}{V}\frac{\mathrm{d}V^2}{\mathrm{d}\theta^2}\bigg|_{\theta=90°} \tag{8-54}$$

式中，V 为相速度，θ 为相角（相速度与对称轴的夹角）。

当 CMP 排列与对称轴平行，即 $a = 0$ 时，式（8-53）可简化为：

$$V_{\mathrm{nmo}}^2(a=0) = V_0^2(1+A) = V_0^2\left(1+\frac{1}{V}\frac{\mathrm{d}^2V}{\mathrm{d}\theta^2}\bigg|_{\theta=90°}\right) \tag{8-55}$$

当测线与对称轴垂直，即 $a = 90°$ 时，入射波和反射波都在各向同性平面内，动校正速度与垂向速度相等：

$$V_{\mathrm{nmo}}(a=90°) = V_0 \tag{8-56}$$

由此可见式（8-53）中的各向异性对动校正速度的影响主要由对称轴方向和各向异性参数 A 决定，其中 A 又可写为[308]：

$$A = \frac{V_{\mathrm{nmo}}^2(a=0)}{V_0^2} - 1 \tag{8-57}$$

结合式（8-32）和式（8-57），A 可用 HTI 各向异性参数表示如下[310]：

$$\begin{cases} A(\mathrm{P}) = 2\delta^{(V)} \\ A(\mathrm{S}^\perp) = 2\sigma^{(V)} \\ A(\mathrm{S}^\parallel) = 2\gamma^{(V)} \end{cases} \tag{8-58}$$

因此 P 波的动校正速度可改写成：

$$V_{\mathrm{nmo}}^2(\alpha) = V_{\mathrm{P}0}^2\frac{1+2\delta^{(V)}}{1+2\delta^{(V)}\sin^2 a} \tag{8-59}$$

在弱各向异性条件下：

$$\left|\frac{1}{V}\frac{\mathrm{d}^2V}{\mathrm{d}\theta^2}\right|_{\theta=90°} \ll 1 \tag{8-60}$$

则式（8-53）可简化为：

$$V_{\mathrm{nmo}}^2 = V_0^2(1+A\cos^2 a) \tag{8-61}$$

因此 HTI 介质中水平界面的精确动校正速度是垂向速度、方位角 a 及各向异性参数 A 的函数。

动校正速度在水平面内还可写成椭圆方程[308]：

$$V_{\mathrm{nmo}}^{-2} = \frac{\sin^2 a}{V_{\mathrm{P}0}^2} + \frac{\cos^2 a}{V_{\mathrm{P,nmo}}^2} \tag{8-62}$$

$$V_{\mathrm{P,nmo}} = V_{\mathrm{nmo}}(a=0°) = V_{\mathrm{P}0}\sqrt{1+2\delta^{(V)}}, \quad V_{\mathrm{P}0} = V_{\mathrm{nmo}}(a=90°) \tag{8-63}$$

（2）时距方程

在单层 HTI 介质中，依据 VTI 介质中的相关表达式[209]，A_4 的精确表达式

如下[309-310]:

$$A_4(a) = \cos^4 a \left[\frac{\frac{4}{V}\frac{d^2V}{d\theta^2} + 3\left(\frac{1}{V}\frac{d^2V}{d\theta^2}\right)^2 + \frac{1}{V}\frac{d^4V}{d\theta^4}}{12t_0^2 V_{vert}^4\left(1 + \frac{1}{V}\frac{d^2V}{d\theta^2}\right)^4} \right]_{\theta=90°} = \cos^4 a A_4(a=0°) \quad (8-64)$$

上式适用于任意强度的 HTI 各向异性介质,且适用于任意非转换波。

当 $a=0$ 时 A_4 取最大值,当 $a=90°$ 时, $A_4=0$,时距曲线为双曲线。

利用式(8-29)可得相速度四阶微商为:

$$\frac{1}{V}\frac{d^4V}{d\theta^4}\bigg|_{\theta=90°} = 24\left[\varepsilon^{(V)} - \delta^{(V)}\right]\left[1 + \frac{2\delta^{(V)}}{f^{(V)}}\right] - 2\delta^{(V)}\left[4 + 6\delta^{(V)}\right] \quad (8-65)$$

将式(8-58)和式(8-65)代入式(8-64)可得 P 波的时距方程的四阶项系数为:

$$A_4^{(P)}(a) = \cos^4 a\left\{\frac{2\left[2\varepsilon^{(V)} - \delta^{(V)}\right]\left[1 + 2\delta^{(V)}\right]/f^{(V)}}{t_0^2 V_{P0}^4\left[1 + 2\delta^{(V)}\right]^4}\right\} \quad (8-66)$$

对比可知,当 $a=0$ 时式(8-66)与 Tsvankin 和 Thomsen(1994)所推导的 VTI 介质中的 P 波四阶系数相同。由于 S 波的垂直速度对 P 波四阶项系数的影响可以忽略[186],在 VTI 介质中 A_4 可以表示成两等效参数的函数,即动校正速度 V_{nmo} 和各向异性参数 $\eta = (\varepsilon-\delta)/(1+2\delta)$。显然这一结论对 HTI 介质也成立,只是 V_{nmo} 表示的是对称平面内的动校正速度,且 $\eta = \eta^{(V)} = \left[\varepsilon^{(V)} - \delta^{(V)}\right]/\left[1+2\delta^{(V)}\right]$[310]。

同理可得:

$$A_4^{(S\perp)}(a) = \cos^4 a\left\{\frac{2\sigma^{(V)}\left[1 + 2\delta^{(V)}\right]/f^{(V)}}{t_0^2 V_{S\perp 0}^4\left[1 + 2\delta^{(V)}\right]^4}\right\} \quad (8-67)$$

当 $a=0$ 时, $A_4^{(S\perp)}$ 也与 Tsvankin 和 Thomsen(1994)所推导的 VTI 介质中的 VTI 四阶项系数一样。

$S^{\parallel}$ 波各向异性呈椭圆分布,在对称面内四阶项系数为零,由式(8-64)可知,对所有方位角,四阶项系数都为零,在单层介质中 $S^{\parallel}$ 波时差为双曲线。

因此对 HTI 介质有:

$$t^2(x) = t_0^2 + \frac{x^2}{V_{nmo}^2(a)} - \frac{2\eta(a)x^4}{V_{nmo}^2(a)\{t_0^2 V_{nmo}^2(a) + [1 + 2\eta(a)]x^2\}} \quad (8-68)$$

式中, $V_{nmo}^2(a)$ 由式(8-62)确定。

$$\eta(a) = \eta^{(V)}(\cos^2 a - \cos^2 a \sin^2 a) \quad (8-69)$$

2. 层状 HTI 介质的时距方程

式(8-68)用水平速度表示可写成:

$$t^2(x) = t_0^2 + \frac{x^2}{V_{nmo}^2} - \frac{(V_{hor}^2 - V_{nmo}^2)x^4}{V_{nmo}^2(t_0^2 V_{nmo}^4 + V_{hor}^2 x^2)} \qquad (8\text{-}70)$$

引入常数 C，上式还可以改写为[311]：

$$t^2(x) = t_0^2 + \frac{x^2}{V_{nmo}^2} - \frac{(V_{hor}^2 - V_{nmo}^2)x^4}{V_{nmo}^2(t_0^2 V_{nmo}^4 + CV_{hor}^2 x^2)} \qquad (8\text{-}71)$$

式中，$C = 1.2$。

垂向非均匀 HTI 介质的 P 波反射走时可以用下列公式近似[309]：

$$t^2(x, i) = t_0^2(i) + A_2(i)x^2 + \frac{A_4(i)x^4}{1 + A(i)x^2} \qquad (8\text{-}72)$$

式中，t_0 为回声时间，x 为炮检距。

二次项系数 $A_2(i)$ 可表示如下：

$$A_2(i) = \frac{1}{V_{nmo}^2(i)} \qquad (8\text{-}73)$$

四次项系数 $A(i)$ 可表示如下：

$$A(i) = \frac{A_4(i)}{V_{hor}^{-2}(i) - A_2(i)} \qquad (8\text{-}74)$$

式(8-72)~式(8-74)的形式与均匀 VTI 介质中的一样，然而参数 $A_2(i)$、$A_4(i)$、$A(i)$ 可由第 i 个界面以上的所有地层的叠加计算得到。层状 VTI 介质的动校正速度 $V_{nmo}(i)$ 可由传统的 Dix 公式计算，而 $A_4(i)$ 可由同时考虑各向异性和垂向非均匀性的精确平均公式计算得到[312]。

$A_4(i)$ 可表达如下[313]：

$$A_4(i) = -\frac{2\eta(i)}{t_0^2(i)V_{nmo}^4(i)} \qquad (8\text{-}75)$$

式中，$\eta(i)$ 表示同时考虑各向异性和地层叠加的等效参数。

$\eta(i)$ 可表示如下[311-318]：

$$\eta(i) = \frac{1}{8}\left\{ \frac{1}{V_{nmo}^4(i)t_0(i)}\left\{ \sum_{i=1}^{N} V_{nmo,i}^4(a)\left[1 + 8\eta_i^{(V)}\right]t_{0,i} \right\} - 1 \right\} \qquad (8\text{-}76)$$

式中，$V_{nmo,i}$，$V_{hor,i}$，$t_{0,i}$ 为第 i 层的层值。

由于水平速度在层状介质中没有严格的定义，在均匀介质中可表示如下：

$$V_{hor}(i) = V_{nmo}(i)\sqrt{1 + 2\eta(i)} \qquad (8\text{-}77)$$

式中，$V_{nmo}(i)$ 和 $\eta(i)$ 为等效参数。

因此有：

$$t^2(x, i) = t_0^2(i) + \frac{x^2}{V_{nmo}^2(i)} - \frac{2\eta(i)x^4}{V_{nmo}^2(i)\{t_0^2(i)V_{nmo}^2(i) + [1 + 2\eta(i)]x^2\}} \qquad (8\text{-}78)$$

用等效水平速度表示可得到与单层介质相似的方程：

$$t^2(x) = t_0^2(i) + \frac{x^2}{V_{nmo}^2(i)} - \frac{[V_{hor}^2(i) - V_{nmo}^2(i)]x^4}{V_{nmo}^2(i)[t_0^2 V_{nmo}^4(i) + C V_{hor}^2(i) x^2]} \tag{8-79}$$

上式中叠加速度可采用剥层法由相似分析得到：

$$V_{nmo}^2(i) = \frac{1}{t_0(i)} \sum_{i=1}^{N} V_{nmo,i}^2(a) t_{0,i} \tag{8-80}$$

当 $C=1.2$ 时，式(8-79)改写为：

$$\eta(i) = \frac{1}{8}\left\{ \frac{1}{V_{nmo}^4(i)t_0(i)} \times \left\{ \sum_{i=1}^{N} V_{nmo,i}^2(a)[4V_{hor,i}^2 - 3V_{nmo,i}^2(a)]t_{0,i} \right\} - 1 \right\} \tag{8-81}$$

式中，$V_{nmo,i}$，$V_{hor,i}$，$t_{0,i}$ 为第 i 层的层值。

式(8-79)～式(8-81)为剥层法提供了基础，可总结如下：

(1)对第 i 层($i=1, 2, \cdots, N$)界面采用长排列 P 波时差，通过式(8-79)进行相似分析得到 $t_0(i)$，$V_{nmo}(i)$，$V_{hor}(i)$。

(2)由 Dix 公式计算任意一层的层速度：

$$V_{nmo,i} = \frac{V_{nmo}^2(i)t_0(i) - V_{nmo}^2(i-1)t_0(i-1)}{t_0(i) - t_0(i-1)} \tag{8-82}$$

(3)利用式(8-77)、式(8-81)计算目标层顶底部反射的辅助等效参数：

$$f(i) = V_{nmo}^2(i) \sum_{i=1}^{N} V_{nmo,i}^2[4V_{hor}^2(i) - 3V_{nmo}^2(i)]$$

$$= \frac{1}{t_0(i)} \sum_{i=1}^{N} V_{nmo,i}^2[4V_{hor}^2(i) - 3V_{nmo}^2(i)]t_{0,i} \tag{8-83}$$

(4)利用式(8-83)可计算水平速度的层值以及各向异性参数 η：

$$V_{hor,i} = V_{nmo,i}(a) \times \sqrt{\frac{1}{4V_{nmo,i}^4(a)} \frac{f(i)t_0(i) - f(i-1)t_0(i-1)}{t_0(i) - t_0(i-1)} + \frac{3}{4}} \tag{8-84}$$

且有：

$$\eta_i = \frac{1}{8V_{nmo,i}^4(a)} \times \left[\frac{f(i)t_0(i) - f(i-1)t_0(i-1)}{t_0(i) - t_0(i-1)} - V_{nmo,i}^4(a) \right] \tag{8-85}$$

式(8-77)、式(8-79)～式(8-81)计算的等效参数，足够描述层状介质中 P 波的时距曲线。

8.2.3 数值模拟计算

8.2.3.1 单层介质的动校正速度分析

下面主要通过数值计算来研究几种动校正公式的计算精度，通过对比分析进一步了解其适用条件及存在的不足，从而在实际工程中依据不同的地质和地震几何排列确定最佳拟合公式。

首先采用模型 1，对动校正公式的计算精度进行对比分析，了解其精确度随偏移距变化的情况，确定其适用条件，模型 1 弹性参数见表 8-2。然后由模型 1 和模型 2 来研究动校正速度随方位角的变化及多层介质的动校正速度反演。正演主要采用射线追踪法，正演结果见图 8-6；走时拟合采用最小二乘法，拟合结果见图 8-7。由图 8-7 中曲线的截距可以确定 t_0 时间为 0.3518 s，由曲线斜率可以确定动校正速度为 3.9866 km/s。

表 8-2 模型 1 弹性参数

层号	V_{P0}/(km·s^{-1})	V_{S0}/(km·s^{-1})	ε	δ	γ	ρ/(g·cm^{-3})	厚度/km
1	3.4	2.0	0.275	0.15	-0.125	2.7	0.6
2	3.9	2.3	0.325	0.2	-0.15	3.1	—

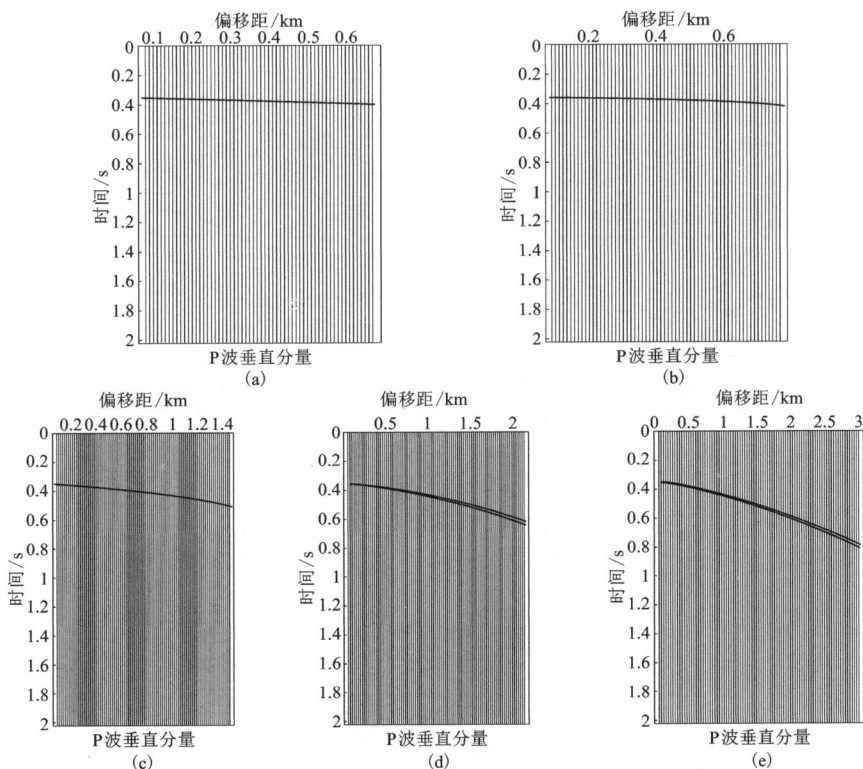

图 8-6 不同排列长度的模拟地震记录

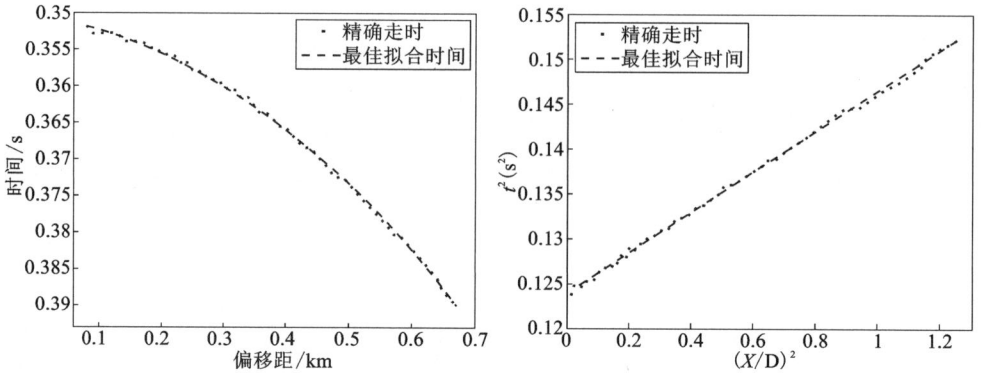

图8-7 排列长度为0.67 km时由方程(8-13)采用最小二乘拟合曲线

图 8-8 为不同排列长度用式(8-13)进行动校正后的剩余时差,在排列长度为 0.67 km 时,剩余时差为-0.15~0.15 ms,动校正误差较小,相对较为精确,但随着排列长度的增加,剩余时差也不断增加,因此其动校正误差也不断增加。随着排列长度的不断增加其误差会达到令人难以接受的程度。

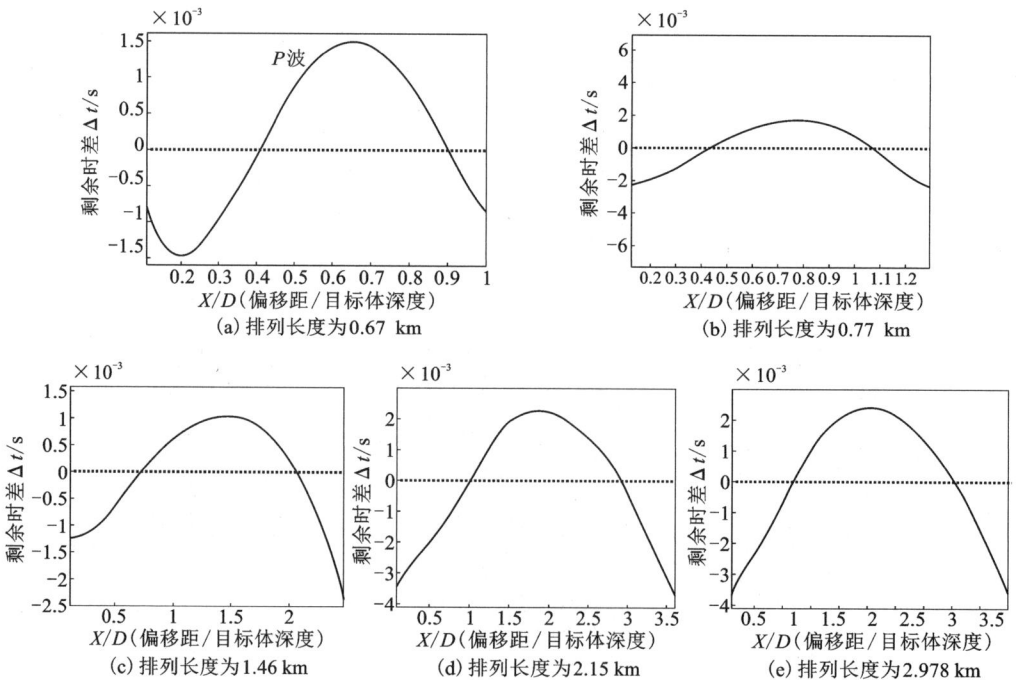

图8-8 用式(8-13)进行动校正时不同排列长度的剩余时差

如图 8-9 所示，随着排列长度的增加剩余时差会急速增大，因此当排列长度较大时采用式(8-13)进行动校正会出现较大误差甚至错误。

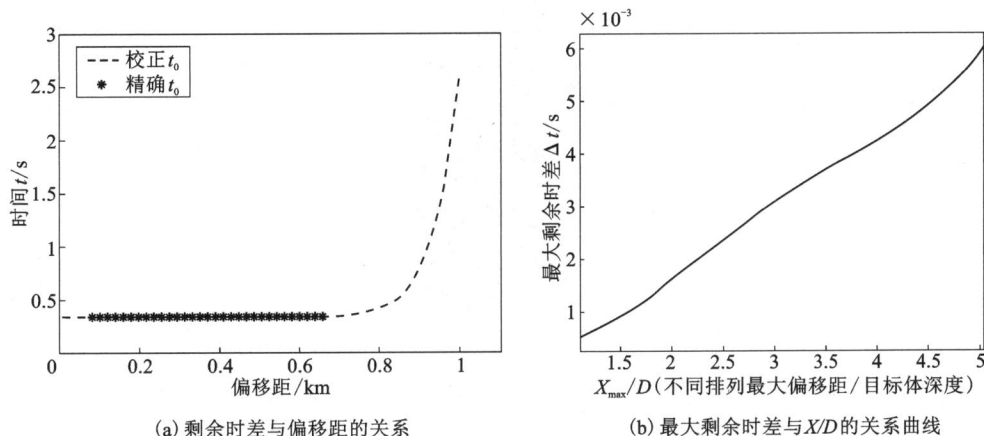

(a) 剩余时差与偏移距的关系　　　　(b) 最大剩余时差与 X/D 的关系曲线

图 8-9　用式(8-13)进行动校正时剩余时差与偏移距的关系

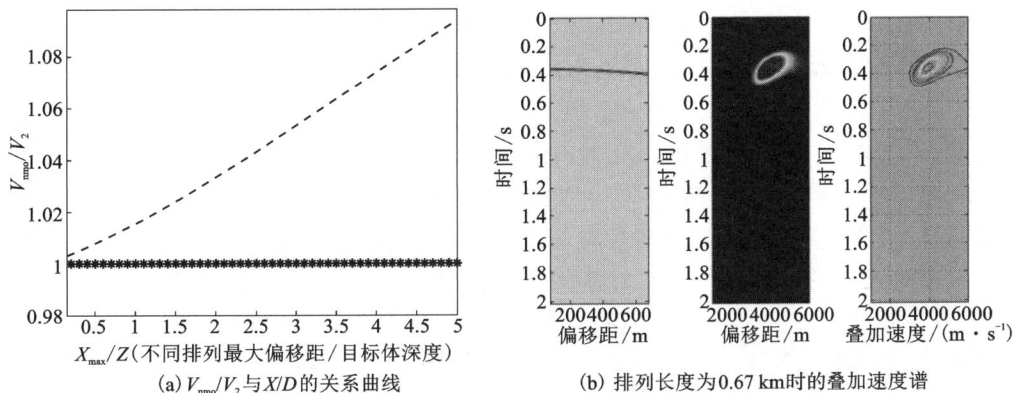

(a) V_{nmo}/V_2 与 X/D 的关系曲线　　　　(b) 排列长度为 0.67 km 时的叠加速度谱

图 8-10　采用式(8-13)进行动校正时 V_{nmo} 偏离 V_2 的程度

由以上分析可知，当 X/D 小于 1 时，式(8-13)还较为适应，但是其动校正速度却与 V_2 存在一定的偏差。由式(8-24)可知，各向异性介质中动校正速度 $V_{nmo}^{(2)}$ $=V_2=V_{P0}\sqrt{1+2\delta^{(2)}}$，由模型参数可确定为 3.8766 km/s。由图 8-9(a)可见动校正速度与 V_2 的偏差会随着 X/D 的增加而不断增大，由图 8-9(b)可知，在 $X/D=1$ 时由式(8-13)确定的动校正速度为 4.1 km/s，与实际速度也有一定偏差，当 X/D $=5$ 时，V_{nmo} 为 4.3 km/s。

由图 8-8、图 8-12 可知，在相同排列长度时，采用式(8-30)、式(8-45)动

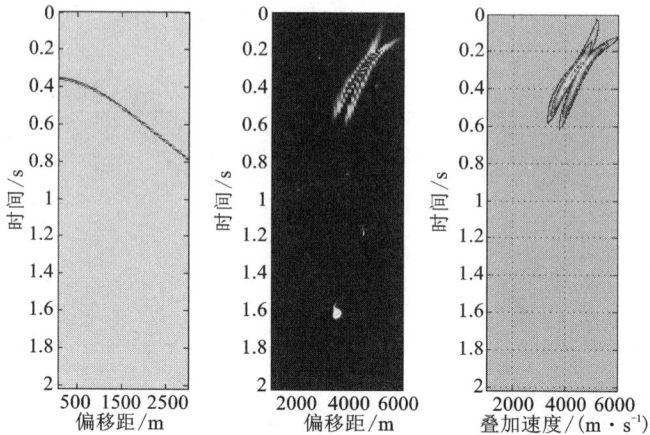

图 8-11　排列长度为 2.987 km 时由式(8-13)计算的叠加速度谱

校正后的剩余时差较采用式(8-13)时要小，且式(8-45)比式(8-30)的精确度高。由图 8-13 可知，$X/D=3.6$ 时，由式(8-45)所计算的叠加速度为 3.9 km/s，与 V_2 的偏差比式(8-13)计算的结果小，精确度较高。

　　由以上分析可知，在排列长度较小时由于由各向异性引起的走时双曲线畸变较小，走时曲线与双曲线较吻合，剩余时差在-0.15~0.15 ms，其动校正速度与 V_2 有一定偏差，但仍在可接受范围内。因此，当 X/D 小于 1 时，式(8-13)还可以应用于各向异性介质，但随着排列长度的增加，走时曲线的非双曲线特征越来越明显，由式(8-13)计算的剩余时差也急速增大，V_{nmo} 偏离 V_2 越来越大，计算结果误差令人难以接受，因此当 X/D 大于 1.5 时，式(8-13)已不能满足精确度要求。式(8-30)由于增加了非双曲线校正系数，在 $1.5<X/D<2.8$ 时其计算精度相对式(8-13)要高且动校正速度与实际速度偏差较小，但随着 X/D 的进一步增加，其误差不断增大。当 X/D 大于 2.8 时，由式(8-45)计算的结果的精确度相对前两者要高。确定好不同排列长度的最佳计算公式后依据各系数与各向异性参数的关系式便可进行各向异性参数反演。

　　下面主要讨论式(8-52)和式(8-71)的反问题。图 8-14 和图 8-15 所示为由式(8-52)反算的各向异性参数和叠加速度。图中等值线与伪谱图表示剩余时差，单位为 ms，最小时差对应的纵、横坐标值分别为准确的各向异性参数和叠加速度。通过调整式(8-52)中的系数 C 可使时差快速收敛且最小值更趋近模型参数值，使反演结果更为精确。由图 8-14 和图 8-15 可知当 $C=2.0$ 时，剩余时差收敛得较好，所计算的叠加速度较为接近，但是反演的各向异性参数 η 的差异较大，当 $C=2.8$ 时，η 更接近准确值 0.104。

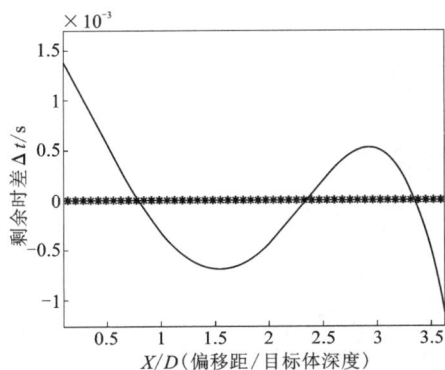

(a) 排列长度为 2.15 km 时由式 (8-30) 计算的剩余时差

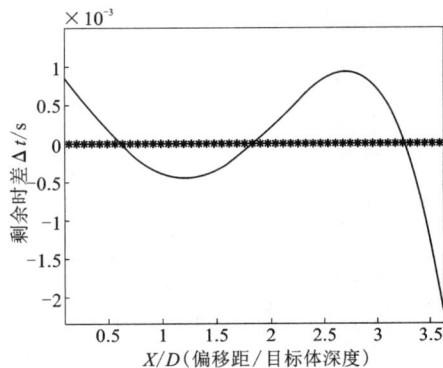

(b) 排列长度为 2.15 km 时由式 (8-45) 计算的剩余时差

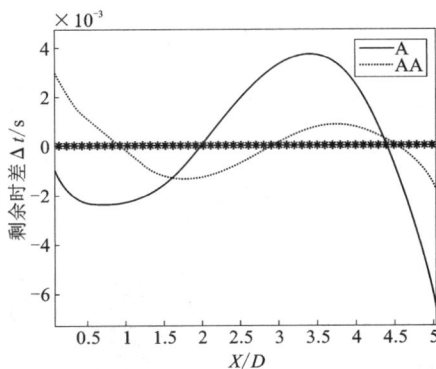

(c) 排列长度为 2.987 km 时由式 (8-30) 和式 (8-45) 计算的剩余时差

图 8-12 由式 (8-30)、式 (8-45) 计算的剩余时差

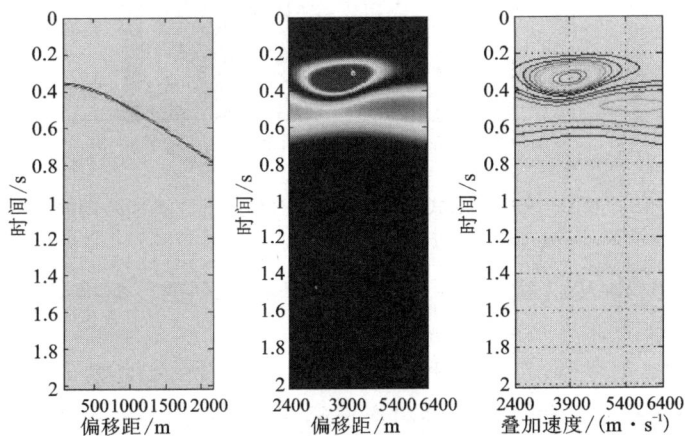

图 8-13 排列长度 2.15 km 时由式 (8-45) 计算的叠加速度谱

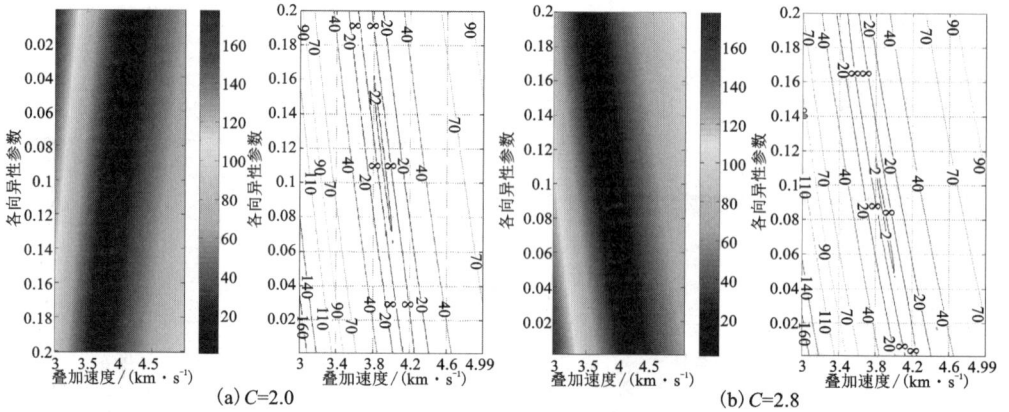

图 8-14 $X/D=3.6$ 由 (8-52) 计算的叠加速度和各向异性参数

通过对比分析，(8-52) 式中的系数 C 的大小与 X/D 的值有关，X/D 较大时 C 的取值相应要增加，且当 $X/D<3.0$ 时系数 C 对反演结果的影响较大，较敏感，当 $X/D>3.0$ 时系数 C 稳定在 2.0~2.8 之间。

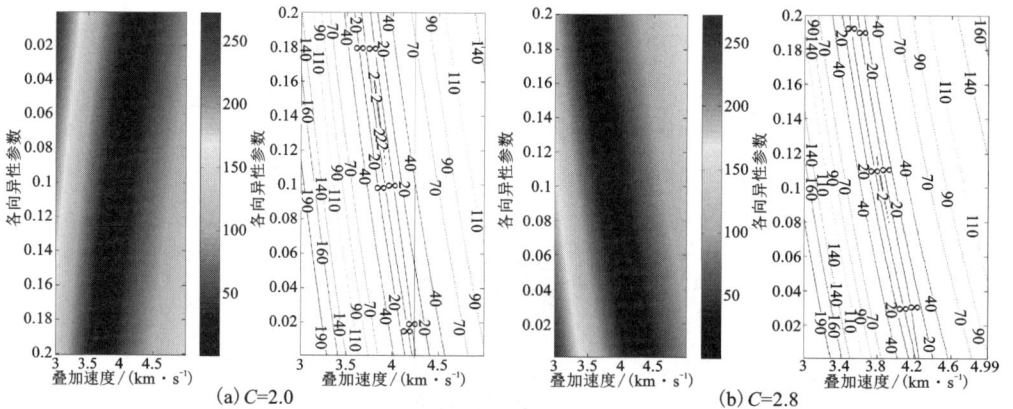

图 8-15 $X/D=5.0$ 时由式 (8-52) 计算的叠加正速度和各向异性参数

图 8-16~图 8-20 为由式 (8-71) 计算的不同排列的反演结果，图中的伪谱图和等值线表示剩余时差，单位为 ms。

从图 8-16~图 8-20 可以看出，通过调整式 (8-71) 中系数 C 的大小可以使反演结果更趋近准确值，而且系数 C 对水平速度的影响比叠加速度要大。当 C 值选择不当时，剩余时差的等值线几乎平行，这时只能大致确定动校正速度而无法确定水平速度。当排列长度较小时，叠加速度对剩余时差的影响较大；而排列较大时，影响剩余时差的主要是水平速度。

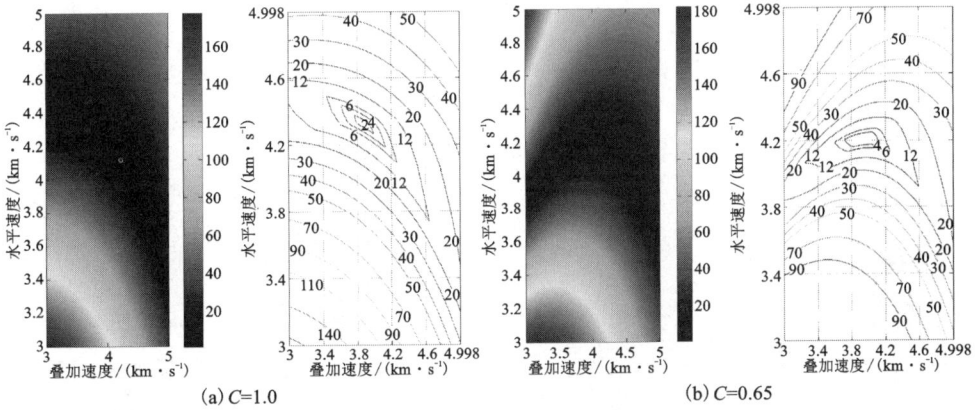

图 8-16　$X/D = 3.6$ 时由式 (8-71) 计算的叠加速度和水平速度

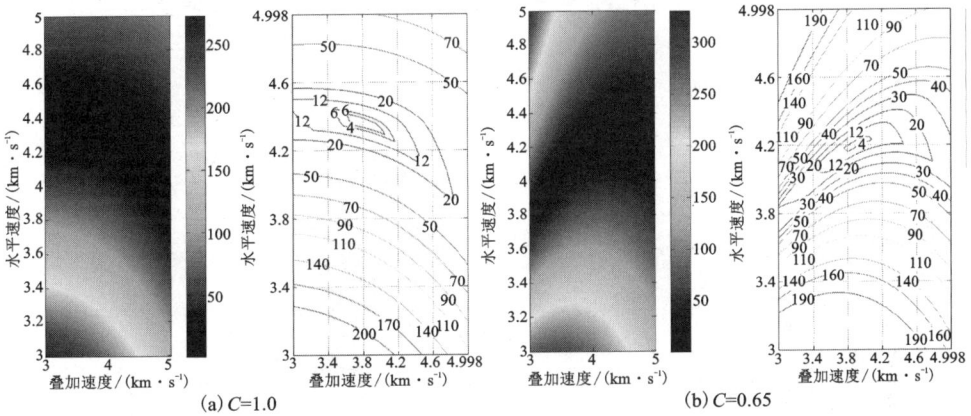

图 8-17　$X/D = 5.0$ 时由式 (8-71) 计算的叠加速度和水平速度

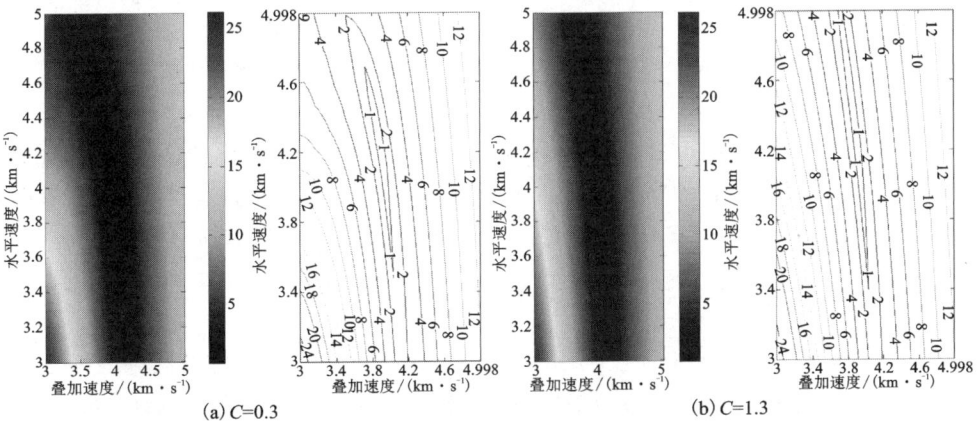

图 8-18　$X/D = 1.0$ 时由式 (8-71) 计算的叠加速度和水平速度

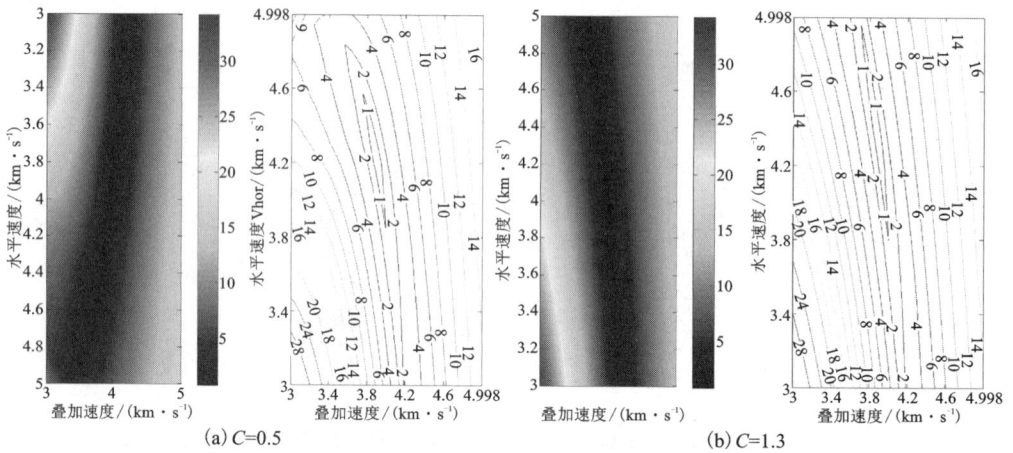

图 8-19　$X/D = 1.3$ 时由式(8-71)计算的叠加速度和水平速度

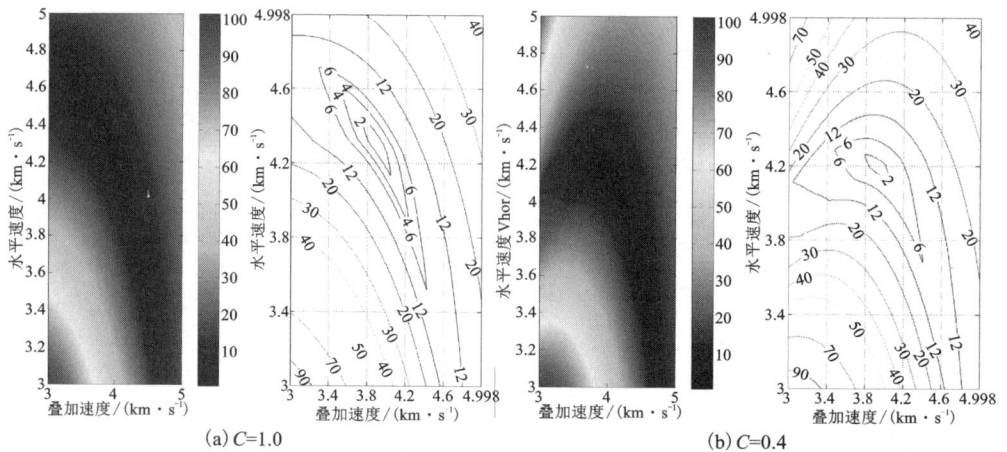

图 8-20　$X/D = 2.4$ 时由式(8-71)计算的叠加速度和水平速度

分析可知，当排列长度较小时系数 C 对反演结果的影响较排列长度较大时的影响要大，反应更为敏感，C 值选择不当反演结果可能会偏差很大。当 $X/D<3.0$ 时，系数 C 一般要小于 1；而 $X/D>3.0$ 时，C 值一般大于 1 且稳定在 1.0~1.3。

8.2.3.2　单层介质中动校正速度与方位角的关系

下面通过模型 2 来研究动校正速度与测线方位角的关系，模型参数见表 8-3，模型示意图及测线布置见图 8-21，测线与介质对称轴的夹角分别为 0°、30°、60°、90°、120°、150°、180°，按顺时针方向。测线排列长度为 2.15 km，$X/D = 3.6$，模拟地震记录见图 8-22。用式(8-71)进行速度分析，系数 $C = 1.1$，计算结果如图 8-23 所示。

表 8-3　模型 2 弹性参数

层号	$V_{P0}/(km \cdot s^{-1})$	$V_{S0}/(km \cdot s^{-1})$	ε	δ	γ	$\rho/(g \cdot cm^{-3})$	厚度/km
1	2.9	1.7	0.225	0.1	-0.1	2.3	0.6
2	3.9	2.3	0.325	0.2	-0.15	3.1	—

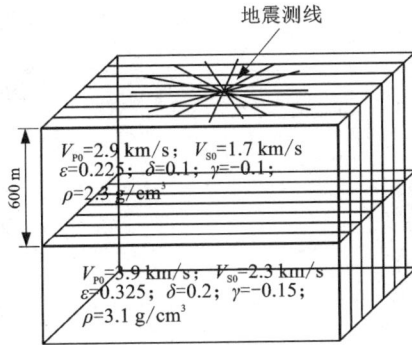

图 8-21　模型示意图及测线布置

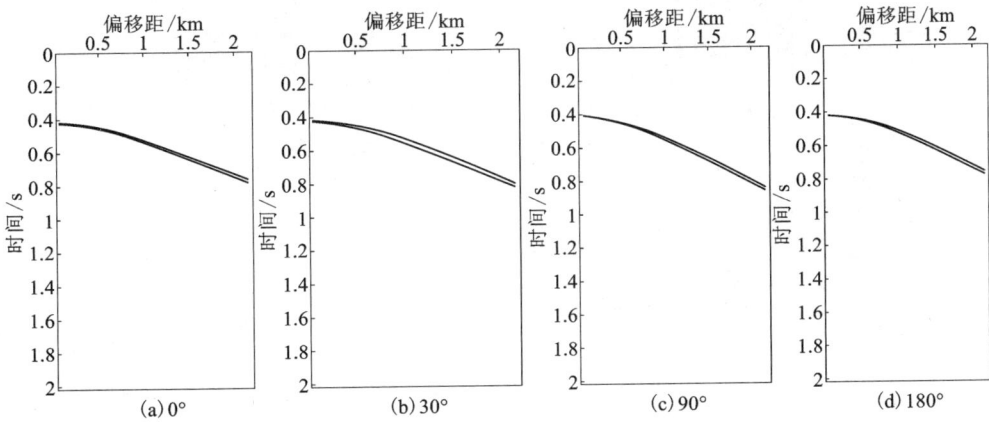

图 8-22　模型 2 模拟的不同方位角的地震记录

　　由图 8-24 可知,叠加速度呈现方位各向异性,而且不同方位的动校正速度在同一椭圆上,称为动校正椭圆,椭圆的长轴为 0°方向的动校正速度,短轴为 90°方向的动校正速度。利用这一特性可以确定介质中裂隙的方位角。在实际工程中,可以通过不同方位角(广角)的数据来确定地层中裂隙的主方位及其各向异性程度。

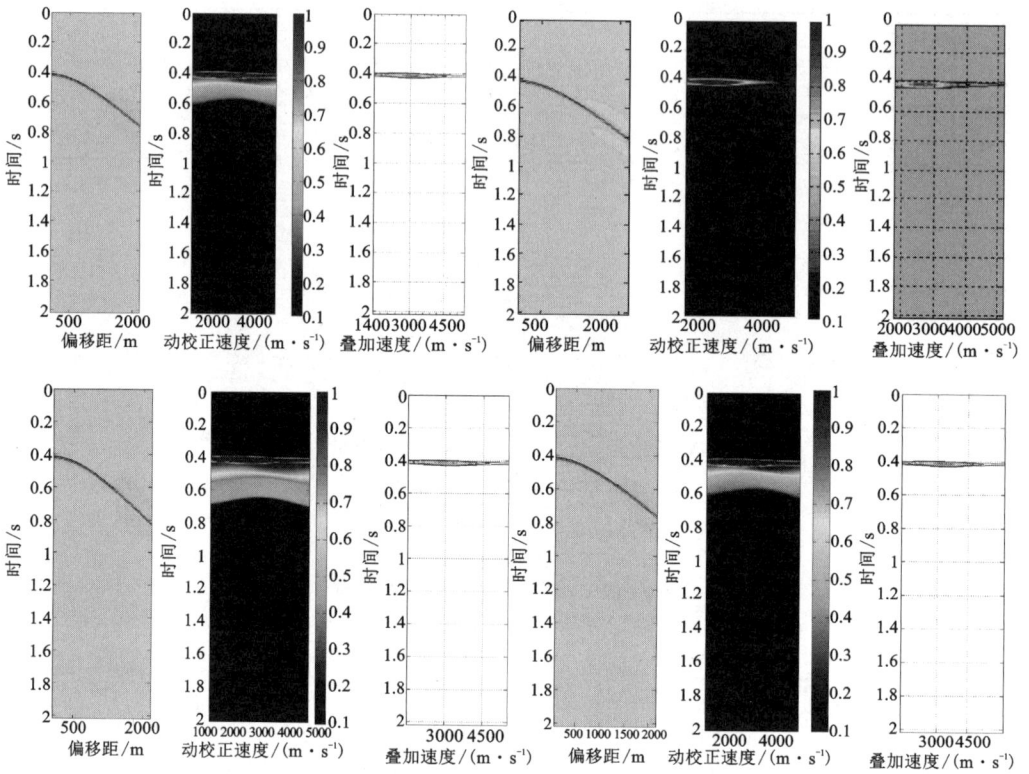

图 8-23 模型 2 不同方位角的叠加速度

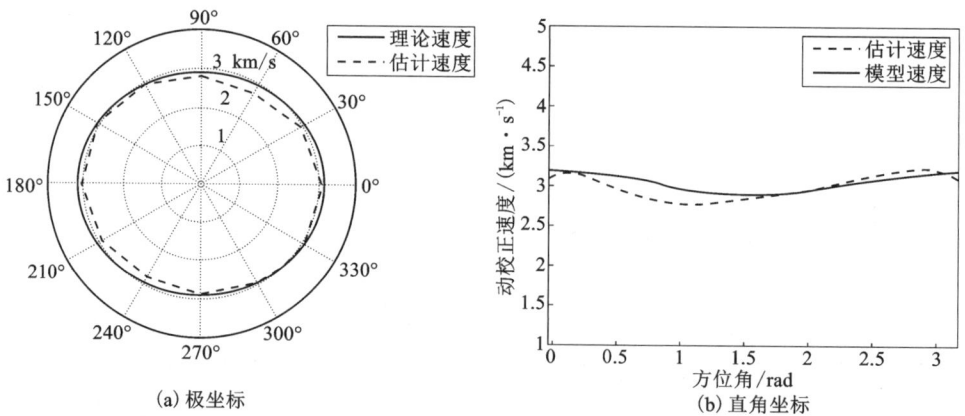

(a) 极坐标

(b) 直角坐标

图 8-24 动校正速度与方位角的关系

8.2.3.3　多层介质的速度分析

这里采用四层模型对多层介质的动校正公式进行数值分析计算，模型参数见表 8-4，模型示意图见图 8-25。排列长度为 5.6 km，炮检距为 80 m，检波器之间的距离为 80 m，采用位移传感器，模拟地震记录如图 8-26 所示。

表 8-4　模型 3 弹性参数

层号	V_{P0}/(km·s^{-1})	V_{S0}/(km·s^{-1})	ε	δ	γ	ρ/(g·cm^{-3})	厚度/km
1	3.2	1.9	0.06	0.02	-0.01	3.0	0.6
2	2.6	1.6	0.1	0.11	-0.15	2.3	0.6
3	1.82	0.1	0.15	0.12	-0.01	1.2	0.6
4	3.9	2.3	0.083	0.271	-0.1	3.3	0.7

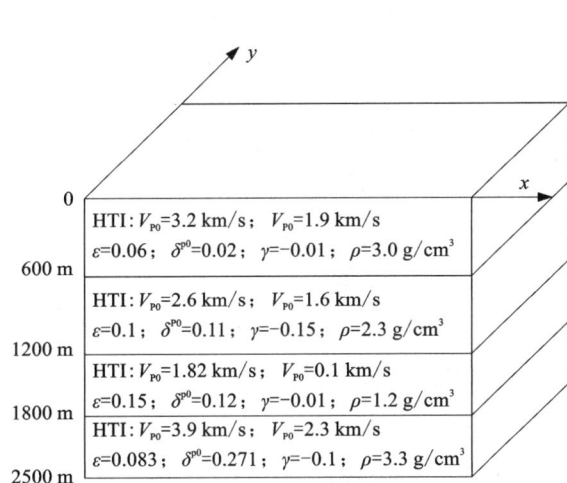

图 8-25　模型 3 示意图

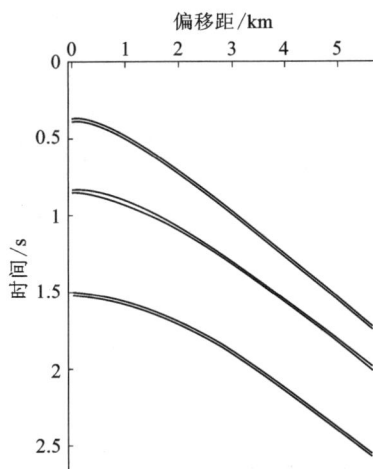

图 8-26　模型 3 测线与对称轴平行的模拟地震记录

图 8-27 和图 8-28 为模型 3 采用式(8-71)计算的叠加速度和动校正速度示意图，由于不同深度时 X/D 的取值不同，系数 C 对反演的结果有一定影响，但通过调整 C 值的大小可以计算出不同深度目标体的精确速度。当目标层深度相差不大时可以通过选取折中的系数 C 来计算叠加速度，其计算误差也在可接受的范围内。

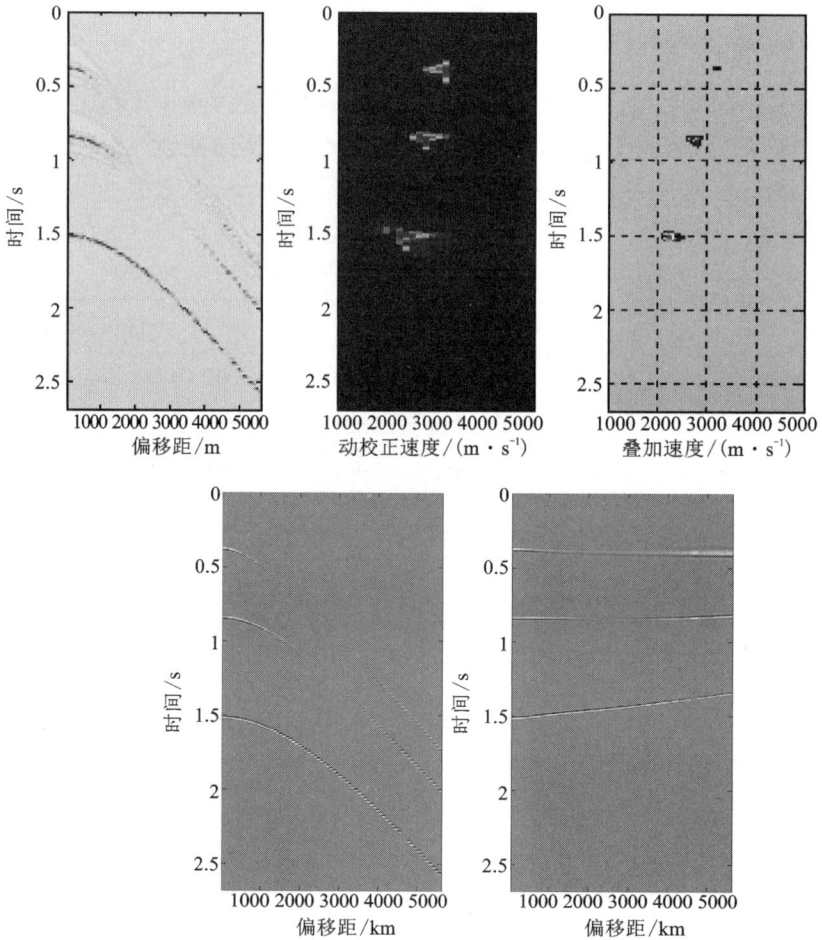

图 8-27 $C = 1.8$ 时采用式 (8-59) 计算的叠加速度及动校正速度示意图

8.3 均匀 HTI 介质中倾斜界面的非双曲线时差分析

8.3.1 HTI 介质中倾斜界面的动校正速度

8.3.1.1 HTI 介质中倾斜界面的动校正速度

任意非均匀各向异性介质中，非转换波的精确动校正速度可表示为[211, 319-321]：

$$\frac{1}{V_{\text{nmo}}^2(a)} = W_{11}\cos^2 a + 2W_{12}\sin a\cos a + W_{22}\sin^2 a \qquad (8-86)$$

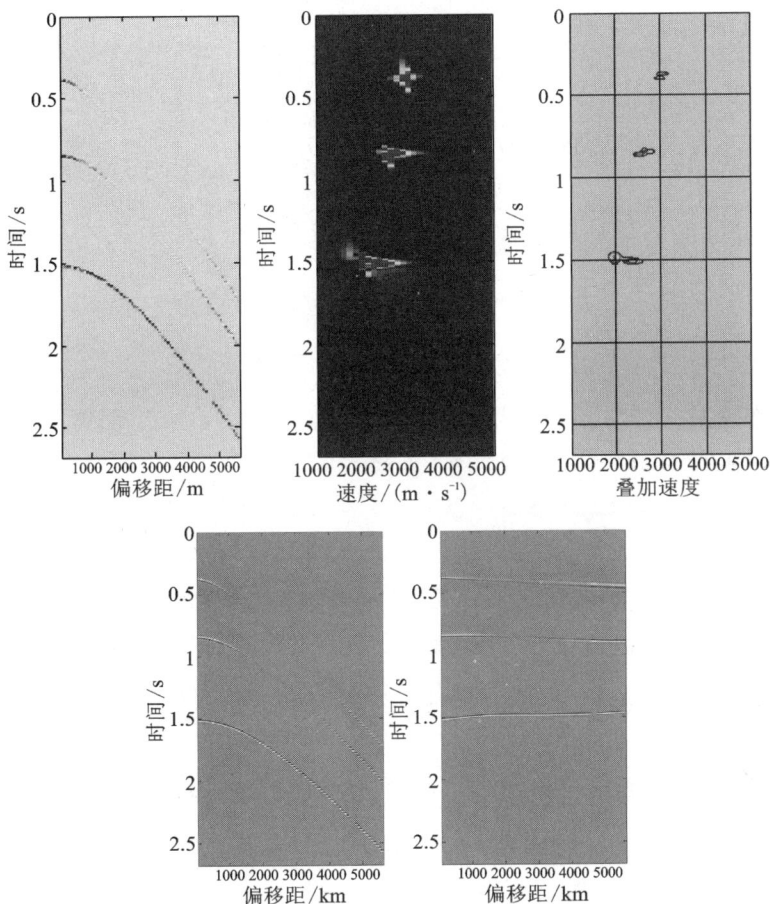

图 8-28　$C=1.6$ 时采用式(8-71)计算的叠加速度及动校正速度示意图

式中，a 为共中心点排列的方位角，W_{ij} 为对称矩阵，可表示为：

$$W_{ij} = \tau_0(\partial p_i / \partial x_j) \tag{8-87}$$

式中，p_i 为零偏移距反射点和 $[x_1, x_2]$ 之间的慢度向量的水平分量，$p_i = \partial\tau/\partial x_i(i=1, 2)$。$\tau_0 = \tau(0, 0)$ 为 $x_1 = x_2 = 0$ 处的单程回声时间。W 的元素即为共中心点处的微商。

假设方位角 a 为测线与 x_1 的夹角(介质的对称轴)，令沿界面倾向的方向轴为 $V_{nmo}(a=0, \varphi)$，沿界面走向的半轴为 $V_{nmo}(a=\pi/2, \varphi)$，则式(8-86)可改写成[211]：

$$V_{nm}^{-2}(a, \varphi) = V_{nmo}^{-2}(0, \varphi)\cos^2 a + V_{nmo}^{-2}\left(\frac{\pi}{2}, \varphi\right)\sin^2 a \tag{8-88}$$

式(8-88)为垂直非均匀 HTI 介质中倾斜界面的精确动校正速度计算公式。

在均匀 HTI 介质中,有[211, 322]:

$$V_{\text{nmo}}(0, \varphi) = \frac{V(\varphi)}{\cos\varphi} \sqrt{\frac{1 + \dfrac{1}{V(\varphi)}\dfrac{\mathrm{d}^2 V}{\mathrm{d}\theta^2}\bigg|_{\theta=\varphi}}{1 - \dfrac{\tan\varphi}{V(\varphi)}\dfrac{\mathrm{d}V}{\mathrm{d}\theta}\bigg|_{\theta=\varphi}}} \qquad (8\text{-}89)$$

式中,θ 为相速度与垂直方向的夹角。

界面走向的动校正速度为[308, 322]:

$$V_{\text{nmo}}\left(\frac{\pi}{2}, \varphi\right) = V(\varphi)\sqrt{1 + \frac{1}{V(\varphi)\tan\varphi}\frac{\mathrm{d}V}{\mathrm{d}\theta}\bigg|_{\theta=\varphi}} \qquad (8\text{-}90)$$

对非椭圆 HTI 介质,假设为弱各向异性($|\varepsilon, \delta, \gamma| <\!< 1$),对各向异性参数线性化后可得倾斜界面 P 波的动校正速度为[323]:

$$V_{\text{nmo}}(0, \varphi) = \frac{V_{\text{nmo}}(0)}{\cos\varphi}\{1 + \delta^{(V)}\sin^2\varphi + 3[\varepsilon^{(V)} - \delta^{(V)}]\sin^2\varphi(2 - \sin^2\varphi)\} \quad (8\text{-}91)$$

由上式可知动校正速度 $V_{\text{nmo}}(0, \varphi)$ 主要由 $\varepsilon^{(V)}$ 与 $\delta^{(V)}$ 的差值决定。

由式(8-90)同样可得沿界面走向的动校正速度 $V_{\text{nmo}}(\pi/2, \varphi)$ 为:

$$V_{\text{nmo}}\left(\frac{\pi}{2}, \varphi\right) = V_{\text{nmo}}(0)\{1 + [\varepsilon^{(V)} - \delta^{(V)}]\sin^2\varphi(2 - \text{in}^2\varphi)\} \qquad (8\text{-}92)$$

8.3.1.2　对称面内 P 波动校正速度与射线参数的关系

沿界面倾向的动校正速度可用射线参数表示为[324]:

$$V_{\text{nmo}}(0, p) = \sqrt{\frac{q''}{pq' - q}} \qquad (8\text{-}93)$$

式中,q 为慢度的垂直分量:

$$q \equiv q(p) \equiv \frac{\cos\theta}{V(\theta)} \qquad (8\text{-}94)$$

且有:

$$q' \equiv \frac{\mathrm{d}q}{\mathrm{d}p}; \ q'' \equiv \frac{\mathrm{d}^2 q}{\mathrm{d}p^2} \qquad (8\text{-}95)$$

沿界面走向的动校正速度可用射线参数表示为[36]:

$$V_{\text{nmo}}\left(\frac{\pi}{2}, p\right) = \sqrt{\frac{q'}{p(pq' - q)}} \qquad (8\text{-}96)$$

所有的参数都为零偏移距射线的参数。通过上式就可以计算反射波的水平慢度。

　　虽然式(8-92)~式(8-96)反映了动校正速度与倾角、射线参数之间的关系，但是动校正速度与射线参数的关系都隐藏在慢度分量及其微商当中，为确定动校正系数，便于反演计算，下面主要讨论动校正速度与射线参数的显性关系式。

8.3.2　HTI 介质中三维动校正速度与射线参数的关系

8.3.2.1　均匀 HTI 介质中用射线参数表示的动校正速度精确表达式

　　走时反演的基础是利用地震数据中可测量的参数来表示动校正速度。在二维条件下，由界面倾斜平面内测线的零偏移距反射波走时曲线的斜率可得到零偏移距射线的射线参数[186]。

　　同样，在三维情况下，也可由零偏移距反射波走时的斜率来计算慢度向量的水平分量(p_1, p_2)。虽然最少需要三个方向的数据才能计算出动校正椭圆，但用两个方向的零偏移距剖面就可以计算出 p_1 和 p_2[211]。因为任意方位的零偏移剖面中反射波时距曲线的斜率与零偏移距的慢度向量在这个方位上的投影是相等的。

　　由 Snell 定律可知，零偏移距射线在反射点的位置是垂直于反射界面的，因此可以利用水平慢度确定界面的方位，然而由于在倾斜面平面内不能直接由走时得到垂直慢度，所以仍然不能确定界面的倾角。

　　矩阵 W 可用零偏移距射线的慢度向量表示如下：

$$W = \frac{p_1 q_{,1} + p_2 q_{,2} - q}{q_{,11} q_{,22} - q_{,12}^2} \begin{pmatrix} q_{,22} & -q_{,22} \\ -q_{,12} & q_{,11} \end{pmatrix} \tag{8-97}$$

式中，$q \equiv q(p_1, p_2) \equiv p_3$ 为慢度的垂直分量；$q_{,ij}(i, j = 1, 2)$ 表示零偏移距射线处的偏微分

$$q_{,i} \equiv \partial q / \partial p_i, \ q_{,ij} \equiv \partial^2 q / \partial p_i \partial p_j \tag{8-98}$$

将 W 代入式(8-91)可得：

$$V_{nmo}^{-2}(a, p_1, p_2) = \frac{p_1 q_{,1} + p_2 q_{,2} - q}{q_{,11} q_{,22} - q_{,12}^2} \times (q_{,22} \cos^2 a - 2q_{,12} \sin a \cos a + q_{,11} \sin^2 a) \tag{8-99}$$

　　式(8-99)对所有的非转换波都成立。垂直慢度 $q \equiv p_3$ 可由 Christoffel 方程计算：

$$\det(c_{ijkl} p_j p_k - \rho \delta_{il}) = 0 \tag{8-100}$$

　　在具有水平对称面的介质中，Christoffel 方程简化为关于 q^2 的三次多项式，$q_{,i}$, $q_{,ij}$ 可由式(8-100)计算。

　　由于式(8-99)是由矩阵 W 的三个元素定义的，因此对于一定的 p_1 和 p_2，由单个反射层反射动校正得到的层参数只有三组。如果反射界面为倾斜界面，P 波

动校正速度就可用来确定对称面方向和对称面内的动校正速度。

8.3.2.2　弱各向异性 HTI 介质中对称面内射线参数与动校正速度的关系式

对于弱各向异性 HTI 介质中 P 波的动校正速度，虽然用数值方法求解式(8-99)的方式更加直接，但是动校正速度与介质参数的关系都隐藏在慢度分量及其微商当中，因此为确认 P 波动校正的系数，一般采用弱各向异性近似显得非常方便。

弱 HTI 介质中的 P 波相速度方程为[307]：

$$V^2 = V_{P0}^2 \{ 1 + n_1^4 \varepsilon^{(2)} + 2n_1^2 n_3^2 \delta^{(2)} + 2n_1^2 n_2^2 [2\varepsilon^{(2)} + \delta^{(3)}] \} \tag{8-101}$$

式中，$n = p\nu$ 为平行于定义在与对称面重合的坐标的慢度向量 p 的单位向量。将慢度向量 p 代入式(8-101)可得垂直慢度为：

$$q^2 = \left(\frac{1}{V_{P0}^2} - p_1^2 - p_2^2 \right) - 2V_{P0}^2 \{ (p_1^2 + p_2^2) \times p_1^2 [\varepsilon^{(2)} - \delta^{(2)}] +$$
$$\frac{p_1^2 \delta^{(2)}}{V_{P0}^2} - p_1^2 p_2^2 [\varepsilon^{(2)} + \delta^{(3)}] \} \tag{8-102}$$

由式(8-101)、式(8-102)可知，在弱各向异性近似条件下，P 波的相速度 V 和慢度的垂直分量 q 都由四个参数决定[垂直速度 V_{P0} 以及 3 个各向异性参数 $\varepsilon^{(2)}$，$\delta^{(2)}$，$\delta^{(3)}$]。对于给定的波，相速度确定了所有其他运动学性质，这四个参数可以确定弱 HTI 介质中 P 波的速度和走时。

慢度的垂直分量 q 用 $\eta^{(V)}$ 表示，并把 q 及其微商代入动校正方程式(8-99)，并用各向异性参数进一步线性化，可得到弱各向异性近似的 P 波动校正速度：

$$V_{nmo}^{-2}(a, p_1, p_2) = \cos^2 a [V_{P, nmo}^{-2} - p_1^2 - 2p_1^2 \eta^{(V)} d_1] - 2\sin a \cos a p_1 p_2 [1 - 8\eta^{(V)} p_1^2 V_{P0}^2 d_2] + \sin^2 a [V_{P0}^{-2} - p_2^2 + 2\eta^{(V)} p_1^4 V_{P0}^2 d_3]$$

$$\tag{8-103}$$

式中，$d_1 = 6 - 9p_1^2 V_{P0}^2 + 4p_1^4 V_{P0}^4$，$d_2 = 1 - p_1^2 V_{P0}^2$，$d_3 = 1 - 4p_1^2 V_{P0}^2$。

式(8-103)的方位角为 CMP 排列与 $x_1 O x_3$ 平面的夹角。对水平反射界面，$p_1 = p_2 = d_{ki} = 0$，式(8-103)简化为水平 HTI 介质中的动校正椭圆方程式[式(8-62)]。

虽然 P 波的相速度由四个参数决定，但是在弱各向异性介质中，P 波的动校正速度只由三个参数即 $V_{nmo}^{(1)}$、$V_{nmo}^{(2)}$、$\eta^{(V)}$ 决定。这意味着，如果 $V_{nmo}^{(1)}$，$V_{nmo}^{(2)}$ 和对称面的方位(由水平反射计算)已知的话，对倾斜界面，方程(8-103)可用于反演参数 η。为了用解析法证实由单个倾斜反射反演参数 η 的可能性，先假设界面的倾斜方位与其中的一个垂直对称面重合，这种情况下只能反演一个 η 以及另外两个参数的差值。

假设倾斜方位与 x_1 方向重合，将零偏移距慢度向量(零偏移距射线)限定在

$[x_1, x_3]$ 平面内，水平慢度分量 p_2 等于零。计算 $p_2 = 0$ 时的系数 d_{ki}，并将结果代入式(8-103)可得：

$$V_{nmo}^{-2}(a, p_1, p_2 = 0) = \cos^2 a \left[V_{P, nmo}^{-2} - p_1^2 - 2p_1^2 \eta^{(V)} d_1 \right] + \\ \sin^2 a \left[V_{P0}^{-2} + 2\eta^{(V)} p_1^4 V_{P0}^2 \right] \tag{8-104}$$

由式(8-104)可知动校正速度椭圆的两个半轴分别与界面的倾向和走向平行。

因为倾斜面是整个模型的对称面，如果对称面的方位已由水平反射确定好了，椭圆的方向不再指示关于各向异性的新信息。在这种情况下，单倾斜反射的椭圆只可用于计算限定在椭圆两个半轴上的两组介质参数。根据式(8-104)，界面($a = 0$)的倾斜面上的动校正速度为：

$$V_{nmo}^{-2}(0, p_1) = V_{P, nmo}^{-2} - p_1^2 - 2p_1^2 \eta^{(V)} d_1 \tag{8-105}$$

如果用 $V_{nmo}^{(2)}$、$\eta^{(2)}$ 分别代替 $V_{P, nmo}$、$\eta^{(V)}$，$\eta^{(V)}$ 和 $V_{nmo}^{(2)}$ 与 VTI 介质中的 η 和 $V_{nmo}^{(2)}$ 相等，那么式(8-105)与 Alkhalifah 和 Tsvankin(1995)所推导的 VTI 介质中沿倾向的 P 波的动校正速度的弱各向异性近似表达式一样。

由于反射射线不能偏离入射面以及 HTI 介质与 VTI 介质的相似性，$V_{nmo}(0, p_1)$ 可由 VTI 介质对应的方程计算。

如果界面的倾向与各向同性面重合，走向与 x_1 平行，则有：

$$V_{nmo}^{-2}(a, p_1, p_2) = \frac{\cos^2 a}{V_{P, nmo}^2} + \sin^2 a \left(\frac{1}{V_{P0}^2} - p_2^2 \right) \tag{8-106}$$

8.3.3　层状介质中倾斜界面的 Dix 公式

由水平层状 HTI 介质的动校正公式，结合式(8-76)、式(8-80)、式(8-81)、式(8-92)得：

$$\eta(i) = \frac{1}{8} \left\{ \frac{1}{V_{nmo}^4(i) t_0(i)} \left\{ \sum_{i=1}^{N} V_{nmo, i}^4(a, \varphi) \left[1 + 8\eta_i^{(V)} \right] t_{0, i} \right\} - 1 \right\} \tag{8-107}$$

式中，$V_{nmo, i}$，$V_{hor, i}$，$t_{0, i}$ 为第 i 层的层间值。

上式中叠加速度可采用剥层法由相似分析得到。

$$V_{nmo}^2(i) = \frac{1}{t_0(i)} \sum_{i=1}^{N} V_{nmo, i}^2(a, \varphi) t_{0, i} \tag{8-108}$$

将式(8-108)代入式(8-107)，$y(i)$ 可改写为：其中等效 $\eta(i)$ 可改写为：

$$\eta(i) = \frac{1}{8} \left\{ \frac{1}{V_{nmo}^4(i) t_0(i)} \times \left[\sum_{i=1}^{N} V_{nmo, i}^2(a, \varphi) \left[4V_{hor, i}^2 - 3V_{nmo, i}^2(a, \varphi) \right] t_{0, i} \right] - 1 \right\} \tag{8-109}$$

式中，$V_{nmo, i}$，$V_{hor, i}$，$t_{0, i}$ 为第 i 层的层间值。

式(8-107)~式(8-109)为剥层法提供了基础，可总结如下[325-329]：

(1)对第 i 层($i=1, 2, \cdots, N$)界面采用长排列 P 波时差，通过式(8-79)进行相似分析得到 $t_0(i)$、$V_{nmo}(i)$、$V_{hor}(i)$。

(2)由 Dix 公式计算任意一层的层间速度：

$$V_{nmo, i} = \frac{V_{nmo}^2(i)t_0(i) - V_{nmo}^2(i-1)t_0(i-1)}{t_0(i) - t_0(i-1)} \tag{8-110}$$

(3)利用式(8-77)、式(8-109)计算目标层顶底部反射的辅助等效参数：

$$f(i) = V_{nmo}^2(i) \sum_{i=1}^{N} V_{nmo, i}^2 \left[4V_{hor}^2(i) - 3V_{nmo}^2(i) \right]$$

$$= \frac{1}{t_0(i)} \sum_{i=1}^{N} V_{nmo, i}^2 \left[4V_{hor}^2(i) - 3V_{nmo}^2(i) \right] t_{0, i} \tag{8-111}$$

(4)利用式(8-111)可计算水平速度的层间值以及各向异性参数 η：

$$V_{hor, i} = V_{nmo, i}(a, \phi) \times \sqrt{\frac{1}{4v_{nmo, i}^4(a, \phi)} \frac{f(i)t_0(i) - f(i-1)t_0(i-1)}{t_0(i) - t_0(t-1)} + \frac{3}{4}} \tag{8-112}$$

且有：

$$\eta_i = \frac{1}{8V_{nmo, i}^4(a, \phi)} \times \left[\frac{f(i)t_0(i) - f(i-1)t_0(i-1)}{t_0(i) - t_0(i-1)} - V_{nmo, i}^4(a, \phi) \right] \tag{8-113}$$

式(8-79)，以及由式(8-77)、式(8-108)、式(8-109)计算的等效参数足够描述层状介质中 P 波的时距。

8.3.4 倾斜 HTI 介质中 P 波参数反演

8.3.4.1 单层倾斜 HTI 介质中 P 波参数反演

分析可知倾斜界面的 P 波动校正速度可表示成四个参数的函数：

$$V_{nmo} = f[a, p, V_{nmo}(0), \eta] \tag{8-114}$$

虽然动校正速度是在零偏移距条件下推导出来的，但是对常规排列长度的 P 波时差也具有较高的精度。通过非双曲线相似速度分析，可以计算出动校正速度 $V_{nmo}(a, p)$ 和各向异性参数 $\eta^{(V)}$。

假设 a 已知，那么可以通过沿 CMP 排列的零偏移距走时来计算反射波射线参数 p。而且由于零偏移距反射波走时曲线的斜率与射线参数在 CMP 排列上的投影相等，所以 p 可表示如下：

$$p = \frac{1}{2\cos a} \frac{dt_0(y)}{dy} = \frac{\sin \phi}{2\cos aV(\phi)} \tag{8-115}$$

式中, t_0 为回声时间, y 为 CMP 坐标。如果采用水平反射界面来确定速度 $V_{nmo}(0)$,则 $V(\phi)$ 为倾角方向的相速度。

当 CMP 排列与倾斜面的夹角未知时,一般需要三个不同方位数据来反演动校正速度,但是如果同时利用动校正速度和零偏移距反射波走时,则所需要的方位角数据由三个减少到两个。实际上,由式(8-115),通过计算两个方位角数据的零偏移距剖面内反射波走时曲线的斜率,就可以计算出射线参数 p 和界面的倾向。通过零偏移距反射波走时所计算的动校正椭圆方向,以及两条测线的动校正速度即可确定椭圆的半轴。利用式(8-89)和式(8-90),就可以计算出沿倾斜和沿走向方向的动校正速度以及水平慢度和垂直慢度。

反演问题也可以通过两个任意倾角的反射界面来计算,为了简单起见,假设其中一个反射界面为水平。由水平反射的动校正椭圆可计算对称面的方位和对称面内的动校正速度 $V_{nmo}^{1,2}$。然后通过不同方位测得的倾斜反射的零偏移距走时可计算零偏移距射线的水平慢度分量 p_1、p_2,进而确定界面的倾角。

8.3.4.2　多层倾斜 HTI 介质中 P 波参数反演

只要时距系数用等效值(包括界面以上的垂直非均匀性的影响)表示,其非双曲线方程也适用于倾斜层状介质。有专家还提出了用似 Dix 差分程序来计算四阶项系数的层值。这里通过引入参数 η 的层值和等效值对相应的表达式进行了修正,并忽略了垂直横波速度 V_{S0} 的影响。采用式(8-77)、式(8-107)~式(8-113)就可以进行层参数反演。

8.3.5　倾斜地层速度分析模型计算

下面主要通过数值模型计算,分析倾斜界面的速度及倾斜动校正,模型参数见表 8-5。模型几何参数详见图 8-29,其余模型的参数与模型 1 一样,只是倾角不同,左侧的界面深度均为 0.32 km。水平界面模型的炮检测距为 80 m,检波器之间的距离为 80 m,排列长度为 5.6 km;倾斜 10° 的模型,炮检测距为 200 m,检波器之间的距离为 80 m,排列长度为 5.72 km;倾斜 20° 的模型,炮检测距为 600 m,检波器之间的距离为 80 m,排列长度为 6.12 km;倾斜 30° 的模型,炮检测距为 2.5 km,检波器之间的距离为 80 m,排列长度为 8.02 km。震源都为主频为 50 Hz 的雷克子波,图 8-30 为模型 1 不同倾角的界面的地震反射波模拟记录。图 8-31~图 8-34 为模型 1 不同倾角的界面的叠加速度和 DMO 校正(倾角时差校正,或称为动校正)。

采用式(8-45)进行速度分析和倾斜动校正,其中:

$$A_2 = \frac{A}{V^{-2} - V_{nmo}^{-2}}, \quad A_4 = -\frac{1}{2t_0^2}(8\cos 2\phi\cos^4\phi - 4) \qquad (8-116)$$

式中，ϕ 为界面倾角。

表 8-5　模型 1 弹性参数

层号	$V_{P0}/(\text{km} \cdot \text{s}^{-1})$	$V_{S0}/(\text{km} \cdot \text{s}^{-1})$	ε	δ	γ	$\rho/(\text{g} \cdot \text{cm}^{-3})$	厚度/km
1	3.2	1.9	0.06	0.02	-0.01	3.0	—
2	2.6	1.6	0.1	0.11	-0.15	2.3	—

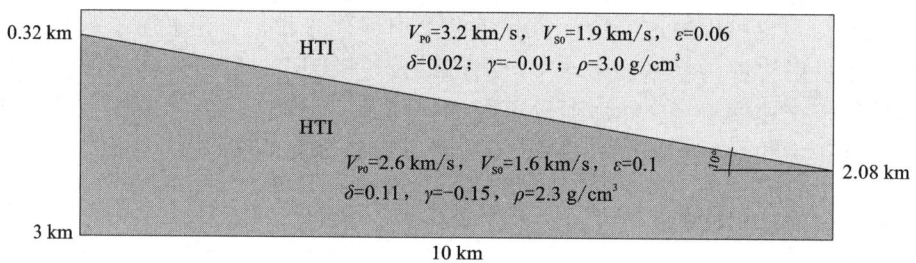

图 8-29　倾角为 10° 的模型示意图

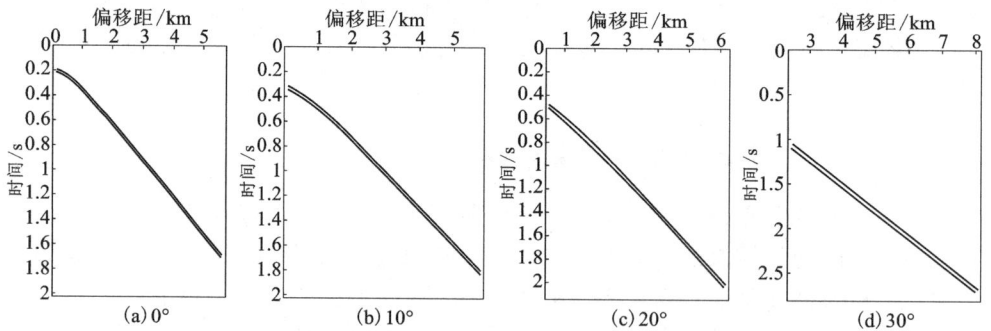

图 8-30　模型 1 不同倾角的界面的地震反射波模拟记录

分析可知由式(8-45)进行一层倾斜介质的速度分析，具有较高的准确性和计算精确度，虽然动校正速度随倾角的变化而变化，但其变化幅度为 100~300，影响相对较小。

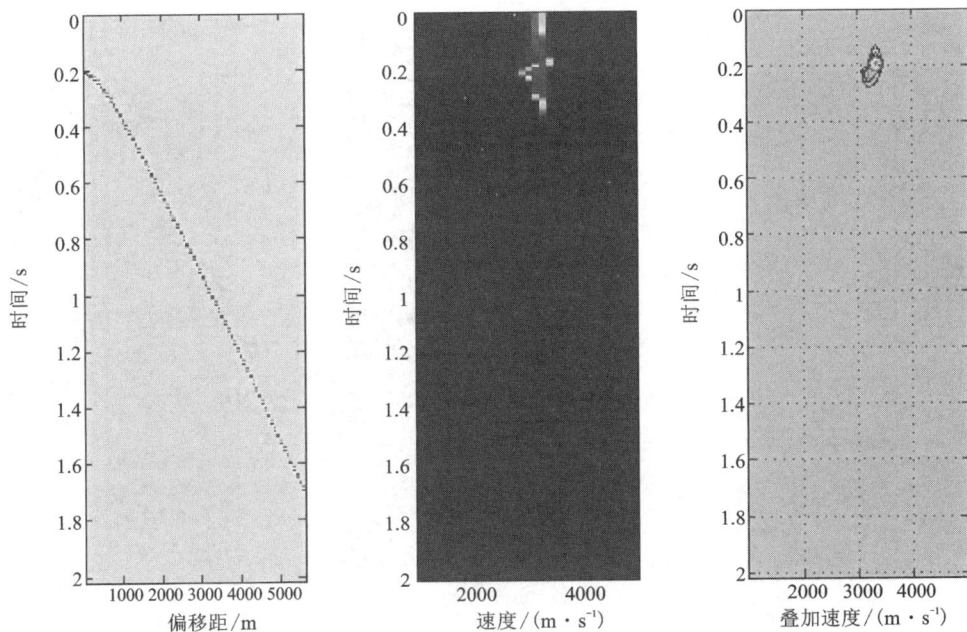

(a) 叠加速度

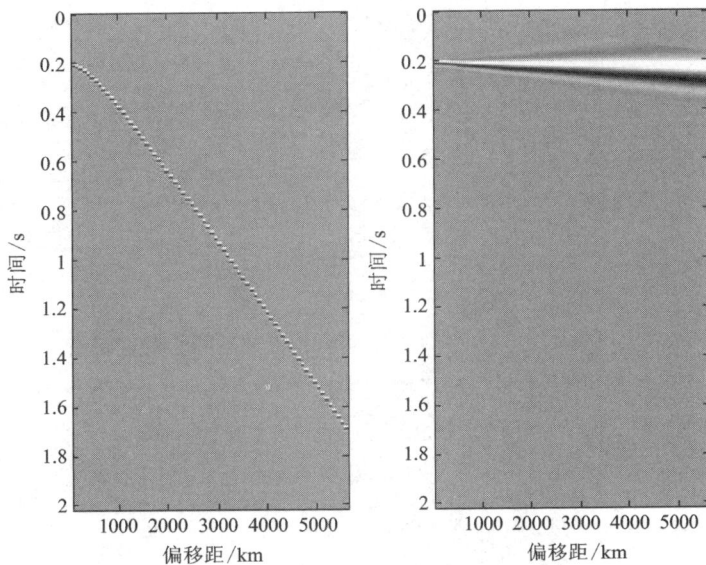

(b) DMO 校正

图 8-31　倾角为 0° 时界面的叠加速度及 DMO 校正

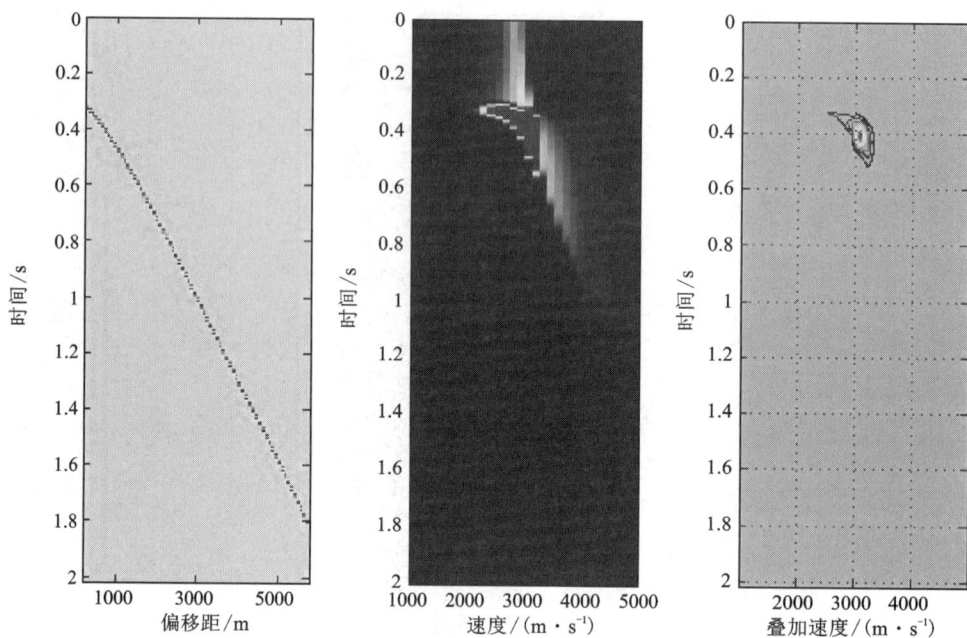

(a) 叠加速度

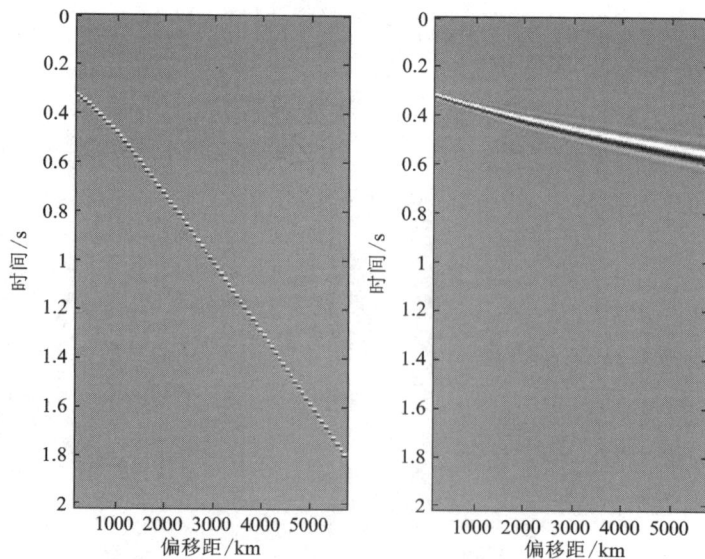

(b) DMO 校正

图 8-32　倾角为 10°时界面的叠加速度及 DMO 校正

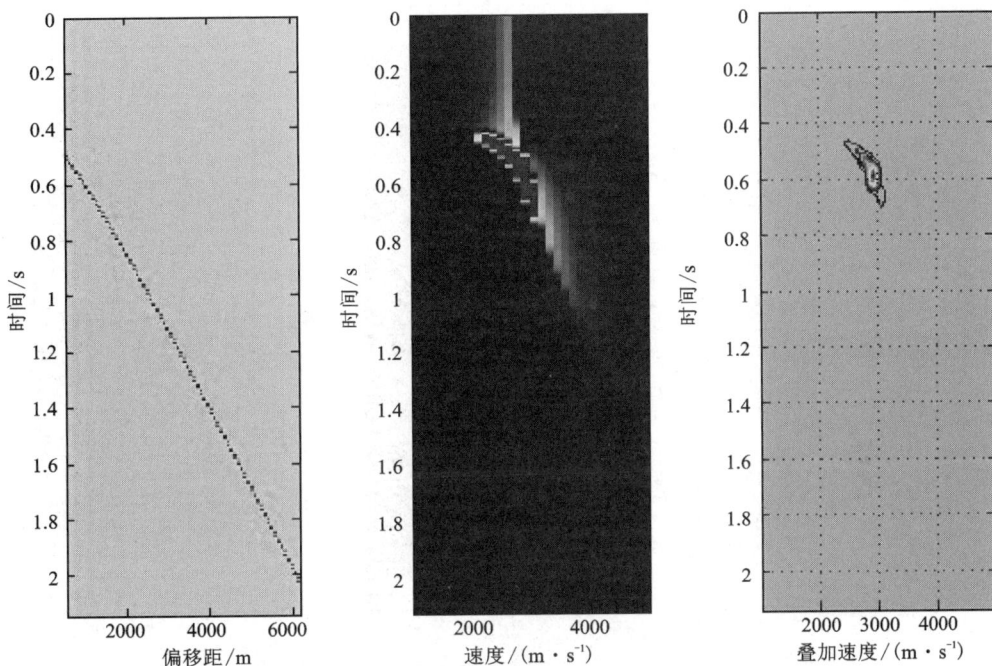

(a) 叠加速度

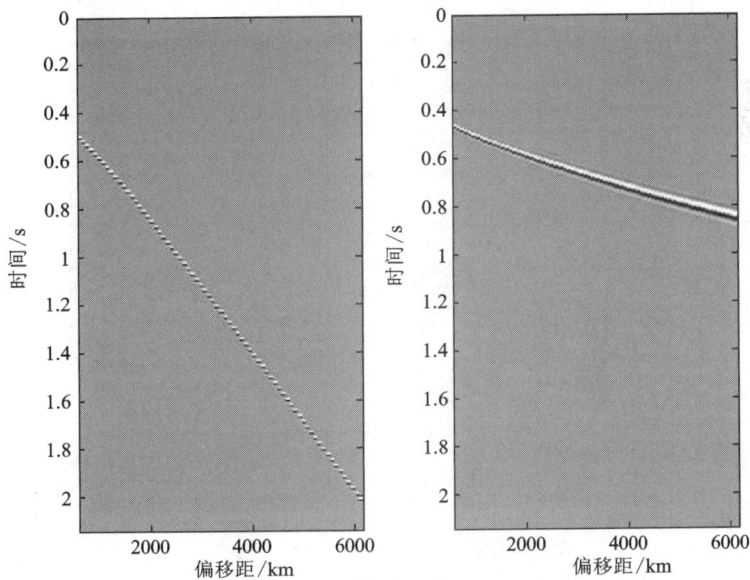

(b) DMO 校正

图 8-33　倾角为 20° 时界面的叠加速度及 DMO 校正

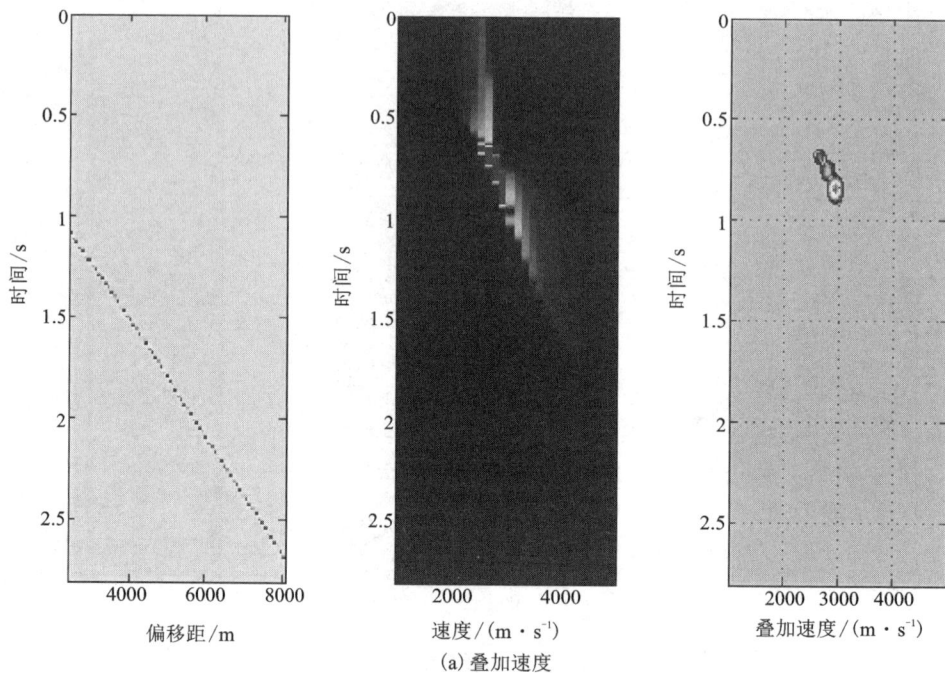

(a) 叠加速度

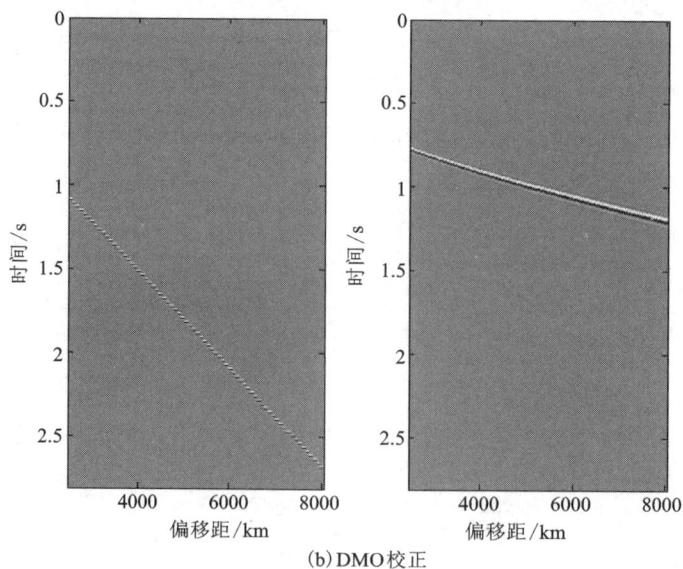

(b) DMO校正

图 8-34　倾角为 30°时界面的叠加速度及 DMO 校正

模型 2 的弹性参数见表 8-6，几何参数详见图 8-35，模型包括两个倾斜界面，倾角分别为 10°、20°。模拟炮检距为 1.76 km，检波器之间的距离为 30 m，模拟 70 个检波器，排列长度为 3.83 km。模拟地震波反射记录见图 8-36，模型 2 叠加速度及 DMO 校正见图 8-37。

表 8-6　模型 2 弹性参数

层号	$V_{P0}/(km \cdot s^{-1})$	$V_{S0}/(km \cdot s^{-1})$	ε	δ	γ	$\rho/(g \cdot cm^{-3})$	厚度/km
1	2.9	1.7	0.225	0.1	-0.1	2.3	—
2	3.9	2.3	0.325	0.2	-0.15	3.1	—
3	2.2	1.3	0.24	0.2	-0.1	1.9	—

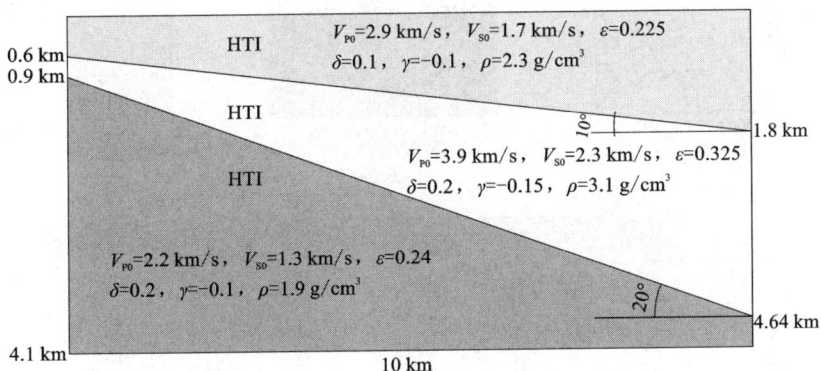

图 8-35　模型 2 示意图

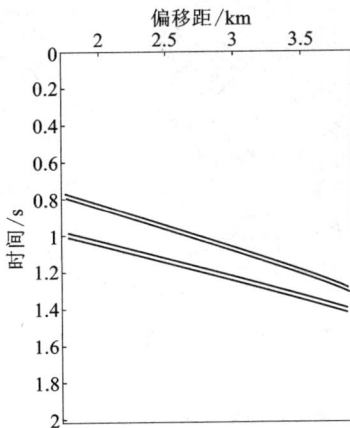

图 8-36　模型 2 双层倾斜界面的地震波反射记录

(a) 叠加速度

(b) DMO 校正

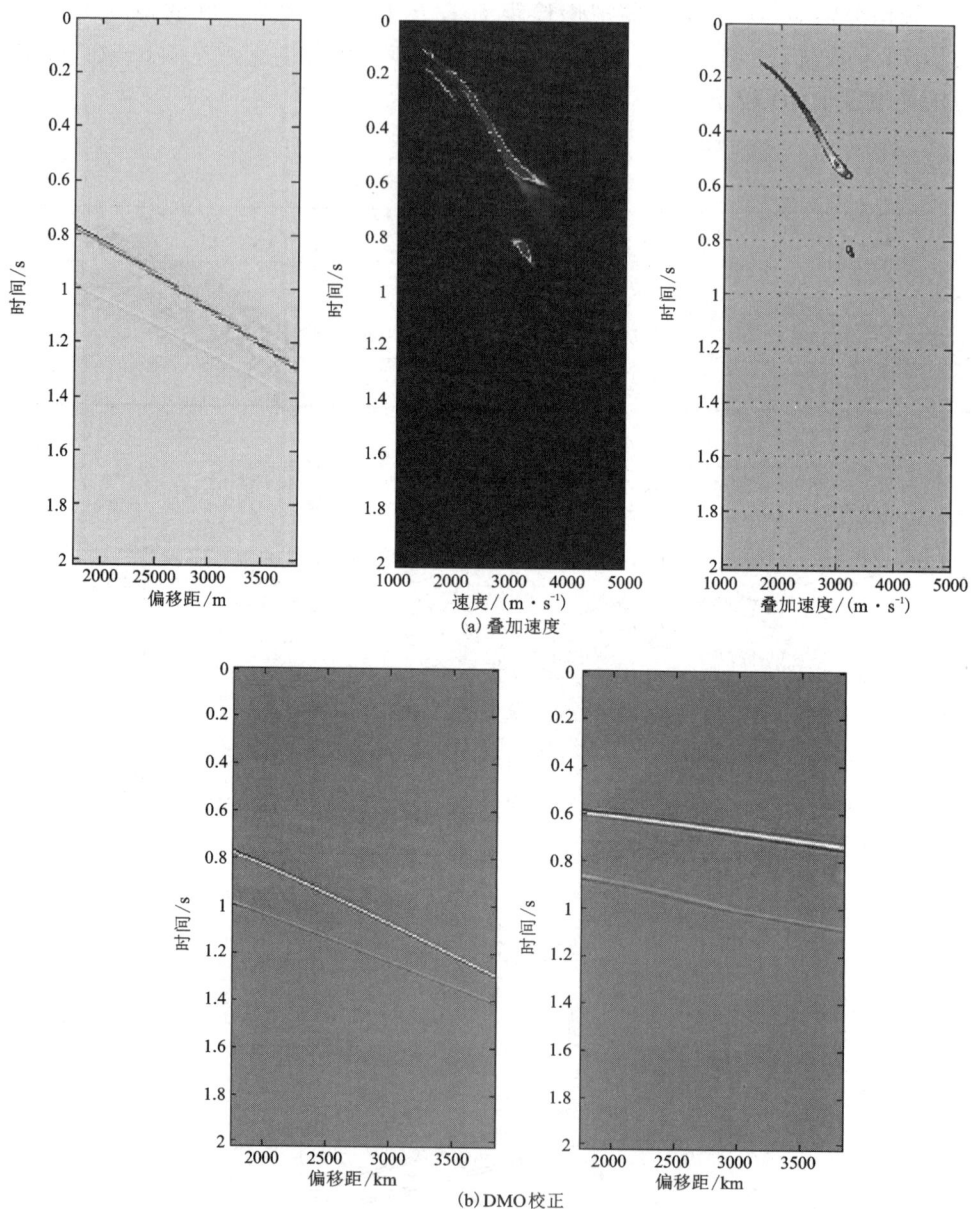

图 8-37　模型 2 叠加速度及 DMO 校正

从计算结果可以看出由式(8-45)及对应于倾斜界面的 A_2 和 A_4 可以准确地计算单层倾斜介质的叠加速度,但在计算双层介质时误差相对较大,可通过计算

零偏移距射线和水平、垂直射线参数来改进其计算精度，这将在后面的参数反演
计算中加以讨论。

8.4　EDA 介质中非双曲线相似分析

本小节主要讨论 EDA 介质中的非双曲线相似分析，EDA 介质的对称轴与 x_1
轴重合，本节主要讨论对称轴与 x_1 轴有一夹角 φ 时的情况，可以将其看作由
EDA 介质绕 z 轴旋转角度 φ 后得到的一种新的 EDA 介质。首先讨论反射界面为
水平的情况。

8.4.1　EDA 介质中水平界面的非双曲线时距方程

8.4.1.1　单层水平 EDA 介质的动校正速度和时距方程

（1）动校正速度和水平速度

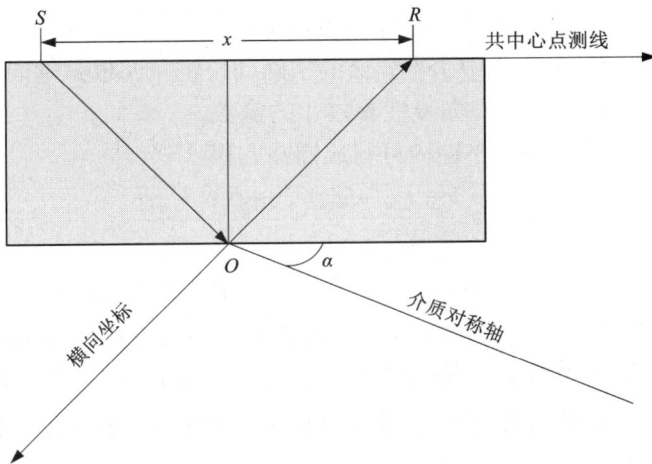

图 8-38　具有水平对称轴的介质的共中心点反射

当 CMP 排列与 EDA 介质 x_1 轴的夹角为 a 时，任意非转换波的动校正速度可
表示为：

$$V_{nmo}^2(a=\varphi)=V^2(1+A)=V^2\left(1+\frac{1}{V}\frac{d^2V}{d\theta^2}\bigg|_{\theta=90°}\right) \tag{8-117}$$

式中，a 为 x_1 轴与 CMP 排列的夹角，V_0 表示 HTI 介质中的垂直速度，各向异性

参数 A 可由式(8-54)表示。

当 CMP 排列与对称轴平行，即 $a=\varphi$ 时，式(8-117)可简化为：

$$V_{nmo}^2(a=\varphi) = V^2(1+A) = V^2\left(1 + \frac{1}{V}\frac{d^2V}{d\theta^2}\bigg|_{\theta=90°}\right) \tag{8-118}$$

当测线与对称轴垂直，即 $a=90°+\varphi$ 时，入射波和反射波都在各向同性平面内，动校正速度与垂向速度相等：

$$V_{nmo}(a=90°+\varphi) = V_0 \tag{8-119}$$

式(8-117)中的各向异性对动校正速度的影响主要由对称轴方向和各向异性参数 A 决定，其中 A 又可写为：

$$A = \frac{V_{nmo}^2(a=\varphi)}{V_0^2} - 1 \tag{8-120}$$

由式(8-32)和式(8-120)可知，A 可用 HTI 各向异性参数[式(8-58)]表示。因此 P 波的动校正速度可写成：

$$V_{nmo}^2(a) = V_{P0}^2 \frac{1+2\delta^{(V)}}{1+2\delta^{(V)}\sin^2(a-\varphi)} \tag{8-121}$$

在弱各向异性条件下式(8-117)可简化为：

$$V_{nmo}^2 = V_0^2\left[1 + A\cos^2(a-\varphi)\right] \tag{8-122}$$

由上式可知，EDA 介质中水平界面的精确动校正速度也是垂向速度、测线方位角 a、对称轴方位角 φ 及各向异性参数 A 的函数。

同样，动校正速度在水平面内可写成椭圆方程[209, 321, 330]：

$$V_{nmo}^{-2} = \frac{\sin^2(a-\varphi)}{V_{p,nmo}^2} + \frac{\cos^2(a-\varphi)}{V_{p0}^2} \tag{8-123}$$

$$V_{p,nmo} = V_{nmo}(a=\varphi) = V_{p0}\sqrt{1+2\delta^{(V)}}, \qquad V_{p0} = V_{nmo}(a=90°+\varphi) \tag{8-124}$$

为了确定式(8-117)中的参数 A，首先必须找到与方位角相关的水平群速度 (V_{hor})，同样可忽略相速度与群速度的差异，把 V_{hor} 当作相速度。因此只要把式(8-29)用 $\theta=(a-\varphi)$ 代替就可求得 EDA 介质中 P 波和 $S^\perp$ 波的水平速度。

(2)时距方程

在 EDA 介质中，由式(8-64)可得 A_4 的精确表达式如下：

$$A_4(a) = \cos(A-\varphi)\left[\frac{\frac{4}{V}\frac{d^2V}{d\theta^2}+3\left(\frac{1}{V}\frac{d^2V}{d\theta^2}\right)^2+\frac{1}{V}\frac{d^4V}{d\theta^4}}{12t_0^2V_{vert}^4\left(1+\frac{1}{V}\frac{d^2V}{d\theta^2}\right)^4}\right]_{\theta=90°+\varphi} = \cos^4(a-\varphi)A_4(a=\varphi) \tag{8-125}$$

上式适用于任意强度的 EDA 各向异性介质，以及任意非转换波。

当 $a = \varphi$ 时 A_4 取最大值，当 $\theta = 90° + \varphi$ 时，$A_4 = 0$，时距曲线为双曲线。

由式（8-29）可得相速度四阶微商为：

$$\frac{1}{V} \frac{d^4 V}{d\theta^4} \bigg|_{\theta = 90° + \varphi} = 24 \left[\varepsilon^{(V)} - \delta^{(V)} \right] \left[1 + \frac{2\delta^{(V)}}{f^{(V)}} \right] - 2\delta^{(V)} \left[4 + 6\delta^{(V)} \right] \quad (8-126)$$

将式（8-58）和式（8-126）代入式（8-125）可得 P 波的时距方程的四阶项系数为：

$$A_4^{(P)(a)} = \cos^4 a \left[\frac{2 (2\varepsilon^{(V)} - \delta^{(V)})(1 + 2\delta^{(V)}) / f^{(V)}}{t_0^2 V_{P0}^4 (1 + 2\delta^{(V)})^4} \right] \quad (8-127)$$

对比可知，当 $a = \varphi$ 时，式（8-127）与 HTI 介质中所推导的 P 波四阶系数相同。由于 S 波的垂直速度对 P 波四阶项系数的影响可以忽略，在 HTI 介质中 A_4 可以表示成两等效参数，即动校正速度和各向异性参数 $\eta = (\varepsilon - \delta) / (1 + 2\delta)$ 的函数。显然这一结论对 EDA 介质也成立，只是 V_{nmo} 表示的是对称平面内的动校正速度，且 $\eta = \eta^{(V)} = \left[\varepsilon^{(V)} - \delta^{(V)} \right] / \left[1 + 2\delta^{(V)} \right]$。

因此对 EDA 介质同样有：

$$t^2(x) = t_0^2 + \frac{x^2}{V_{nmo}^2(a)} - \frac{2\eta(a)x^4}{V_{nmo}^2(a) \{ t_0^2 V_{nmo}^2(a) + [1 + 2\eta(a)]x^2 \}} \quad (8-128)$$

式中 $V_{nmo}^2(a)$ 由式（8-123）确定。

且

$$\eta(a) = \eta^{(V)} \left[\cos^2(a - \varphi) - \cos^2(a - \varphi)\sin^2(a - \varphi) \right] \quad (8-129)$$

8.4.1.2　层状 EDA 介质的时距方程

在 EDA 介质中，式（8-70）～式（8-85）均成立。层参数按下面两式计算：

$$V_{nmo, i}^{-2} = \frac{\sin^2(a - \varphi)}{V_{P, nmo, i}^2} + \frac{\cos^2(a - \varphi)}{V_{P0, i}^2} \quad (8-130)$$

$$\eta_i(a) = \eta_i^{(V)} \left[\cos^2(a - \varphi) - \cos^2(a - \varphi)\sin^2(a - \varphi) \right] \quad (8-131)$$

其余参数计算公式基本与 HTI 介质相同。

8.4.1.3　基于相似分析的各向异性参数反演

单层 EDA 介质中的参数，同样可由式（8-79）及式（8-86）来反演参数 t_0、V_{nmo}、V_{hor}，但是由于动校正速度是垂向速度、测线方位角 a、对称轴方位角 φ 及各向异性参数 A 的函数，因此，要反演的参数为四个，比 HTI 介质中多一个参数 φ，因此所需要的多方位数据也必须有四个，这样才能完全确定 EDA 介质中的所有各向异性参数。

多层状介质的非双曲线速度分析也与 HTI 介质相似，反演时的未知参数要比 HTI 介质多一维，因此计算量相应增大，所需要的多方位数据也相应增加。

8.4.2 EDA 介质中倾斜界面的动校正速度及时距方程

8.4.2.1 EDA 介质中倾斜界面的动校正速度

由式(8-86)经坐标旋转可得 EDA 介质中倾斜界面的动校正速度：

$$\frac{1}{V_{\text{nmo}}^2(a)} = W_{11}\cos^2(a - \varphi) + 2W_{12}\sin a\cos(a - \varphi) + W_{22}\sin^2(a - \varphi)$$

(8-132)

假设方向角 a 为测线与 x_1 轴的夹角，令沿界面倾向的半轴为 $V_{\text{nmo}}(a=\varphi, \phi)$，沿界面走向的半轴为 $V_{\text{nmo}}(a=\pi/2+\varphi, \phi)$，则式(8-132)可写成：

$$V_{\text{nmo}}^{-2}(a, \phi) = V_{\text{nmo}}^{-2}(\varphi, \phi)\cos^2 a + V_{\text{nmo}}^{-2}\left(\frac{\pi}{2} + \varphi, \phi\right)\sin^2 a \quad (8-133)$$

式(8-133)为垂直非均匀 EDA 介质中倾斜界面的精确动校正速度。

由式(8-89)经坐标旋转可得平行于界面走向的动校正速度为：

$$V_{\text{nmo}}\left(\frac{\pi}{2} + \varphi, \phi\right) = V(\phi)\sqrt{1 + \frac{1}{V(\phi)\tan\phi}\frac{\mathrm{d}V}{\mathrm{d}\theta}\bigg|_{\theta=\varphi}} \quad (8-134)$$

同理在弱各向异性介质中，可得沿界面倾向的 P 波的动校正速度为：

$$V_{\text{nmo}}(\varphi, \phi) = \frac{V_{\text{nmo}}(0)}{\cos\phi}\{1 + \delta^{(V)}\sin^2\phi + 3[\varepsilon^{(V)} - \delta^{(V)}]\sin^2\phi(2 - \sin^2\phi)\}$$

(8-135)

由上式可知动校正速度 $V_{\text{nmo}}(\varphi, \phi)$ 主要由 $\varepsilon^{(V)}$ 与 $\delta^{(V)}$ 的差值及水平界面的动校正速度 $V_{\text{nmo}}(0)$ 决定。

由式(8-90)同样可得沿界面走向的动校正速度 $V_{\text{nmo}}(\pi/2+\varphi, \phi)$ 为：

$$V_{\text{nmo}}\left(\frac{\pi}{2}+\varphi, \phi\right) = V_{\text{nmo}}(0)\{1+[\varepsilon^{(V)}-\delta^{(V)}]\sin^2\phi(2-\sin^2\phi)\} \quad (8-136)$$

8.4.2.2 对称面内 P 波动校正速度与射线参数的关系

由式(8-93)可得 EDA 介质中，沿界面倾向的动校正速度可用射线参数表示为：

$$V_{\text{nmo}}(\varphi, p) = \sqrt{\frac{pq' - q}{pq' - q}} \quad (8-137)$$

式中，q 为慢度的垂直分量：

$$q \equiv q(p) \equiv \frac{\cos\theta}{V(\theta)} \quad (8-138)$$

式中，$\theta = a - \varphi$，

且有：

$$q' \equiv \frac{dq}{dp}; \quad q'' \equiv \frac{\mathrm{d}^2 q}{dp^2} \tag{8-139}$$

沿界面走向的动校正速度可用射线参数表示为：

$$V_{\mathrm{nmo}}\left(\frac{\pi}{2} + \varphi, \, p\right) = \sqrt{\frac{q'}{p(pq' - q)}} \tag{8-140}$$

与 HTI 介质一样，所有的参数都为零偏移距射线的参数。动校正速度与射线参数的关系都隐藏在慢度分量和其微商当中，为确定动校正系数，便于反演计算，下面主要讨论动校正速度与射线参数的显性关系。

8.4.3　EDA 介质中三维动校正速度与射线参数的关系

8.4.3.1　均匀 EDA 介质中用射线参数表示的动校正速度精确表达式

由式(8-97)、式(8-99)和式(8-132)可得：

$$
\begin{aligned}
V_{\mathrm{nmo}}^{-2}(a, \, p_1, \, p_2) = {} & \frac{p_1 q_1 + p_2 q_2 - q}{q_{11} q_{22} - q_{12}^2} \times \big[q_{22}\cos^2(a - \varphi) - \\
& 2q_{12}\sin(a - \varphi)\cos(a - \varphi) + q_{11}\sin^2(a - \varphi) \big]
\end{aligned} \tag{8-141}
$$

式(8-141)对所有的非转换波都成立。垂直慢度 $q \equiv p_3$ 可由 Christoffel 方程计算。

8.4.3.2　弱各向异性 EDA 介质中对称面内射线参数与动校正速度的关系式

在 EDA 介质中，因为只是使 HTI 介质绕 z 轴旋转角度 φ，对垂直方向的参数没有影响，因此计算垂直慢度仍可采用式(8-102)。

将垂直慢度 q 用 $\eta^{(V)}$ 表示，并把 q 及其微商代入动校正方程式(8-141)，并用各向异性参数进一步线性化，可得到弱各向异性 EDA 介质中 P 波的近似的动校正速度：

$$
\begin{aligned}
V_{\mathrm{nmo}}^{-2}(a, \, p_1, \, p_2) = {} & \cos^2(a - \varphi)\big[(V_{\mathrm{P, \, nmo}})^{-2} - p_1^2 - 2p_1^2 \eta^{(V)} d_1 \big] - \\
& 2\sin(a - \varphi)\cos(a - \varphi)p_1 p_2 \big[1 - 8\eta^{(V)} p_1^2 V_{\mathrm{P0}}^2 d_2 \big] + \\
& \sin^2(a - \varphi)\big[(V_{\mathrm{P0}})^{-2} - p_2^2 + 2\eta^{(V)} p_1^4 V_{\mathrm{P0}}^2 d_3 \big]
\end{aligned} \tag{8-142}
$$

式中，$d_1 = 6 - 9p_1^2 V_{\mathrm{P0}}^2 + 4p_1^4 V_{\mathrm{P0}}^4$；$d_2 = 1 - p_1^2 V_{\mathrm{P0}}^2$；$d_3 = 1 - 4p_1^2 V_{\mathrm{P0}}^2$。

假设倾斜方位与介质对称轴重合，将零偏移距慢度向量(零偏移距射线)限定在介质的对称平面内，水平慢度分量 p_2 等于零，式(8-104)可改写为：

$$
\begin{aligned}
& V_{\mathrm{nmo}}^{-2}(a, \, p_1, \, p_2 = 0) \\
& = \cos^2(a - \varphi)\big[(V_{\mathrm{P, \, nmo}})^{-2} - p_1^2 - 2p_1^2 \eta^{(V)} d_1 \big] + \sin^2(a - \varphi)\big[(V_{\mathrm{P0}})^{-2} + 2\eta^{(V)} p_1^4 V_{\mathrm{P0}}^2 d_3 \big]
\end{aligned}
$$

$$\tag{8-143}$$

由式(8-104)，界面($a = \varphi$)的倾斜面上的动校正速度为：

$$V_{nmo}^{-2}(\varphi, p_1) = V_{P, nmo}^{-2} - p_1^2 - 2p_1^2 \eta^{(V)} d_1 \qquad (8-144)$$

如果用 V_{nmo}^2 代替 $V_{P, nmo}$，$\eta^{(V)}$ 和 V_{nmo}^2 与 HTI 介质中的 $\eta^{(V)}$ 和 V_{nmo}^2 相等，那么式(8-144)与 HTI 介质中沿倾向的 P 波的动校正速度的弱各向异性近似表达式一样，$V_{nmo}(\varphi, p_1)$ 可由 HTI 方程计算。

如果界面的倾向与各向同性面重合，走向与对称面平行，则有：

$$V_{nmo}^{-2}(a, p_1, p_2) = \frac{\cos^2(a - \varphi)}{V_{P, nmo}} + \sin^2(a - \varphi)\left(\frac{1}{V_{P0}^2} - p_2^2\right) \qquad (8-145)$$

8.4.4　层状 EDA 介质中倾斜界面的似 Dix 公式

在倾斜 EDA 介质中，式(8-107)~式(8-112)仍然成立，只要对相关参数的计算公式进行修正即可。

对动校正速度，除考虑其测线方位角外，还要考虑倾角的影响，综合分析 HTI 介质对称面内的动校正速度公式以及其与坐标轴的相互关系，由式(8-108)可得：

$$V_{nm}^{-2}(a, \varphi) = V_{nmo}^{-2}(\varphi, \varphi)\cos^2 a + V_{nmo}^{-2}(\pi/2 + \varphi, \varphi)\sin^2 a \qquad (8-146)$$

$$\eta_i = \frac{1}{8V_{nmo, i}^4[(a-\varphi), \varphi]} \times \left\{\frac{f(i)t_0(i) - f(i-1)t_0(i-1)}{t_0(i) - t_0(i-1)} - V_{nmo, i}^4[(a-\varphi), \varphi]\right\}$$

$$(8-147)$$

也可用下式计算：

$$\eta_i(a) = \eta_i^{(V)}\cos\varphi[\cos^2(a - \varphi) - \cos^2(a - \varphi)\sin^2(a - \varphi)] \qquad (8-148)$$

由式(8-146)~式(8-148)结合式(8-107)~式(8-112)即可得到其相关的等效速度和层速度。

8.4.5　EDA 介质速度分析数值计算

HTI 介质的弹性参数见表 8-7，将其绕 z 轴顺时针旋转 60° 即可得到 EDA 介质，其对称轴与 x 轴的夹角为 60°。模型示意图见图 8-39。模拟测线与 x 轴的夹角分别为 0°、30°、60°、90°、120°、150°、180°。炮检距为 80 m，检波器间的间距为 30 m，排列长度为 2.15 km，模拟地震记录见图 8-40。

表 8-7　模型 1 弹性参数

层号	$V_{P0}/(km \cdot s^{-1})$	$V_{S0}/(km \cdot s^{-1})$	ε	δ	γ	$\rho/(g \cdot cm^{-3})$	厚度/km
1	2.9	1.7	0.225	0.1	−0.1	2.3	0.6
2	3.9	2.3	0.325	0.2	−0.15	3.1	1.2

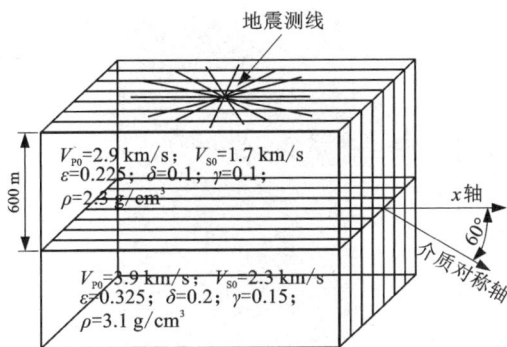

图 8-39　模型 1 示意图

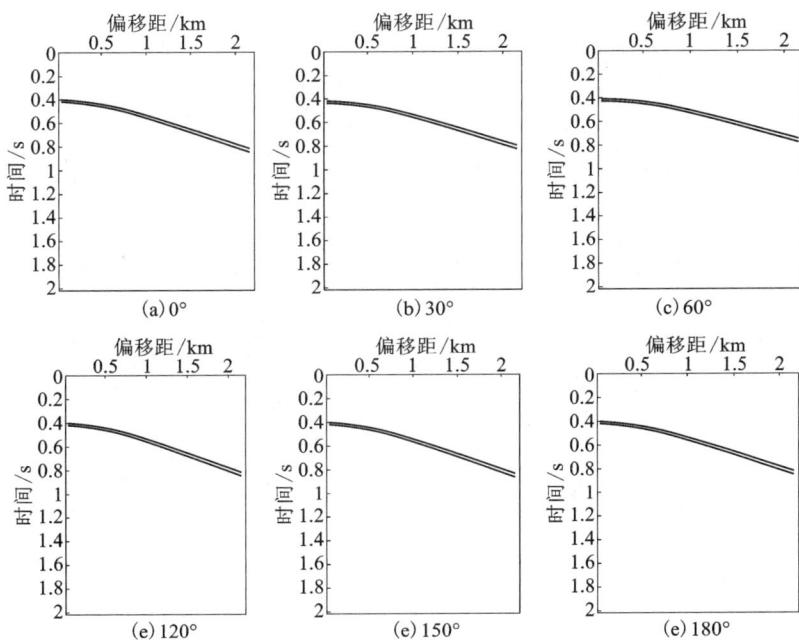

图 8-40　模型 1 不同方位角测线的模拟地震记录

采用式(8-71)进行速度分析,详细结果见图 8-41~图 8-46,计算结果较为精确,所得方位角与动校正速度的关系见图 8-47。估计的动校正椭圆与理论计算结果相当接近,且椭圆长轴方向指向 EDA 对称轴的方向。

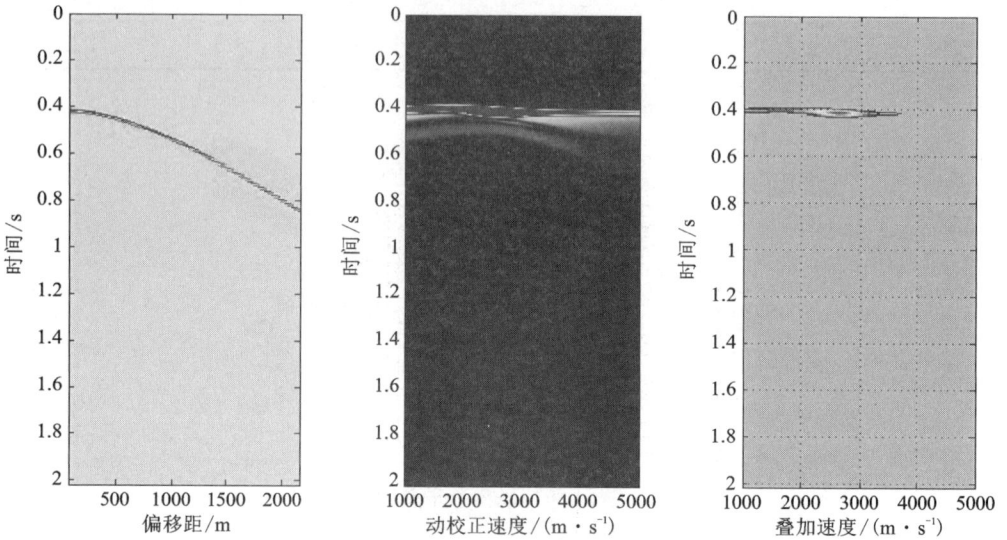

(a) 叠加速度

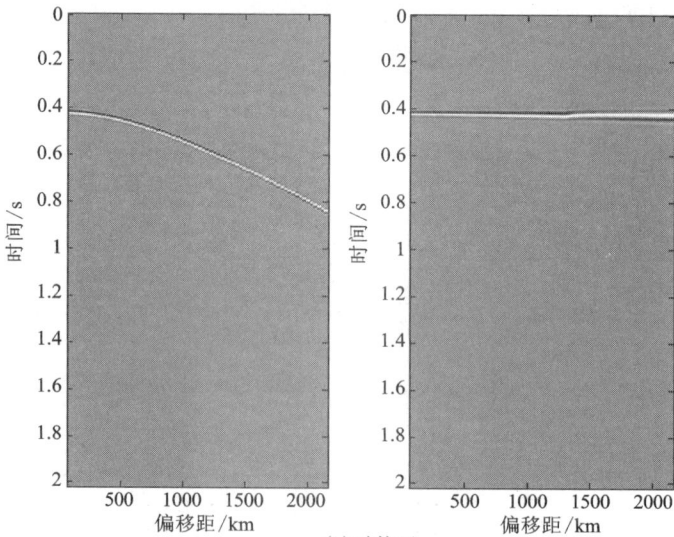

(b) 动校正

图 8-41　0°测线叠加速度及动校正

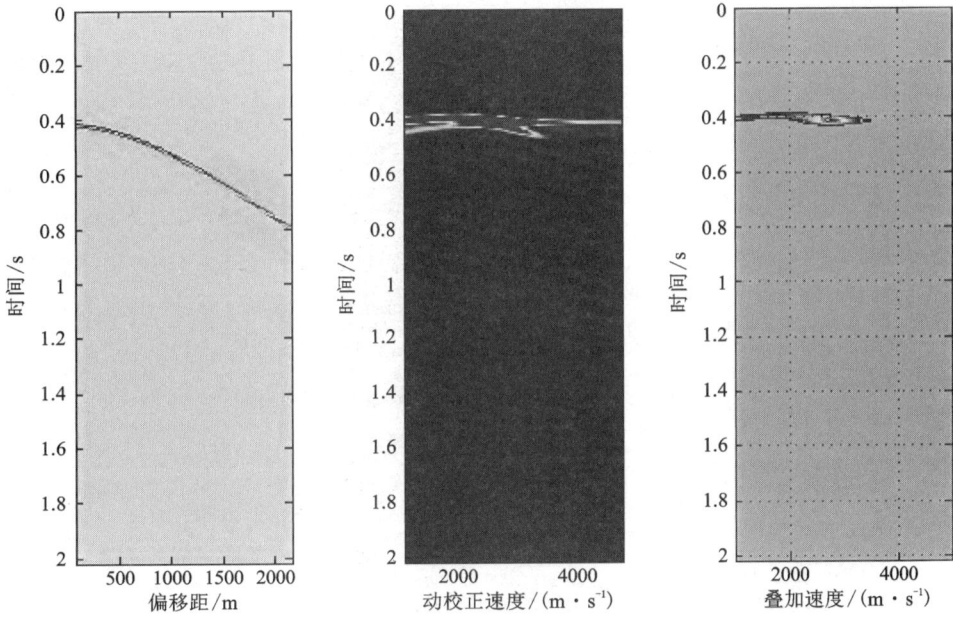

(a) 叠加速度

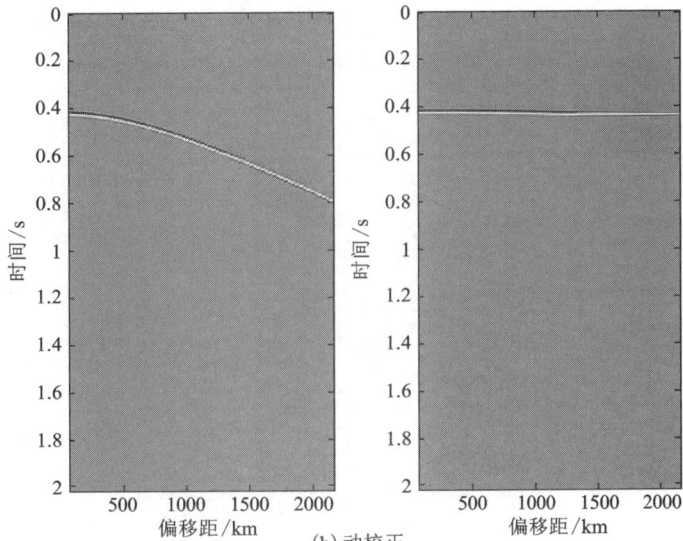

(b) 动校正

图 8-42　30°测线叠加速度及动校正

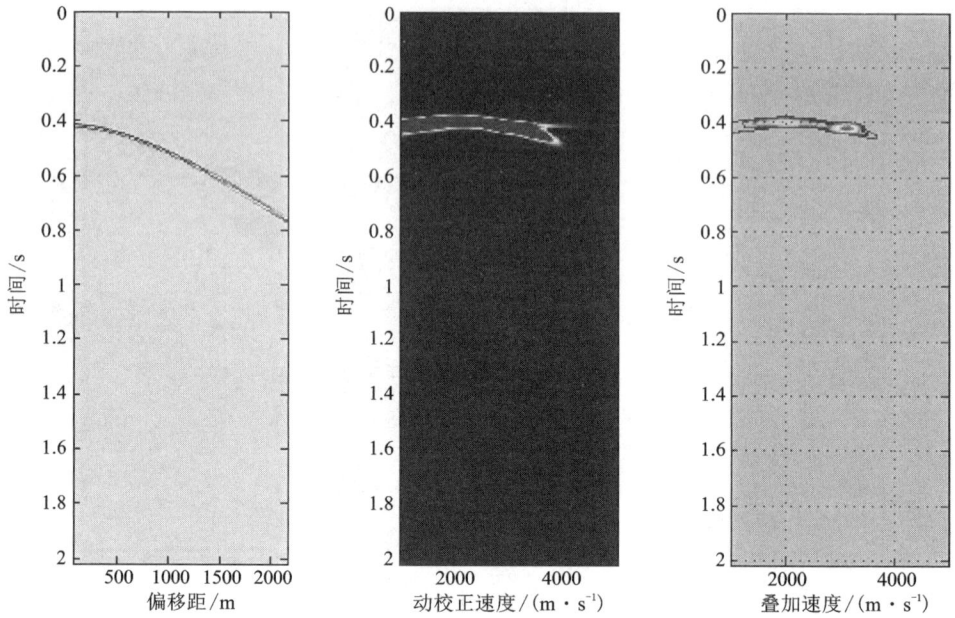

(a) 叠加速度

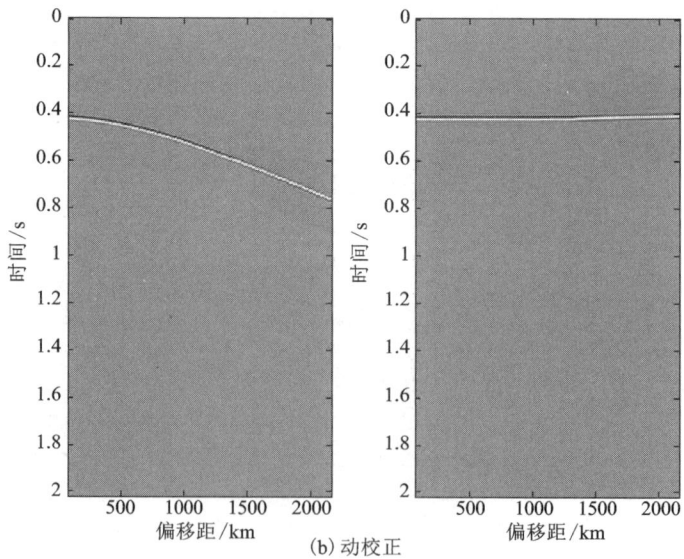

(b) 动校正

图 8-43 60°测线叠加速度及动校正

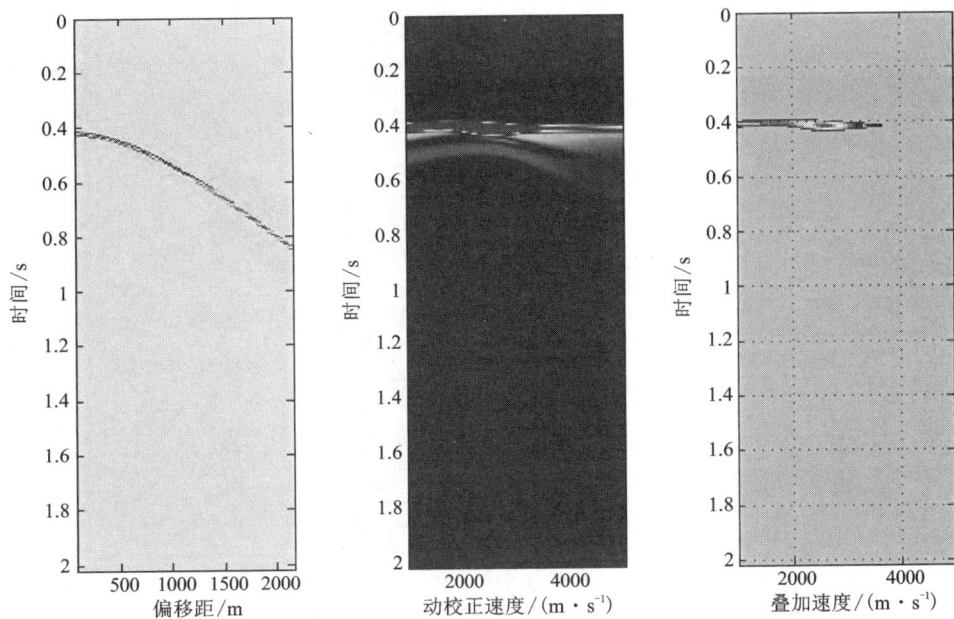

(a) 叠加速度

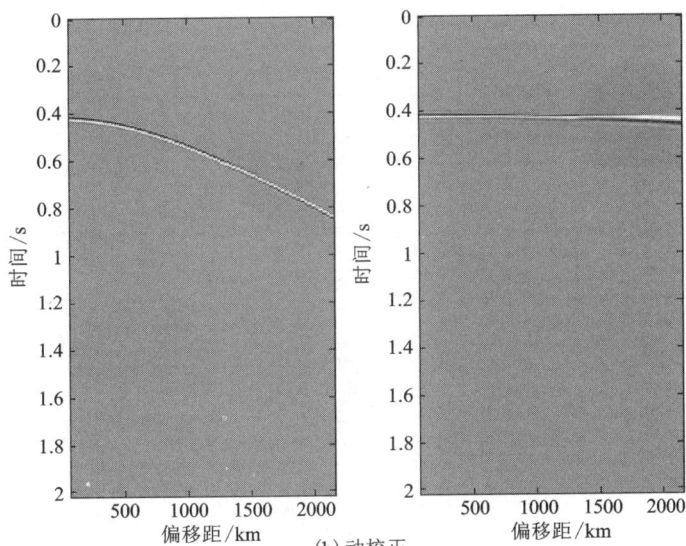

(b) 动校正

图 8-44　120°测线叠加速度及动校正

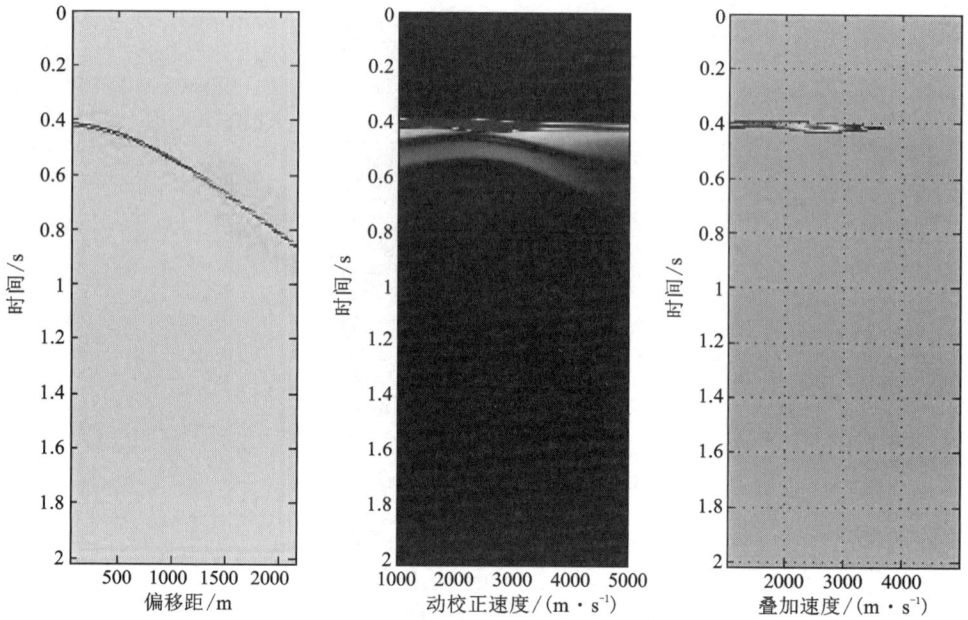

(a) 叠加速度

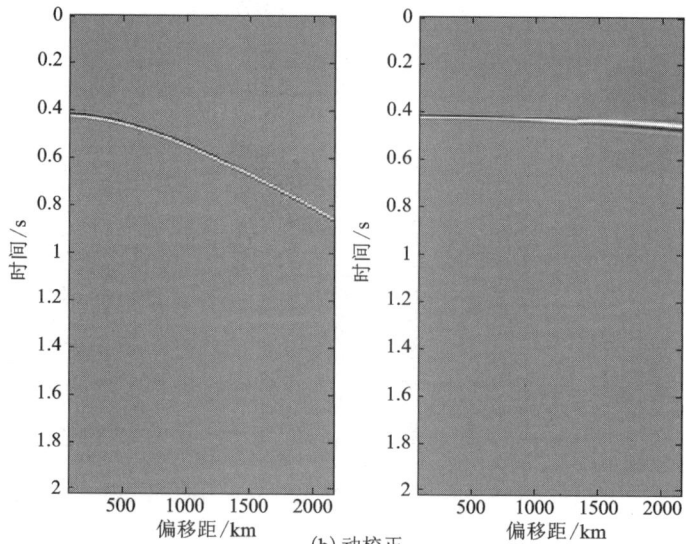

(b) 动校正

图 8-45　150°测线叠加速度及动校正

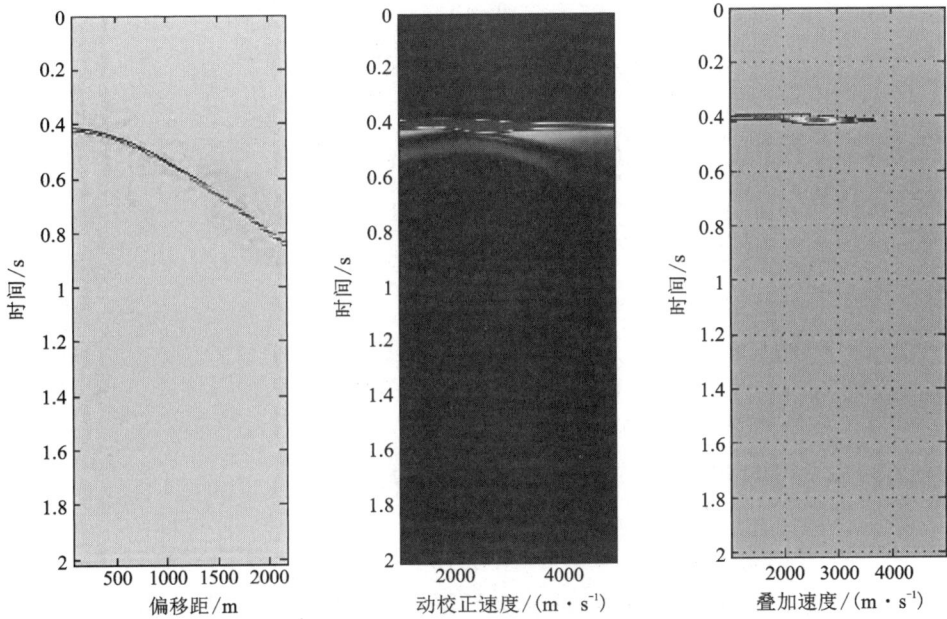

(a) 叠加速度

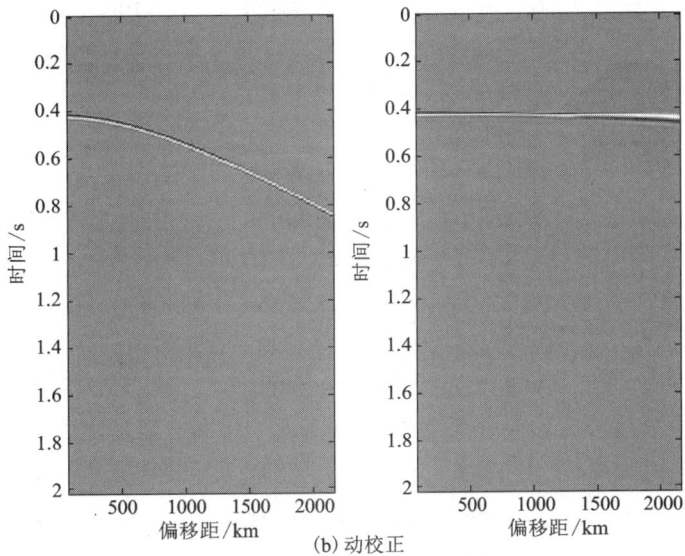

(b) 动校正

图 8-46 180°测线叠加速度及动校正

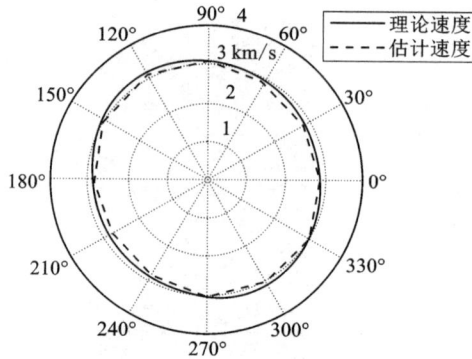

图 8-47　模型 1 动校正椭圆

旋转后所得的 EDA 介质的弹性系数矩阵为：

第一层：

$$c = \begin{bmatrix} 20.5642 & 8.8097 & 4.0078 & 0 & 0 & 1.3333 \\ 8.8097 & 24.9164 & 6.5725 & 0 & 0 & 2.4358 \\ 4.0078 & 6.5725 & 19.3430 & 0 & 0 & 2.2211 \\ 0 & 0 & 7.0624 & -0.7196 & 0 & 0 \\ 0 & 0 & -0.7196 & 7.8933 & 0 & 0 \\ 1.3333 & 2.4358 & 2.2211 & 0 & 0 & 7.6019 \end{bmatrix}$$

第二层：

$$c = \begin{bmatrix} 52.1820 & 25.2920 & 5.8878 & 0 & 0 & 5.1165 \\ 25.2920 & 67.5061 & 17.0699 & 0 & 0 & 8.1546 \\ 5.8878 & 17.0699 & 47.1510 & 0 & 0 & 9.6840 \\ 0 & 0 & 18.1560 & -3.0433 & 0 & 0 \\ 0 & 0 & -3.0433 & 21.6701 & 0 & 0 \\ 5.1165 & 8.1546 & 9.6840 & 0 & 0 & 19.0300 \end{bmatrix}$$

前两层旋转后的弹性系数矩阵与模型 1 相同，第三层的弹性系数矩阵为：

$$c = \begin{bmatrix} 10.0794 & 4.6141 & 1.9749 & 0 & 0 & 0.8286 \\ 4.6141 & 12.2864 & 3.5876 & 0 & 0 & 1.0828 \\ 1.9749 & 3.5876 & 9.1960 & 0 & 0 & 1.3967 \\ 0 & 0 & 0 & 3.4117 & -0.3476 & 0 \\ 0 & 0 & 0 & -0.3476 & 3.8131 & 0 \\ 0.8286 & 1.0828 & 1.3967 & 0 & 0 & 3.4312 \end{bmatrix}$$

模型 2 的弹性参数见表 8-8，测线沿 x 轴方向，测线几何参数与模型 1 相同，模拟结果见图 8-48，速度分析采用式(8-71)，计算结果见图 8-49，计算精度都满足要求。

表 8-8　模型 1 弹性参数

层号	$V_{P0}/(km \cdot s^{-1})$	$V_{S0}/(km \cdot s^{-1})$	ε	δ	γ	$\rho/(g \cdot cm^{-3})$	厚度/km
1	2.9	1.7	0.225	0.1	-0.1	2.3	0.6
2	3.9	2.3	0.325	0.2	-0.15	3.1	1.2
3	2.2	1.3	0.24	0.2	-0.1	1.9	—

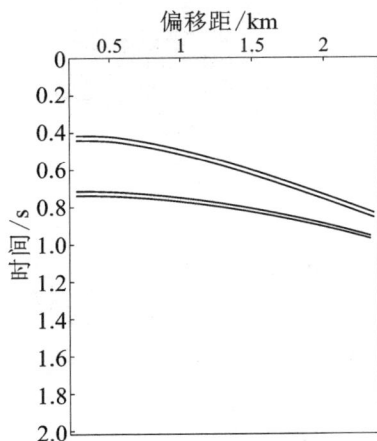

图 8-48　模型 2 模拟地震记录

8.5　EDA 介质参数反演

8.5.1　反演方法及流程

进行参数反演时，首先通过对广角数据进行速度分析得到动校正速度和自激自收时间剖面，由动校正速度反演最佳层参数。由自激自收时间剖面可计算反射波的斜率，确定自激发自收射线的射线参数 $P(X, n) = [p_1(X, n), p_2(X, n)]$，进而计算界面的深度。

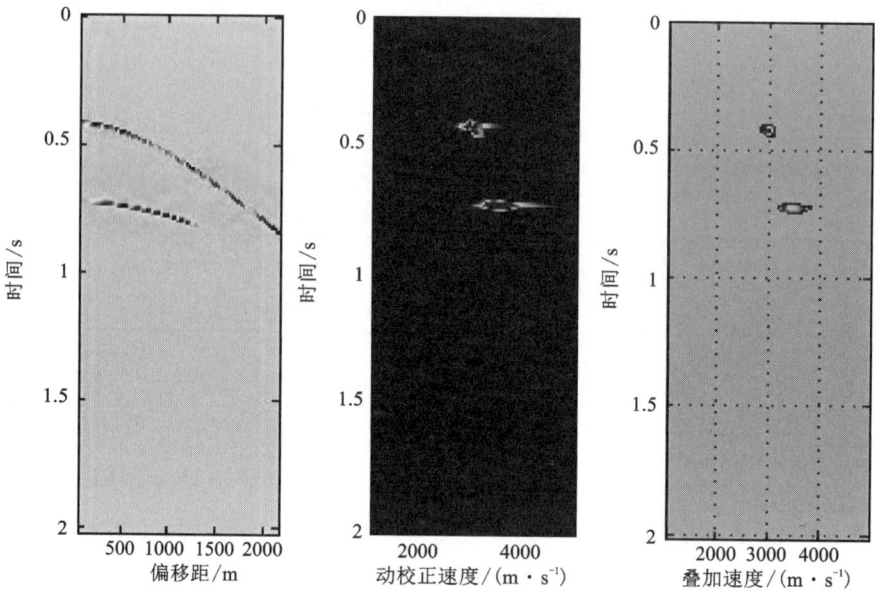

(a) 叠加速度

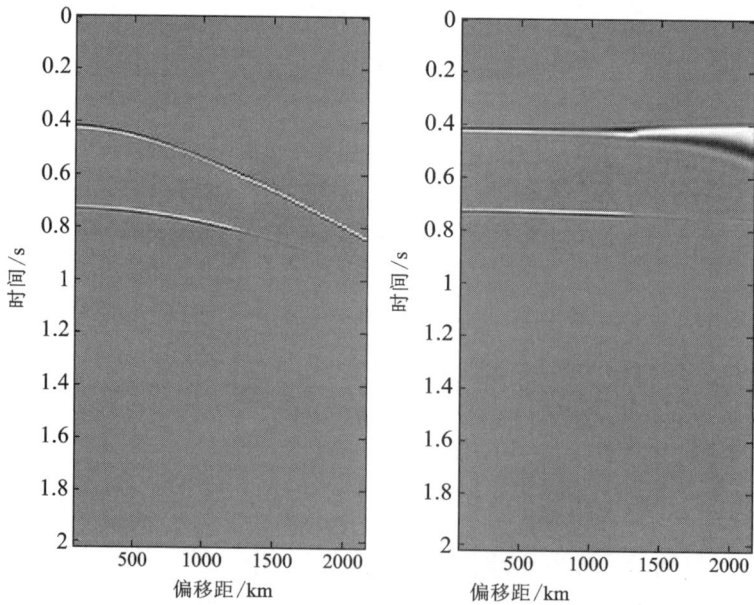

(b) DMO 校正

图 8-49　模型 2 叠加速度及动校正

在均匀各向异性介质中有：

$$\frac{\partial t_0(X, n)}{\partial Y_i} = p_i(n), \ i = 1, 2 \tag{8-149}$$

式中，$t_0(X, n)$ 可表示如下：

$$t_0(X, n) = t_0(0, n) + p_1(n)X_1 + p_2(n)X_2 \tag{8-150}$$

式中，$t_0(0, n)$ 为原点处的走时。

反演总体可分成两部分：

对于给定的初始模型层参数，t_0、p_1、p_2 可用于确定界面深度、倾角和方位角。由第一层的参数通过 Christoffel 方程确定慢度的垂直分量，得到慢度向量 $[p_1(1), p_2(1), p_3(1)]$。由于自激发自收射线垂直于界面，因此射线参数定义了界面法向，这样可以通过计算第一层的群速度，并利用走时确定第一个界面的深度。

一旦第一层界面确定，就可用 snell 定律确定第二个界面。由第二个界面的自激自收剖面即可确定第二个界面的深度。这样下去就可确定模型所有界面的倾角和方位角。最佳层参数必须通过 nmo 椭圆得到，而其他参数都被用于重构反射界面。

对于一个给定的垂直时间 t_0，通过对 V_{HOR} 和 V_{NMO} 进行二维相似分析可以得到一个具有最大相似值的模型。相似系数可由下式计算：

$$S(t_0, V_{nmo}, \eta) = \frac{\displaystyle\sum_{t=t_0-T/2}^{t_0+T/2} \left[\sum_{x=x_{min}}^{x_{max}} F(x, t) \right]^2}{\displaystyle\sum_{t=t_0-T/2}^{t_0+T/2} \sum_{x=x_{min}}^{x_{max}} F^2(x, t)} \tag{8-151}$$

式中，W_p^{calc} 为道数。振幅和 $F(x, t)$ 及其平方 $F^2(x, t)$ 都是沿着时距曲线 $t(t_0, V_{nmo}, x)$ 计算的（其中双曲线的顶点位于垂直走时 t_0' 处，t_0' 在以时间 t_0 为中心的平移窗口内）。两个采样时间间隔之间的反射波振幅 $F(x, t)$ 可通过线性插值来计算。

通过对多个排列进行速度分析即可确定动校正椭圆，由动校正速度与各向异性参数的关系式(8-117)即可计算出各向异性参数。

所采用的目标函数如下：

$$F(m) \equiv \sum_{P, X, n} \| 1 - W_p^{calc}(X, n, m)/W_P^{inv}(Y, n) \| \tag{8-152}$$

式中，$W_p^{calc}(X, n, m)$ 为模型计算速度，$W_P^{inv}(Y, n)$ 为数据反演所得速度。采用最小二乘法计算最佳层参数。

反射界面可用多项式表示，主要参数为节点数、节点处界面的法向量，以及 x、y 方向多项式的维数，其中界面法向与射线参数的垂直分量一致，由基于拟牛顿法的最优化射线追踪法及 Matlab 最优化工具箱确定界面最佳几何参数。

8.5.2 正演模型

模型参数见表 8-9，第一层界面倾斜 10°，第二层和第三层界面倾斜 20°，上面三层为 EDA 介质，下面两层为 VTI 介质，模型示意图详见 8-50。

表 8-9　模型 1 弹性参数

层号	$V_{P0}/(\text{km} \cdot \text{s}^{-1})$	$V_{S0}/(\text{km} \cdot \text{s}^{-1})$	ε	δ	γ	$\rho/(\text{g} \cdot \text{cm}^{-3})$	厚度/km
1	3.2	1.9	0.14	0.13	-0.11	3.0	—
2	2.6	1.6	0.11	0.1	-0.13	2.3	—
3	1.82	0.6	0.15	0.14	-0.15	1.2	—
4	3.9	2.3	0.083	0.271	-0.1	3.3	—
5	2.5	1.4	0.045	0.203	-0.8	2.2	—

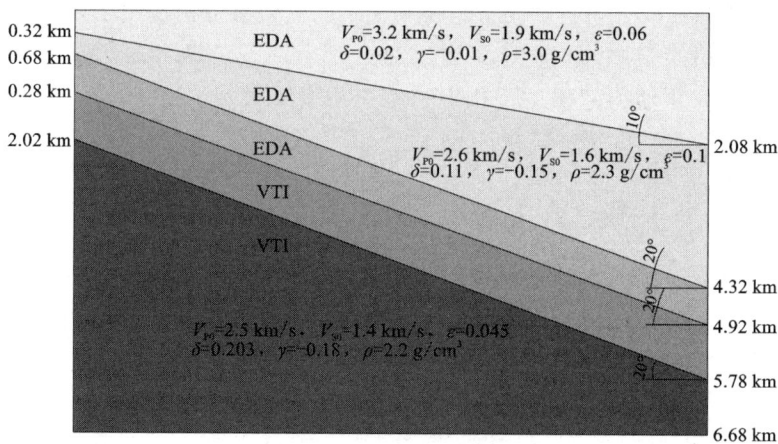

图 8-50　模型 1 示意图

EDA 介质由 HTI 介质逆时针旋转 10°得到，其弹性系数矩阵如下：
第一层：

$$
c = \begin{bmatrix}
39.0246 & 12.7550 & 12.4228 & 0 & 0 & 0.8389 \\
12.7550 & 30.9417 & 3.2453 & 0 & 0 & 0.6321 \\
12.4228 & 3.2453 & 30.7200 & 0 & 0 & 1.6702 \\
0 & 0 & 0 & 13.7925 & -0.5224 & 0 \\
0 & 0 & 0 & -0.5224 & 10.9221 & 0 \\
0.8389 & 0.6321 & 1.6702 & 0 & 0 & 10.8676
\end{bmatrix}
$$

第二层：

$$c = \begin{bmatrix} 18.8500 & 5.2339 & 5.0501 & 0 & 0 & 0.3349 \\ 5.2339 & 15.6357 & -0.1971 & 0 & 0 & 0.2501 \\ 5.0501 & -0.1971 & 15.5480 & 0 & 0 & 0.9549 \\ 0 & 0 & 0 & 7.8944 & -0.3538 & 0 \\ 0 & 0 & 0 & -0.3538 & 5.9504 & 0 \\ 0.3349 & 0.2501 & 0.9549 & 0 & 0 & 5.9034 \end{bmatrix}$$

第三层：

$$c = \begin{bmatrix} 5.1268 & 3.6340 & 3.6026 & 0 & 0 & 0.1144 \\ 3.6340 & 4.0063 & 2.7674 & 0 & 0 & 0.0895 \\ 3.6026 & 2.7674 & 3.9749 & 0 & 0 & 0.1520 \\ 0 & 0 & 0 & 0.6116 & -0.0317 & 0 \\ 0 & 0 & 0 & -0.0317 & 0.4376 & 0 \\ 0.1144 & 0.0895 & 0.1520 & 0 & 0 & 0.4365 \end{bmatrix}$$

第四层 VTI：

$$c = \begin{bmatrix} 58.5250 & 30.5938 & 26.8399 & 0 & 0 & 0 \\ 30.5938 & 58.5250 & 26.8399 & 0 & 0 & 0 \\ 26.8399 & 26.8399 & 50.1930 & 0 & 0 & 0 \\ 0 & 0 & 0 & 17.4570 & 0 & 0 \\ 0 & 0 & 0 & 0 & 17.4570 & 0 \\ 0 & 0 & 0 & 0 & 0 & 13.9656 \end{bmatrix}$$

第五层 VTI：

$$c = \begin{bmatrix} 14.9875 & 9.4681 & 7.5944 & 0 & 0 & 0 \\ 9.4681 & 14.9875 & 7.5944 & 0 & 0 & 0 \\ 7.5944 & 7.5944 & 13.7500 & 0 & 0 & 0 \\ 0 & 0 & 0 & 4.3120 & 0 & 0 \\ 0 & 0 & 0 & 0 & 4.3120 & 0 \\ 0 & 0 & 0 & 0 & 0 & 2.7597 \end{bmatrix}$$

炮检距为 2.2 km，检测波器间距为 30 m。模拟地震记录见图 8-51。

8.5.3　反演成果

8.5.3.1　速度分析

采用式(8-151)进行速度分析，结果见图 8-52~图 8-55。

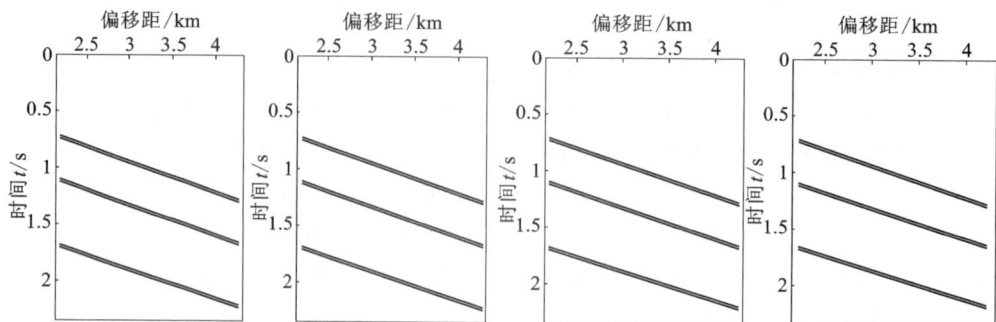

图 8-51　模型 1 不同方位角的模拟地震记录

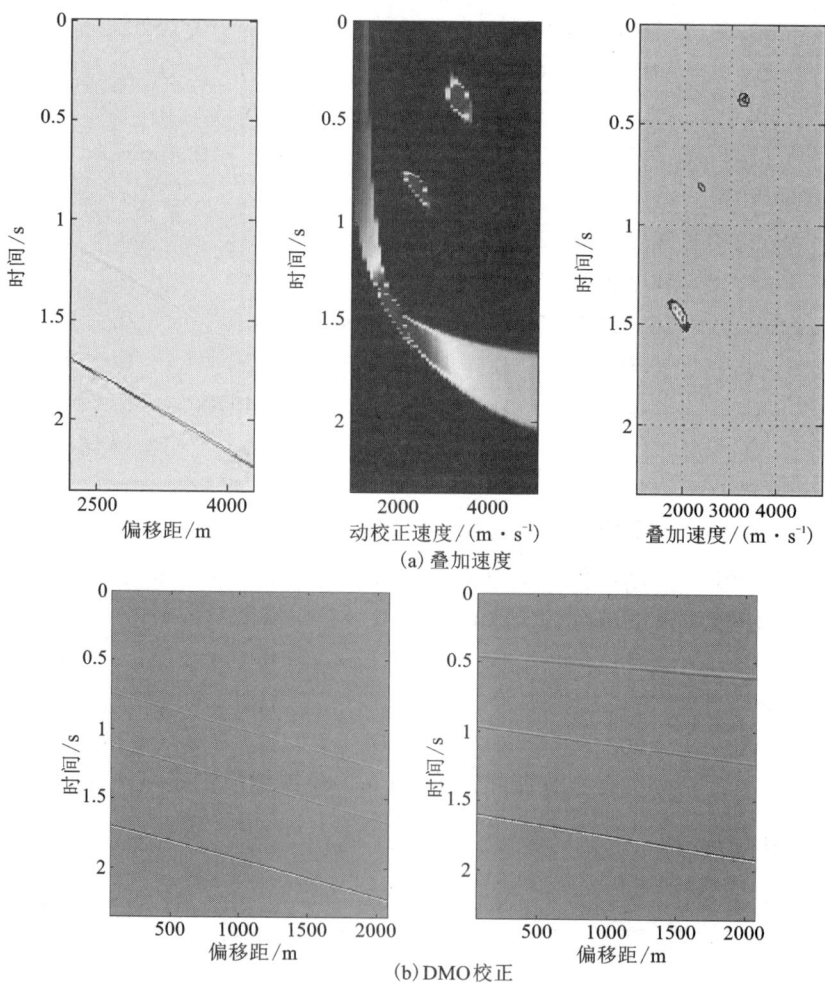

(a) 叠加速度

(b) DMO校正

图 8-52　0°测线的叠加速度和动校正

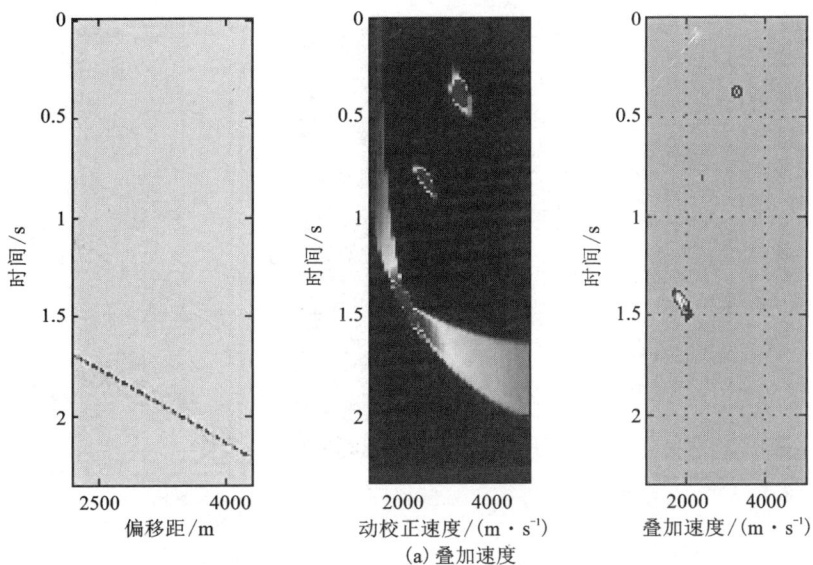

(a) 叠加速度

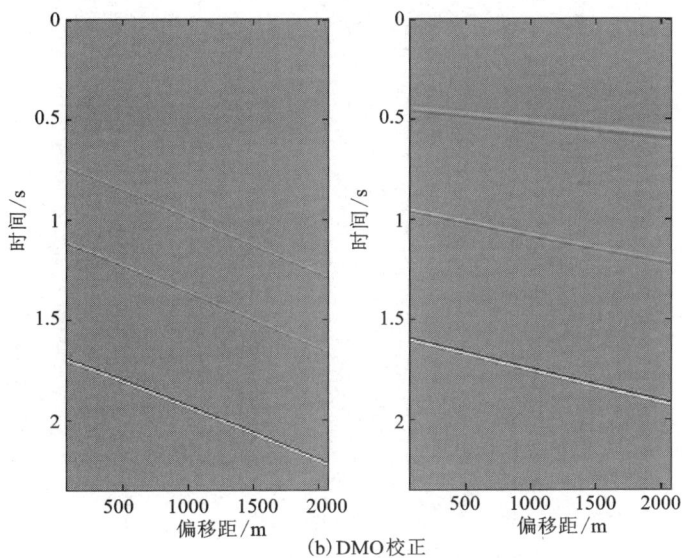

(b) DMO校正

图 8-53　10°测线的叠加速度和动校正

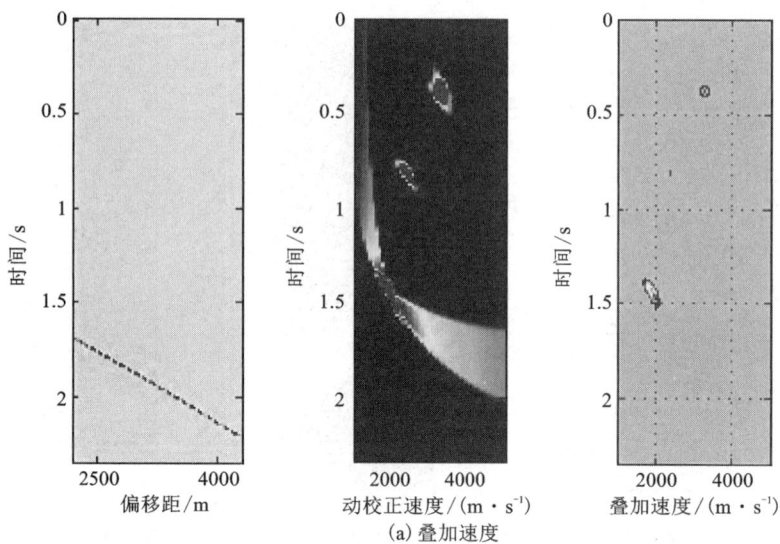

(a) 叠加速度

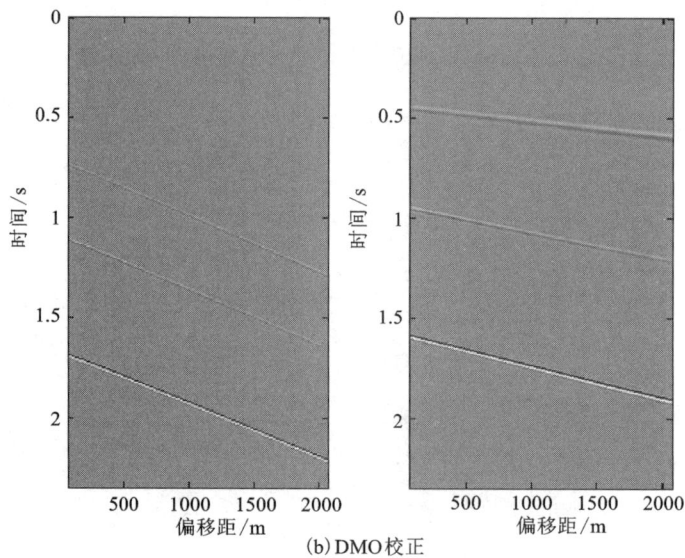

(b) DMO校正

图 8-54 20°测线的叠加速度和动校正

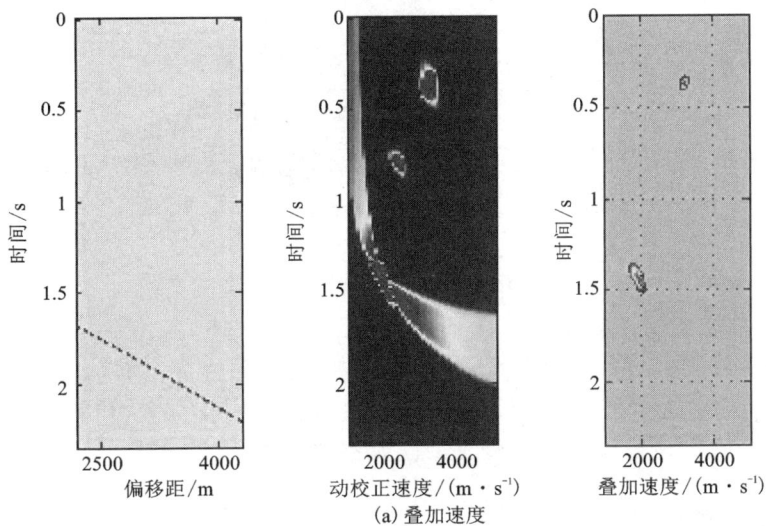

(a) 叠加速度

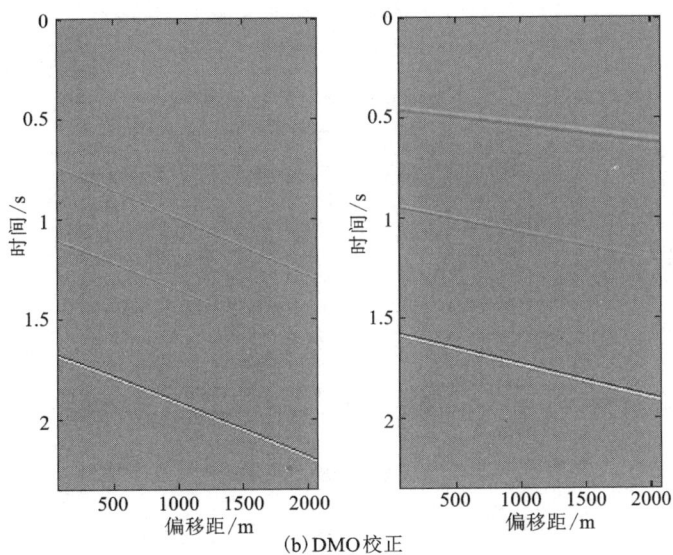

(b) DMO 校正

图 8-55　30°测线的叠加速度和动校正

8.5.3.2　反演成果及误差分析

（1）无噪声反演及误差分析。

图 8-56 所示为反演模型的几何参数。

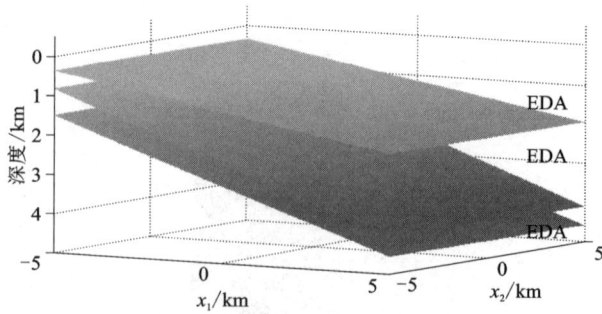

图 8-56　反演模型的几何参数

相关参数反演结果见图 8-57~图 8-59，蓝色十字点表示参数的精确值，红色点表示反演值，迭代 300 次。计算精度较高，收敛较快，误差分析结果见图 8-60 和图 8-61，除方位角误差稍大外其余误差都非常小。

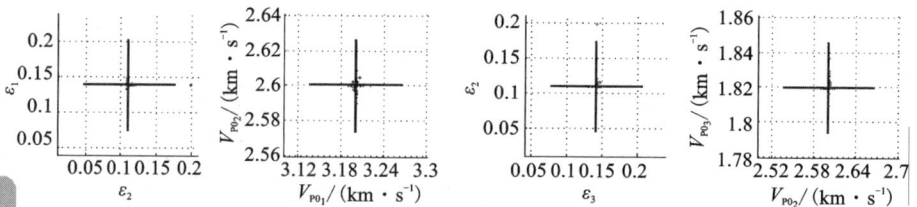

扫一扫，看彩图

图 8-57　ε 及纵波速度反演结果

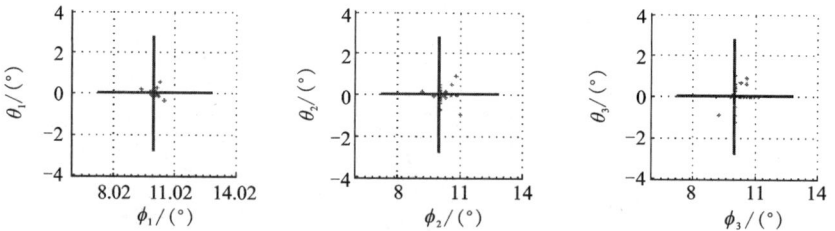

扫一扫，看彩图

图 8-58　裂隙方位角反演结果

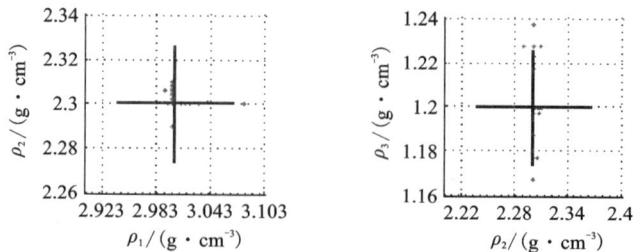

扫一扫，看彩图

图 8-59　密度反演结果

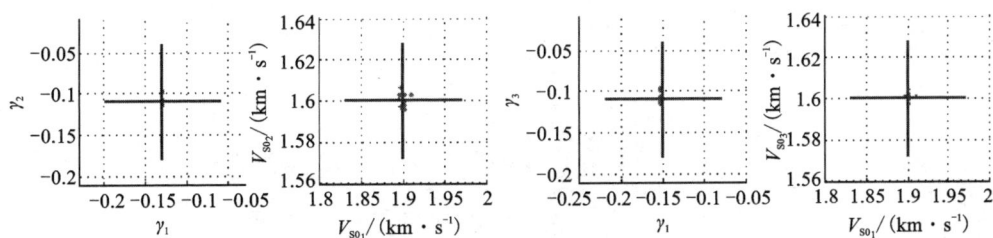

图 8-60　γ 及横波速度反演结果

扫一扫，看彩图

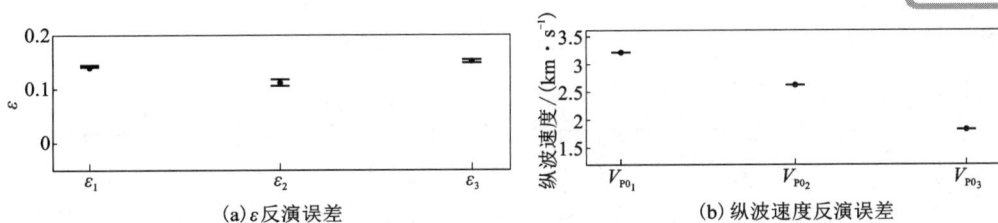

(a) ε 反演误差　　　　　　　　(b) 纵波速度反演误差

图 8-61　ε 及纵波速度反演误差

(2) 带噪声反演结果及误差分析。

加入高斯噪声后的反演结果见图 8-62~图 8-65，噪声对反演的速度和精确度影响较大，其中 ε 和裂隙方位的收敛速度和精度较低，第三层的裂隙方位角反演误差达 20%。其余反演结果误差均在可接受范围内。

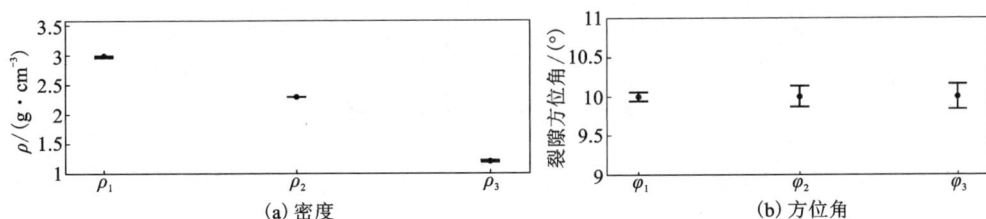

(a) 密度　　　　　　　　　　(b) 方位角

图 8-62　密度及裂隙方位角反演误差

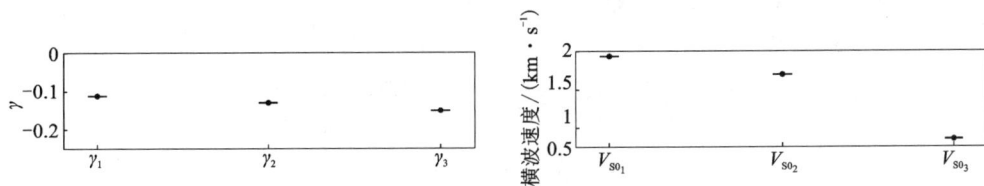

图 8-63　γ 及横波速度反演误差

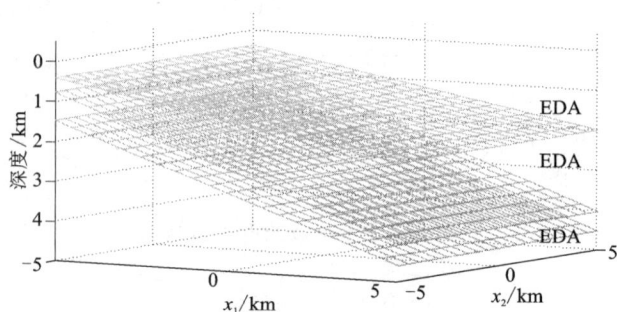

图 8-64　加噪后反演的介质模型

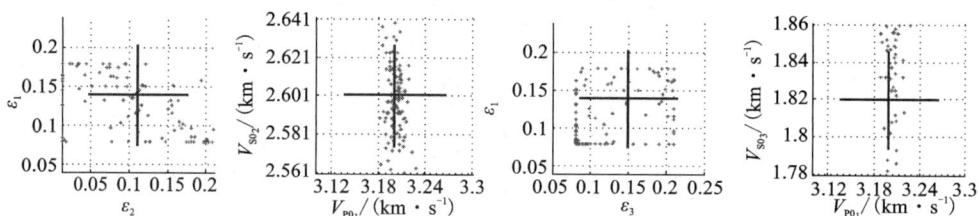

图 8-65　ε 及纵波速度反演结果

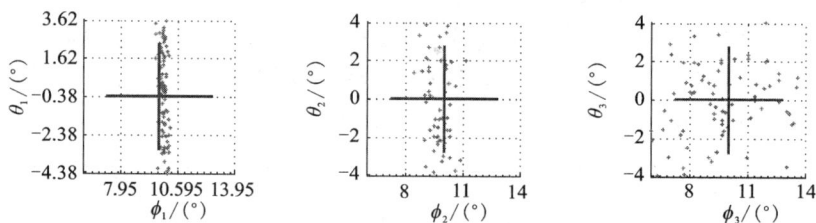

图 8-66　裂隙方位角反演结果

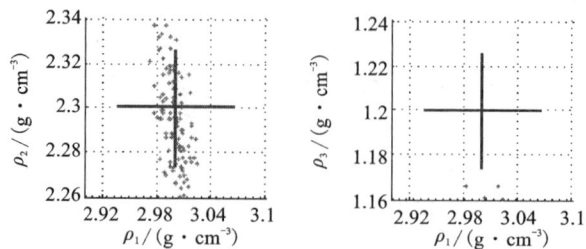

图 8-67　密度反演结果

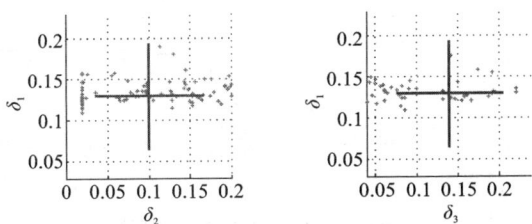

图 8-68　各向异性参数 δ 反演结果

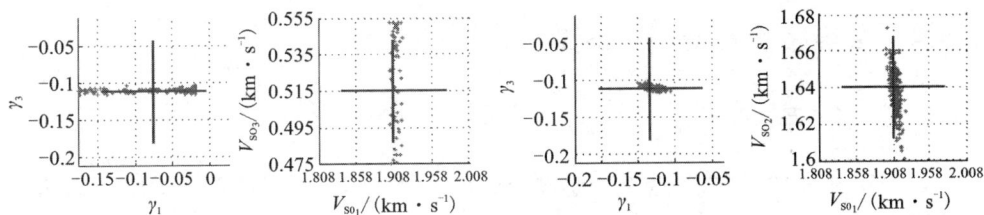

图 8-69　γ 及横波速度反演结果

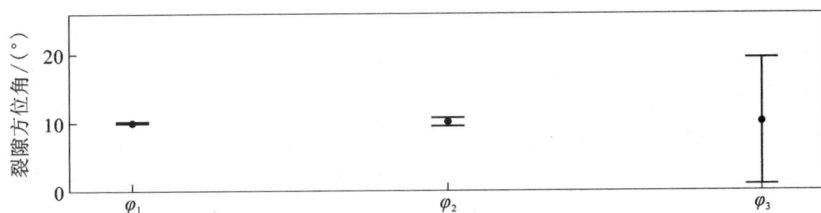

图 8-70　裂隙方位角反演误差

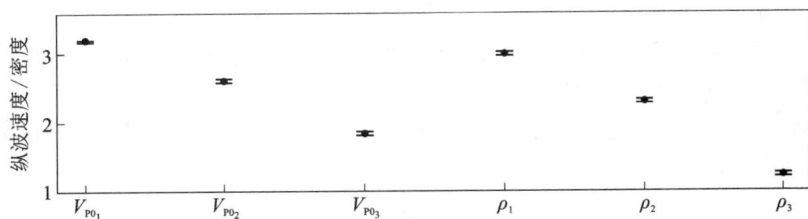

图 8-71　密度及纵波速度反演误差

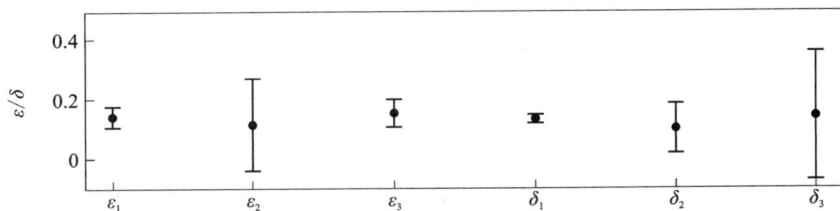

图 8-72　各向异性参数反演误差

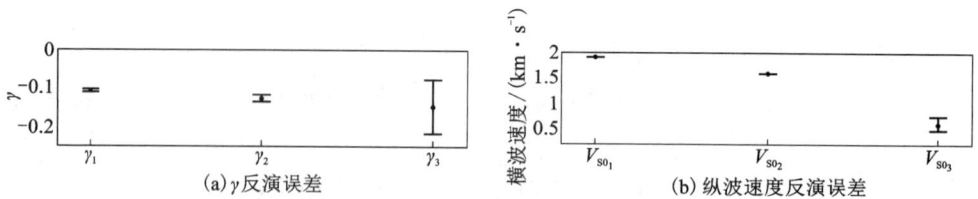

图 8-73 γ 及横波速度反演误差

8.5.4 裂隙密度及地下水预测

8.5.4.1 基本原理

首先定义弹性系数(刚度)的导数为柔度 $s^{[330-331]}$, EDA 介质的柔度可以表示成各向同性介质的柔度和裂隙的柔度之和, 即[330-332]:

$$s = s_b + s_f \tag{8-153}$$

式中, s_f 可表示为:

$$s_f = \begin{bmatrix} K_N & 0 & 0 & 0 & 0 & 0 \\ 0 & 0 & 0 & 0 & 0 & 0 \\ 0 & 0 & 0 & 0 & 0 & 0 \\ 0 & 0 & 0 & 0 & 0 & 0 \\ 0 & 0 & 0 & 0 & K_T & 0 \\ 0 & 0 & 0 & 0 & 0 & K_T \end{bmatrix} \tag{8-154}$$

式中, K_N、K_T 分别为裂隙的法向柔度和切向柔度, 为反映裂隙状态的两个参数, 当裂隙充填水时 K_N 近似为零, K_N 对水比较敏感, 因此地震勘探中可利用 K_N 与 K_T 的比值来确定地下水含量[333]。

由 Thomsen 裂隙理论, 假设裂隙为扁长的椭圆形, 其长轴为 $2a$、短轴为 $2c$, 定义裂隙密度为[331]:

$$e = \frac{Na^3}{V} \tag{8-155}$$

式中, N 为裂隙数量, V 为岩块体积。

依据 Bakulin(2000)引入弱度[330, 333-335]的表达式:

$$\Delta_N = \frac{4e}{3g(1-g)\left[1 + \frac{1}{\pi g(1-g)}\left(\frac{k' + 4/3\mu'}{\mu}\right)\left(\frac{a}{c}\right)\right]}$$

$$\Delta_T = \frac{16e}{3g(3-2g)\left[1 + \frac{1}{\pi(3-2g)}\left(\frac{\mu'}{\mu}\right)\left(\frac{a}{c}\right)\right]} \tag{8-156}$$

式中，$g = \mu/(\lambda + 2\mu) = V_S^2/V_P^2$，$\Delta_N$、$\Delta_T$ 分别为裂隙的法向弱度和切向弱度。

当裂隙干燥且无充填物时，$\mu' = K' = 0$，则式（8-156）变为：

$$\Delta_N = \frac{4e}{3g(1-g)}$$
$$\Delta_T = \frac{16e}{3g(3-2g)} \tag{8-157}$$

当裂隙充填水时，对于厚度小的裂隙有$(a/c) \gg 1$，Δ_N 变为 0，则式（8-156）变为：

$$\Delta_N = 0$$
$$\Delta_T = \frac{16e}{3g(3-2g)} \tag{8-158}$$

依据 Thomsen 裂隙理论对式（8-156）进行修正得[330, 336-340]：

$$\Delta_N = \frac{4}{3} \frac{e}{(1-g)g} \left(1 - \frac{k'}{\lambda + 2/3\mu}\right) D_{cp}$$
$$\Delta_T = \frac{16}{3} \frac{e}{(3-2g)} \tag{8-159}$$

D_{cp} 称为液体因子，可表示为：

$$D_{cp} = \left[1 - \frac{k'}{\lambda + 2/3\mu} + \frac{k'}{(\lambda + 2/3\mu)(\varphi_c + \varphi_p)} \times (A_p \varphi_p + A_c e)\right]^{-1} \tag{8-160}$$

式中，φ_p、φ_c 分别为孔隙率和裂隙率[330]，其中 $\varphi_c = (4\pi ec)/3a$，$A_p = (3-2g)/(2g)$，$A_p = (4/9) \times [(2-3g)/(1-g)]$。

由各向异性参数定义及等效刚度矩阵与柔度的关系式，对 EDA 介质有[330, 341]：

$$\begin{cases} \varepsilon = -\dfrac{2g(1-g)\Delta_N}{1 - \Delta_N(1-2g)^2} \\[3mm] \delta = -\dfrac{2g[(1-2g)\Delta_N + \Delta_T][1 - (1-2g)\Delta_N]}{[1-(1-2g)^2\Delta_N]\left\{1 + \dfrac{1}{1-g}[\Delta_T - \Delta_N(1-2g)^2]\right\}} \\[5mm] \gamma = -\dfrac{\Delta_T}{2} \end{cases} \tag{8-161}$$

结合式（8-159）和式（8-161），可由上节的反演成果计算岩石中裂隙的密度 e。

对式（8-161）线性化处理后可得：

$$\begin{cases} \varepsilon = -2g(1-g)\Delta_N \\ \delta = -2g[(1-2g)\Delta_N + \Delta_T] \end{cases} \tag{8-162}$$

由式(8-162)得:

$$\Delta_{N} = -\frac{\varepsilon}{2g(1-g)}$$
$$\Delta_{T} = -\frac{1}{2g}\left(\frac{1-2g}{1-g}\varepsilon - \delta\right)$$

$$(8-163)$$

由柔度与等效刚度矩阵关系式可得[331]:

$$\frac{K_{N}}{K_{T}} = g\frac{\Delta_{N}(1-\Delta_{T})}{\Delta_{T}(1-\Delta_{N})}$$

$$(8-164)$$

由于 K_N 对水较敏感,当裂隙水饱和时 K_N 几乎为零,而 K_T 受水的影响较小,因此可在工程勘察中可利用柔度比 K_N/K_T 预测地下水含量,柔度比对水的敏感度比传统的纵横波比要高,预测更为准确。

综上所述,在工程勘察中可利用反演的各向异性参数由式(8-159)和式(8-161)计算岩石中裂隙的密度,由柔度比[式(8-164)]预测地下水含量,从而确定岩体的完整性及富水程度,为工程稳定性评价和地质灾害评价及预报提供可靠参数。

8.5.4.2 预测成果

依据反演参数 ε、γ,由式(8-159)和式(8-161)反演得裂隙密度,如图8-74所示。

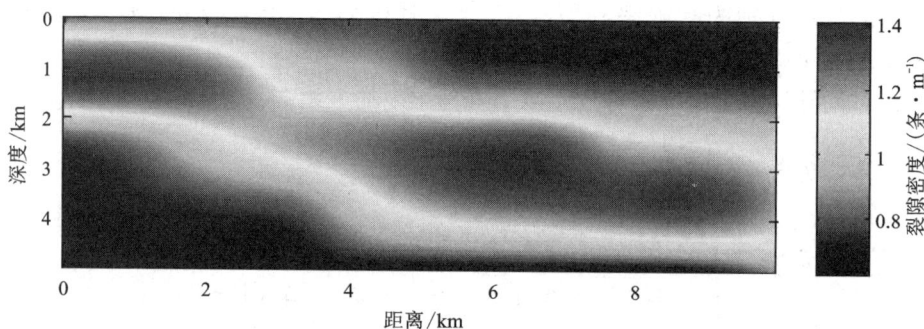

图8-74 裂隙密度反演结果

由图8-74可知,式(8-159)和式(8-161)反演的裂隙高密度区与正演模型的区速度低区对应。正演模型中,第三层含水横波速度较小,裂隙密度相对较高,反演结果与之完全对应。

利用反演参数 ε、δ,由式(8-163)和式(8-164)反演的柔度比如图8-75所示。

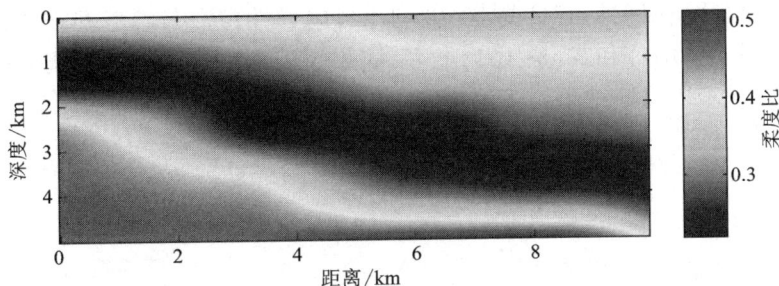

图 8-75　柔度比反演结果

8.6　本章小结

本章基于 VTI 时距曲线方程推导出 HTI 介质的水平和倾斜界面的时距方程，在此基础上通过方位旋转得到 EDA 介质中的时距方程，并以此方程进行速度分析，利用各向异性参数与动校正速度的关系进行参数反演，主要取得了以下成果：

（1）由于各向异性会使时距曲线产生畸变，在采用传统的时距方程进行速度分析时所得到的叠加速度并不等于真实的动校正速度，必须对其进行修正，本章从 VTI 介质出发，利用有限替代关系，推导出 HTI 介质中适用于不同排列长度的时距方程，并通过数值计算研究了不同方程在不同排列长度时的动校正精度，确定式（8-70）为长排列（$X/d>2.5$）最佳时距方程，利用式（8-70）对多层 HTI 介质进行速度分析，并与理论值进行对比，其相对误差小于 8%。

（2）由极端各向异性介质的精确动校正公式推导出倾斜 HTI 介质的动校正速度表达式，进而通过 Christoffel 方程推导出动校正速度与射线参数、各向异性参数、方位角的关系式，并由式（8-116）进行了倾斜动校正，试验证明由式（8-116）可以准确地计算单层倾斜介质的叠加速度，在计算双层介质时误差相对较大，通过计算零偏移距射线及相应的水平和垂直射线参数则可以改进其计算精度。

（3）在 HTI 介质的基础上，依据旋转关系，推导出 EDA 介质中动校正速度公式及时距方程，数值计算证明，反演的速度与理论计算速度相对误差小于 10%。

（4）在反演方面主要做了两方面工作：①利用所推导的时距方程，采用最小二乘法进行速度分析，由动校正速度与方位角、各向异性参数的表达式进行各向异性参数反演，确定 EDA 介质的对称轴方位；②由走时，通过射线追踪计算自激自收射线，由射线端点确定界面位置，通过多项式拟合确定整个界面。数值计算证明反演计算具有足够的精度，在加入高斯噪声后除 ε 和裂隙方位角误差稍大外，其余参数反演误差均满足要求；③利用各向异性参数与裂隙密度和裂隙柔度比的关系［式(8-161)和式(8-164)］，反演了裂隙密度和柔度比，从而确定了裂隙的地下水状态，反演结果与正演模型一致。

第 9 章　瞬变电磁法实例分析

9.1　工程地质条件

9.1.1　工程概况

　　沅古坪特长隧道是张家界至官庄高速公路的控制性工程之一，该公路属于国家高速 G59 呼和浩特至北海高速公路的一段，位于湖南省西北部，横跨武陵山区，地形起伏大，地质条件复杂。隧道位于湖南省张家界市永定区沅古坪镇与金岩土家族乡交界部位，隧道进口位于金岩乡全家峪南侧 600 m 处，隧道出口位于沅古坪镇干溪湾北西侧约 150 m 处。隧道按长度分类属特长隧道，采用 10.75 m×5.0 m 标准断面，设置 19 处人行横洞、6 处车行横洞。

9.1.2　工程地质条件

　　(1)地形地貌

　　隧道场地为中低山构造溶蚀喀斯特台地地貌，山呈脊状，间有部分峰状及丘状山体，包含山地、岩溶、丘陵和坪坝等微地貌，山地面积占总面积的 80% 以上，地势总体北西高，南东低，地表水流自西北流向东南，该区西北侧被澧水次级支流切割，河床高程为 350~400 m，为水源补给区，东南侧沅水支流河沟床高程为 380~400 m，为地下水排泄区。

　　隧址区最高处海拔 914.8 m，最低处海拔 447.2 m，切割深度一般约为 200 m，最大高差 467.6 m，该区垂直区域性构造线的溪谷支沟、山脊发育，多呈北西平行排列，一般长 2~4 km，山脊宽度多小于 100 m，沟底宽几十米至数百米，谷坡陡峻，坡角为 30°~60°，脊薄沟宽。峰丛洼地、峰丛谷地、洼地落水洞等组合地形常常配套发育，工作区内岩溶地貌形态以峰丛洼地地貌为主，次为溶丘谷地地貌。

（2）地层岩性

根据地质调查，结合钻探资料，对揭露的地层按由新至老的顺序分述如下：

1）第四系更新统（Q_4）

①粉质黏土：黄色，褐黄色，稍湿，可塑~硬塑，含少量风化岩块，表层40~50 cm植物根系发育，揭露层厚0.5~3.5 m，零星分布于隧道区缓坡及沟谷部位。

②碎石土：褐黄色，稍密~密实，稍湿，粒径2~8 cm，含量50%~70%，棱角状，成分为灰岩，粉质黏土充填，层厚0.5~1.5 m，零星分布于隧道区山坡部位。

2）奥陶系下统盘家咀组（O_1p）

主要由灰色、深灰色薄层状、条带状灰岩夹薄~中层泥质灰岩组成，分布于K15+740~终点路段，构成向斜核部，与下伏寒武系整合接触。

泥质灰岩：灰~深灰色，薄层状，泥质微晶结构，发育水平层理，局部见条带状构造。强风化岩石节理裂隙发育，岩体较破碎~较完整，岩质较软，中风化岩体较完整，岩芯呈块状、短柱状，局部破碎，呈碎块状，岩质较硬，微风化层岩石基本完整，岩芯多呈柱状、短柱状，岩质较硬。

条带状灰岩：灰~深灰色，薄层状、条带状、透镜状构造发育，中~微风化，岩石较完整，节理裂隙稍发育，岩芯多为短柱状、柱状，节理裂隙多紧闭，充填方解石脉，岩质较硬。

3）寒武系上统探溪组（$\epsilon_{3-4}t$）

主要由灰~深灰色中薄层状泥质灰岩、薄层状、条带状灰岩夹中厚层状微晶灰岩组成，分布于K14+100~K15+740路段。

泥质灰岩：灰~深灰色，中~薄层状，泥质微晶结构，发育水平层理，局部见条带状构造，强风化岩石节理裂隙较发育，岩体较破碎，岩质较软，中风化岩体较完整，岩芯呈块状、短柱状，局部破碎，呈碎块状，岩质较硬。

泥质条带状灰岩：灰~深灰色，薄层状、纹层状、水平条带状、透镜状构造发育，中~微风化，岩石较完整，节理裂隙稍发育，岩芯多为短柱状、柱状，节理裂隙多紧闭，充填方解石脉，岩质较硬。

灰岩：灰~深灰色，中厚层状，泥微晶结构，块状构造，岩石节理裂隙稍发育，岩石较完整，岩质硬。

（3）水文地质条件

1）地表水

工作区水系属长江一级支流沅水水系，主要河流有泉口溪（高家溪）、赤溪河和雷公溪。河流多由西北向东南流淌，由于碳酸盐岩广布，地表溪流受泉水和地下河出口补给，多为断头河，呈现明、伏流相间分布的特点。隧址大部分地区属富水区，周边地表有长年流水，山坡汇水面积大，降雨时地表径流消散很快，大部分汇入岩溶漏斗和落水洞等垂直岩溶管道，然后通过水平岩溶管道排泄。工作区西北部大湖村一带洼地水塘、冲沟有地表水存在，少部分地表径流如木拉溪、寒水溪自东南向西北汇入澧水，隧道两侧及进、出口端山坡坡脚冲沟中，存在季节性水流。

除地表溪流外，工区尚有高家溪水库、上黄鱼溪水库、下黄鱼溪水库三处人工湖泊（水库），其中高家溪水库位于沅古坪隧道南西侧，距隧道直线距离 3.8 km，集雨面积 5.8 km²，总库容 654 万 m³，坝顶高程 561 m，库区属于张家界市永定区乡镇千吨万人集中式饮用水源地水源保护区（资料来源：张家界永定区人民政府网，2017 年 11 月 10 日）。

上黄鱼溪水库及下黄鱼溪水库位于沅古坪隧道北东侧，距隧道进口段直线距离 0.6 km，其中上黄鱼溪水库洪水位 804.74 m，时库容 13.8 万 m³，通过下黄鱼溪水库排泄，下黄鱼溪水库坝顶高程 788.65 m，洪水位 788.32 m，时库容 54.7 万 m³，两处水库以灌溉为主，兼有防洪及养鱼等效益，属小型水库，总灌溉面积 650 亩，保护人口约 450 人。

2）地下水

孔隙水：主要赋存于第四系松散堆积层，零散分布在山体斜坡、沟谷及洼地底部碎石类土中，为孔隙微量含水，泉水流量小于 0.5 L/s，其地下水一般与地表水贯通、互补，水位、水量受季节影响明显，孔隙水以潜流及下降泉的形式排于溪沟及洼地中，由大气降水补给，径流途径短，水量贫乏，对隧道工程影响小。

基岩裂隙水：主要赋存于基岩构造裂隙中，其次为风化节理裂隙、层面裂隙，以断裂破碎带及风化裂隙含水为主，含水岩组主要包括碎裂岩、构造角砾岩及泥质灰岩等，地下水以裂隙泉出露为主，埋藏较浅。隧道区位于分水岭部位，覆盖层较薄，无经常性水源，以大气降水直接补给为主，基岩裂隙水一般无稳定地下水位，地下水流向为垂直或斜交附近冲沟，多以下降泉形式于冲沟或坡脚处排泄。水量随季节变化较大，水量一般不大。

岩溶水：主要分布于奥陶系盘家咀组和寒武系探溪组灰岩组内，是本区的主要含水层，包括溶洞裂隙水、裂隙溶洞水两类，地层岩性以灰岩、条带状灰岩为主，岩溶发育，岩溶形态以落水洞、岩溶漏斗、岩溶洼地、地下河、溶洞等为主，竖井、岩溶管道、泉、溶潭等也较发育。

9.2 测区布置及成果分析

9.2.1 测区布置

为了探明沅古坪隧道 P2K19+306 泄水洞掘进过程中的前方含水构造，根据现场隧道掘进情况，在掌子面采用 CUGTEM-GKPlus 瞬变电磁仪进行超前探测，对迎头前方富水性进行分析，为隧道掘进工作提供预警预报。

本次隧道瞬变电磁法勘探采用重叠回线组合装置类型，尺寸 1.5 m×1.5 m 的激发和接收长方形线圈，激发线圈匝数 4 匝，接收线圈匝数 40 匝。供电电流挡位为 60A，供电脉宽 10 ms，16 μs 采集一个数据。每个测点至少采用 32 次叠加方式提高信噪比，确保了原始数据的可靠性。

沿 P2K19+306 泄水洞掌子面布置测线 3 条，每条测线 11 个物理点，角度分别为 15°、30°、45°、60°、75°、90°、105°、120°、135°、150°、165°，共计 33 个测点，测线布置及现场照片分别如图 9-1、图 9-2 所示。

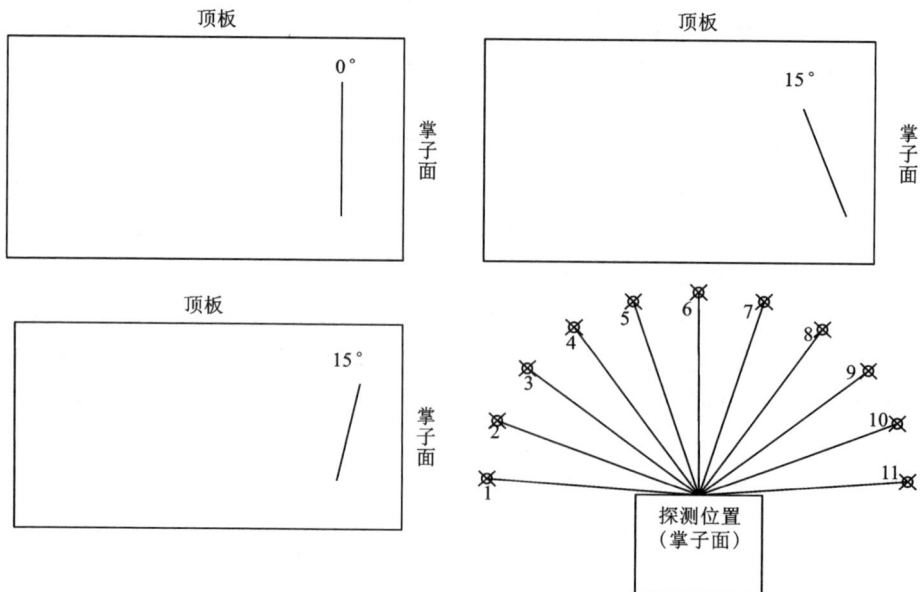

图 9-1 瞬变电磁法测线布置

图 9-2　现场照片

9.2.2　成果分析

泄水洞掌子面桩号为 P2K19+306.16，全断面开挖。掌子面揭露地质情况为：围岩主要为强~中风化泥质灰岩，灰~深灰色，水平薄层状，节理裂隙较发育，岩体较破碎。围岩自稳能力差，无支护时拱部易坍塌，侧壁易掉块。掌子面右侧湿润，局部存在滴水情况。

测线 1~3 所对应的视电阻率断面图见图 9-3~图 9-5。从图中不难看出：①在掌子面正前方 40~90 m 范围内右侧存在小范围的低阻异常，结合现场情况，推测前方有较多裂隙水存在；②掌子面正前方和面下 15° 在两侧方向存在较大范围的低阻异常区域，推测为裂隙水向掌子面渗出所致。

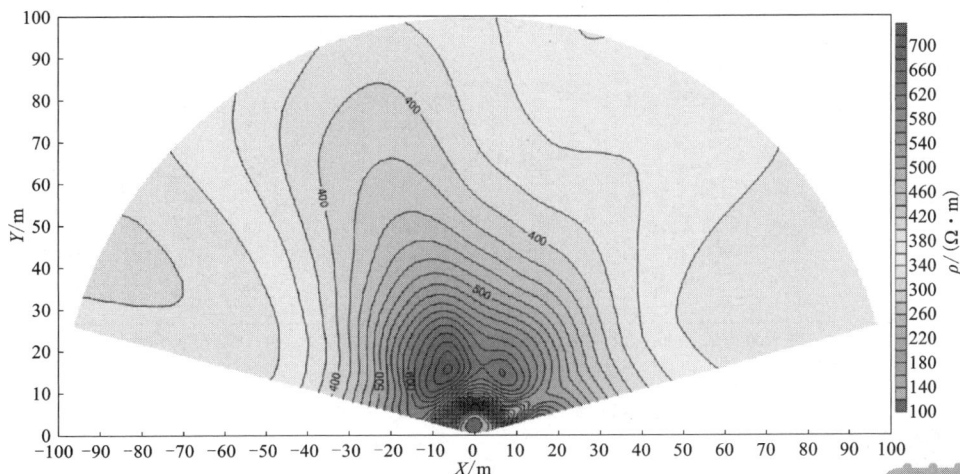

图 9-3　P2K19+306 泄水洞掌子面上 15° 视电阻率断面扇形图

扫一扫，看彩图

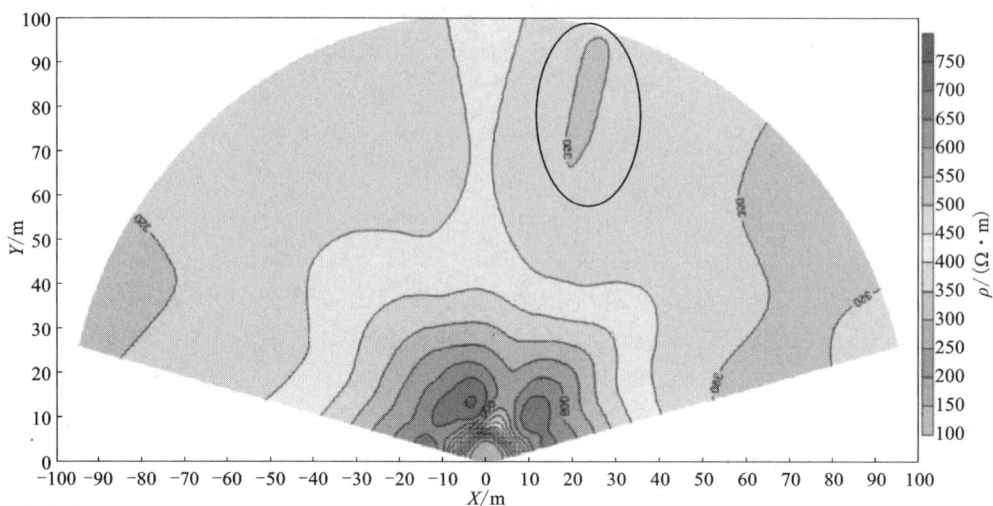

图 9-4 P2K19+306 泄水洞掌子面上 0° 视电阻率断面扇形图

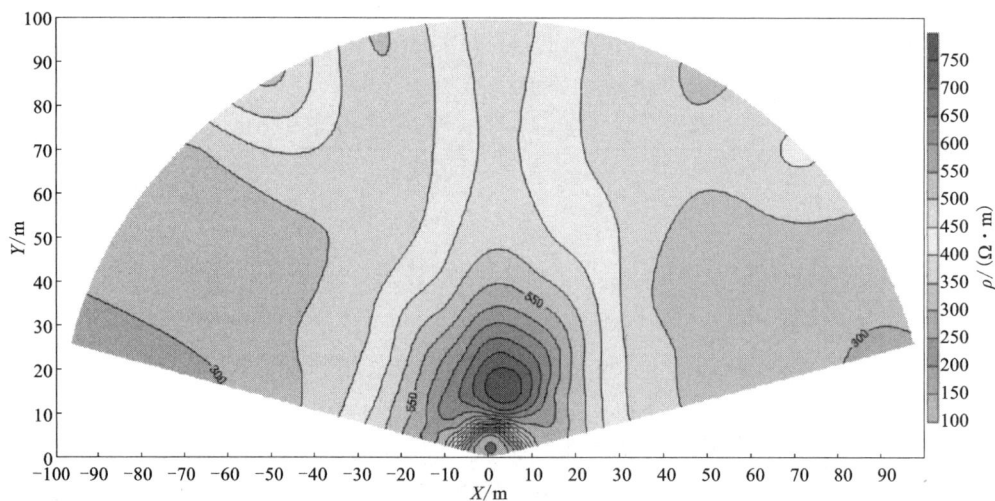

扫一扫，看彩图

图 9-5 P2K19+306 泄水洞掌子面下 15° 视电阻率断面扇形图

扫一扫，看彩图

因为施工现场有两侧混凝土墙体干扰，对采集数据质量影响较大，但整体推测掌子面前方特别是右前方 40~90 m 范围内存在裂隙水的可能性较大。

9.3　本章小结

本章首先介绍了沅古坪隧道的工程地质情况，包括地形地貌、地层岩性、水文地质条件等。在探测沅古坪隧道泄水洞前方含水构造的过程中，根据现场隧道掘进情况及现场地形条件，本次隧道瞬变电磁法勘探装置类型采用重叠回线组合装置，尺寸为 1.5 m×1.5 m 的激发和接收长方形线圈，共布置了 3 条不同方位的测线，在掌子面处进行超前探测，对泄水洞开挖工作面前方富水性进行分析，为隧道掘进工作提供预警预报。

第 10 章　钻孔地质雷达实例分析

为了验证钻孔地质雷达大收发角度数据初至波旅行时提取方法以及旅行时修正的正确性，我们对常规方法处理数据的结果与改进方法处理数据的结果进行了对比。对比可以从两方面来进行，一方面是对模拟的数据处理结果进行对比，另一方面是对实测数据的处理结果进行对比，通过对比两种方法得到的层析成像图与模型(取芯)，得出哪种方法处理的结果更为精确。

10.1　模拟数据处理结果对比分析

通过第 7 章的内容，我们能够对信噪比很小的大收发角度数据的初至波旅行时进行较为准确的分辨与提取。而在前文中，通过理论计算与模拟数据计算得知，在钻孔地质雷达的层析成像中电磁波的传播路径不是在天线中心点之间，这影响到了我们提取出的旅行时的准确性，需要对旅行时进行修正。因此我们对初至波提取及修正这两步进行迭代处理，直至两者之间的误差达到某个极小值，从而认定该时刻的旅行时为准确值，而该时刻的速度分布图就是我们想得到的层析成像图。下面我们就对模拟的合成数据进行互相关处理，优化初至波旅行时提取方法并对旅行时进行修正，从而得到层析成像结果，之后将其和常规方法得到的结果进行对比，以对我们提出的处理步骤的正确性与适应性进行验证。

为了验证本书所提出的旅行时提取方法的准确性与旅行时修正效果，通过数值模拟对其进行检验，即对合成数据进行层析成像。此次模型较为简单，模型中异常体的形状都较为规则，为矩形，异常体的磁导率和电导率与背景场相同。背景为介电常数为 25 的各向均匀介质，异常体的介电常数分别为 29(蓝色)、21(红色)；所有介质的电导率均设为 1 mS/m；磁导率设为真空中的磁导率；天线的总长度为 1 m。发射天线位于模型左边，接收天线位于模型右边。此次模拟的天线移动方式为多发多收：发射天线中心点从 0.5 m 处每间隔 0.25 m 移动一次，直到

10.5 m 处,接收天线同样据此方式进行移动。电磁波在天线中传播的速度为0.12 m/ns。图 10-1 为模型的示意图。正演模拟的过程与第 3 章中钻孔地质雷达跨孔模式的数值模拟步骤一致,以此得到的正演结果进行层析成像。

图 10-2(a)是采用常规方法得到的合成数据的速度层析成像图;图 10-2(b)是采用互相关处理法提取初至波旅行时且对旅行时进行修正之后得到的合成数据的速度层析成像图。对于图 10-1 中的 6 个异常体,从图 10-2(a)中四个高速异常体的位置能够较为清晰地判别且对异常体的形状进行较为准确的判断;但是两个蓝色的低速异常体在图中并不明显,在低速异常体位置未知的前提下,根据图10-2(a)的结果并不能判断图 10-1 中存在低速异常体。相比而言,图 10-2(b)中显示得更为清晰,6 个异常体的位置都能够清晰地判别,且异常体的形状也能够较为准确地判断。采用常规方法提取初至波旅行时得出的速度层析图,能够分辨一部分异常体的位置,但是没有对模型中所有异常体进行定位,其中左上和右下两个位置的低速异常体并没有在图中得到反映。受方法本身的影响,异常体的形状在层析成像结果图中会与模型中的形状有差异,但是仍然可以判别出异常体的基本形状。

所以,从图 10-2(a)和图 10-2(b)的对比结果得知,根据互相关处理法改进后的初至波旅行时提取优化以及对旅行时进行修正之后得到的层析成像结果要比常规方法得到的层析成像结果更为精确。

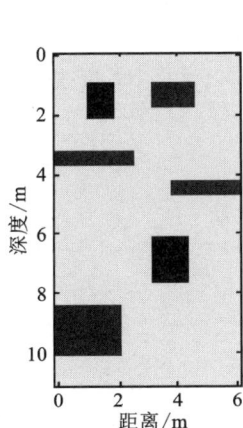

图 10-1　合成数据模型示意图　　　　图 10-2　合成数据的速度层析成像图

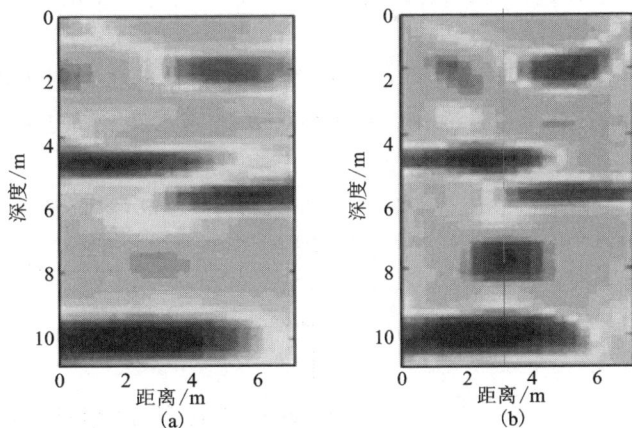

10.2 实测数据处理结果对比分析

为了验证本书提出的方法在对实际数据的处理中是否有效,以及能否对桥基探溶等提供一定的帮助和指导,笔者在野外的探溶工作中进行了试验。工作路段受地形、地层岩性及地下水等因素影响,沿线不良地质现象及特殊性岩土主要为岩溶、软土和红黏土。

10.2.1 试验工程及地质概况

为了确保桥梁建设的安全性,需要对桥基进行探溶工作,以便查明桥基是否建立在稳固的基础之上。一般对桥基的探溶工作采用逐桩钻探,且对每个桥桩都要进行圆形分布的多个钻孔探测。这里我们可以通过对少量钻孔进行钻孔地质雷达的层析成像探测,来减少探测的时间以及成本。本次试验场地正是针对桥基进行探溶工作的场地,符合我们的试验要求。

10.2.1.1 工程概况

此次试验采集数据用的是瑞典 MALA 公司的 RAMAC 地质雷达。采用 MOG 采集方式,发射天线与接收天线都是从地下 4 m 移动至地下 18 m,天线移动间隔为 0.2 m。

图 10-3 为地质雷达探测钻孔分布图,发射天线位于 ZK1,接收天线位于 ZK2,ZK3 为验证孔。ZK3 与 ZK2 的水平距离为 1 m。

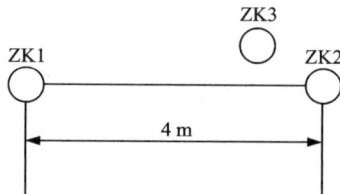

图 10-3 地质雷达探测钻孔分布图

10.2.1.2 地质概况

根据野外地质调查情况及钻探结果,沿线出露覆盖层主要有第四系全新统冲洪积层、更新统坡残积层;基岩有石炭系白云岩和元古宙冷家溪群泥质板岩。现将本段揭露的地层由新至老分述如下:

（1）第四系全新统（Q_h）。

①种植土：灰褐色为主，松软，主要为水田及山坡表土，含植物根系，厚度为 0.3~0.5 m。

②填筑土：杂色，松散~密实，主要成分为黏性土，含碎石，主要分布于塘堤、田埂、宅基地、公路路基等处，厚度一般小于 2 m。

③淤泥质黏土：褐色，灰黑色，软塑，主要分布于水塘、冲沟及低洼水田处，厚度较小，为 0.5~3.0 m。

④黏土：褐色，褐黄色等，以冲洪积土为主，多呈软塑~可塑状，局部呈硬塑状，一般厚度较小，为 1~6 m，最厚处达 12 m，含少量圆角砾或碎石，主要分布于山坡坡脚、冲沟、水田等地。

⑤粉（细）砂：灰褐色，很湿~饱和，稍密~中密，零星分布于冲沟内、小河河漫滩中，厚度较薄，为 1.0~2.0 m。

⑥圆砾：杂色，饱和，中密~密实，成分主要为砂岩、石英砂岩，粒径一般 0.2~2 cm，呈次圆状，混少量黏性土及细砂，局部夹少量卵石，厚度较小，一般为 1.0~2.0 m。

⑦卵石：杂色，饱和，中密~密实，成分主要为砂岩、石英砂岩，粒径一般 2~10 cm，呈亚圆状，间隙充填少量细圆砾、细砂及黏性土，主要分布于溪流两岸及冲沟内，厚度为 1.0~2.0 m。

（2）第四系更新统（Q_p）。

①黏土：褐黄色、褐红色，一般呈可塑~硬塑状，以残坡积土为主，其厚度变化较大，一般为 2~5 m，局部可达 16 m，具有红黏土性状，自上而下由硬变软，一般在靠近基岩面上部呈软塑~可塑状。

②碎石：杂色，稍密，主要成分为强风化白云岩碎块，混 20%~40% 黏性土，厚 1.0~3.0 m，仅零星分布于山坡上。

（3）石炭系中上统黄龙群、船山群（C_2hn+C_3ch）

白云岩：灰白色、灰色，微带浅红色，隐晶结构，中~厚层状，微细裂隙发育，呈网脉状、树枝状及不规则细脉状，并有白色方解石充填，根据钻孔揭露情况，大部分为微风化，岩质坚硬，较完整，厚度较大，总体岩溶不发育，以浅层溶沟、溶蚀裂隙、溶孔为主，局部地段发育有深层溶洞。

（4）泥盆系中统棋子桥组（D_2q）

泥灰岩：灰黑色、灰绿色，隐晶结构，中厚层构造，节理较发育，含碳质不均匀，局部碳质含量高，岩质软，岩体较完整。

按其风化程度的不同可分为 4 层。

①全风化泥灰岩：褐黄色，岩芯呈土状。

②强风化泥灰岩：灰黑色，节理裂隙很发育，岩质极软，岩体破碎，岩芯呈碎

石状夹土状，厚 1.0~15.0 m。

③中风化泥灰岩：灰黑色，节理裂隙较发育，节理面含碳质不均匀，岩质较硬，岩芯多呈柱状，厚 1.0~4.5 m；

④微风化泥灰岩：青灰色，岩质坚硬，岩体较完整，厚度较大。

10.2.1.3 水文地质条件

该工程段所经地域水系属于浏阳河支流，地表水系发育，地表水主要来源于大气降水，洪水位受季节性影响大，降雨量集中在 4—8 月，雨季山洪易爆发，每年 10 月—次年 3 月为枯水期，对公路建设有利，勘察区内分布的河流一般较小，水面宽度为 5~10 m，勘察期间水深 1~3 m。

勘察区内的地下水主要为孔隙水，下伏基岩裂隙水和岩溶水。

孔隙水主要赋存于小河、河漫滩及其阶地、冲沟内的粉细砂、圆砾、卵石等透水性较好的松散堆积体中，而沿线覆盖层以黏土为主，空隙不发育，透水性较差，故孔隙含水量较小，仅小河、溪流两岸发育有一定厚度的圆砾、卵石等松散层，孔隙水量稍大。

基岩裂隙水主要赋存于下伏白云岩、泥灰岩的风化裂隙中，其分布及水量大小受岩层节理裂隙发育情况及充填物的影响较大，白云岩、泥灰岩微细裂隙较为发育，但多呈闭合状，裂隙水量较小。

岩溶水主要赋存于溶蚀裂隙、溶沟、溶槽、溶洞中，其水量大小受含水通道的发育规模与连通性及充填物的影响较大。勘察区内白云岩普遍发育有溶蚀裂隙、浅部溶沟、溶槽，局部发育有深部溶洞，大多充填黏性土，且溶蚀裂隙延伸不长，溶洞连通性差，故含水量较贫乏。泥灰岩区仅局部发育有溶蚀裂隙、浅部溶沟、溶槽，大多充填黏性土，连通性差，故其岩溶水量也较贫乏。

在构造发育地段，断层破碎带及节理裂隙十分发育，裂隙连通性较好，赋水空间大，基岩裂隙水及岩溶水水量均较大。地下水主要靠大气降水和河流侧向补给，地下水一般径流途径短，排泄迅速，直接向下排泄。

该工程段内地下水水量总体较贫乏，仅河流、冲沟地段含丰富的第四系孔隙水，水位埋藏稍浅，水位及水量均受大气降水控制，随季节变化而变化，对路堤影响不大。

10.2.1.4 不良地质及特殊性岩土

该路段受地形、地层岩性及地下水等因素影响，沿线不良地质现象及特殊性岩土主要为岩溶、软土和红黏土。

（1）岩溶

白云岩、泥灰岩在该路段分布较广，地表未见岩溶漏斗、溶蚀洼地、落水井等裸露型岩溶发育形态,主要在各工点钻孔中有所揭露,形态以溶沟、溶洞和溶孔为主,局部深层溶洞发育,一般充填黏性土或无充填。

(2)软土

该工程段内的软土主要为淤泥质黏土,一般为灰色、灰黑色,流~软塑状,主要为水沟、水塘底部淤积土及冲沟水田表层软土,厚度一般小于 3 m。

(3)红黏土

一般为褐红色、褐黄色,具有上硬下软的特点,上部多呈硬塑状,下部靠近基岩面处多呈软~可塑状,含较多碎石,碎石成分主要为石英及其他硅质岩和少量白云岩碎块,线路区域内红黏土分布较广,厚度变化较大,属坡残积成因,冲沟内也有少量次生性红黏土分布。红黏土具有高液限、高收缩性的特点。

10.2.2　数据处理解译

图 10-4 为采集的实际数据图,从图中可以看出,随着收发角度的增大,信噪比降低,初至波提取也变得越来越难。图 10-5(a)是通过常规方法得出的速度层析成像图;图 10-5(b)是通过互相关处理法提取出初至波旅行时并对旅行时进行修正之后得出的速度层析成像图。

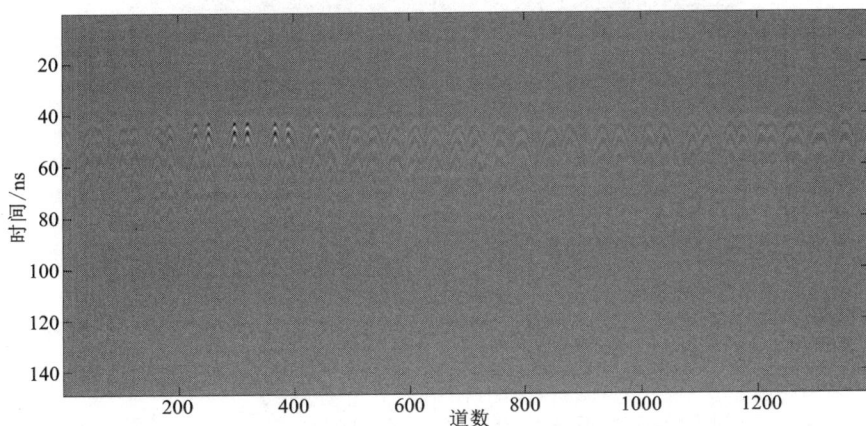

图 10-4　采集的实际数据图

由图 10-5(a)可以看到存在几个高速异常体,深度分别为 4 m、6~10 m,从图中判断深度为 4 m 的异常体形状为方形或者接近方形,而深度为 6~10 m 的异常体形状无法判断;图 10-5(b)中则仅在 6~10 m 存在高速异常体,且其形状无法判断。在 ZK3 的位置进行了取芯验证,岩芯照片如图 10-6 所示,每排岩芯长度为 1 m。

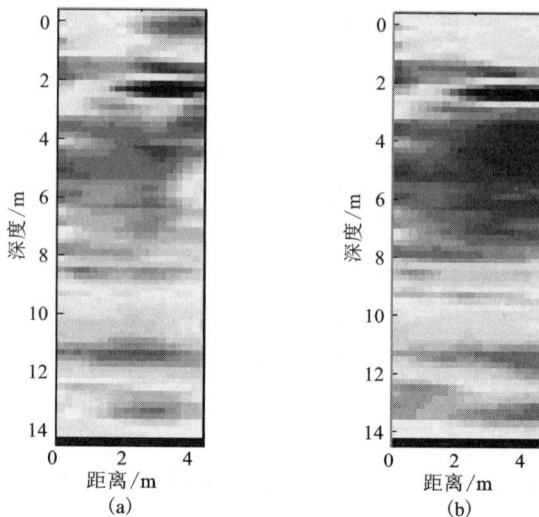

图 10-5　实际采集数据的速度层析成像图

图 10-6　ZK3 孔内取出的岩芯照片

从图 10-6 可以看到在 ZK3 中 9~10 m 范围内存在空洞。电磁波在空气中传播的速度最快，所以在空洞和介质共存的情况下，空洞体处应该是一个高速异常区。这与图 10-5(b)中 8~10 m 处的高速异常体位置结果吻合较好。

通过对比图 10-5(a)和图 10-5(b)可以看出，用互相关处理法提取旅行时并对旅行时进行修正，压制了深度为 4 m、水平位置为 2~4 m 处的假异常，并且突出了深度为 8~10 m、水平位置为 2~4 m 处的高速异常体的特征；在其余无明显异常的位置两种方法无很大区别。结合图 10-6 中给出的钻孔验证，通过互相关处理质提取旅行时且对旅行时进行修正之后得出的层析成像图在准确性上比常规方法得出的速度层析成像图要好，能够更准确地对异常体进行识别和判断。这说明本书给出的方法在对层析成像的改进上取得了较好的效果，结果更为精确，能够更好地对异常体的位置进行判断。

10.3 本章小结

本章主要对比了对钻孔地质雷达跨孔数据用常规方法和用互相关处理方法提取旅行时并对施行时进行修正后得到的层析成像结果，具体内容如下：

（1）对模拟数据进行两种方法处理结果的对比，针对模型中存在的 6 个异常体，通过常规层析成像方法得到的速度层析成像图不能判别所有的异常体，有两个异常体的特征并不明显，而通过改进后的层析成像方法（即用互相关处理法提取旅行时并对旅行时进行修正）得到的速度层析成像图能够判别出所有的异常体，在常规层析成像法得到的速度分布图中并不明显的两个异常体在改进方法得到的速度分布图中变得更加清晰可见。

（2）对实测数据进行两种方法处理结果的对比，常规层析成像方法得到的速度分布图中存在两个较为明显的位于不同深度的异常体，而在改进后的层析成像方法得到的速度分布图中，深度较小的异常体特征被压制，深度较大的异常体特征变得更加突出，钻孔取芯验证的结果证明了探测区域确实只存在着一个较为明显的异常体（空洞），结合岩芯中空洞的深度范围证明了改进后的层析成像方法得到的速度分布图更为准确，异常体位置信息也更为精确。

（3）对比模拟数据和实测数据得到的常规层析成像速度分布图和改进层析成像速度分布图，结合模型和岩芯的验证结果，从两方面说明了改进后层析成像方法比常规层析成像方法得到的速度层析成像图更为精确，也证明了本书对层析成像算法的改进是有效的。

第 11 章　地震波法实例分析

地质条件是影响隧道施工安全最主要的因素,目前山区高速度公路建设较多,安全事故频发。为了避免或减少事故发生,地质预报工作显得越来越重要。下面以云阳山隧道为例来说明地震各向异性探测在地质预报中的应用。云阳山隧道 K74+650 ~ YK74+900 段以砂岩为主,垂直节理裂隙非常发育,地下水极其丰富,为了确保施工安全,防止发生突水灾害,必须探明掌子面前地质情况及地下水赋存状态。垂直裂隙发育地层正好可看成 EDA 介质,探测内容主要包括地层裂隙走向、节理密度,以及地下水赋存状态。

11.1　工程地质条件

11.1.1　工程概况

云阳山隧道位于湖南茶陵县云阳山,隧道进口位于平水镇把集村,出口位于云阳山林场赤松仙村,为分离式隧道,按两座独立隧道设计。净宽 10.5 m,净高 5.00 m。隧道左、右线起止桩号分别为:ZK73+442 ~ ZK76+638、YK73+440 ~ YK76+670,隧道平均长度为 3213 m,属特长隧道,隧道最大埋深为 550 m。

11.1.2　工程地质条件

11.1.2.1　地形地貌

隧道进口端附近海拔 150 ~ 160 m,出口端附近海拔 190 ~ 200 m。东侧山坡坡度约 27°,西侧山坡坡度约 20°,坡面沟壑纵横。

11.1.2.2　地层岩性

勘探区的主要地层如下：

（1）第四系（Q_h）。

主要为坡积亚黏土，含碎、块石，冲沟内分布有洪积块（漂）石。

①填筑土：褐、深褐色黏性土，结构松散。分布在隧道进口端，厚 1.2 m。

②亚黏土：分布在较平缓的地段，主要分布在桩号 ZK73+442～ZK73+590、YK73+440～YK73+610 段，可～硬塑，一般夹强～弱风化石英砂碎石、块石，块石粒径一般为 0.5～1 m，大者达 2 m，棱角～次棱角状，钻孔揭露最大厚度为 5.8 m，厚度一般为 4～6 m。

③块（漂）石：灰、黄等杂色，主要分布在冲沟内，成分以石英砂岩为主，粒径大者达 1～2 m。

（2）侏罗系中统（J_2）。

岩性以灰～深灰色、中厚～厚层石英砂岩为主，夹碳质页岩、粉砂质泥岩等。碳质页岩夹层主要出现于下部和上部，局部夹不稳定的无烟煤层。

分布于桩号 K75+376～K75+365.6 和 YK75+377.1～YK76+375.7 段地表，地层总体倾向东—北北东，倾角以 10°～20° 为主，推测洞身处无本层分布。

（3）泥盆系中统易家湾组（D_2y）。

岩性为泥岩夹泥质粉砂岩、砂岩，黄色夹小斑状白色，部分为浅紫色、褐色等。全风化，呈硬塑～坚硬土状，黏粒含量不均，遇水易软化。分布于隧道进口附近（桩号 K73+442～K73+570、YK73+440～YK73+580 段）。地表未见出露，与下伏诸地层均为角度不整合接触。

（4）泥盆系中统跳马涧组（D_2t）

按宏观岩性组合特征可将该套地层分成上、下两段。上段（D_2t^2）岩性为紫色板状页岩，中～厚层石英砂岩，局部夹硅质泥岩。下段（D_2t^1）岩性以灰～灰绿色、中厚～厚层状中细粒石英砂岩为主。

该组地层总体特征是下段石英砂岩岩质较纯，夹层少，单层厚度较大。上部地层以紫色板状页岩、中～厚层石英砂岩为主，岩石单层厚度较小。

该层主要分布于桩号 ZK73+570～ZK74+280、YK73+580～YK74+275、ZK74+680～ZK76+638、YK74+685～YK76+670 等段。

（5）奥陶系中统（O_2）。

该套地层分布于桩号 ZK74+280～ZK74+680 和 YK74+275～YK74+685 段，地表无该层出露，岩层倾角一般 40° 左右。岩性为深灰～灰黑色碳质板岩夹灰～深灰色变质砂岩，其中变质砂岩多以厚层状分布，总体占 30% 左右，碳质板岩含碳量较高。

（6）构造岩。

以断层角砾岩为主，角砾大小一般数厘米至 30 cm，棱角状，成分与断层两侧围岩一致，主要以石英砂岩为主，其风化程度较断层两侧围岩的风化程度高。地表观察角砾间充填泥质。

11.1.2.3　场地内地质构造

（1）褶皱。

隧道位于一复式背斜中，褶皱轴线与隧道轴线相交角度较大。褶皱走向为 20°~30°，倾伏方向为北东 20°~30°。

（2）断裂。

隧道沿线小规模断层较发育，断层宽度小于 10 m，一般 3~5 m，断层倾角一般大于 50°，为先张性后压扭性断层。断层带内岩石破碎、风化程度较高，劈理发育。

11.1.2.4　水文地质条件

勘察区内的地下水按其赋存的介质可分为如下三类：

（1）覆盖层中的孔隙水。

（2）基岩裂隙水，主要赋存于强~弱风化基岩中。区内基岩主要为石英砂岩、长石石英砂岩、变质砂岩、粉砂质泥岩、变质砂岩、碳质板岩等，一般为弱含水层，但在岩体破碎处为强透水层。全风化层含水微弱，为相对隔水层；强~弱风化层为强~弱透水层；微风化层及新鲜基岩为弱透水层，在微风化层及新鲜基岩中，钻探过程中冲洗液基本无漏失，压水试验过程中大部分孔段渗水极少，岩芯反映节理密闭，均说明其透水性极弱。

（3）构造裂隙水，主要分布在断裂带内。

11.1.3　测区布置及成果分析

测区桩号为 YK74+650~YK74+900，隧道走向约 340°，依据洞内开挖情况，地下岩体垂向裂隙发育，地下水极其丰富，为了探明掌子面前方地质情况，在地面共布置了 5 条不同方位的测线，采集广角数据，详细见图 11-1。沿隧道轴线建立采集坐标系，沿轴线设为 x，正方向指向大桩号。为确保测线为长排列，依据隧道埋深确定测线长度要大于 270 m，实际测线长度为 360 m。

测线 2 采集的数据如图 11-2 所示。

利用式（8-128）和式（8-116）进行动校正速度分析得到的结果如图 11-3 所示，反演的动校正速度用三次样条进行拟合得到动校正椭圆，椭圆长轴方向约为 330°，依据第 2 章和第 4 章相关结论可以推断岩石裂隙的优势走向为 330°。

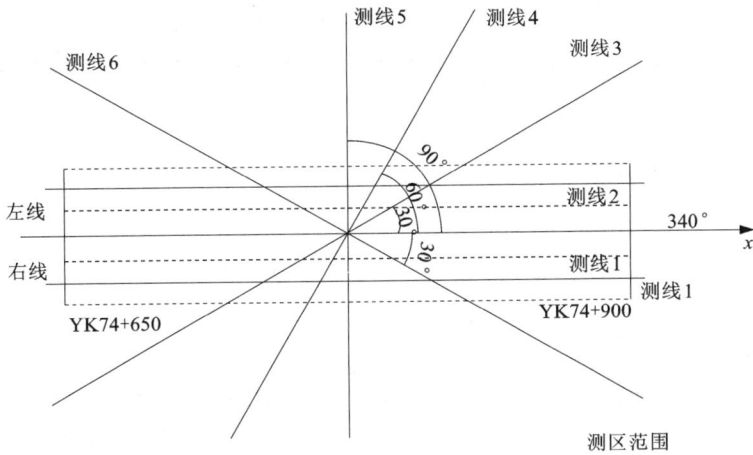

图 11-1　测线布置图

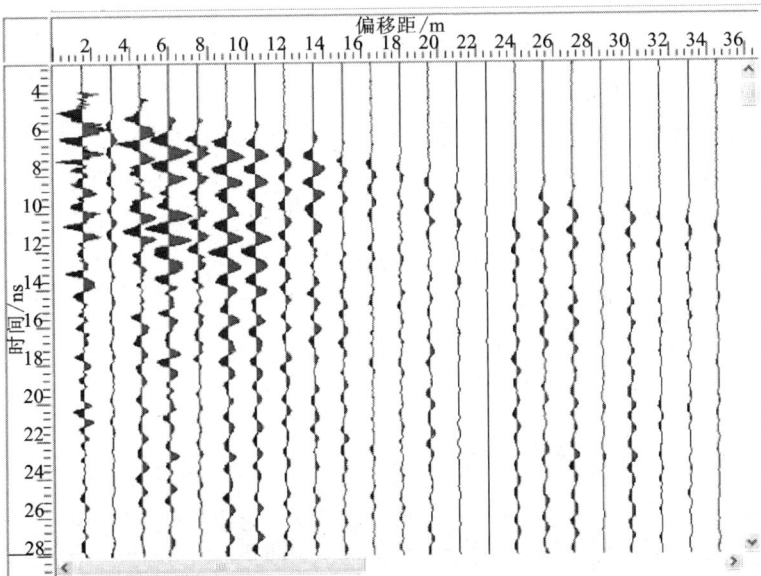

图 11-2　测线 2 采集的数据

　　由式(8-128)结合倾斜界面 Dix 公式可计算层速度，进而得到测线 2 的速度谱，如图 11-4 所示，图中在 YK74+740～YK74+860 桩号段深度 40～80 m 为高速度带，80～120 m 为低速度带，推测深度 80～120 m 处裂隙发育，岩体较破碎，可能含裂隙水。

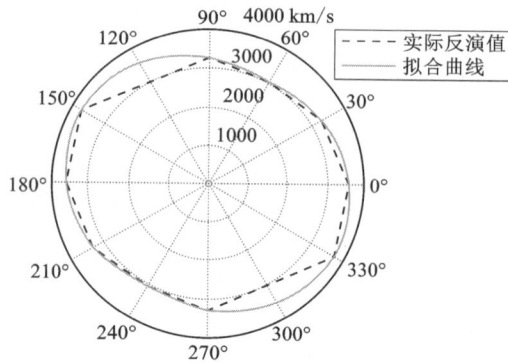

图 11-3 不同方位测线的动校正速度

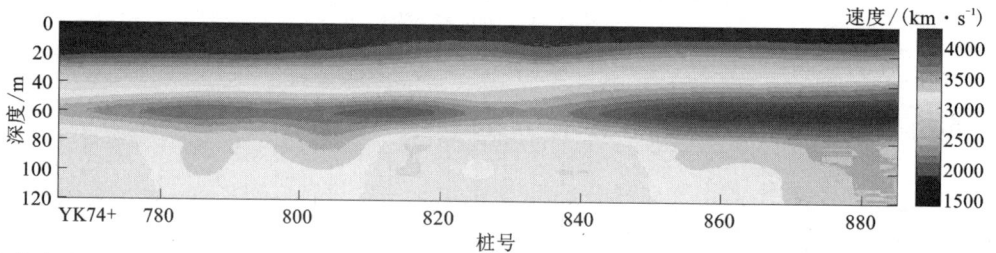

图 11-4 测线 2 速度谱

利用谱比法计算测线 2 的衰减谱，如图 11-5 所示，在小桩号处深度为 100 m 附近，存在一高衰减带，估计岩体裂隙发育，裂隙水丰富，计算结果与速度谱一致。

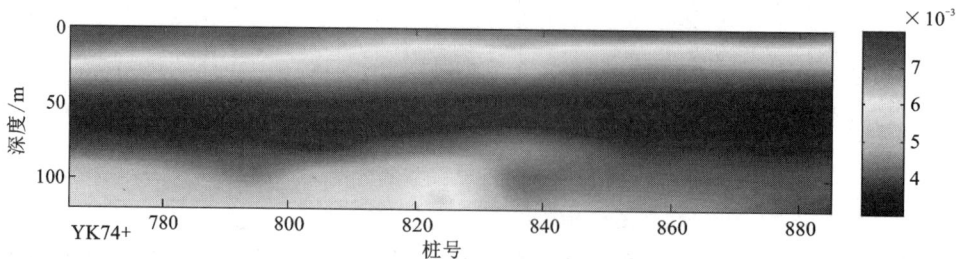

图 11-5 测线 2 采集的衰减谱

依据反演参数 ε、γ，由式(8-159)和式(8-161)反演得裂隙密度，如图 11-6 所示。在桩号 YK74+740~YK74+860 段裂隙密度相对较大，在 YK74+820 附近裂隙密度最大，推测岩体较破碎，这也验证了速度、衰减反演的结果。

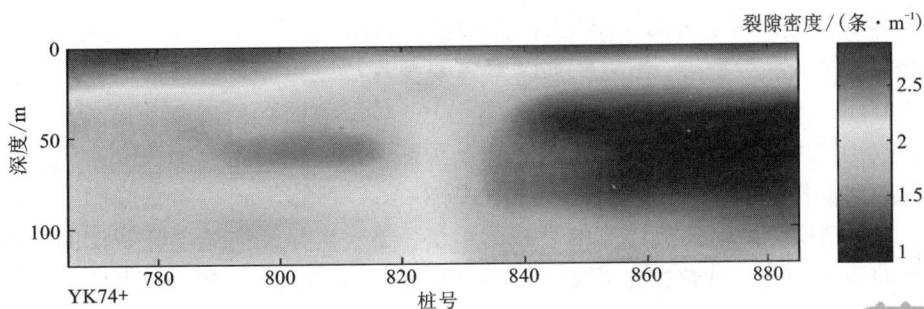

图 11-6　测线 2 裂隙密度反演结果

利用反演参数 ε、δ，由式(8-163)和式(8-164)反演得到的柔度比如图 11-7 所示。在 YK74+740~YK74+850 桩号段深度为 100 m 附近，柔度比非常低，估计此处含裂隙水丰富，计算结果与衰减谱一致。

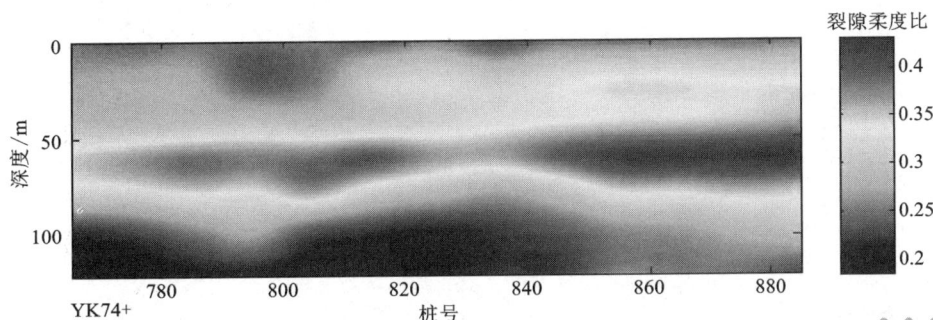

图 11-7　测线 2 裂隙柔度比反演结果

由以上分析结果，推测 YK74+740~YK74+860 桩号段深 80~120 m 处节理裂隙发育、岩体较破碎，地下水较丰富。随后的隧道开挖证明围岩为Ⅳ级，主要裂隙走向约为 335°，反演结果与之相差 5°左右，地下水极为丰富。

11.2　本章小结

　　本章首先介绍了云阳山隧道的工程地质情况，包括岩性分布、断裂构造、地层产状、地下水类型等；然后依据勘察需要及现场地形条件，布置了 5 条不同方位的测线；接着利用式(8-128)和式(8-116)对采集的数据进行速度分析，得到了动校正速度椭圆，其长轴方向为 330°，预测裂隙的优势走向为 330°；最后由反演的各向异性参数，利用式(8-161)和式(8-164)计算得到裂隙密度和裂隙柔度比，计算结果与由谱比法计算的衰减谱结果一致，实际开挖结果证明实际裂隙优势走向为 335°，与预测结果相差 5°，在 YK74+740～YK74+820 桩号段，岩石节理裂隙较发育，地下水丰富，与预测结果相符。

参考文献

[1] 隧道的定义及分类[J]. 隧道建设(中英文), 2022, 42(7)：1166.

[2] 华经产业研究院. 2021—2026年中国公路隧道建设行业发展监测及投资战略规划研究报告[R], 2020.

[3] 王梦恕. 21世纪是隧道及地下空间大发展的年代[J]. 岩土工程界, 2000, 3(6)：13-15.

[4] 王梦恕. 中国是世界上隧道和地下工程最多、最复杂、今后发展最快的国家[J]. 铁道标准设计, 2003, 47(1)：1-4.

[5] 田宏月. 营盘隧道洞顶路面开裂处置研究[J]. 科技经济市场, 2016(2)：180, 181.

[6] 底板底鼓开裂　暗示瓦斯涌出增多　未能识别风险　骤然遭遇飞来横祸——贵州省毕节市大方县成贵铁路七扇岩隧道进口平行导洞"5·2"瓦斯爆炸重大事故分析[J]. 吉林劳动保护, 2021, 429(9)：44-46.

[7] 杨晓松, 王友成, 张斌. 公路施工导致的古滑坡复活实例分析[J]. 地质灾害与环境保护, 2002, 13(3)：43-46, 78.

[8] 张国炜. 地震三维成像技术在荣乌高速公路营尔岭隧道塌方腔体探测中的应用[J]. 国防交通工程与技术, 2019(s1)：85-86, 89.

[9] 邹永艳, 崩建平, 黄功伟. 鸡口山隧道塌方处理与超前地质预报技术的应用[J]. 黑龙江交通科技, 2013, 36(3)：116-117.

[10] 严立群. 高岭隧道塌方原因分析与处置方法的研究[D]. 西安：长安大学, 2012.

[11] 王宪志, 杨秀云, 黄木根. 地质超前预报在深厚松散岩土体隧洞开挖中的作用[J]. 云南水力发电, 2022, 38(6)：180-181.

[12] 张雪伟. 山岭隧道冒顶塌方风险判别与控制研究[D]. 青岛：山东科技大学, 2020.

[13] 陈佳正. 九顶山隧道突泥涌水探测及成灾机理研究[D]. 武汉：湖北工业大学, 2020.

[14] 纪晓. 富水破碎带突水突泥的超前地质预报和注浆防治技术在羊仓岩Ⅱ号隧道的应用研究[D]. 济南：山东大学, 2017.

[15] 戴敬洲. 竖向充泥型溶洞超前预报技术及防灾对策——以叙大铁路仙人洞隧道为例[D]. 成都：成都理工大学, 2016.

[16] 郭文广. 岭脚隧道突水突泥地质灾害成因分析与综合治理研究[D]. 南宁：广西大学, 2012.

[17] 孙冀珣. 黄家岭隧道工程地质条件研究[D]. 兰州: 兰州交通大学, 2016.

[18] 蔡建华, 王业刚, 张国备. 隧道施工期洞身段滑坡的超前地质预报[J]. 工程地质学报, 2015, 23(4): 778-783.

[19] 孙娟, 储宁吉. 隧道施工中常见的不良地质现象及处理措施[J]. 黑龙江科技信息, 2009 (13): 225.

[20] 韩强. 某深埋 Tbm 隧洞岩爆特征及其综合监测方法[J]. 水利技术监督, 2022 (5): 8-11.

[21] 张照太, 游胜, 丰光亮, 等. 高埋深软硬岩互层地质条件下敞开式 Tbm 岩爆段施工方法研究[J]. 隧道建设(中英文), 2019, 39(5): 843-850.

[22] 陈志春. 拉林铁路片麻岩隧道岩爆预测及防治措施[J]. 山西建筑, 2017, 43 (14): 165-166.

[23] 邓雄业, 李明高. 靠椅山隧道大塌方的处理[J]. 西部探矿工程, 2000, 12(4): 91-93.

[24] 王彦忠, 鲁鹏, 荆育才. 谈施工地质超前预报技术[J]. 河南水利, 2002, 86(4): 74-75.

[25] 刘志刚, 刘秀峰. TSP(隧道地震勘探)在隧道隧洞超前预报中的应用与发展[J]. 岩石力学与工程学报, 2003, 22(8): 1399-1402.

[26] Alimoradi A, Moradzadeh A, Naderi R, et al. Prediction of Geological Hazardous Zones in Front of a Tunnel Face Using Tsp-203 and Artificial Neural Networks[J]. Tunnelling and Underground Space Technology, 2008, 23(6): 711-717.

[27] 刘斌, 李术才, 李树忱, 等. 复信号分析技术在地质雷达预报岩溶裂隙水中的应用研究[J]. 岩土力学, 2009, 30(7): 2191-2196.

[28] 黄俊革, 阮百尧, 王家林. 坑道直流电阻率法超前探测的快速反演[J]. 地球物理学报, 2007(2): 619-624.

[29] 袁宗征, 刘苗, 王双超, 等. 红外探测技术在大坪山隧道岩溶预报中的应用[J]. 公路, 2015, 60(5): 242-245.

[30] 蒋邦远. 中华人民共和国地质矿产部 地质专报 七 普查勘探技术与方法 第 14 号 实用近区磁源瞬变电磁法勘探[M]. 北京: 地质出版社, 1998.

[31] YOST W J. The Interpretation of Electromagnetic Reflection Data in Geophysical Exploration——Part I, General Theory[J]. Geophysics, 1952, 17(1): 89-106.

[32] YOST W J, Caldwell R L, Beard C I, et al. The Interpretation of Electromagnetic Reflection Data in Geophysical Exploration Part Ii. ——Metallic Model Experiments[J]. Geophysics, 1952, 17(4): 806-826.

[33] ORSINGER A, VAN NOSTRAND R. A Field Evaluation of the Electromagnetic Reflection Method[J]. Geophysics, 1954, 19(3): 478-489.

[34] WAIT J. Transient Electromagnetic Propagation in a Conducting Medium[J]. Geophysics, 1951, 16(2): 213-221.

[35] PODDAR M. A Rectangular Loop Source of Current on a Two-Layered Earth[J]. Geophysical Prospecting, 1982, 30(1): 101-114.

[36] PODDAR M. A Rectangular Loop Source of Current on Multilayered Earth[J]. Geophysics,

1983, 48(1): 107-109.

[37] MORRISON H F, PHILLIPS R J, O′BRIEN D P. Quantitative Interpretation of Transient Electromagnetic Fields Over a Layered Half Space[J]. Geophysical Prospecting, 1969, 17 (1): 82-101.

[38] LEE T, LEWIS R. Transient Em Response of a Large Loop on a Layered Ground[J]. Geophysical Prospecting, 1974, 22(3): 430-444.

[39] MALLICK K, VERMA R K. Time-Domain Electromagnetic Sounding with Horizontal and Vertical Coplanar Loops on a Multilayered Earth[J]. Geoexploration, 1978, 16 (4): 291-302.

[40] KNIGHT J H, RAICHE A P. Transient Electromagnetic Calculations Using the Gaver-Stehfest Inverse Laplace Transform Method[J]. Geophysics, 1982, 47(1): 47-50.

[41] RAICHE A P. Transient Electromagnetic Field Computations for Polygonal Loops on Layered Earths[J]. Geophysics, 1987, 52(6): 785-793.

[42] 盛姪姪. 牛之琏. 一维层状大地的瞬变电磁测深正演计算[J]. 煤田地质与勘探, 1991 (6): 53-57.

[43] 李建平, 李桐林, 张辉, 等. 不规则回线源层状介质瞬变电磁场正反演研究及应用[J]. 吉林大学学报(地球科学版), 2005(6): 112-117.

[44] 李建慧, 刘树才, 李富, 等. 大定源瞬变电磁法矩形发射回线源激发的电磁场[J]. 物探化探计算技术, 2008(2): 154-157.

[45] 翁爱华, 刘云鹤, 陈玉玲, 等. 矩形大定源层状模型瞬变电磁响应计算(英文)[J]. 地球物理学报, 2010, 53(03): 646-650.

[46] XI Z Z, LONG X, HUANG L, et al. Opposing-Coils Transient Electromagnetic Method Focused Near-Surface Resolution[J]. Geophysics, 2016, 81(5): E279-E285.

[47] ZHAO Y, ZHU Z, LU G, et al. The Optimal Digital Filters of Sine and Cosine Transforms for Geophysical Transient Electromagnetic Method[J]. Journal of Applied Geophysics, 2018, 150: 267-277.

[48] EATON P A, HOHMANN G W. The Influence of a Conductive Host on Two-Dimensional Borehole Transient Electromagnetic Responses[J]. Geophysics, 1984, 49(7): 861-869.

[49] ORISTAGLIO M L, HOHMANN G W. Diffusion of Electromagnetic Fields Into a Two-Dimensional Earth: A Finite-Difference Approach[J]. Geophysics, 1984, 49(7): 870-894.

[50] ADHIDJAJA J I, HOHMANN G W, Oristaglio M L. Two-Dimensional Transient Electromagnetic Responses[J]. Geophysics, 1985, 50(12): 2849-2861.

[51] LEPPIN M. Electromagnetic Modeling of 3-D Sources Over 2-D Inhomogeneities in the Time Domain[J]. Geophysics, 1992, 57(8): 994-1003.

[52] WANG T, HOHMANN G W. A Finite-Difference, Time-Domain Solution for Three-Dimensional Electromagnetic Modeling[J]. Geophysics, 1993, 58(6): 797-809.

[53] WANG T, TRIPP A C, HOHMANN G W. Studying the Tem Response of a 3-D Conductor at a Geological Contact Using the FDTD Method[J]. Geophysics, 1995, 60(4): 1265-1269.

［54］ ENDO M, NOGUCHI K. Chapter 6 Three-Dimensional Modeling Considering the Topography for the Case of the Time-Domain Electromagnetic Method［M］//Methods in Geochemistry and Geophysics. Amsterdam: Elsevier, 2002: 85-107.

［55］ COMMER M, NEWMAN G. A Parallel Finite - Difference Approach for 3D Transient Electromagnetic Modeling with Galvanic Sources［J］. Geophysics, 2004, 69(5): 1192-1202.

［56］ MAAO F A. Fast Finite - Difference Time - Domain Modeling for Marine - Subsurface Electromagnetic Problems［J］. Geophysics, 2007, 72(2): A19-A23.

［57］ 宋维琪, 仝兆歧. 3D 瞬变电磁场的有限差分正演计算［J］. 石油地球物理勘探, 2000(6): 751-756.

［58］ 闫述, 陈明生, 傅君眉. 瞬变电磁场的直接时间域数值分析［J］. 地球物理学报, 2002, 45(2): 275-284.

［59］ 徐凯军, 李桐林. 时间域瞬变场电磁场有限差分法［J］. 世界地质, 2004, 23(3): 301-305.

［60］ 肖怀宇. 带地形的瞬变电磁法三维数值模拟［D］. 北京: 中国地质大学(北京), 2006.

［61］ 岳建华, 杨海燕, 胡搏. 矿井瞬变电磁法三维时间域有限差分数值模拟［J］. 地球物理学进展, 2007, 22(6): 1904-1909.

［62］ 陈丹丹. 瞬变电磁法三维正演研究［D］. 北京: 中国地质大学(北京), 2008.

［63］ 邢涛, 刘树才, 李建慧, 等. 大定源瞬变电磁法三维正演程序开发［J］. 工程地球物理学报, 2008, 5(6): 664-669.

［64］ 赵云威. 矩形回线源瞬变电磁法三维有限差分正演模拟［D］. 长沙: 中南大学, 2012.

［65］ 孙怀凤, 李貅, 李术才, 等. 考虑关断时间的回线源激发 Tem 三维时间域有限差分正演［J］. 地球物理学报, 2013, 56(3): 1049-1064.

［66］ 辛会翠, 汤井田, 徐志敏. 瞬变电磁法 2.5 维有限差分正演模拟［J］. 地球物理学进展, 2014, 29(05): 2278-2286.

［67］ 辛会翠. 瞬变电磁法 2.5 维有限差分正演模拟研究［D］. 长沙: 中南大学, 2013.

［68］ 李建慧, 胡祥云, 曾思红, 等. 基于电场 Helmholtz 方程的回线源瞬变电磁法三维正演［J］. 地球物理学报, 2013, 56(12): 4256-4267.

［69］ 彭凌星. 钻孔地质雷达正演模拟及应用研究［D］. 长沙: 中南大学, 2010.

［70］ 曾昭发. 探地雷达方法原理及应用［M］. 北京: 科学出版社, 2006.

［71］ 刘四新, 曾昭发, 徐波. 地质雷达数值模拟中有损耗介质吸收边界条件的实现［J］. 吉林大学学报(地球科学版), 2005, 35(3): 378-381.

［72］ 徐玉增, 卢海. 偏移绕射技术在探地雷达资料处理中的应用［J］. 能源技术与管理, 2010(5): 17-18.

［73］ 薛桂霞, 邓世坤, 刘秀娟. 逆时偏移在探地雷达信号处理中的应用［J］. 煤田地质与勘探, 2004, 32(1): 55-57.

［74］ 薛桂霞, 王鹏. 探地雷达时间域有限差分法正演模拟［J］. 物探与化探, 2006, 30(3): 244-246.

［75］ 刘昶. 雷达数据的滤波技术研究［D］. 南京: 南京理工大学, 2007.

[76] 何兵寿, 张会星. 地质雷达正演中的频散压制和吸收边界改进方法[J]. 地质与勘探, 2000(3): 59-63.

[77] 何兵寿, 王磊. 矿井地质雷达正演中的两个理论问题[J]. 中国煤田地质, 2000 (1): 60-63.

[78] 冯德山. 地质雷达二维时间域有限差分正演[D]. 长沙: 中南大学, 2004.

[79] 裴建新. 衰减介质中地质雷达数据正演模拟和叠前偏移方法研究[D]. 青岛: 中国海洋大学, 2004.

[80] 戴前伟, 冯德山, 王启龙, 等. 时间域有限差分法在地质雷达二维正演模拟中的应用 [J]. 地球物理学进展, 2004(4): 898-902.

[81] 喻振华, 冯德山, 戴前伟, 等. 复杂地电模型的探地雷达时间域有限差分正演[J]. 物探化探计算技术, 2005(4): 279-283.

[82] 汪谋. 公路隧道衬砌地质雷达正演数值模拟和室内模型试验的研究[D]. 上海: 同济大学, 2007.

[83] 刘磊, 昌彦君, 曹中林. 色散介质的探地雷达正演模拟[J]. 资源环境与工程, 2009, 23 (2): 171-174.

[84] 冯彦谦, 王银, 刘四新. 基于 FDTD 的探地雷达数值仿真与成像研究[J]. 铁道工程学报, 2009, 26(6): 17-20.

[85] 昌彦君, 张莹, 曹中林. 探地雷达数值模拟实验研究[J]. 实验技术与管理, 2009, 26 (4): 69-72.

[86] 李静, 曾昭发, 黄玲, 等. 三维探地雷达数值模拟中 Upml 边界研究[J]. 物探化探计算技术, 2010, 32(1): 6-12.

[87] 余凯. 基于于希尔伯特—黄变换的探地雷达信号处理与分析[D]. 长沙: 中南大学, 2010.

[88] 葛志广. 北京市道路地下空洞探地雷达探测正演模拟研究[D]. 北京: 中国地质大学(北京), 2010.

[89] 陈承申. 探地雷达二维有限元正演模拟[D]. 长沙: 中南大学, 2011.

[90] 曾知法. 隧道不良地质体地震与地质雷达正演偏移数值模拟及物探信号处理研究[D]. 成都: 成都理工大学, 2011.

[91] FENG D S, DAI Q W. GPR Numerical Simulation of Full Wave Field Based on Upml Boundary Condition of ADI-FDTD[J]. Ndt and E International, 2011, 44(6).

[92] 李兴. 隧道衬砌病害的探地雷达识别研究及应用[D]. 大连: 大连理工大学, 2012.

[93] 邹立龙. 全极化探地雷达正演模拟及极化校准技术[D]. 长春: 吉林大学, 2012.

[94] JURGENS T G, TAFLOVE A, UMASHANKAR K, et al. Finite-Difference Time-Domain Modeling of Curved Surfaces (Em Scattering)[J]. IEEE Transactions on Antennas and Propagation, 1992, 40(4): 357-366.

[95] LINDELL I, TRETYAKOV S, NIKOSKINEN K, et al. Bw Media—Media with Negative Parameters, Capable of Supporting Backward Waves[J]. Microwave and Optical Technology Letters, 2001, 31: 129-133.

[96] RADZEVICIUS S J, CHEN C, PETERS L, et al. Near–Field Dipole Radiation Dynamics through FDTD Modeling[J]. Journal of Applied Geophysics, 2003, 52(2): 75–91.

[97] NOBES D C, DAVIS E F, ARCONE S A. "Mirror–Image" Multiples in Ground–Penetrating Radar[J]. Geophysics, 2005, 70(1): K20–K22.

[98] GIANNOPOULOS A. Modelling Ground Penetrating Radar by Gprmax[J]. Construction and Building Materials, 2005, 19(10): 755–762.

[99] KOFMAN L, RONEN A, FRYDMAN S. Detection of Model Voids by Identifying Reverberation Phenomena in GPR Records[J]. Journal of Applied Geophysics, 2006, 59(4): 284–299.

[100] KLYSZ G, FERRIERES X, BALAYSSAC J P, et al. Simulation of Direct Wave Propagation by Numerical FDTD for a GPR Coupled Antenna [J]. Ndt & E International, 2006, 39 (4): 338–347.

[101] KLYSZ G, BALAYSSAC J P, FERRIÈRES X. Evaluation of Dielectric Properties of Concrete by a Numerical FDTD Model of a GPR Coupled Antenna—Parametric Study[J]. Ndt & E International, 2008, 41(8): 621–631.

[102] DIAMANTI N, GIANNOPOULOS A, FORDE M C. Numerical Modelling and Experimental Verification of GPR to Investigate Ring Separation in Brick Masonry Arch Bridges[J]. Ndt & E International, 2008, 41(5): 354–363.

[103] DIAMANTI N, GIANNOPOULOS A. Implementation of ADI – FDTD Subgrids in Ground Penetrating Radar FDTD Models[J]. Journal of Applied Geophysics, 2009, 67(4): 309–317.

[104] WILSON V, POWER C, GIANNOPOULOS A, et al. Dnapl Mapping by Ground Penetrating Radar Examined Via Numerical Simulation[J]. Journal of Applied Geophysics, 2009, 69(3): 140–149.

[105] CASSIDY N J, MILLINGTON T M. The Application of Finite – Difference Time – Domain Modelling for the Assessment of GPR in Magnetically Lossy Materials[J]. Journal of Applied Geophysics, 2009, 67(4): 296–308.

[106] MILLINGTON T M, CASSIDY N J. Optimising GPR Modelling: A Practical, Multi–Threaded Approach to 3D FDTD Numerical Modelling[J]. Computers & Geosciences, 2010, 36(9): 1135–1144.

[107] ORLANDO L, PEZONE A, COLUCCI A. Modeling and Testing of High Frequency GPR Data for Evaluation of Structural Deformation[J]. Ndt & E International, 2010, 43(3): 216–230.

[108] SHAARI A, AHMAD R S, CHEW T H. Effects of Antenna–Target Polarization and Target–Medium Dielectric Contrast on GPR Signal From Non–Metal Pipes Using FDTD Simulation[J]. Ndt & E International, 2010, 43(5): 403–408.

[109] WARREN C, GIANNOPOULOS A. Creating Finite – Difference Time – Domain Models of Commercial Ground–Penetrating Radar Antennas Using Taguchi's Optimization Method[J]. Geophysics, 2011, 76: G37–G47.

[110] SOLLA M, LORENZO H, RIAL F I, et al. GPR Evaluation of the Roman Masonry Arch Bridge of Lugo (Spain)[J]. Ndt & E International, 2011, 44(1): 8–12.

[111] SOLLA M, LORENZO H, NOVO A, et al. Structural Analysis of the Roman Bibei Bridge (Spain) Based on GPR Data and Numerical Modelling[J]. Automation in Construction, 2012, 22: 334-339.

[112] VALERIO G, GALLI A, MATTEO BARONE P, et al. GPR Detectability of Rocks in a Martian-Like Shallow Subsoil: A Numerical Approach[J]. Planetary and Space Science, 2012, 62(1): 31-40.

[113] 谈耀麟. 钻孔地质雷达[J]. 国外地质勘探技术, 1994(5): 6-10.

[114] 南生辉. 钻孔地质雷达定向测量技术与应用[J]. 煤田地质与勘探, 1998(S1): 56-58.

[115] 宋雷, 黄家会, 杨维好. 钻孔地质雷达工作原理及应用[J]. 物探与化探, 1999, 23(6): 5.

[116] 黄家会, 宋雷, 崔广心, 等. 应用跨孔雷达层析成像技术研究深部岩层特性[J]. 中国矿业大学学报, 1999, 28(6): 578-581.

[117] 宋雷, 黄家会, 崔广心, 等. 电磁波速度层析成像技术用于探测地下深部岩层特性研究[J]. 工程勘察, 2000(2): 62-63.

[118] 刘四新, 佐藤源之. 时间域有限差分法(FDTD)对井中雷达的数值模拟[J]. 吉林大学学报(地球科学版), 2003(4): 545-550.

[119] 王驹, 陈伟明, 张鹏, 等. 钻孔地质雷达在高放废物处置库场址评价中的应用——以北山1号孔为例[J]. 铀矿地质, 2005(6): 42-45.

[120] 赵卫平, 潘和平, 李清松, 等. 井中雷达应用进展[J]. 工程地球物理学报, 2005, 2(4): 297-303.

[121] 刘四新, 曾昭发, 徐波. 钻孔地质雷达探测地下裂缝[J]. 吉林大学学报(地球科学版), 2005(S1): 128-131.

[122] 刘四新, 曾昭发, 徐波. 利用钻孔地质雷达探测地下含水裂缝[J]. 地球物理学进展, 2006, 21(2): 620-624.

[123] 钟声. 钻孔地质雷达与数字摄像动态勘察技术若干关键问题研究[D]. 武汉: 中国科学院武汉岩土力学研究所, 2008.

[124] 杨薇, 刘四新, 冯彦谦. 跨孔层析成像 LSQR 算法研究[J]. 物探与化探, 2008, 32(2): 199-202.

[125] 陈建胜, 陈从新. 钻孔地质雷达技术的发展和现状[J]. 地球物理学进展, 2008, 23(5): 1634-1640.

[126] 周峻峰. 钻孔地质雷达探测金属矿的数值模拟[D]. 长春: 吉林大学, 2009.

[127] 刘四新, 周俊峰, 吴俊军, 等. 金属矿钻孔地质雷达探测的数值模拟[J]. 吉林大学学报(地球科学版), 2010, 40(6): 1479-1484.

[128] 李玉喜. 钻孔地质雷达层析成像软件系统的研究与开发[D]. 长春: 吉林大学, 2010.

[129] 董航. 基于 VNA 的步进频率体制钻孔地质雷达系统研发[D]. 长春: 吉林大学, 2010.

[130] 王飞, 刘四新, 吴俊军, 等. 时间域有限差分法在钻孔地质雷达探测金属矿中的应用[J]. 吉林大学学报(地球科学版), 2010(S1): 70-72.

[131] 李华, 焦彦杰, 李富, 等. 钻孔地质雷达层析成像技术的研究与应用[J]. 地球物理学进

展, 2010, 25(5): 1863-1869.

[132] 李华, 王东辉, 焦彦杰, 等. 钻孔地质雷达技术在水文与工程地质中的应用分析[J]. 工程勘察, 2011, 39(6): 85-89.

[133] 钟声, 王川婴, 吴立新, 等. 点状不良地质体钻孔地质雷达响应特征的形状效应正演分析[J]. 岩土力学, 2011, 32(5): 1583-1588.

[134] 钟声, 王川婴, 吴立新, 等. 点状不良地质体钻孔地质雷达响应特征——围岩及充填效应正演分析[J]. 岩土力学, 2012, 33(04): 1191-1195.

[135] ZHU Z, PENG L, LU G, et al. Borehole-GPR Numerical Simulation of Full Wave Field Based on Convolutional Perfect Matched Layer Boundary[J]. Journal of Central South University, 2013, 20(3).

[136] SATO M, THIERBACH R. Analysis of a Borehole Radar in Cross-Hole Mode[J]. IEEE Transactions on Geoscience and Remote Sensing, 1991, 29(6): 899-904.

[137] MIWA T, SATO M, NIITSUMA H. Subsurface Fracture Measurement with Polarimetric Borehole Radar[J]. IEEE Transactions on Geoscience and REMOTE Sensing, 1999, 37(2): 828-837.

[138] HANSEN T B. The Far Field of a Borehole Radar and its Reflection at a Planar Interface[J]. IEEE Transactions on Geoscience and Remote Sensing, 1999, 37(4): 1940-1950.

[139] WÄNSTEDT S, CARLSTEN S, TIRéN S. Borehole Radar Measurements Aid Structure Geological Interpretations[J]. Journal of Applied Geophysics, 2000, 43(2): 227-237.

[140] BELLEFLEUR G, CHOUTEAU M. Massive Sulphide Delineation Using Borehole Radar: Tests at the Mcconnell Nickel Deposit, Sudbury, Ontario[J]. Journal of Applied Geophysics, 2001, 47(1): 45-61.

[141] ZHOU C, LIU L, LANE J W. Nonlinear Inversion of Borehole-Radar Tomography Data to Reconstruct Velocity and Attenuation Distribution in Earth Materials[J]. Journal of Applied Geophysics, 2001, 47(3): 271-284.

[142] MASON I, OSMAN N, LIU Q, et al. Broadband Synthetic Aperture Borehole Radar Interferometry[J]. Journal of Applied Geophysics, 2001, 47(3): 299-308.

[143] HOLLIGER K, MUSIL M, MAURER H R. Ray-Based Amplitude Tomography for Crosshole Georadar Data: A Numerical Assessment[J]. Journal of Applied Geophysics, 2001, 47(3): 285-298.

[144] TRONICKE J, TWEETON D R, DIETRICH P, et al. Improved Crosshole Radar Tomography by Using Direct and Reflected Arrival Times[J]. Journal of Applied Geophysics, 2001, 47(2): 97-105.

[145] BINLEY A, CASSIANI G, MIDDLETON R, et al. Vadose Zone Flow Model Parameterisation Using Cross-Borehole Radar and Resistivity Imaging[J]. Journal of Hydrology, 2002, 267(3): 147-159.

[146] CHANG P, ALUMBAUGH D, BRAINARD J, et al. The Application of Ground Penetrating Radar Attenuation Tomography in a Vadose Zone Infiltration Experiment[J]. Journal of Contaminant Hydrology, 2004, 71(1): 67-87.

[147] IRVING J D, KNIGHT R J. Effect of Antennas on Velocity Estimates Obtained From Crosshole GPR Data[J]. Geophysics, 2005, 70(5): K39-K42.

[148] RUCKER D F, FERRÉ T P A. Automated Water Content Reconstruction of Zero-Offset Borehole Ground Penetrating Radar Data Using Simulated Annealing[J]. Journal of Hydrology, 2005, 309(1): 1-16.

[149] ELLEFSEN K J, WRIGHT D L. Radiation Pattern of a Borehole Radar Antenna[J]. Geophysics, 2005, 70(1): K1-K11.

[150] IRVING J D, KNIGHT R J. Numerical Simulation of Antenna Transmission and Reception for Crosshole Ground-Penetrating Radar[J]. Geophysics, 2006, 71(2): K37-K45.

[151] GREGOIRE C, JOESTEN P K, LANE J W. Use of Borehole Radar Reflection Logging to Monitor Steam-Enhanced Remediation in Fractured Limestone: Results of Numerical Modelling and a Field Experiment[J]. Journal of Applied Geophysics, 2006, 60(1): 41-54.

[152] CLEMENT W P, KNOLL M D. Traveltime Inversion of Vertical Radar Profiles[J]. Geophysics, 2006, 71(3): K67-K76.

[153] IRVING J, KNIGHT R. Numerical Modeling of Ground-Penetrating Radar in 2-D Using Matlab[J]. Computers & Geosciences, 2006, 32(9): 1247-1258.

[154] ERNST J R, GREEN A G, Maurer H, et al. Application of a New 2D Time-Domain Full-Waveform Inversion Scheme to Crosshole Radar Data[J]. Geophysics, 2007, 72(5): J53-J64.

[155] GIROUX B, GLOAGUEN E, CHOUTEAU M. Bh_tomo—a Matlab Borehole Georadar 2D Tomography Package[J]. Computers & Geosciences, 2007, 33(1): 126-137.

[156] IRVING J D, KNOLL M D, KNIGHT R J. Improving Crosshole Radar Velocity Tomograms: A New Approach to Incorporating High-Angle Traveltime Data[J]. Geophysics, 2007, 72(4): J31-J41.

[157] GLOAGUEN E, GIROUX B, MARCOTTE D, et al. Pseudo-Full-Waveform Inversion of Borehole GPR Data Using Stochastic Tomography[J]. Geophysics, 2007, 72(5): J43-J51.

[158] KIM J, PARK S, YI M, et al. Borehole Radar Investigations for Locating Ice Ring Formed by Cryogenic Condition in an Underground Cavern[J]. Journal of Applied Geophysics, 2007, 62(3): 204-214.

[159] SPILLMANN T, MAURER H, WILLENBERG H, et al. Characterization of an Unstable Rock Mass Based on Borehole Logs and Diverse Borehole Radar Data[J]. Journal of Applied Geophysics, 2007, 61(1): 16-38.

[160] FERNÁNDEZ-MARTÍNEZ J L, FERNÁNDEZ-ALVAREZ J P, PEDRUELO-GONZÁLEZ L M. Mtclab: A Matlab© -Based Program for Traveltime Quality Analysis and Pre-Inversion Velocity Tuning in 2D Transmission Tomography[J]. Computers & Geosciences, 2008, 34(3): 213-225.

[161] LINDE N, TRYGGVASON A, PETERSON J E, et al. Joint Inversion of Crosshole Radar and Seismic Traveltimes Acquired at the South Oyster Bacterial Transport Site[J]. Geophysics,

2008, 73(4): G29-G37.

[162] GIROUX B, BOUCHEDDA A, CHOUTEAU M. Assisted Traveltime Picking of Crosshole GPR Data[J]. Geophysics, 2009, 74(4): J35-J48.

[163] MANGUÉ M, PERROUD H, ROUSSET D. First-Arrival Traveltimes Inversion Based on a Minimal Number of Parameters in Shallow Cross-Well GPR Tomography [J]. Journal of Applied Geophysics, 2009, 67(4): 278-287.

[164] FERNÁNDEZ MARTÍNEZ J L, PEDRUELO GONZÁLEZ L M, GARCÍA GONZALO E. Amtclab: A Matlab© -Based Program for Traveltime Analysis and Velocity Tuning in 2D Elliptical Anisotropic Media[J]. Computers & Geosciences, 2009, 35(10): 2057-2064.

[165] BORCHERT O, BEHAIMANOT K, GLASMACHERS A. Directional Borehole Radar Calibration[J]. Journal of Applied Geophysics, 2009, 67(4): 352-360.

[166] CORDUA K S, NIELSEN L, LOOMS M C, et al. Quantifying the Influence of Static-Like Errors in Least-Squares-Based Inversion and Sequential Simulation of Cross-Borehole Ground Penetrating Radar Data[J]. Journal of Applied Geophysics, 2009, 68(1): 71-84.

[167] GÖKTÜRKLER G, BALKAYA Ç. Traveltime Tomography of Crosshole Radar Data without Ray Tracing[J]. Journal of Applied Geophysics, 2010, 72(4): 213-224.

[168] LOOMS M C, HANSEN T M, CORDUA K S, et al. Geostatistical Inference Using Crosshole Ground-Penetrating Radar[J]. Geophysics, 2010, 75(6): J29-J41.

[169] SLOB E, SATO M, OLHOEFT G. Surface and Borehole Ground-Penetrating-Radar Developments[J]. Geophysics, 2010, 75(5): 75A-103A.

[170] HINZ E, BRADFORD J. Ground-Penetrating-Radar Reflection Attenuation Tomography with an Adaptive Mesh[J]. Geophysics, 2010, 75(4): WA251-WA261.

[171] HARBI H, MCMECHAN G A. Modeling 3D Porosity and Permeability From GPR Data in the Ellenburger Dolomite, Central Texas[J]. Geophysics, 2011, 76(6): J35-J46.

[172] DAFFLON B, IRVING J, BARRASH W. Inversion of Multiple Intersecting High-Resolution Crosshole GPR Profiles for Hydrological Characterization at the Boise Hydrogeophysical Research Site[J]. Journal of Applied Geophysics, 2011, 73(4): 305-314.

[173] KIM J, KOBAYASHI T, LEE S K. Admittance Inversion of GPR Transmission for Crosshole Tomography[J]. Journal of Applied Geophysics, 2012, 81: 57-67.

[174] CORDUA K S, HANSEN T M, Mosegaard K. Monte Carlo Full-Waveform Inversion of Crosshole GPR Data Using Multiple-Point Geostatistical a Priori Information[J]. Geophysics, 2012, 77(2): H19-H31.

[175] DORN C, LINDE N, DOETSCH J, et al. Fracture Imaging within a Granitic Rock Aquifer Using Multiple-Offset Single-Hole and Cross-Hole GPR Reflection Data [J]. Journal of Applied Geophysics, 2012, 78(3): 123-132.

[176] BELINA F, IRVING J, ERNST J, et al. Analysis of an Iterative Deconvolution Approach for Estimating the Source Wavelet During Waveform Inversion of Crosshole Georadar Data [J]. Journal of Applied Geophysics, 2012, 78(3): 20-30.

[177] BELINA F, IRVING J, ERNST J, et al. Evaluation of the Reconstruction Limits of a Frequency-Independent Crosshole Georadar Waveform Inversion Scheme in the Presence of Dispersion[J]. Journal of Applied Geophysics, 2012, 78(3): 9-19.

[178] SCHOLER M, IRVING J, LOOMS M C, et al. Examining the Information Content of Time-Lapse Crosshole GPR Data Collected Under Different Infiltration Conditions to Estimate Unsaturated Soil Hydraulic Properties[J]. Advances in Water Resources, 2013, 54(2): 38-56.

[179] HANSEN T M, CORDUA K S, LOOMS M C, et al. Sippi: A Matlab Toolbox for Sampling the Solution to Inverse Problems with Complex Prior Information: Part 2—Application to Crosshole GPR Tomography[J]. Computers & Geosciences, 2013, 52(3): 481-492.

[180] MINET J, WAHYUDI A, BOGAERT P, et al. Mapping Shallow Soil Moisture Profiles at the Field Scale Using Full-Waveform Inversion of Ground Penetrating Radar Data[J]. Geoderma, 2011, 161(3): 225-237.

[181] MELES G, GREENHALGH S, DER KRUK J V, et al. Taming the Non-Linearity Problem in GPR Full-Waveform Inversion for High Contrast Media[J]. Journal of Applied Geophysics, 2011, 73(2): 174-186.

[182] PATRIARCA C, LAMBOT S, MAHMOUDZADEH M R, et al. Reconstruction of Sub-Wavelength Fractures and Physical Properties of Masonry Media Using Full-Waveform Inversion of Proximal Penetrating Radar[J]. Journal of Applied Geophysics, 2011, 74(1): 26-37.

[183] CRAMPIN S. A Review of the Effects of Anisotropic Layering on the Propagation of Seismic Waves[J]. Geophysical Journal of the Royal Astronomical Society, 1977, 49(1): 9-27.

[184] CRAMPIN S. Evaluation of Anisotropy by Shear-Wave Splitting[J]. Geophysics, 1985, 50(1): 142-152.

[185] CRAMPIN S, MCGONIGLE R, BAMFORD D. Estimating Crack Parameters From Observations of P-Wave Velocity Anisotropy[J]. Geophysics, 1980, 45(3): 345-360.

[186] HAKE H, HELBIG K, MESDAG C S. Three-Term Taylor Series for T2 - X2-Curves of P- And S-Waves Over Layered Transversely Isotropic Ground[J]. Geophysical Prospecting, 1984, 32(5): 828-850.

[187] BYUN B S. Seismic Parameters for Media with Elliptical Velocity Dependencies[J]. Geophysics, 1982, 47(12): 1621-1626.

[188] BYUN B S. Seismic Parameters for Transversely Isotropic Media[J]. Geophysics, 1984, 49(11): 1908-1914.

[189] WINTERSTEIN D F. Anisotropy Effects in P-Wave and Sh-Wave Stacking Velocities Contain Information on Lithology[J]. Geophysics, 1986, 51(3): 661-672.

[190] UREN N F, GARDNER G H F, MCDONALD J A. Dip Moveout in Anisotropic Media[J]. Geophysics, 1990, 55(7): 863-867.

[191] 何樵登, 张中杰. 对各向异性介质中横波分裂现象的研究[J]. 世界地质, 1990(02): 11-18.

[192] GRAEBNER M. Plane-Wave Reflection and Transmission Coefficients for a Transversely

Isotropic Solid[J]. Geophysics, 1992, 57(11): 1512-1519.

[193] 阎贫. 横向各向同性介质中的地震波正反演初探[D]. 长春: 吉林大学, 1992.

[194] SAMEC P, BLANGY J P. Viscoelastic Attenuation, Anisotropy, and Avo[J]. Geophysics, 1992, 57(3): 441-450.

[195] BLANGY J P. Avo in Transversely Isotropic Media—an Overview[J]. Geophysics, 1994, 59(5): 775-781.

[196] 姚陈, 王培德. 卢龙地区 S 波偏振与上地壳裂隙各向异性[J]. 地球物理学报, 1992, 35(3): 305-315.

[197] 侯安宁. 各向异性弹性波及其波动方程正反演研究[D]. 长春: 吉林大学, 1994.

[198] 牛滨华, 孙春岩. 裂隙各向异性介质横波双折射特性研究[J]. 长春地质学院学报, 1993(3): 340-348.

[199] 牛滨华, 孙春岩. 方位界面及其波场数值模拟[J]. 石油地球物理勘探, 1994(6): 685-694, 800.

[200] 牛滨华, 王海君, 沈操等. 实用 P 波速度各向异性提取的一种方法研究[C]. 地震各向异性学术研讨会论文摘要集, 1998: 73-74.

[201] 张中杰, 滕吉文, 何樵登, 等. 三分量地震资料中各向异性检测[J]. 长春地质学院学报, 1994, 24(1): 77-83.

[202] TSVANKIN I, THOMSEN L. Nonhyperbolic Reflection Moveout in Anisotropic Media[J]. Geophysics, 1994, 59(8): 1290-1304.

[203] CARCIONE J M. Constitutive Model and Wave Equations for Linear, Viscoelastic, Anisotropic Media[J]. Geophysics, 1995, 60(2): 537-548.

[204] CARCIONE J M, CAVALLINI F. Forbidden Directions for Tm Waves in Anisotropic Conducting Media[J]. IEEE Transactions on Antennas and Propagation, 1997, 45(1): 133-139.

[205] CARCIONE J. Wave Fields in Real Media: Wave Propagation in Anisotropic, Anelastic and Porous Media[M]. Armsterdam: Pergamon, 2001.

[206] 何樵登, 张中杰. 横向各向同性介质中地震波及其数值模拟[M]. 长春: 吉林大学出版社, 1996.

[207] ANDREAS R. Reflection Coefficients and Azimuthal Avo Analysis in Anisotropic Media[D]. Colorado: Colorado School of Mines, 1996.

[208] RÜGER A. P-Wave Reflection Coefficients for Transversely Isotropic Models with Vertical and Horizontal Axis Symmetry[J]. Geophysics, 1997, 62(3): 713-722.

[209] TSVANKIN I. Reflection Moveout and Parameter Estimation for Horizontal Transverse Isotropy[J]. Geophysics, 1997, 62(2): 614-629.

[210] VAVRYC UK V, PS ENC ÍK I. Pp-Wave Reflection Coefficients in Weakly Anisotropic Elastic Media[J]. Geophysics, 1998, 63(6): 2129-2141.

[211] GRECHKA V, Tsvankin I. 3-D Description of Normal Moveout in Anisotropic Inhomogeneous Media[J]. Geophysics, 1998, 63(3): 1079-1092.

[212] 贺振华, 黄德济. 复杂油气藏地震波场特征方法理论及应用[M]. 成都: 四川科学技术

出版社，1999.

[213] 胡光岷，贺振华，黄德济，等. 利用纵波资料反演裂缝发育密度和方向[J]. 成都理工学院学报，2000，27(2)：145-150.

[214] 徐常练，许云，乌达巴拉. 速度随炮检距变化分析[J]. 石油地球物理勘探，1998，33(6)：733-741.

[215] HANYGA A，SEREDYŃSKA M. Ray Tracing in Elastic and Viscoelastic Media[J]. Pure and Applied Geophysics，2000，157(5)：679-717.

[216] HANYGA A，SEREDYŃSKA M. Asymptotic Ray Theory in Poro- And Viscoelastic Media[J]. Wave Motion，1999，30(2)：175-195.

[217] GRECHKA V，TSVANKIN I. Nmo-Velocity Surfaces and Dix-Type Formulas in Anisotropic Heterogeneous Media[J]. Geophysics，2002，67(3)：939-951.

[218] 杜启振，董渊，杨慧珠. HTI 介质横波正常时差速度反演[J]. 石油大学学报(自然科学版)，2002，26(2)：26-30.

[219] 杜启振，杨慧珠. 方位各向异性介质的裂缝预测方法研究[J]. 石油大学学报(自然科学版)，2003，27(4)：32-36.

[220] 杜启振，杨慧珠. 裂缝性地层黏弹性地震多波波动方程[J]. 物理学报，2004，53(8)：2801-2806.

[221] 杜启振，王延光，付水华. 方位各向异性黏弹性介质波场数值模拟[J]. 地球物理学进展，2006(2)：502-504.

[222] 张世俊，杨慧珠，董渊，等. 遗传算法反演 HTI 介质各向异性参数[J]. 石油地球物理勘探，2002，37(1)：24-28..

[223] 朱成宏，胡建国，许雪峰. 裂隙介质的运动学特征反演与应用[J]. 石油物探，2002(3)：253-258.

[224] PECH A，TSVANKIN I，GRECHKA V. Quartic Moveout Coefficient：3D Description and Application to Tilted Ti Media[J]. Geophysics，2003，68(5)：1600-1610.

[225] 罗省贤，李录明. 基于横波分裂的地层裂缝预测方法与应用[J]. 成都：成都理工大学学报(自然科学版)，2003，30(1)：52-59.

[226] PECH A，TSVANKIN I. Quartic Moveout Coefficient for a Dipping Azimuthally Anisotropic Layer[J]. Geophysics，2004，69(3)：699-707.

[227] DEWANGAN P，TSVANKIN I. Modeling and Inversion of Ps-Wave Moveout Asymmetry for Tilted Ti Media：Part I — Horizontal Tti Layer[J]. Geophysics，2006，71(4)：D107-D121.

[228] JÍLEK P. Converted Ps-Wave Reflection Coefficients in Weakly Anisotropic Media[J]. Pure and Applied Geophysics，2002，159(7)：1527-1562.

[229] ERVENÝ V，PŠENČÍK I. Plane Waves in Viscoelastic Anisotropic Media—I. Theory[J]. Geophysical Journal International，2005，161(1)：197-212.

[230] 方勇. 含流体 Eda 介质的地震响应特征研究[D]. 成都：成都理工大学，2005.

[231] 卢明辉，唐建侯，杨慧珠，等. 正交各向异性介质 P 波走时分析及 Thomsen 参数反演[J]. 地球物理学报，2005，48(5)：1167-1171.

［232］刘洋，魏修成. 几种反射波时距方程的比较［J］. 地球物理学进展，2005，20（3）：645-653.

［233］刘彦，陈赟，王者顺. Ti 介质各向异性速度多参数分析［J］. 地球物理学进展，2005，20（2）：540-544.

［234］杜向东，翁斌，刘军荣，等. Ti 介质偏移速度建模研究［J］. 地球物理学报，2008，51（2）：538-545.

［235］ZHU Y, TSVANKIN I. Plane-Wave Propagation in Attenuative Transversely Isotropic Media［J］. Geophysics, 2006, 71(2): T17-T30.

［236］ZHU Y, TSVANKIN I. Plane-Wave Attenuation Anisotropy in Orthorhombic Media［J］. Geophysics, 2007, 72(1): D9-D19.

［237］刘财，张智，邵志刚，等. 线性黏弹体中地震波场伪谱法模拟技术［J］. 地球物理学进展，2005，20(3)：640-644.

［238］郭智奇，刘财，杨宝俊，等. 黏弹各向异性介质中地震波场模拟与特征［J］. 地球物理学进展，2007，22(3)：804-810.

［239］刘财，郭智奇，杨宝俊，等. 黏弹各向异性介质中波的反射与透射问题分析［J］. 地球物理学报，2007，50(4)：1216-1224.

［240］孙武亮. Eda 介质的参数反演研究［D］. 成都：成都理工大学，2006.

［241］尤建军，常旭，刘伊克. Vti 介质长偏移距非双曲动校正公式优化［J］. 地球物理学报，2006，49(6)：1770-1778.

［242］孙晶波. 方位各向异性介质纵波速度分析方法研究与应用［D］. 青岛：中国石油大学(华东)，2007.

［243］郝重涛. 水平界面任意空间取向 Ti 同类反射非双曲时距研究［D］. 北京：中国地震局地质研究所，2007.

［244］杜启振，孙晶波，刘莲莲. 横向各向同性介质纵波非双曲时差速度分析［J］. 油气地球物理，2007，5(2)：5-7.

［245］VAVRYCUK V. Ray Velocity and Ray Attenuation in Homogeneous Anisotropic Viscoelastic Media［J］. Geophysics, 2007, 72(6): D119-D127.

［246］孙银行. 弱各向异性介质弹性波的准各向同性近似正演模拟［J］. 地球物理学进展，2008，23(4)：1118-1123.

［247］VAVRYCUK V. Velocity, Attenuation, and Quality Factor in Anisotropic Viscoelastic Media, A Perturbation Approach［J］. Geophysics, 2008, 73(5): D63-D73.

［248］VAVRYCUK V. Real Ray Tracing in Anisotropic Viscoelastic Media［J］. Geophysical Journal International, 2008, 175(2): 617-626.

［249］刘前坤. 方位各向异性介质 AVO 及弹性波阻抗研究［D］. 长春：吉林大学，2008.

［250］郭智奇. 粘弹各向异性介质波场模拟与储层信息研究［D］. 长春：吉林大学，2008.

［251］BEHURA J. Estimation and Analysis of Attenuation Anisotropy［D］. Colorado：Colorado School of Mines, 2006.

［252］Vavrycuk V. Weak Anisotropy-Attenuation Parameters［J］. Geophysics, 2009, 74(5)：

B203-B213.

[253] AYZENBERG M, TSVANKIN I, AIZENBERG A, et al. Effective Reflection Coefficients for Curved Interfaces in Ti Media[J]. European Association of Geoscientists & Engineers, 2008.

[254] BEHURA J, TSVANKIN I. Reflection Coefficients in Attenuative Anisotropic Media[J]. Geophysics, 2009, 74(5): B193-B202.

[255] 梁锴. Ti 介质地震波传播特征与正演方法研究[D]. 北京：中国石油大学, 2009.

[256] 吴国忱, 梁锴, 印兴耀. TTI 介质弹性波相速度与偏振特征分析[J]. 地球物理学报, 2010, 53(8): 1914-1923.

[257] 孙福利, 杨长春, 陈雨红, 等. 弱各向异性介质中 Q_p 波的一阶射线追踪[J]. 地球物理学进展, 2009, 24(1): 35-41.

[258] 吴萍, 杨长春, 王真理, 等. Hti 介质中的反射纵波方位属性[J]. 地球物理学进展, 2009, 24(3): 944-950.

[259] 郝奇, 何樵登, 王德利. 用改进的摄动理论研究各向异性弱黏弹性介质中的非均匀平面波[J]. 吉林大学学报(地球科学版), 2010, 40(1): 195-202.

[260] 郭智奇, 刘财, 冯晅, 等. 各向异性衰减与 Avo 分析[J]. 吉林大学学报(地球科学版), 2010, 40(2): 432-438, 460.

[261] 聂建新, 杨顶辉, 巴晶. 含泥质低孔渗各向异性黏弹性介质中的波频散和衰减研究[J]. 地球物理学报, 2010, 53(2): 385-392.

[262] S 萨克·n·纳比吉安. 勘查地球物理电磁法 第一卷 理论[M]. 北京：地质出版社, 1992.

[263] 李建慧. 基于矢量有限单元法的大回线源瞬变电磁法三维数值模拟[D]. 长沙：中南大学, 2011.

[264] 昌彦君, 张桂青. 电磁场从频率域转换到时间域的几种算法比较[J]. 物探化探计算技术, 1995, 17(3): 5.

[265] WANG T, HOHMANN G W. A Finite-Difference, Time-Domain Solution for Three-Dimensional Electromagnetic Modeling[J]. Geophysics, 1993, 58(1): 1646.

[266] 葛德彪, 闫玉波. 电磁波时间域有限差分方法[M]. 2 版. 西安：西安电子科技大学出版社, 2005.

[267] 王长清, 祝西里. 电磁场计算中的时间域有限差分法[M]. 2 版. 北京：北京大学出版社, 2014.

[268] 高本庆. 时间域有限差分法[M]. 北京：国防工业出版社, 1995.

[269] ORISTAGLIO M L, HOHMANN G W. Diffusion of Electromagnetic Fields Into a Two-Dimensional Earth: A Finite-Difference Approach[J]. Geophysics, 1984, 49(7): 1133-1138.

[270] 粟毅, 黄春琳, 雷文太. 探地雷达理论与应用[M]. 北京：科学出版社, 2006.

[271] JOHANNES H A K F S. Processing Strategies for High-Resolution GPR Concrete Inspections[J]. Ndt&E International, 2010, 43(4): 334-342.

[272] WANG D, MCMECHAN G A. Finite-Difference Modeling of Borehole Ground Penetrating Radar Data[J]. Journal of Applied Geophysics, 2002, 49(3): 111-127.

［273］白哲. 地质雷达在隧道超前预报中的应用［D］. 武汉：武汉理工大学，2006.

［274］JOL H M. Ground Penetrating Radar：Theory and Applications［M］. Oxford：Elsevier Science & Technology Rights Department，2009.

［275］胡平. 探地雷达数值模拟技术的应用研究［D］. 北京：中国地质大学(北京)，2005.

［276］OLHOEFT G R. Electrical Properties of Granite with Implications for the Lower Crust［J］. Journal of Geophysical Research，1981，86(B2)：931-936.

［277］TOPP G C，DAVIS J L，ANNAN A P. Electromagnetic Determination of Soil Water Content：Measurements in Coaxial Transmission Lines［J］. Water Resources Research，1980，16(3)：574-582.

［278］ANNAN A P. The History of Ground Penetrating Radar［J］. Subsurface Sensing Technologies and Applications，2002，3(4)：303-320.

［279］FISHER E，MCMECHAN G A，ANNAN A P. Acquisition and Processing of Wide-Aperture Ground-Penetrating Radar Data［J］. Geophysics，1992.

［280］何委徽. 地质雷达数字处理技术研究和应用［D］. 桂林：桂林工业大学，2006.

［281］修志杰. 偏移及速度估计在探地雷达信号处理中的研究［D］. 北京：中国科学院电子学研究所，2006.

［282］周辉，王兆磊，韩波，等. 同时实现地质雷达数据地形校正和偏移成像的方法［J］. 吉林大学学报(地球科学版)，2004(3)：459-463.

［283］朱少辉. 探地雷达在高等级公路质量检测中的应用研究［D］. 长春：吉林大学，2006.

［284］杨曦. 井间电磁波场数值模拟与成像［D］. 北京：中国地质大学，2008.

［285］YEE K. Numerical Solution of Initial Boundary Value Problems Involving Maxwell's Equations in Isotropic Media［J］. IEEE Transactions on Antennas and Propagation，1966，14(3)：302-307.

［286］IRVING J D. Improving Tomographic Estimates of Subsurface Electromagnetic Wave Velocity Obtained From Ground-Penetrating Radar Data.［D］. California：Stanford University，2007.

［287］王涛. 电磁场计算中的时间域有限差分法的研究［D］. 长春：吉林大学，2005.

［288］吴宝杰. 探地雷达二维正演模拟及其工程实例［D］. 杭州：浙江大学，2007.

［289］袁志亮. 井间声波电磁波层析成像技术应用研究与软件研发［D］. 北京：中国地质大学(北京)，2007.

［290］杨文采. 地震层析成像在工程勘测中的应用［J］. 物探与化探，1993(3)：182-192.

［291］杨薇，刘四新，冯彦谦. 跨孔层析成像 LSQR 算法研究［J］. 物探与化探，2008(2)：199-202.

［292］熊孝雨. 初至波正反演方法研究［D］. 长沙：中南大学，2006.

［293］杜启振，侯波. 地震波初至旅行时计算策略［J］. 中国石油大学学报(自然科学版)，2009，33(2)：49-52.

［294］冯智慧，刘财，冯晅，等. 基于高阶累积量一维切片的地震信号初至自动拾取方法［J］. 吉林大学学报(地球科学版)，2011，41(02)：559-564.

［295］徐平，王宝善，张尉，等. 利用互相关函数求地震波衰减［J］. 地球物理学报，2006，49(6)：1738-1744.

[296] 王萍, 万柏坤, 程烨. 精确的互相关算法在超声波流速测量中的应用[J]. 传感器与微系统, 2007(9): 107-108.

[297] 刘君, 朱善安. 基于信号互相关函数与神经网络的全自动图像配准算法[J]. 航天医学与医学工程, 2006(6): 425-429.

[298] KING R W P, SMITH G S, OWENS M, et al. Antennas in Matter: Fundamentals, Theory, and Applications[M]. Cambridge: MIT Press, 1981.

[299] SATO M, THIERBACH R. Analysis of a Borehole Radar in Cross-Hole Mode. [J]. IEEE Trans. Geoscience and Remote Sensing, 1991, 29(6): 899-904.

[300] SENGUPTA D L, LIU Y P. Analytical Investigation of Waveforms Radiated by a Resistively Loaded Linear Antenna Excited by a Gaussian Pulse[J]. Radio Science, 1974, 9(6): 621-630.

[301] ARCONE S A. Numerical Studies of the Radiation Patterns of Resistively Loaded Dipoles[J]. Journal of Applied Geophysics, 1995, 33(1): 39-52.

[302] PETERSON E J. Pre-Inversion Corrections and Analysis of Radar Tomographic Data[J]. Journal of Environmental and Engineering Geophysics, 2001, 6(1): 1-18.

[303] IRVING J D, KNIGHT R J. Effect of Antennas on Velocity Estimates Obtained From Crosshole GPR Data[J]. Geophysics, 2005, 70(5): K39-K42.

[304] SCHOENBERG M. Transversely Isotropic Media Equivalent to Thin Isotropic Layers1 [J]. Geophysical Prospecting, 1994, 42(8): 885-915.

[305] CRAMPIN S. Suggestions for a Consistent Terminology for Seismic Anisotropy1 [J]. Geophysical Prospecting, 1989, 37(7): 753-770.

[306] 郭飚. 非均匀各向异性介质的地震 P 波走时层析成像研究[D]. 北京: 中国地震局地质研究所, 2009.

[307] THOMSEN L. Weak Elastic Anisotropy[J]. Geophysics, 1986, 51(10): 1954-1966.

[308] TSVANKIN I, THOMSEN L. Nonhyperbolic Reflection Moveout in Anisotropic Media[J]. Geophysics, 1994, 59(8): 1290-1304.

[309] ALKHALIFAH T, TSVANKIN I. Velocity Analysis for Transversely Isotropic Media[J]. Geophysics, 1995, 60(5): 1550-1566.

[310] GRECHKA V, TSVANKIN I. Feasibility of Nonhyperbolic Moveout Inversion in Transversely Isotropic Media[J]. Geophysics, 1998, 63(3): 957-969.

[311] ALKHALIFAH T. Velocity Analysis Using Nonhyperbolic Moveout in Transversely Isotropic Media[J]. Geophysics, 1997, 62: 1839.

[312] NEIDELL N S, TANER M T. Semblance and Other Coherency Measures for Multichannel Data [J]. Geophysics, 1971, 36(3): 482-497.

[313] ALKHALIFAH T, TSVANKIN I, LARNER K, et al. Velocity Analysis and Imaging in Transversely Isotropic Media: Methodology and a Case Study[J]. The Leading Edge, 1996, 15 (5): 371-378.

[314] GAJEWSKI D, PSENCIK I. Computation of High-Frequency Seismic Wavefield in 3-D Laterally Inhomogeneous Media[J]. 1987.

[315] GRECHKA V, TSVANKIN N. 3D Description of Normal Moveout in Anisotropic Media[C]// Society of Exploration Geophysicists, 1996: 1487-1490.

[316] 孙晶波, 杜启振. 横向各向同性介质纵波非双曲线时差速度分析[J]. 勘探地球物理进展, 2007(04): 262-265.

[317] GRECHKA V, TSVANKIN I. 3-D Moveout Velocity Analysis and Parameter Estimation for Orthorhombic Media[J]. Geophysics, 1999, 64(3): 820-837.

[318] GRECHKA V, TSVANKIN I. 3-D Moveout Inversion in Azimuthally Anisotropic Media with Lateral Velocity Variation: Theory and a Case Study[J]. Geophysics, 1999, 64(4): 1202 -1218.

[319] CONTRERAS P, GRECHKA V, TSVANKIN I. Moveout Inversion of P-Wave Data for Horizontal Transverse Isotropy[J]. Geophysics, 1999, 64(4): 1219-1229.

[320] TSVANKIN I. Normal Moveout From Dipping Reflectors in Anisotropic Media[J]. Geophysics, 1995, 60(1): 268-284.

[321] COHEN J K. A Convenient Expression for the Nmo Velocity Function in Terms of Ray Parameter[J]. Geophysics, 1998, 63(1): 275-278.

[322] ANDERSON J, ALKHALIFAH T, TSVANKIN I. Fowler Dmo and Time Migration for Transversely Isotropic Media[J]. Geophysics, 1996, 61(3): 835-845.

[323] 杜启振, 杨慧珠. 具有水平对称轴的横向各向同性线性黏弹性介质波场特征[J]. 石油大学学报(自然科学版), 2003, 27(01): 14-18.

[324] GRECHKA V, TSVANKIN I, COHEN J K. Generalized Dix Equation and Analytic Treatment of Normal-Moveout Velocity for Anisotropic Media[J]. Geophysical Prospecting, 1999, 47 (2): 117-148.

[325] 姚姚. 地震波场与地震勘探[M]. 北京: 地质出版社, 2006.

[326] GRECHKA V, TSVANKIN I. Inversion of Azimuthally Dependent Nmo Velocity in Transversely Isotropic Media with a Tilted Axis of Symmetry[J]. Geophysics, 2000, 65(1): 232-246.

[327] I D T. Seismic Signatures and Analysis of Reflection Data in Anisotropic Media (2Nd Edition) [C]//Elsevier Science Publishing Co, Inc, 2005.

[328] VASCONCELOS I, TSVANKIN I. Non-Hyperbolic Moveout Inversion of Wide-Azimuth P-Wave Data for Orthorhombic Media[J]. Geophysical Prospecting, 2006, 54(2): 535-552.

[329] XU X, TSVANKIN I, PECH A. Geometrical Spreading of P-Waves in Horizontally Layered, Azimuthally Anisotropic Media[J]. Geophysics, 2005, 70(5): D43-D53.

[330] THOMSEN L. Elastic Anisotropy Due to Aligned Cracks in Porous Rock1[J]. Geophysical Prospecting, 1995, 43(6): 805-829.

[331] BAKULIN A, GRECHKA V, TSVANKIN I. Estimation of Fracture Parameters From Reflection Seismic Data—Part II: Fractured Models with Orthorhombic Symmetry[J]. Geophysics, 2000, 65(6): 1803-1817.

[332] BUDIANSKY B, O′CONNELL R J. Elastic Moduli of a Cracked Solid[J]. International Journal of Solids and Structures, 1976, 12(2): 81-97.

[333] SCHOENBERG M, DOUMA J. Elastic Wave Propagation in Media with Parallel Fractures and Aligned Cracks1[J]. Geophysical Prospecting, 1988, 36(6): 571-590.

[334] HSU C J, SCHOENBERG M. Elastic Waves through a Simulated Fractured Medium[J]. Geophysics, 1993, 58(7): 964-977.

[335] 王赟, 石瑛, 杨德义. 弱度比在裂隙含流体检测中的应用[J]. 地球物理学报, 2008, 51(4): 1152-1155.

[336] CRAMPIN S, MCGONIGLE R, BAMFORD D. Estimating Crack Parameters from Observations of P-Wave Velocity Anisotropy[J]. Geophysics, 1980, 45(3): 345-360.

[337] CARVALHO F C S, CHEN C, LABUZ J F. Measurements of Effective Elastic Modulus and Microcrack Density[J]. International Journal of Rock Mechanics and Mining Sciences, 1997, 34(3): 41-43.

[338] JIANG X, WAN L, WANG X, et al. Estimation of Fracture Normal Stiffness Using a Transmissivity-Depth Correlation[J]. International Journal of Rock Mechanics and Mining Sciences, 2009, 46(1): 51-58.

[339] THOMSEN L. Reflection Seismology Over Azimuthally Anisotropic Media[J]. Geophysics, 1988, 53(3): 304-313.

[340] Guéguen Y, Sarout J. Crack-Induced Anisotropy in Crustal Rocks: Predicted Dry and Fluid-Saturated Thomsen's Parameters[J]. Physics of the Earth and Planetary Interiors, 2009, 172(1): 116-124.

[341] BERRYMAN J G, GRECHKA V. Random Polycrystals of Grains Containing Cracks: Model of Quasistatic Elastic Behavior for Fractured Systems[J]. Journal of Applied Physics, 2006, 100(11): 113527.

[342] 胡惠华, 张鹏, 李振兴, 等. 张家界沅古坪台地岩溶规律及公路隧道选线分析[J]. 勘察科学技术, 2022(5): 13-18.

[343] 张鹏, 潘晓东, 任坤, 等. 岩溶台地深埋特长隧道岩溶水流特征及涌水评估[J]. 公路, 2022, 67(2): 337-345.

[344] 骆伟, 吴华英, 胡惠华, 等. 沅古坪隧道选线的岩溶水文地质问题[J]. 中国岩溶, 2021, 40(2): 253-263.

[345] 湖南衡阳至炎陵高速公路去阳山隧道勘察报告. 湖南省交通勘察设计研究院[R], 2007.

[346] 南康. 双孔平行隧道施工地表位移及变形研究[D]. 长沙: 中南大学, 2008.

[347] 李兵. 亚黏土地层大断面隧道台阶七步开挖方法的适应性研究[D]. 长沙: 中南大学, 2009.

[348] 王云, 桂铬. 云阳山隧道地质综合超前预报[J]. 湖南交通科技, 2009, 35(4): 99-103.

[349] 桂铬. 云阳山隧道渗水地段防排水综合处治措施[J]. 湖南交通科技, 2009, 35(4): 104-107.

图书在版编目(CIP)数据

深埋隧道综合地质预报理论研究及应用／陈建军等著.
—长沙：中南大学出版社，2023.7
ISBN 978-7-5487-5444-2

Ⅰ．①深… Ⅱ．①陈… Ⅲ．①深埋隧道－工程地质－
研究 Ⅳ．①U459.9

中国国家版本馆 CIP 数据核字(2023)第 122610 号

深埋隧道综合地质预报理论研究及应用
SHENMAI SUIDAO ZONGHE DIZHI YUBAO LILUN YANJIU JI YINGYONG

陈建军　赵云威　杜勇立　何现启　彭凌星　张天泽　著

□出 版 人	吴湘华	
□责任编辑	刘小沛	
□责任印制	唐　曦	
□出版发行	中南大学出版社	
	社址：长沙市麓山南路	邮编：410083
	发行科电话：0731-88876770	传真：0731-88710482
□印　　装	长沙鸿和印务有限公司	

□开　　本	710 mm×1000 mm 1/16	□印张 16.5	□字数 328 千字
□互联网+图书	二维码内容　字数 1 千字　图片 18 张		
□版　　次	2023 年 7 月第 1 版	□印次 2023 年 7 月第 1 次印刷	
□书　　号	ISBN 978-7-5487-5444-2		
□定　　价	77.00 元		